다시, 민중신학이다

다시,
민중신학이다

2010년 6월 1일 초판 1쇄 인쇄
2010년 6월 5일 초판 1쇄 발행

지은이 강원돈 강응섭 권진관 김영철 김은규 김종길 김희헌 류장현 박일준 이병학 최형묵 홍주민
펴낸이 김영호 펴낸곳 도서출판 동연
기 획 김서정 편 집 조영균 디자인 김광택 관 리 이영주
등 록 제1-1383호(1992. 6. 12)
주 소 서울시 마포구 망원동 472-11
전 화 (02)335-2630
전 송 (02)335-2640
이메일 ymedia@paran.com
홈페이지 www.y-media.co.kr

ISBN 978-89-6447-114-2 93200

다시, 민중신학이다

다시, 민중신학이다

강원돈 강응섭 권진관 김영철 김은규 김종길
김희헌 류장현 박일준 이병학 최형묵 홍주민
같이 지음

동연

이 책을 노정선 박사님께 헌정합니다

머리말

왜, 다시 민중신학인가?

우리에게 한국적인 신학이 있냐고 묻는다면, 토착화신학과 민중신학이 있다고 감히 대답할 수 있다. 특히 민중신학은 한국의 대표적인 신학으로 세계에 잘 알려져 있다. 그러나 국내에서는 민중신학이 약화되어 동력을 많이 잃었다. 그러나 이 책에 기고한 저자들은 한결같이 새로운 민중신학의 가능성을 내다보고 있다. 이 책은 민중신학의 새로운 지평을 열어가기 위해 모색한 저술이라고 말할 수 있다.

우리나라는 서구 문명을 먼저 받아들였던 일본의 제국주의적 팽창주의에 의해 주권을 잃고 40여 년간 식민지배와 수탈을 받았다. 연합국의 세계대전 승리로 말미암아 해방되었으나, 해방과 동시에 강대국들에 의해서 분단되고 말았다. 분단된 채 살아온 지 벌써 60여 년이 지났으니 아직도 해방되지 못하였다고 말해야 할 것이다. 우리는 아직도 제국주의와 냉전의 구시대를 벗어나지 못하고 포로로 잡혀 있다. 우리는 아직도 민족적으로 해방되지 못 하였을 뿐 아니라, 정치적으로도, 문화적으로도, 심지어 정신적으로도 해방되지 못 하였다. 우리는 정치적, 문화적, 정신적으로 절뚝거리는 불구자의 나라이며, 민족이다.

오늘날 우리 한국의 대중적 문화와 정신을 들어다보면 더욱 우려할 것들이 보인다. 한국이 갑작스레 잘살게 되어 많은 사람들이 '돈맛'을 알게 되어 각박한 세상으로 바뀌었다. 돈과 이익을 위해서는 물불을 가리지 않는다. 모든 것이 돈으로 환산되고 있고, 성공도 돈으로 환산되고 있다. 성공하지 못하면 낙오된 자라는 강박에 매여있다. 한국민의 정신은 불구가 되고 말았다. 한국의 개신교회를 들어다보면 더욱 불구가 되어 있다는 사실에 놀라지 않을 수 없다. 돈(맘몬)을 중시하고, 재물의 축적과 재산의 확장이 신앙의 축복이라고 확신하는 신앙관이 개신교인들 안에 깊게 뿌리내리고 있으며, 교회 안에서는 그러한 유형의 신앙관만이 소통되고 있다. 이러한 민과 이러한 교회가 어떻게 한반도와 동북아시아에서 하나님의 의로운 일을 제대로 감당해낼 수 있을까?

그런데 놀라운 것은, 이렇게 불구자와 같이 절뚝거리는 우리에게 동북아에서의 해방과 통일, 화합과 화해와 상생을 위한 문명사적인 과제를 하나님께서 우리에게 맡기시고 있다는 확신이 든다. 민중신학은 한반도에서 새로이 일어나는 정신적인 각성에 민감하게 반응하며, 한반도의 죽어 가는 생명의 입장에서 생명과 평화 그리고 정의를 외쳐야 하며, 현재 그렇게 하고 있다고 믿고 있다. 희생당한 자들의 입장에서 하나님의 사랑과 평화를 선포하는 일이 얼마나 필요하고 귀중한 일인가를 생각하게 된다. 이러한 역할을 담당하고 있는 신학적인 흐름이 한국에 별로 없다는 것을 볼 때, 민중신학의 앞으로의 성과와 공헌은 결코 작지 않을 것이라고 생각한다. 민중신학의 유산과 전통을 새롭게 이어가는 것은 귀중한 일이라고 생각하고 자부심을 갖는다.

민중신학은 닫힌 이론 체계가 아니라, 열려서 살아 있는 민중의 성서적 지혜를 추구함으로써 오늘의 현실을 설명해내고, 대안적 현실을 보여줄 수 있는 예언자적인 신학으로 나아가야 한다고 본다. 그리하여 한국 교회와 사회를 향해서 기본적인 가이드라인을 제시할 수 있어야 한다고 생각한다. 이것으로 한국 교회와 사회를 개혁하는 일에 제대로 공헌할 수 있을 것이라고 본다.

새로운 민중신학은 계속 모색되어야 한다. 분명한 것은 민중신학은 언제나 우리를 둘러싼 상황, 특히 민중의 상황에 조응하는 신학이 되어야 한다는 것이다. 상황에서 제기되고 있는 문제들에 대해 충실하게 신학적으로 응답하는 것이라야 한다. 민중신학은 시대마다 시대적인 화두를 발견하고 그 화두를 사회를 향해 던져야 한다. 우리 시대가 가지고 있는 문제를 근본적으로 뿌리에서 그 근원을 찾아내고, 그것을 화두로 혹은 담론으로 이 사회와 교회를 향해 던져야 한다. 이러한 작업을 통해 오늘 우리가 당면한 문제들을 그 뿌리와 깊이에서 분석하고 그것에 대해 신학적인 대답을 감행해야 한다.

이 책은 오늘의 상황에 대한 민중신학적인 응답이다. 이 책을 검토해 보면 오늘날 소장 민중신학자들의 관심과 고민이 무엇인지, 그들의 현실인식이 어떠한지를 살필 수 있다. 여기에 실린 논문들은 지난 2년여 동안 한국민중신학회의 월례 세미나에서 발표된 논문들이다. 이 책은 연세대학의 민중신학자이며 기독교윤리학 교수인 노정선 교수의 은퇴를 기념하며 내놓게 되었다. 그는 지난 2년 동안 한국민중신학회의 회장으로 수고하면서 민중신학의 발전에 많은 공헌을 했다.

2010년 5월

한국민중신학회 회장 권진관

차례

제3부 다시, 민중신학이다 - 오늘의 민중신학을 위한 시도

제1부

시대와 민중신학

- 신자유주의적 세계화를 해석하는 민중신학

한국 교회의 '세계화 신학'을 위하여

김영철 | 목사, 새민족교회

들어가는 말

세계화로 인한 영향과 과정들은 사람들의 삶과 우리가 사는 사회 그리고 피조세계에는 물론 교회와 신학에도 깊은 영향을 미치고 있다. 특별히 가난하고 소외된 사람들과 제3세계 국가들이 당면하고 있는 세계화의 부정적 현실 앞에서, 교회들은 목회적·윤리적·신학적 그리고 영적인 도전들을 받고 있다. 그래서 많은 그리스도교인들과 신학자들은 교회와 함께 세계화에 대한 논의에 참여하고 세계화의 영향에 대해 다양하게 대응하고 있다. 특별히 세계교회협의회WCC, 세계개혁교회연맹WARC, 세계루터교회연맹LWF 들로 대표되는 세계 에큐메니칼 교회들은 신학적, 정치적, 그리고 실물적인 다양한 차원에서 세계화가 제기하는 '지구적 정의'의 문제에 관계해 왔다. 그들은 세계화에 대한 연구 프로젝트, 의식화 프로그램, 캠페인, 개발 프로젝트 그리고 공동협의회를 개최해 왔으며, 이러한 노력들과 에큐메니칼 신학의 대응들은 신자유주의에 대한 교회의 입장을 구축하는 데 공헌해 왔다.

세계화의 영향은 한국 사회와 한국 교회에도 큰 도전을 던져 주었다. 특별히 1997년의 한국 경제 위기는 한국 교회와 사회에 신자유주의 세계화의 영향을 깊이 체험하고 대응의 필요성을 절감한 결정적인 계기가 되었다. 이러한 과정들 속에서 한국 교회는 경제문제에 대한 신학적인 숙고와 신자유주의에 대한 신앙적 대응을 전개하게 되었고, 한국 교회의 '세계화 신학'이 절실히 요청되었다. 민중신학은 한국 교회의 대표적인 상황신학으로서 이러한 작업에 크게 공헌해야 하며/할 수 있을 것이다.

한국 교회의 '세계화 신학'은 우리가 그 일부이기도 한 세계 에큐메니칼 교회의 세계화에 대한 교회적·신학적 대응과 조응하며 정립해 나갈 수 있다고 본다. 이는 본고가 제시하는 세계화의 기본적 관점 즉 "아래로부터 세계화/지역화Glocalization from Below"에서 출발한다.

세계화의 기본적 관점

1. 세계화의 정의와 관점들

세계화는 복합적 대상을 가지기에 세계화에 대해 단일적으로 받아들여지는 정의나, 합의가 없다고 볼 수 있다. 그래서 영어로 globalization이라 표현하지 않고 "globalization" or "globalizations"라고 표시해야 한다고 주장한다.

세계화는 일반적으로 세 가지 의미로 사용되고 있다고 본다.

첫째로, 세계화는 세계경제의 통합, 정보사회의 도래나 다국적 기업의 확산 등과 같은 오늘의 세계의 일반적 추세들을 가리킨다. 이 용법에 있어서 세계화는 특정한 방향이나 정책과 연관되지 않는다. 단지 "점증되는 강력한 형태의 국제화"[1]를 의미한다. 헬드는 세계화의 차원을 "상호의존의 가속화, 원거리 행동, 시간과 공간의 압축"이라는 세 특징으로 정리하기도 한다.[2]

두 번째로 사용되는 용법이 우리가 흔히 신자유주의 세계화로 부르는 것으로 오늘날 세계 경제의 중심을 이루는 거시경제정책과 연결되어 있는 세계화이다. '위로부터의 세계화Globalization from Above' 또는 '워싱턴 합의Washington Consensus'로 알려져 있기도 하다. 신자유주의 세계화는 1980년대 초·중엽에 미국 레이건 정부와 영국의 대처 정부에서 신자유주의 정책을 채택함으로 시발되었다. 이러한 정책의 특징은 1) 시장의 지배, 2) 사회복지를 위한 공공지출 삭감, 3) 탈규제화, 4) 민영화, 5) 공공선 혹은 공동체라는 개념을 '개인적 책임'으로 대체하는 것이다. 신자유주의자들은 1) (신자유주의) 세계화는 규범적이다. 2) 세계화는 필연적이고 돌이킬 수 없다. 3) 세계화의 이익이, 특별히 장기적으로는, 모든 사람에게 주어진다. 4) 세계화의 확산이 민주주의 확산을 촉진한다(Francis Fukuyama)고 주장한다.

세 번째로 사용되는 세계화는 이른바 '반세계화' 또는 '아래로부터의 세계화Globalization from Below'라고 부르는 세계화의 개념이다.

---

1) David Held, Anthony McGrew, David Goldblatt, and Jonathan Perraton, *Global Transformations* (Standford, CA: Stanford University Press, 1999), 4.

2) *Ibid*., 8.

1990년 말엽 세계적인 반세계화 시위로 촉발되어 나타난 관점이다. 다양한 관심과 의제로 출발하지만 국가, 시장, 기업에 대한 민주적 통제라는 공동의 목적을 지닌다. 또한 세계화가 하나의 단순한 과정이나 단선적인 개념이 아니라 변증법적이고 동적이며 내적으로 서로 연관된 복합적 과정이라고 말한다. 이는 시장경제의 확대뿐만 아니라 민족 국가, 인권, 환경, 미디어, 문화 등의 다양한 이슈들을 포함한다. 대표적으로 이러한 복합적 개념을 사용하는 곳은 세계사회포럼World Social Forum이다.3) 세계사회포럼은 복수의, 다양한, 비정부, 비정당, 비신앙고백의 정신으로 많은 단체들이 중앙집권화되지 않고 상호 연결되는 조직과 운동으로 지역과 국제적 차원에서 구체적 행동으로 관여하는 곳이다. 이들의 공통점은 신자유주의 세계화에 반대하며 대안을 추구하는 '대안세계화'를 주장한다.

2. 9·11 이후의 '제국주의적인 세계주의'

세계는 9·11 이후 엄청난 변화를 겪게 된다. 따라서 혹자는 "21세기는 2000년 1월 1일에 시작된 것이 아니라 2001년 9월 11일에 시작되었다."고 말한다.4) 이를 계기로 신자유주의 세계화는 과거에 '시장주의적 세계주의Market Globalism'에서 '제국주의적 세계주의Imperial Globalism'로 변화되었다.5) 스테거는 제국주의적 세계주의의 특징을

---

3) 세계사회포럼에 관해서는 아래 책을 참조하라. Jai Sen, Anita Anand, Arturo Escocbar, and Peter Waterman (ed.), *The WSF: Challenging Empires* (New Delhi: Viveka Foundation, 2004).

4) Brian I. Walsh and Sylvia C. Keesmaat, *Colossians Remixed: Subverting the Empire* (Downers Grove, IL: Inter Varsity Press, 2004), 35.

5) Manfred B. Steger, "From Market Globalism to Imperial Globalism: Ideology

다음 몇 가지로 요약하고 있다.

1) 안보와 경제의 결합: 2002년 발표한 부시의 미국의 안보전략에 대한 백서에서 밝히고 있듯이 "자유시장과 자유무역은 국가안보전략의 핵심적인 우선순위이다."[6]
2) 시장경제의 필연성과 함께 군사적 승리의 필연성을 덧붙이고 있다. 그리고 선과 악의 대립이라는 신학적 개념을 군사와 안보에 적용하고 있다. 악의 축 국가를 지정하는 것이 대표적인 예이다.
3) 모든 사람에게 세계화 이익을 준다는 개념에서 자유무역을 선택한 사람에 대한 선택적으로 이익을 보장한다.
4) 미국 주도의 정치경제 민주화에 의한 자유의 보장 즉 '대 테러와의 전쟁'과 자유무역의 확대가 긴밀히 연결된다. 이에 따라 신자유주의 경제세계화는 군사주의를 동반하게 되었다.

3. 세계와 지역의 상호작용(Glocalization)

세계화는 세계와 지역 사이의 상호 다이내믹에 의해 진행된다. 세계화의 논의에 있어 중요하게 제기되는 것 중의 하나가 문화에 대한 것이다. 세계화 시대에 문화는 보편화universalization와 동일화homogenization의 방향과 특수화particularization와 이질화heterogenization의

---

and American Power after 9/11," in *Globalizations* (May 2005, vol. 2, no. 1), 31-44.

6) The White House, "National Security Strategy of the United States" (NSSUS, 2002).

두 방향을 갖는다. 보편화와 특수화의 갈등은 세계화 과정에 잘 나타난다. 세계화는 지리적으로 떨어진 지역들의 사회적 관계를 강화시킨다. 그런데 세계화는 서로 갈라져 있는 지역들은 지역적 관습들이 세계적 관습에 의해 형성되고, 세계적 관습들은 지역적 관습들에 의해 형성되는 형태로 연결시키고 있다. 이런 점에서 로버트슨은 세계화의 지역적 상황 간의 상호작용이라는 차원에서 glocalization이란 용어를 제시하고 있다. 이는 globalization과 localization의 합성어이기도 하다. 문화, 종교, 그리고 사회경제에 있어 특수화와 보편화가 공존한다는 의미에서 이 용어를 사용했다.[7)]

세계화는 지역적 상황을 변화시키는 강력한 동질화의 힘을 갖지만 아울러 지역이 단순히 수동적이고 힘없이 세계화를 받아들이는 것은 아니다. 세계화/지역화의 이원적인 분리는 엄격하게 말해 성립하지 못한다. 따라서 문화적·신학적 산물은 세계와 지역이 만나는 곳에서 가능하다. 동질화시키는 세계나 적응과 저항의 지역 단독으로는 나타나는 여러 현상들을 설명하기 어렵다. 세계화와 지역화의 상호작용으로 모든 것을 제대로 이해할 수 있다.

4. 아래로부터의 세계화라는 비판적 관점의 확대

1) 탈 식민주의적 관점

엔리크 뒤셀Enrique Dussel은 modernism(서구 근대성)에 대한 반론으로서의 Post-modernity(후기근대성) 또한 서구적 한계를 가지

7) Roland Robertson, "Glocalization: Time-Space and Homogeneity-Heterogeneity," in Scott Lash and Roland Robertson (eds.), *Global Modernities* (London: Sage, 1995).

고 있음을 지적하며 서구적 관점에서 제외된 문명적 관점에서의 Trans-modernity(초근대성)를 제안하고 있다. 이러한 유럽 중심적 문명 바깥에서의 요소를 통해 새로운 21세기 문명을 발전시킬 수 있다고 보는 것이다.[8]

아니발 퀴자노Anibal Quijano는 세계화가 16세기 신대륙의 발견에서 시작된 역사적 사건과 이데올로기적 형성의 발전이라고 보았다. 그는 그때부터 인종적 차별이라는 역사가 시작되었고, 이는 오늘날까지도 중요한 역할을 하고 있다고 보고 있다. 그는 인종적 차별과 인종의 의한 분업을 현재 세계 체제를 유지하는 기본적 사회계층화의 기초로 지적하고 있다.[9] 이는 오늘날 세계적인 이주노동자의 흐름과 현황을 보아도 쉽게 이해될 수 있는 문제이다.

2) 여성주의적 관점

로즈메리 류터는 여성들의 당면하고 있는 다양한 형태의 차별, 즉 육체적 폭력, 저임금 노동, 고등교육 기회의 어려움, 시민적 권리의 축소 등을 지적하고 있다.[10] 그런데 이러한 차별은 신자유주의 세계화로 더욱 가중되고 있다. 구조조정 정책은 공공부문 예산의 삭감으로 인해 육아와 가사 등의 책임을 맡고 있는 여성들의 억압이 가중되고 있다. 이러한 상황에서 스파이크 피터슨Spike Peterson 같은 페미니스트는 세계적 정치경제를 생산경제, 실제경제 그리고 재생

8) Enrique Dussel, "World-System and Trans-Modernity," in Nepantla: Views from South 3.2 (2002), 221-244

9) Anibal Quijano, "Coloniality of Power, Eurocentrism, and Latin America," Nepantla: Views from South, 1.3 (2000), 533-580.

10) Rosemary R. Ruether, *Integrating Ecofeminism, Globalization, and World Religions* (Lanham: Rowman & Littlefield Publishers, 2005), 27-30.

산경제로 세분하여 재생산 부분을 맡고 있는 여성들의 경제적 지위나 대우를 경제적으로 보장해야 한다고 지적하였다.[11]

3) 생태주의적 관점

지난 20세기는 특이한 시기였다. 맥나일은 전도서를 거꾸로 인용하여 "해 아래 새 것이 있는 시대"라고 표현했다.[12] 즉 1900년 간 인류가 사용해 온 에너지보다 지난 100년 동안 소비한 것이 더 많았던 시대이다(자연재화의 양적 사용의 급속한 증가). 단순히 양적인 증가뿐만 아니라 사용의 편중 또한 심각한 문제이다. 미국인들은 방글라데시 사람들보다 50-100배의 에너지를 사용하고 있다(환경정의의 문제). 이러한 상황에서 '생태인식ecological literacy'의 확장이 더욱 필요하다.[13]

결론적으로 '아래로부터의 세계화/지역화Glocalization from Below'가 세계화를 이해하는 기본적인 관점이 되어야 한다. 이는 세계화를 세계와 지역(세계 교회와 지역 교회, 여기에서는 한국 교회)의 상호작용의 관점에서, 그리고 아래로부터(즉 제3세계, 여성, 자연) 본다는 뜻이다.

---

11) Spike Peterson, "Rewriting (Global) Political Economy as Reproductive, Productive and Virtual (Foucaudian) Economics," *International Feminist Journal of Politics* (4:1 April, 2002), 5.

12) J. R. McNeill, *Something New Under the Sun: An Environmental History of the Twentieth-Century World* (New York: W. W. Norton, 2000), 4.

13) Bouma-Prediger, *For the Beauty of the Earth: A Christian Vision for Creation Care* (Grand Rapids, MI: Baker Academics, 2001), 22.

에큐메니칼 교회의 세계화에 대한 교회적 신학적 대응

1. 세계화에 대한 에큐메니칼 교회의 교회적 대응

경제정의는 세계교회협의회의 전통적 관심사였다. 1968 웁살라총회 이후 '사회경제적 정의social and economic justice' 프로그램을 시작하였고, 1975년 나이로비 총회 이후에는 '정의롭고 참여적이고 지속가능한 사회just, participatory and sustainable society', 1983년 밴쿠버 총회 이후에는 '정의 평화 창조질서의 보전justice, peace and the integrity of creation' 프로그램을 추진해 왔다.

21세기 문턱에서 세계의 정치, 경제, 사회, 문화, 심지어 종교까지도 신자유주의 경제세계화의 영향권 아래 휘몰리게 되자 WCC를 비롯한 에큐메니칼 기구들은 신자유주의 대해 신앙적 대응을 하기 시작했다.

WCC는 1998년 하라레 총회에서 "신자유주의 경제세계화의 상황 속에서 신앙적 삶을 산다는 것이 무엇을 의미하는가?"를 성찰하는 과정을 전개하기로 결의하였다. 총회는 선언하기를 "세계화의 이면에는 이 땅에 거주하는 모든 인류의 일치를 향한 기독교의 오이쿠메네 정신과 부합하지 않는 내용의 비전이 담겨져 있다."고 분석하고, "세계화의 논리는 대안적인 공동체의 삶의 방식에 의해 다양한 방법으로 문제제기가 이루어져야 한다."라며 이 프로그램을 시작하는 방향을 명시했다. 총회는 "그리스도인들과 교회들은 신앙적 관점에서 세계화의 도전을 성찰해야 하며, 따라서 일방적인 경제적 · 문화적 세계화의 지배 형태를 거부해야 한다."고 전제하고 "현 경제시스템에 대한 대안적 정책을 위하여 연구과제가 시급하고,

세계화 과정과 파생하는 문제들에 대한 효과적인 정치적 규제 및 조정의 실현화가 절실하며, 따라서 이에 따른 행동들이 신속하게 이루어져야 한다."고 강조했다.

WARC는 1997년 데브레천 총회에서 '경제 불의와 생태계 파괴에 대한 인식, 교육, 고백신앙의 과정processus confessionis'을 선언하고 2004년 아크라 총회에서 신자유주의와 제국에 대한 신앙고백적 저항을 선포하는 '아크라 신앙고백The Accra Confession'을 채택한다. WCC는 WARC의 고백신앙의 과정의 활동에 동참할 것도 권장했다.

이후 두 기구는 공동으로 LWF와 함께 에큐메니칼 여정을 시작했다. 먼저 1999년 서울과 방콕에서 아시아 경제위기에 대해 분석하고 2001년에는 부다페스트에서 동구권 나라들의 경제 이행 10년을 평가하는 한편 같은 해 남태평양 피지에서 기후변화로 인한 생태계의 현실을 진단했다. 여기에서 나온 결과를 가지고 2002년에는 네덜란드 소에스테르베르그Soesterberg에서 오늘 세계 경제를 지배하고 있는 북반구에 있는 교회들에게 경제정의를 위해 북반구 교회가 적극적으로 일어서도록 촉구하는 협의회를 가졌다. 2003년 부에노스아이레스에서 아르헨티나가 겪은 경제위기 등 남미의 경제상황을 진단하고 2004년에는 미국 스토니 포인트에서 북미의 교회가 이런 남반구 교회들의 부르짖음에 어떻게 응답해야 하는지 성찰하는 모임을 가졌다.

이러한 여정을 통하여 WCC는 경제세계화에 대한 보다 근본적인 접근이 필요함을 절감했다. 그것은 신자유주의 경제세계화의 약간의 수정이 아닌 완전히 새로운 대안이 필요하다는 점이다. 그러나 많은 서구 교회들은 서구 사회가 주도해서 지금까지 전 세계로 확산시킨 현 경제모델을 바꾸지 않고 수정하여 경제정의를 이루어 보겠다는 생각을 하고 있다. 교회는 가난한 자들에 대한 봉사나 인도주의적 지원 정도에서 만족하려 한다. 그러나 일련의 에큐메니칼 협의회에 참석한 사람들은 경제세계화가 결코 빈곤 퇴치에 기여할 수 없고 더 나아가서 생태계 파괴를 부추긴다는 사실을 분명하게 인식하는 반면, 제한 없이 완전히 고삐 풀린 신자유주의 시장형 성장 패러다임이 현재의 경제 불의(와 경제 위기)의 주범이라는 사실을 확인하고 현 경제체제를 근본적으로 바꾸지 않으면 지구 빈곤과 불공평 그리고 환경 파괴의 악순환의 고리를 끊을 수가 없다는 결론에 도달한 것이다.

"세계화의 상황에서 어떠한 신앙을 가지고 살아가야 하는가?"라는 질문에 대한 종합적인 응답으로서 WCC의 아가페AGAPE 문서와 아가페 운동이 제시되었다.[14] 이 문서는 세계화의 논리에 대하여 다양성을 가진 공동체의 대안적 삶의 양식으로 도전해 가야 한다고 주장하며, 이러한 대안적 삶의 양식은 에큐메니칼 교회들의 협의회와 문서들을 통하여 다양하게 제시되었다고 한다. 오늘의 교회는 평화와 생태적 균형 그리고 정의에 관련하여 연대성, 공적 참여, 자기 확신에 기초한 새로운 체제를 오늘의 국제체제에 대신하려는 노력을 경주해야 한다. 이 문서에서는 현 경제체제를 '샴페인 잔 경제'로 규정하고 '생태적 빚ecological debt'이란 용어를 제기하며 '죽음의 경제와 생명의 경제'를 비교하고 있다.

아가페 문서에 대한 신학적 숙고를 더해 가는 것은 에큐메니칼

---

14) WCC, "Alternative Globalization Addressing People and Earth(AGAPE): A Background Document," (Geneva, 2005)

교회의 계속적인 대안 찾기를 위해 중요하다 하겠다. 아가페 과정은 계속해서 진행되고 있다.

2. 신자유주의에 대한 신학적 대응

1) 울리히 두크로Ulich Duchrow[15]

두크로는 '자본주의 시장의 자율성'에 대해 의문을 제기하며 1) 고전주의 경제학자들의 '경제적 인간'으로 인간을 규정하는 것에 대해 어느 정도 이론을 위해 추상적 규정이 필요하지만 절대적인 이론적 추상화는 인간 현실을 왜곡하는 것으로 비판했다.[16] 2) 두크로는 학자들이 경제학에서 이성적 인간이 개인적 이익을 공동체적 필요보다 우선적으로 추구한다는 것에 대해 의문을 제기한다.[17] 3) 구체적인 인간의 욕구를 만족시키는 생산가치보다는 교환가치에 더 치중하는 현 경제체제를 비판했다.[18]

두크로는 오늘날 그리스도인의 과제로서 세계 경제의 심각한 문제들에 대한 대응을 촉구했다. 현 서구 자본주의 시장경제의 번영은 세계 인구 다수를 차지하는 제3세계 민중들의 엄청난 희생 위에 이루어진 것이다. 따라서 현재의 신자유주의 세계경제체제는 사탄의 체제요 "거대한 형태의 우상숭배"[19]이다. 그러므로 이러한 신자

---

15) Ulich Duchrow, *Global Economy: A Confessional Issue for the Churches?* (Geneva: WCC Publications, 1987); *Alternatives to Global Capitalism: Drawn from Biblical History , Designed for Political Action* (Utrecht: International Books, 1995); Ulich Duchrow & Franz Hinkelammert, *Property for People, Not for Profit: Alternatives to the Global Tyranny of Capital* (London: Zed Books, 2004).

16) Duchrow, *Global Economy*, 149.

17) *Ibid.*, 151.

18) *Ibid.*, 153.

유주의 경제체제를 단순히 경제문제로서가 아니라 신앙고백의 차원에서 이 문제를 바라보아야 한다. 마치 1930년대 나치스 체제 아래에서 바르멘 선언(1934)이 나치즘을 반그리스도교적 이단이라고 규정했듯이, 또는 1977년 세계개혁연맹이 아파르트헤이트(남아공의 인종차별정책) 정책을 지지하는 화란 개혁교회 두 교단을 이단을 지지한다는 이유로 회원권을 정지시켰듯이, 오늘의 시대에 있어 신자유주의 세계경제체제는 바로 우상숭배적 이단이라고 규정되어야 한다는 것이다. 그러므로 두크로에게는 이러한 사탄적 성격의 경제체제에 대해 교회와 신학의 두 가지 선택밖에는 없는 것이다: 가짜 하나님을 따르는가, 살아 있는 하나님에 복종하는가?

이러한 두크로의 "신앙의 문제로서의 세계경제"라는 주장은 에큐메니칼 교회의 경제문제에 대한 입장을 지대한 영향을 미쳤으며 세계개혁교회연맹의 "processus confessionis"와 세계교회협의회의 이 운동의 동참이 이루어졌다.

그러나 이 문제제기는 또한 많은 논쟁을 일으키기도 했다. 프레스톤R. H. Preston은 이러한 두크로의 경제문제에 대한 신앙고백적 규정에 대하여, 경제 환원주의적 경향을 지적하며 이러한 묵시론적 규정이 문제 해결이나 윤리적 결정에 별로 도움이 되지 않는다고 말한다.[20] 기예모 한센 같은 남미의 학자도 과연 경제문제를 신앙고백적 사안으로 여기는 것이 좋은 전략인가에 대해 문제를 제기한다.[21] 두 왕국론의 견지에서 보자면 세상의 왕국이 하나님의 왕국

---

19) Duchrow, *Global Economy*, 174-75.

20) Ronald H. Preston, "Christian Faith and Capitalism," *Ecumenical Review* (vol. 40, April 1988); *Confusion in Christian Social Ethics: Problems for Geneva and Rome* (London: SCM Press, 1994).

21) Guillermo Hansen, "Neo-liberal Globalization: A Casus Confessionis?" in

의 권위와 영역을 침범할 때에 신앙고백적 저항이 필요한데 과연 그러한 상황인가에 대해 묻고 있는 것이다. 즉 신자유주의와 신자유주의 세계화가 교회와 복음을 위협하는 반신학으로 등장하고 있는가 하는 점이다. 세계화란 복합적인 현상이어서 경험적 분석으로 명백하게 교회를 신앙고백적 차원에서 위협하고 있다고 보기는 어렵다는 것이다. 세계화가 전체적인 지배를 하는 것으로 생각하고 신앙고백적 용어를 사용하지만 사실은 대단히 유동적이고 다양한 의미를 지닌다고 할 수 있다.

2) 세계화에 대한 개혁신학적 관점: 하우즈바르트 Bob Goudzwaard

세계화와 대해 하우즈바르트는 개혁신앙에 기초하여 다음과 같이 주장한다.[22]

첫째로, 하나님은 분명하게 복음의 말씀을 통하여 세계 공동체를 만들기 원하셨고, 그 공동체 안에 모든 인간들을 포함하도록 하셨다. 그러기에 기독교인의 질문은 세계화에 대한 찬반이 아니라 "어떤 세계화를 우리가 지지할 것인가?" 하는 문제이다. 둘째로, 창조에 내재하는 가치는 인간들이 하나님이 주신 것을 악마화할 수 없다는 것을 말해 주고 있다. 따라서 세계화도 하나님의 좋은 선물로서 적절하게 사용될 수 있다. 셋째로, 하나님의 통제 아래에 있는 경제생활은 구원의 도구가 되어 창조질서의 세계적인 다양성을 존중하며 오시는 주님의 통치를 미리 보여줄 수 있다.

Karen Bloomquist (ed.), *Communion, Responsibility, and Accountability: Responding as a Lutheran Communion to Neo-liberal Globalization* (Geneva: LWF, 2004), 163-178.

22) Bob Goudzwaard, *Globalization and the Kingdom of God* (Grand Rapids: Baker, 2001).

이러한 하우즈바르트 교수의 주장은 신자유주의에 대한 개혁주의적 비평으로, 두크로의 급진적 비평과 상당히 다른 면이 있다. 그러나 하우즈바르트도 개인적 자율성과 자기만족을 충족시키는 신자유주의 세계화에 대해서는 마찬가지로 상당히 비판적이다. 그는 많은 사회에서 하나님 중심적 세계관에서 인간 중심적 세계관으로 변천해 가고 있다고 지적한다. 하우즈바르트는 또한 세계화의 이익들이 가난한 자들에게 돌아가는지에 대해 관심을 가지며 그렇지 못한 현실을 비판적으로 본다.

3) 모 로비다Cynthia Moe-Lobeda의 성만찬과 세계화의 윤리

세계루터교연맹은 세계화의 도전에 대한 신학적 응답으로 성만찬 공동체를 통한 대응을 강조한다. 왜냐하면 인간의 자유는 자기만족에서가 아니라 상호 참여와 연대 즉 공동체에서 가능한데, 이러한 공동체는 '성만찬'을 통해 이루어질 수 있기 때문이다. 이것은 또한 국제연대와 의무에 대한 윤리적 동기를 제공한다. 성만찬 공동체에서 볼 때 신자유주의 세계화는 개인적 이익과 성취를 최대화함으로써 관계적 성격은 파괴되어 결국 공동체의 분리로 나타나고 있다. 십계명의 신학에서 볼 때 또한 신자유주의 세계화는 '다른 신'을 섬기는 우상숭배로 나타나고 있다. 이러한 신자유주의 세계화의 현실은 성만찬 공동체로서 회복될 수 있다. "성만찬은 유기적 관계와 상호 참여 그리고 생명에의 참여를 가리킨다. 새로운 소속감과 새로운 윤리적 행동의 가능성이 잉태된다."[23] 이러한 성만찬 공동체는

---

23) The Lutheran World Federation, "Engaging Economic Globalization as a Communion," (LWF, 2001), 19.

교회의 본질이다.

루터교 신학자이자 여성신학자인 모 로비다는 루터의 성만찬 개념을 윤리적 동기로 발전시킨다. "나의 생각으로 루터의 성만찬 개념 그 자체는 나누어질 수 없는 세 가지 형태 즉 성찬과 연대 그리고 공동체의 세 가지로 형성된다. 그런데 이것은 모든 사람들의 삶을 풍성하게 하는 은혜나 대안 들을 형성하는 것을 방해하는 그 어떤 것에도 저항할 수 있는 도덕적 힘의 원천이 될 수 있다."[24)]

모 로비다는 구체적으로 성만찬이 경제세계화에 저항하는 도덕적·영적 힘이 될 수 있는가를 루터 신학의 "성만찬적 경제윤리"와 "그리스도의 내적임재Christ's Indwelling"를 통해서 규명했다. 먼저 성만찬적 경제윤리란 성만찬에 참여한 모든 사람들이 하나님의 은총을 받으며, 아무도 제외되지 않는다는 것이고, 이것을 통해 이웃사랑이 이상적으로 받아들여진다. 그런데 이것은 경제 영역에서도 마찬가지가 되어야 한다는 것이다. "'그리스도의 내적임재'란 은혜의 선물로 그리스도는 믿는 자들의 공동체 안에/가운데 거하시며 점차 그들은 개인적으로 그러나 공동체 안에서 모든 삶의 영역에서 이웃의 행복을 위하여 섬김으로 이웃을 적극적으로 사랑하는 삶의 방식으로 바꾸어 간다…. 도덕적 삶은 선물이자 명령으로, 육신적 현실이자 신비적 현실로, 존재론적으로는 개인적이자 공동체적으로 성례의 필수적인 표현이다."[25)] 말하자면 우리의 깨어진 자아와 분열된 공동체는 성만찬을 통해 회복되어 도덕적 능력을 갖게 되고 나아가 이웃과 세상을 섬기게 된다는 것이다.

---

24) Cynthian Moe-Lobeda, "Communio and a Spirituality of Resistance," in Bloomquist(ed.), *Communion, Responsibility, and Accountability*, 146.
25) *Ibid.*, 149.

모 로비다의 강조점은 신자유주의 세계화는 시장의 유용성에 봉사하는 외에 결정과 행동을 할 수 있는 인간적 능력을 무능하게 한다. 그런데 그리스도교 전통 중에 어느 것이 도덕적 인자들을 저항하고 비전을 가지게 하며 대안을 형성하게 하는가? 그것은 바로 내적으로 임재하시는 하나님과의 관계를 통해서라고 주장한다. "성만찬은 친숙하게 '개인적'이며, 근본적으로 '정치적'이고 '공적'이며 '예전적'이다. 예전적 성만찬—하나님이 우리 안과 가운데 인간 공동체로서, 지구적 더 나아가 우주적 공동체로서 육화하시는데—은 도덕적 능력의 자리locus이다."[26]

한국 교회의 세계화 신학을 위하여

사회 변화의 기독교적 해석을 위한 건실하고 의미 있는 기초는 성서와 상황에 대한 대화를 통해 얻어지는 신학적 이해에 달려 있다. 이것은 통전적인 선교신학의 발전을 요구하며 이런 의미에서 한국 교회의 세계화 신학이 더욱 발전해야 한다.

한국 교회의 세계화 신학을 정립하기 위해 이제까지 살펴본 에큐메니칼 교회와 신학자들의 세계화에 대한 교회적·신학적 대응과 조응하여 한국 교회와 민중신학의 세계화에 대한 대응과 신학적 작업을 전개해 나갈 필요가 있다. 세 가지 방향에서 이러한 대화와 상호적응을 시도해 보고자 한다. 첫째로 경제신학에 관한 부분으로 세

---

26) Cynthia D. Moe-Lobeda, *Healing a Broken World: Globalization and God* (Minneapolis: Fortress Press, 2002), 103.

계 교회 특히 두크로가 제기한 "신앙의 문제로서의 경제적 이슈"와 민중신학자 김용복이 제시한 "하나님의 정치경제"라는 개념이다. 둘째로, 성만찬신학을 통한 세계화신학의 정립인데 루터교회와 모로비다가 제기한 교회적 신학적인 성만찬의 중요성과 한국의 민중 전통과 민중교회 안에 있는 두 가지 식사 전통(공동식사와 성만찬)의 의미와 연결할 수 있다. 셋째로, 문화신학과 선교신학의 차원에서 세계화 시대의 한국 교회의 통전적인 선교신학을 제시하고자 한다.

1. 한국 교회의 경제신학

앞서 지적했듯이 1997년 한국의 경제위기는 한국 교회가 신자유주의에 대한 인식과 경제문제의 신학적 중요성을 실감한 계기가 되었다. 주목할 만한 신앙선언은 예장통합총회에 발표한 "경제위기 극복을 위한 신앙 각서A Faith Affirmation of the Church for Overcoming the Current Economic Crisis"와 KNCC에서 발표한 경제신앙 각서인 "시장경제에 있어 민주적 질서: 통일시대를 위한 지속가능한 균형 성장 Democratic Order in the Market Economy: Sustainable and Balanced Economic Growth for the Reunification Era"이다.

예장통합 선언서에는 경제문제에 대한 기독교의 관점과 선교적 우선순위를 적시하며 대량 실업의 위기에서 실업문제를 위한 교회의 다양한 대책과 프로그램을 제시하고 있다.

KNCC의 문서에는 통일시대를 대비하는 한국의 경제체제를 민주적 시장경제로 규정지으며 다섯 가지 경제적 원칙을 제시했다. 1) 인간성의 원칙, 2) 민주적 원칙, 3) 사회정의의 원칙, 4) 생태적 원칙, 5) 지구적 정의의 원칙 등이다.

두크로의 "신앙고백으로서의 경제"를 민중신학자 김용복은 "하나님의 정치경제학"이라는 표제를 내걸고 '하나님의 살림살이'와 '민중경제학'으로 이를 설명하고 있다.[27] 성서적인 경제의 개념은 하나님의 소유권과 인간의 청지기직으로 사람들 특히 가난한 민중들의 삶을 유지해 주는 데 목적이 있다. 하나님의 살림살이는 민중경제학으로 표현할 수 있는데 이는 새로운 경제체제가 아니라 사회경제적 정의를 위한 투쟁에 있어 하나님이 민중들과 함께한다는 것이다. 하나님의 정치경제에 있어 가장 중요한 표현은 "가난한 자들과의 계약"이다.[28] 그것은 가난한 자들의 삶을 보장하며 인간 공동체의 평화를 또한 보장해 주는 것이다.

김용복의 하나님의 정치경제에 대해서는 WCC의 경제체제에 대한 제안들에 대한 비판과 마찬가지로 '종말론적 현실주의'의 한계를 갖고 있다고 지적된다.[29] 에큐메니칼 교회가 제시하는 하나님의 정치경제체제라는 은혜로운 목적을 구체적으로 어떻게 실현할 것인가에 대해 구체적인 계획이 결여되어 있다는 것이다. 다른 차원이지만 비슷한 관점에서 강원돈은 김용복의 하나님의 정치경제학이 구체적인 사회경제적 프로젝트와 연결되지 못하고 있음을 지적했다.[30]

---

27) 김용복, 『지구화시대의 민중의 사회전기: 하나님의 정치경제와 디아코니아 선교』 (병천: 한국신학연구소, 1998), 165-249

28) Kim Yong-bock, *Messiah and Minjung: Christ's Solidarity with the People for New Life* (Hong Kong: Christian Conference of Asia, 1992), 207-211.

29) Preston, *Confusion in Christian Social Ethics*, 140-142.

30) 강원돈, 『물의 신학: 실천과 유물론에 기초한 신학을 향하여』 (서울: 한울, 1992), 290-313.

2. 한국 교회(민중교회)의 성만찬신학

세계 루터교회와 여신학자 모 로비다가 설명하고 있는 신자유주의 세계화로 대한 공동체적 대응과 그리스도인의 도덕적 능력의 회복은 성만찬의 신학으로 가능하다는 논의를 한국 교회 차원에서 우리 민중 전통에 있는 공동식사와 이를 도입한 민중교회의 공동식사 성만찬의 두 가지 식사 전통을 통해 발전시킬 수 있을 것이다. 김동선이 지적한 대로 성만찬을 적절히 이해하고 축하하기 위해서는 특정한 나라와 지역의 식사 관습과 사회적 관습이 중요하기 때문이다. "성서에서도 성만찬을 비롯하여 몇 가지 중요한 식사 관습을 구원사의 빛에서 일반 식사 관습을 신학적으로 재해석함으로써 발전시켰다는 것은 사람들이 어떤 특정한 상황에서 그들의 고유한 전통이나 현재의 사회역사적 과제에 비추어 성서의 식사 전통의 중요성을 재발견하는 특권을 가질 수 있다는 사실을 보여준다. 더욱 중요하게는 이러한 작업이 소홀히되면 성만찬이 구체적인 역사적 현실로부터 유리되어 단순히 예식적인 활동으로 떨어지게 된다."31)

이런 점에서 한국 교회 특히 민중교회에서의 '주의 만찬Lord's Supper'을 축하하는 데 사용되는 "두 가지 식사 전통" 즉 하나는 민중들의 사회역사적 경험에서 전해 오는 공동식사와 다른 하나는 교회에서 전해지는 성만찬의 전통이 중요한 의미를 가진다. 이러한 두 가지 식사 전통은 서로 상호보완적 관계를 가진다. 성만찬은 교인들에게 주님의 선물로 주어진다. 그것을 행함을 통하여 단순히 예수의 희

31) Kim Dong-sun, *The Bread for Today and the Bread for Tomorrow: The Ethical Significance of the Lord's Supper in the Korean Context* (New York: Peter Lang, 2001), 3.

생적 삶을 기억할 뿐만 아니라 그들의 종말론적 기대를 표현한다. 성만찬은 교인들이 하나님의 백성으로 살아가도록 격려하는 상징적 의식이다. 그런데 자칫 성만찬이 실제 예배에서는 예식적 활동으로 전락되는 경우가 많다. 이런 경우에 잔칫집 분위기에서 함께 집단적인 기쁨으로 나누는 공동식사가 예배에 있어 성만찬의 의미를 다시 살려낼 수 있다. 다른 한편으로 성만찬은 공동식사가 예수의 고난과 죽음이라는 윤리적 긴장을 불어넣어 단순히 함께하는 식사의 기쁨에 예수 그리스도의 십자가의 의미를 부여하게 된다. 따라서 이 두 가지 식사의 전통은 주의 만찬을 온전히 이해하고 축하함에 있어 상호보완적인 요소를 갖는다 하겠다.[32)]

이러한 두 가지 식사의 전통은 또한 사회적 의미를 갖는데 첫째로, 공동식사는 하나님의 정의를 자신들의 삶 속에서 반응할 수 있도록 인도한다는 것이다. 둘째로, 두 가지 식사 전통의 상호연관성은 예배와 윤리에 관한 상호관계를 명확하게 해준다. 회중들은 성찬을 가지며 자신의 죄를 고백하고 그들의 죄를 용서받는 표시로서 그리스도의 몸과 피를 받는다. 공동식사는 그것의 연장으로서 '화해'의 의미를 갖는다. 세 번째 의미는 두 가지 식사는 삶을 좀 더 구체적으로 경험하도록 돕는데, 성찬은 교인들로 하여금 삶의 신비에 관해 경험하도록 돕고, 공동식사는 현 사회의 반생명적이고 반민중적인 지배적 가치구조에 대하여 보다 강력한 차원의 해방감을 표현하게 해준다. 따라서 주의 만찬은 민중교회들이 세상과 교회의 지배적 문화에 대해 새로운 삶의 경험을 나타내는 대안공동체로서 역할을 하게 한다.

---

32) *Ibid.*, 178.

3. 세계화 시대의 한국 교회의 통전적인 선교신학

세계화 시대의 선교에 있어 한국 교회에서 주요한 문제로 나타나는 것은 먼저 개교회주의가 있다. 개교회주의가 한국 교회의 성장에 기여한 것도 사실이지만 교회 간의 협력에 근본적인 장애가 되고 있다. 더 나아가 이러한 개교회주의는 성장 중심의 번영신학이 한국 교회의 신학의 중심이 되었고, 대형 교회의 세습과 사유화 현상도 이런 연장선상에서 나타나고 있다. 둘째로. 기독교 복음에 끼치는 세계적인 세속 문화의 영향이 있다. 존 질John Seel은 기독교 복음에 영향을 미치는 현대적 흐름으로 디즈니 복음, 맥도날드 복음, MTV 복음 등으로 표현하고 있다.[33] 이러한 문화적 흐름은 기술 상업적 유토피아를 추구하는 자본주의와 상업주의를 상징하며, 교회의 복음을 이성적 사회를 향하여 보여주고자 하는 노력을 상징하는 것이다. 또한 이것은 매체 혁명의 영향과 관련된다. 셋째로, 신앙의 사사화privatization of faith의 문제가 있다. 새로운 경쟁과 상업주의는 그 뒤에 경제세계화의 논거와 같이 강력한 자율에 대한 욕망과 자신에 대한 긍정이 놓여 있다. 세계화 시대의 이러한 자율에 대한 욕망은 종교의 세속화와 연결되는 기독교 신앙의 사사화私事化를 초래한다. 세계화는 또한 복음의 전파는 점점 쉽게 되지만 제자가 되는 것은 점점 힘들어지는 현상을 가져와 '명목상의 기독교인'을 양산하게 한다. 사람들은 종교 소비자가 되어 교회를 통해 개인적 행복과 건강을 구매하는 현상도 나타난다. 따라서 도시에서 개인적 구원과

---

33) John Seel, "Modernity and Evangelicals: American Evangelicalism as a Global Case Study," in Philip Sampson, Vinay Samuel, and Chris Sugden (eds.), *Faith and Modernity* (Oxford: Regnum, 1994), 287-313.

성결을 추구하는 엄청난 교회 성장이 일어나지만 사회경제적·정치적 변화가 실제로 거의 일어나지 않고 있다. 기독교 신앙이 사회에 거의 영향을 미치지 못하는, 또는 부정적 영향을 미치는 이러한 현상은 교회의 큰 위험이 되고 있다. 아울러 한국 교회와 교인들은 그리스도인의 책임성이 결여된 모습을 보여주고 있다. 세계화가 초래하는 부의 양극화, 생태계의 위기와 기후 변화, 과잉 생산과 과잉 소비의 문제에 대해 책임적인 응답을 하고 있지 못하다. 이러한 한국 교회의 상황에서 통전적인 선교신학을 형성하기 위해서는 다음과 같은 선교적 노력이 필요하다.

1) 협력적 선교의 필요

세계화는 세계적 경쟁과 함께 다양한 협력이 필요한 시대를 만든다. 이것은 회사의 차원에서뿐만 아니라 시민운동에서도 마찬가지이다. 인권과 환경을 보호하기 위해 많은 사람들이 서로 협력하고 함께 일해야 한다. 선교에 있어서도 동일한 한 가지의 방법으로 모든 경우에 적용하는, 신자유주의적 접근 방식을 피하고, 대신에 서로 연결하여 여러 가지 자원들을 각 지역에서 기독교의 공적 증언의 중요성을 높이는 방법으로 사용해 가야 한다. 이를 위해 한국 교회는 다른 지역 교회들과 세계적으로 진지한 대화를 해나가며 협력을 모색해야 한다.

2) 자족과 나눔의 선교

기독교의 책임성은 자족과 나눔과 긴밀하게 연결되어 있다. 하우즈바르트는 충분함과 자족의 목적Purpose of enough, purpose of sufficiency이 세계화 시대에 기독교를 각성시키는 데 중요한 것으로 강조한다.

그는 스스로 만든 무제한의 물질적 확장의 목적을 점차로 충분함과 자족의 목표로 대체해야 한다고 보았다.[34] 자족과 나눔의 기독교 윤리를 한국 교회는 세계를 향해 천명해야 한다. 더 나아가 한국 교회는 더 많은 물질을 개발도상국의 교회들과 함께 나누어야 한다.

3) 신앙공동체와 해방적 영성

세계화된 세상에서 신앙공동체의 역할은 더욱 중요해지고 있다. 다원주의와 개인주의 시대에 사람들은 신앙공동체를 벗어나 사적인 형태의 종교성을 추구하고 있다. 많은 사람들이 물질주의 사회에서 영적 공허감을 느끼고 이러한 공허감을 매울 수 있는 영성을 갈구하고 있다. 기독교 선교의 영구적인 과제 중 하나가 개인과 공동체 분리의 통합이요, 참여와 연대의 네트워크를 구축하는 것이다. 물론 개인의 자유가 중요하지만, 삶의 진정한 개인성은 상호의존, 참여와 연대성을 통해 발견될 수 있는 것이다.

4) 공적 책임성의 발전

한국 교회는 기독교 시민사회운동을 활성화시켜야 한다. 그래서 사람들의 삶의 질에 큰 영향을 미치는 정부의 정책이나 방향에 대해 감시하고 참여해야 한다. 한국 교회의 성장이 교회적 자기도취에 빠지거나 승리주의로 귀결되지 않도록 주의해야 한다. 한국 교회의 구성원들이 자기가 살고 있는 지역공동체에서나 사회에서 변혁적 영향을 미치지 못하고, 그들의 종교적 메시지가 사회에 적용되지 않는다면 한국 교회는 주변화되어 현대의 세속주의의 희생물이 되

---

34) Goudzwaard, *Globalization and the Kingdom of God*, 37-38.

기 쉽다.

5) 세계 시민사회와의 협력과 참여

한국 교회는 세계화 시대에 경제정의와 생태정의를 위한 세계 교회의 부름에 응답해야 한다. 예를 들어 한국 교회는 WCC의 아가페 AGAPE 네트워크에 참여하여 생명을 살리는 경제적 실천을 나누어야 한다. 한국 교회는 또한 세계 시민사회에도 참여해야 한다. 왜냐하면 경제학자 스티글리츠가 말한 대로 1999년 시애틀에서 있었던 대규모 반세계화 시위는 많은 정부들과 국제경제기구들로 하여금 자신들의 정책들을 심각하게 재평가하도록 하는 좋은 기회가 되었다고 한다.[35] 이것은 신자유주의 세계화의 정책들에 대한 재평가를 통해 세계화의 영향과 개혁의 필요성에 대한 새로운 토론을 열어 주었던 것이다.

---

35) Joseph E. Stiglitz, *Globaization and Its Discontents* (New York: W. Norton & Company, 2002), 4.

다문화 사회의 떠돌이 민중에 대한 신학적 이해

류장현 | 한신대학교 교수 / 조직신학

I. 들어가면서

전 세계적으로 약 2억 명이 타국살이를 하며 매년 약 2천만 명이 자기 나라를 떠나 타국으로 이주하고 있다.[1] 코피아난 전 UN 사무총장의 말처럼 "우리는 이주가 세계적인 현상이 된 이주의 시대 한 가운데 있다."[2] 우리나라도 예외는 아니다. 행정안전부에 의하면 국내에 거주하는 외국인은 2009년 5월 1일 기준 110만 6884명으로

1) United Nations High Commission of Refugees, *The State of the World's Refugees*, 2006, 130, 문동환, "21세기와 떠돌이 신학," 두레방, 『두레방 20주년 기념 문집: 두레방에서 길을 묻다』(서울: 도서출판 인, 2007), 160. 세계적인 이주의 역사와 이주문제에 대한 토의 자료는 K. Lee Lerner, Brenda Wilmoth Lerner, and Adrienne Wilmoth Lerner editors., *Immigration and Multiculturalism: Essential Primary Sources*, Thomson Gale 2006과 기 리샤르, 전혜정 옮김, 『사람은 왜 옮겨 다니며 살았나』(서울: 에디터, 2004)를 참고하라.

2) 박찬식, "21C 선교환경변화와 이주자 선교의 관점과 전략," 박찬식 · 정노화 편집, 『21C 신유목민 시대와 이주자 선교』(서울: 기독교산업사회연구소 출판사, 2008), 20에서 재인용.

조사를 시작한 2006년 이후 처음으로 100만 명을 돌파했다. 그것은 2009년 5월 1일 현재 주민등록인구(4959만 3665명)의 2.2%에 해당하는 수치로 지난해(89만 1341명)보다 24.2% 증가한 것이다.[3] 따라서 국내에 거주하는 외국인의 숫자가 전체 인구의 2%를 넘어 사회학적으로 한국 사회는 이미 다문화 사회가 되었을 뿐만 아니라 매년 그 숫자가 증가하고 있어 2050년에는 인구 10명당 1명이 외국인이 될 것으로 예상된다.[4]

이러한 급속한 다문화 사회로의 이행은 이주민들의 인권, 자국민과의 갈등과 이주민 자녀들의 교육 등 다양한 사회적 문제들을 수반하고 있다. 물론 많은 교회들이 이주민들의 인권과 이주민 2세들의 교육을 위해 노력하고 있지만 아직 다문화 사회에 대한 신학적 논의는 다른 분야에 비해 상대적으로 아주 적은 형편이다. 그러므로 필자는 먼저 이주민들의 현실을 살펴보고 그것을 해결하기 위한 다양한 신학적 제안들을 비판적으로 검토한 후 민중신학적 관점에서 이주민에 대한 새로운 이해를 시도할 것이다.

II. 떠돌이 민중의 현실과 고난

국내에 거주하는 이주민은 다른 나라에서 이주한 외국인,[5] 우리와

---

3) 〈동아일보〉 2009년 8월 6일.

4) 국토연구원이 발표한 "2050년 메가트렌드"에 의하면 한국은 이미 단일민족 국가가 아니며 외국인의 숫자도 2050년에 9.8%로 늘어날 것이다(〈연합뉴스〉, 2009년 9월 3일).

5) 국내에 거주하는 외국인을 국적별로 분류하면 중국이 56.5%, 베트남과 필리핀 등 동남아 출신이 21.2%, 미국 5.4%, 남부아시아 3.9%, 일본 2.4%이며, 유형별로 분류하

같은 민족으로서 다른 나라에 살다 이주한 새터민, 난민, 조선족, 고려인 등이 있다. 그들은 세계화로 인한 경제통합, 노동력의 이동과 정치적 불안정,[6] 고령화로 인한 노동력 부족과 저개발 국가의 일자리 부족,[7] 산업구조의 변화로 3D직종 기피현상,[8] 경제적 착취와 다국적 기업의 전쟁 도발과 환경 파괴, 또한 신자유주의 경제 질서에 의해서 파생된 국제적이며 국내적인 빈부의 격차와[9] 이상향에 대한 동경[10] 등으로 자신의 삶의 터전을 버리고 떠돌이 생활을 하고 있다. 그들은 자기 고향을 떠나 타국에 살면서 생계가 어려워 타인의 배려와 보호를 받아야 하는 게르(גור)와 같은 존재들이다.[11] 그들은 정착 여부와 사회경제적 성격을 고려할 때 '이민자immigrant'

면 외국인 근로자 52%, 결혼이민자 11.4%, 자녀9.7%, 유학생 7%, 재외동포 4%, 혼인귀화자 3.7%, 기타사유귀화자 2.9%, 기타 9.3%이다. 국내에 거주하는 외국인 중 한국 국적을 취득한 사람은 16.4%(18만 1414명)로 대부분 결혼에 의한 것이다(〈동아일보〉 2009년 8월 6일).

6) 노영상, "다문화 사회의 통합에 대한 교회적 접근: 다인종 목회에 있어 다른 문화 간 다양성 속의 일치," 박찬식·정노화 편집, 『21C 신유목민 시대와 이주자 선교』(서울: 기독교산업사회연구소 출판사, 2008), 157.

7) 이우성, "동아시아 이주현황과 기독교적 함의," 유네스코 아시아·태평양 국제이해교육원 엮음, 『다문화 사회의 이해: 다문화교육의 현실과 전망』(서울: 동녘, 2007), 183-184, 193.

8) 박찬식, "21C 선교환경변화와 이주자 선교의 관점과 전략," 29.

9) 문동환, "21세기와 떠돌이 신학," 160-163. 또한 W.C.C.가 분석한 이주의 원인에 대해서는 이미화 옮김, "오늘날의 강제 추방 요인들," 대한예수교장로회 총회전도부 외국인 근로자선교후원회 엮음, 『외국인 노동자 선교와 신학』(서울: 한들출판사, 2000), 24-101을 참조하라.

10) 기 리샤르, 『사람은 왜 옮겨 다니며 살았나』, 13.

11) 게르는 "일정한 거처가 없는 일시 거주자"로서 오늘날 이주노동자를 함축하고 있다(임희모, "이주노동자에 대한 선교신학적 접근," 대한예수교장로회 총회전도부 외국인 근로자선교후원회 엮음, 『외국인 노동자 선교와 신학』〔서울: 한들출판사, 2000〕, 203). 또한 임태수, 『구약성서와 민중』(천안: 한국신학연구소, 1993), 239, 김의원, "구속사에서 본 외국 이주민," 박찬식·정노화 편집, 『21C 신유목민 시대와 이주자 선교』(서울: 기독교산업사회연구소 출판사, 2008), 66.

또는 '이방인alien'이기보다는 '떠돌이 민중'이라고 할 수 있다.[12] 그 중에서 가장 천대받고 고통당하는 떠돌이 민중은 외국인 이주노동자와 국제결혼을 한 이주여성과 성매매 여성이라고 생각한다.

1. 외국인 이주노동자

국제노동기구는 외국인 노동자를 이주노동자migrant worker라고 정의한다.[13] 그들은 자신의 생활 근거지를 벗어나 언어와 사회적 관습이 다른 생활 근거지나 다른 지역에 이주하여 취업한 노동자를 통칭한다. 이주노동자는 국내에서 다른 지역으로 이주하여 취업하는 국내 이주노동자와 국경을 넘어서 다른 나라로 이주하여 취업하는 외국인 이주노동자로 구분된다.[14] 2009년 6월 30일 현재 법무부 출입국·외국인 정책본부의 통계자료에 의하면 국내에 거주하는 합법·불합법 체류 외국인은 1,155,654명이며, 그중에 이주노동자는 총 559,965명이다. 그리고 이주노동자 중에 합법체류자가 509,674

12) 떠돌이 민중 또는 떠돌이 민중신학이란 개념은 문동환의 "21세기와 떠돌이 신학"에서 힌트를 얻은 것이다. 스피나(F. A. Spina)는 게르를 이민자로 번역하지만 반 하우튼(Christiana van Houten)은 이방인으로 번역한다(크리스티아나 반 하우튼, 이영미 옮김, 『너희도 이방인이었으니』〔오산: 한신대학교 출판부 2008〕, 22). 그러나 이방인은 한국어 표현에서 외국인이나 비그리스도인을 지칭하는 정치적, 종교적 개념으로 게르(혹은 이주민)의 사회경제적 성격을 정확히 표현할 수 없다. 그러므로 게르는 정치적, 종교적 성격과 함께 사회경제적 성격을 내포하는 '떠돌이 민중'으로 호칭하는 것이 적합하다고 생각한다.

13) 국제연합이 만든 "모든 이주노동자와 그 가족의 권리 보호에 관한 조약" 제2조 1항에 의하면 이주노동자는 월경노동자, 계절노동자, 선원(선장은 포함 안 됨), 해상시절노동자, 순회노동자, 특정사업노동자, 특별취업자, 자영취업자 등이 포함된다(대한예수교장로회 총회전도부 외국인 근로자선교후원회 엮음, 『외국인 노동자 선교와 신학』〔서울: 한들출판사, 2000〕, 269-307).

14) 외국인노동자대책 협의회 편, 『외국인 이주노동자 인권백서』(서울: 다산글방, 2001), 15.

명, 불법체류자가 50,291명, 전문 인력(교수, 회화지도, 연구와 기술지도 등에 종사)이 39,440명, 단순 기능 인력이 520,525명이다.

이처럼 국내에 거주하는 외국인 이주노동자는 대부분 단순노동에 종사하고 있으며, 또한 동질적인 집단이 아니라 다양한 계층으로 구성되어 있음을 알 수 있다. 그들은 출신 국가와 직종에 따라서 구분되며 그들의 국내 생활 역시 동일한 기준에 의해서 차별화된다. 그들은 국제 이주가 보편화된 다른 국가와 마찬가지로 한국 사회에서도 데니즌denizen과 마지즌margizen으로 차별화된 삶을 산다. 데니즌은 전문직에 종사하는 사람들로 일시적 이주를 통해 다른 나라에 거주하더라도 출신국의 시민권을 포기하지 않으며 체류 국가에 영주할 의사가 없는 이주노동자들이다. 그들은 기업이 제공하는 다양한 복지 혜택과 권리를 누리고 산다. 그러나 마지즌은 체류 국가에서 법적, 정치적, 사회문화적 권리를 보장받지 못하고 사회의 변두리에서 살아가는 사회경제적 약자들이다.[15] 그들은 열악한 주거환경에서 문화적 해택이 없이 거주국에서 살고 있을 뿐만 아니라[16] 장시간 노동, 임금 체불, 산업 재해, 폭행, 인신 구금, 단속과 추방 등 심각한 인권 침해를 당하고 있다.[17] 몇 가지 사례를 소개하면 다음과 같다.

---

15) 한건수, "비판적 다문화주의: 한국적 다문화주의의 모색을 위한 인류학적 성찰," 유네스코 아시아·태평양 국제이해교육원 엮음, 『다문화 사회의 이해: 다문화 교육의 현실과 전망』(서울: 동녘, 2007), 141.

16) *Ibid.*, 143-144. 이주노동자의 상이한 삶은 거주지의 분포에도 나타난다: 동부이촌동(일본인 거주지), 반포동(프랑스 마을), 구로동(조선족), 동대문시장 근처(러시아, 중앙아시아, 몽골인), 그것은 한국 사회의 계급성 재현과 차별적 의미를 내포한다.

17) 외국인노동자대책협의회 편, 『외국인 이주노동자 인권백서』, 19-98을 참조하라.

이란 사람 칸은 2001년 3월 7일부터 6월 16일까지 경기도 소재 가구공장에서 월 75만 원을 받기로 하고 일을 했다. 그러나 칸은 이 3개월 동안 45만 원을 수령하였고 나머지 월급을 받지 못했다. 사업주는 평소에도 가끔씩 말이 통하지 않는 칸에게 주먹질을 하였다. 6월 16일 칸이 밀린 월급을 달라고 하자 사업주는 또다시 주먹질을 하면서 칸에게 폭력을 행사했다.18)

지난 2004년 11월 태국 여성으로서 8명의 이주노동자들이 노말핵산 중독증과 다발성 신경장애(앉은뱅이 병)로 2년 가까이 치료를 받아야 하는 무서운 산재가 발생했다…. 병원에 가고 싶다고 하면, 꾀병 부린다며 야단을 치고 다리에 힘이 없고 아프다고 해도 점심시간 1시간, 저녁시간 30분 말고는 하루 종일 서서 매일 14시간 이상을 근무해야 했다. 한 달 월급은 45만 5천 원에 불과했고 연장근로 수당과 휴일 수당은 삭감해서 지급했다. 이주노동자는 말하는 기계일 뿐이었다.19)

2. 국제결혼을 한 이주여성

2009년 6월 30일 현재 법무부 출입국·외국인 정책본부 통계자료에 의하면 결혼이민자는 총 126,155명(남: 15,323명, 여: 110,832명)으로 국내에 거주하는 외국인의 10.9%를 차지한다. 그것은 2년 전인 2007년에 비해(2007년 8월에 결혼이민자는 104,749명이었다) 12% 증가한 것이다. 이러한 국제결혼은 2020년경에 전체 결

18) *Ibid.*, 53.
19) 박천응, 『이주민 신학과 국경 없는 마을 실천』(서울: 국경없는마을, 2006), 47.

혼 대비 32%까지 증가할 것으로 예상할 때 신생아 중 1/3이 다문화 가정의 자녀가 될 것이다.[20] 따라서 다문화 가정에 대한 관심이 절실히 필요한 상황이다. 물론 정부와 교회와 사회단체들이 다문화 가정에 대한 지원과 다양한 정착 프로그램을 제공하고 있지만 아직도 국제결혼을 한 이주여성과 그 자녀들은 인권의 사각지대에 살고 있다. 그들은 우리 사회에 만연한 인종차별과 종교적·문화적 차이에서 오는 갈등으로 이중적인 고통을 안고 있다.

필리핀 갈룽안 센터Kanlungan Centre Foundation Inc에서 활동하는 매디귀드Maria T. Madiguid의 상담보고서에 의하면, 한국 남성과 결혼한 필리핀 여성들은 대부분 경제적 가난을 벗어날 수 있는 유일한 탈출구로 국제결혼을 한다.[21] 그들은 가부장적인 사회에서 성장한 남편과 시댁 식구들, 특히 시어머니로부터 구타를 당하는 가정폭력에 시달리고 있으며, 남편의 긴장 해소와 성적 만족을 위한 성적 대상으로 취급되며, 집안일과 농장 일에 억매여 밖에서 일하는 것이 허락되지 않는다. 또한 그들은 경제적으로 남편에게 용돈을 받아서 쓰는 의존된 삶을 살며, 친구를 사귀지 못하고, 이혼한 경우에 자식과 못 만나게 하거나 불법체류자가 되어 추방당할 뿐만 아니라 "돈 때문에 결혼한 사람"이나 "남편으로부터 도망갈 여자"라는 인식 때문에 심리적 학대를 받고 있다.[22] 호남대 다문화센터의 조사보고

---

20) 박찬식, "21C 선교환경변화와 이주자 선교의 관점과 전략," 25. 다문화 가정은 국제결혼 가정, 외국인 근로자 가정, 새터민 가정으로 분류된다(이재분외 4명, 『다문화 가정 자녀 교육실태 연구: 국제결혼가정을 중심으로』〔서울: 한국교육개발원, 2008〕, 55-56).

21) 마리아 T. 매디귀드, "국제결혼: 학대로 이어지는 자격증," 두레방, 『두레방 20주년 기념 문집: 두레방에서 길을 묻다』(서울: 도서출판 인, 2007), 108.

22) *Ibid.*, 109-112, 120-122. 한국인과 결혼한 여성노동자들의 30%가 대체로 문화적 장애에서 기인하는 가정폭력으로부터 고통을 받고 있다(플로렌스 메이 B, 코르티

에 의하면 전남 지역 이주여성 2,134명 중에서 46.6%가 이러한 학대와 폭력을 견디다 못해 이혼을 원하고 있다.[23] 이주여성긴급지원센터의 베트남 상담원 느웬 티 차우의 "나의 이야기"는 국제결혼을 한 이주여성들의 열악한 삶의 단면을 잘 보여주고 있다.

> 이주여성들이 직면하는 어려움은 언어, 전통, 문화, 나이 차 등에서 비롯되었다. 대부분의 여성 결혼이민자들은 가난에서 벗어나고 가족을 도울 수 있다는 희망으로 국제결혼을 선택한다…. 남편과 가족들은 돈을 들여서 결혼했으므로 그만큼의 대가를 요구한다. 신부의 신분증과 여권 등 서류를 보관하고 외출을 허용하지 않고 가족 이외의 다른 사람과는 연락을 못하게 하며 충분히 먹이지도 않으면서 집안일, 농사일, 공장 일 등을 강요한다…. 일부는 자식을 낳기 위해서 아내를 필요로 한다. 아내가 출산한 후에는 한국어를 알 수 없는 점을 이용하여 남편에게만 양육권이 있게 만든 이혼서류에 서명하도록 속이기도 한다. 집안 일, 노인부양과 환자 간호, 의붓자식을 키우기 위해서 아내를 필요로 하는 경우도 있다. 성적인 만족을 위해서 아내가 필요한데 뜻대로 되지 않으면 학대하는 한국 남성들도 있다.[24]

나, "이주여성에게 안전한 세상을 꿈꾸며," 두레방, 『두레방 20주년 기념 문집: 두레방에서 길을 묻다』(서울: 도서출판 인, 2007), 226).

23) 〈경향신문〉 2008년 11월 8일. 또한 전체 이혼 건수는 줄어들고 있지만 국제결혼 이혼 건수는 지난해 1만 1255건으로 2007년(8671건)에 비해 29.8%나 급증했다. 그만큼 다문화 가정 아이들은 가정 해체의 위험에 노출돼 있다. 지난해 12월 보건복지가족부가 파악하고 있는 전국 242곳의 보육원에는 모두 1만 6706명의 다문화 가정의 아이들이 자라고 있다(〈한겨레신문〉 2009년 9월 3일).

24) 한국이주여성인권센터, 『느린 언어로의 낯설지 않는 대화: 이주여성 삶 이야기』(서울: 한국이주여성센터, 2008), 17.

그뿐만이 아니라 다문화 가정의 자녀들도 매우 열악한 환경에서 성장하고 있다. 행정안전부가 2009년에 처음으로 가족관계등록 정보시스템을 이용해 연령대별로 외국인 자녀들의 현황을 파악한 결과 10만 7689명의 외국인 자녀들이 한국에 사는 것으로 조사됐다.[25)] 그중에서 초중고생들은 이중적 문화생활에서 오는 갈등, 아동 학대, 인종적 편견과 교육문제 등으로 매우 심각한 상황에서 생활하고 있다.[26)] 실제로 다문화 가정 자녀들의 미취학 비율이 높고 아동 학대도 일반 가정에 비해 심각하다. 일반 가정 자녀의 초 · 중 · 고등학교 미취학률이 13.1%인 데 비하여 다문화 가정 자녀 2만 4867명 가운데 6089명(24.5%)이 정규교육을 받지 못하고 있는 것으로 조사되었다. 또한 다문화 가정 자녀의 아동 학대도 일반 가정의 2배에 이르는 것으로 나타났다. 성별로는 여아가 114명(62%)으로 남아 70명(38%)보다 많았다. 가해자는 친부(64.7%)와 친모(26.1%)가 대부분이었다.[27)] 특히 혈통주의가 강한 한국에서 다문화 가정의 자녀들은 한국인이며 외국인이라는 이중적인 정체성과 혈통주의라는 문화적 요인으로 인종차별에 시달리고 있다.[28)] 국제결혼을 한 필리핀 어머니의 고백은 이러한 상황을 잘 나타내고 있다.

---

25) 〈동아일보〉 2009년 8월 6일.

26) 이재분 외 4명, 『다문화가정 자녀 교육실태 연구: 국제결혼가정을 중심으로』, 4. 다양한 문화적 배경을 가진 학생들의 증가에도 불구하고 이들을 위한 교육과정, 교과서 및 학습자료, 교수학습 방법들이 개발되거나 보급되지 않은 상황이다. 그 대안에 대해서는 151 이하를 참고하라. 그리고 다민족사회에서 교육에 관한 연구는 Madan Sarup, *The Politics of Multiracial Education*, Routledge & kegan Paul plc. 1986을 참고하라.

27) 〈세계일보〉 2008년 10월 28일.

28) 한국청소년상담원 편, 『다문화가정 청소년(혼혈청소년) 연구: 사회적응 실태조사 및 고정관념 조사』 (서울: 한국청소년상담원, 2006), 64, 84.

그동안 난 무척 힘들게 살아왔다…. 난 아이가 자라나는 모습을 보며 내심 우리의 국제결혼이 아이에게 영향을 미치지 않을까 걱정을 했다. 아니나 다를까 아이가 유치원에 들어가면서부터 아이들에게 보이지 않게 놀림을 당하고 있었다. 벌써부터 놀림을 당하니 학교에 들어가면 어떨까? 얼마만큼 어떤 놀림을 당할지…. 지금 나한테 아니 우리 필리핀국제가정모임의 회원 누구에게나 걸려 있는 것은 바로 우리 아이들의 문제다.[29]

그러므로 우리는 다문화 가정의 자녀들의 문제를 심각하게 받아들여야 할 뿐만 아니라 그들의 생존권과 건강권과 교육권을 위해 노력해야 한다. 그들은 부모의 출신 문화와 한국의 문화 사이에서 제3의 자기 정체성과 문화적 공간을 만들어 가기 때문에 지금은 비록 갈등과 혼동 속에 있지만 앞으로 다문화 사회의 주인공이 될 것이기 때문이다.

3. 성매매 이주여성

국제노동기구ILO의 보고서에 의하면 매년 약 80만 명의 아시아 여성이 국제 이주노동자 대열에 합류하고 있다. 그것은 1990년대 들어 더욱 급증하여 아시아에서 가장 많은 여성노동자를 해외에 보내는 나라는 스리랑카로서 이주노동자의 84%를 차지하며, 인도네시아가 70%, 필리핀이 60%로 그 뒤를 잇고 있다. 그들의 직업은 주로 가사 노동자, 성 매매춘과 제조업 등에 종사하고 있다.[30] 특히

29) 외국인노동자대책협의회 편, 『외국인 이주노동자 인권백서』, 69.

신자유주의 시장질서에 의해 파생된 빈곤의 세계화와[31] 군사주의는[32] 국제결혼의 증가와 함께 성매매 여성들의 이주를 촉진시켰다.

한국에서 성매매 이주여성은 1990년대 중반부터 기지촌에 유입되기 시작해서 1999년을 기점으로 대폭 늘어났다. 그것은 한국 정부의 예술흥행사증 발급과 관련이 있다. 외국인 연예인 공연기획사는 1980년에 7개에서 1999년에 54개로 늘었고 2002년에 157개로 급증했다.[33] 2009년 6월 현재 외국인 연예인 자격으로 국내에 체류하는 사람은 4,738명으로 그중에서 합법체류자가 3,358명이며 불법체류자가 1,380명이다. 외국인 연예인 자격(E-6 비자)으로 입국한 여성들은 대부분 경제적 이유로 떠돌이 민중이 되어 성산업에 편입되고 있다.[34]

> 한국에 오기 전 대학 과정을 마치고, 필리핀에서 서비스 관련 직종과 보조교사 등의 여러 직장을 2년여 동안 경험했지만 모두가 한 달에 100불 이상의 임금을 받기는 힘들었다. 12명의 대가족이 생활하기에는 너무나

---

30) 김미선, "아시아 이주민 현황과 교회의 응답," 대한예수교장로회 총회전도부 외국인 근로자선교후원회 엮음, 『외국인 노동자 선교와 신학』(서울: 한들출판사, 2000), 105.

31) 한국염, "인신매매성 국제결혼 이주여성에 대한 성서적 응답," 두레방, 『두레방 20주년 기념 문집: 두레방에서 길을 묻다』(서울: 도서출판 인, 2007), 189-190. 또한 여성의 이주는 "새로운 삶을 개척하려는 젊은 여성들의 결단"이라는 문화적 측면도 있다. 그 밖에 가부장적인 질서와 관련하여 고용국에서 단순한 가사노동이나 연예·서비스 영역에서의 여성노동력의 필요성, 남자보다 저렴한 송출비용, 송출국과 유입국의 빈곤계층의 국제결혼 등의 세 가지 요인이 있다(*Ibid*., 190-191).

32) 그웬 커크, "여성의 진정한 안전," 두레방, 『두레방 20주년 기념 문집: 두레방에서 길을 묻다』(서울: 도서출판 인, 2007), 132-142.

33) 두레방 편, 『기지촌 지역 성매매 피해여성 상담지원 사례집』, 2005, 9-10.

34) 두레방 편, 『두레방 이야기: 두레방 15년 기념자료집』(서울: 개마서원, 2001), 287, 전통적 매매춘, 산업형 매매춘과 기타의 유형으로 구분할 수 있다.

턱없이 부족한 돈이었다. 물론 나 혼자만 일을 하는 것은 아니었지만, 평균 100불의 임금으로는 도저히 가족들이 생계를 유지할 수가 없었던 것이다. 고심하다 결국 한국행을 결심했다.[35]

성매매 이주여성들은 이중계약, 임금 체불과 폭력 등으로 고통을 당할 뿐만 아니라 지각, 결석, 휴무와 주스 할당을 못 채웠을 때 갖가지 형태의 벌금으로 경제적 착취를 당하고 있다.

계약서상 그녀의 임금은 $710이었다. 그러나 두 번째 달부터 그녀에게 돌아온 돈은 400불이 고작이었다. 나머지 $310이 어디로 흘러갔는지에 대한 설명은 해주지 않았고, 매니저는 늘 거짓말을 했다. 하지만 $400마저도 전부 그녀의 손에 쥐어지지 않았다. 지각이나 결석을 하면 어김없이 벌금이 매겨졌다. 심지어는 클럽이 문을 닫는 날에도 그녀에게는 어김없이 $50의 벌금이 매겨졌다…. 그렇게 이런저런 이유를 대며 깎인 그녀의 임금은 $120까지 내려간 적도 있다.[36]

이렇게 그들은 노동 착취와 성적 착취에 시달리고 있으며 그들에 대한 폭력은 일상적인 언어적 위협으로부터 구타, 마약, 굶김과 살인에 이르기까지 다양하다[37]

요약하면 외국인 이주노동자, 국제결혼을 한 이주여성 및 그 자녀들과 성매매 이주여성들은 체류 국가에서 법적, 정치적, 경제적,

35) 두레방 편, 『연구용역 사업보고서: 2007년도 경기도 외국인 성매매피해여성 실태조사』, 2007, 30.

36) *Ibid.*, 43.

37) 두레방, 『두레방 20주년 기념 문집: 두레방에서 길을 묻다』, 38-39.

사회문화적 권리를 보장받지 못하고 주변부에서 비인간적 삶을 살아가는 사회경제적 약자들의 삶을 극단적으로 보여주고 있다. 그러므로 민중신학은 한국 사회에서 떠돌이 민중의 생존 문제를 배제한 다문화 담론의 문제점을 비판하면서 다문화주의의 논의보다는 미등록 이주노동자의 체류자격 문제나 노동조합 결성, 국제결혼한 이주여성과 성매매 여성들의 인간다운 삶을 위한 인권운동과 이주여성들의 자녀교육 문제를 더 시급한 과제로 인식하고[38] 신학적이며 실천적인 대안을 제시해야 한다.

III. 떠돌이 민중에 대한 신학적 이해

일반적으로 다문화 사회의 떠돌이 민중에 대한 신학적 해석은 구약에 나타난 이주민과 관련된 용어와 용례를 검토하고 구약의 법전을 분석하여 그들의 정체성과 인권을 주장하는 성서적 해석과 하나님의 구원의 경륜 속에서 떠돌이 민중의 구원에 관심을 갖는 구속사적 해석과 교회의 선교활동과 관련해서 떠돌이 민중을 이해하는 선교적 해석이 있다. 그러나 이러한 연구결과들은 떠돌이 민중의 본질적 문제를 간과했거나 올바른 대안을 제시하지 못했다. 따라서 필자는 그 한계를 지적하고 민중신학적 관점에서 떠돌이 민중에 대한 새로운 이해를 시도할 것이다.

---

38) 이선옥, "한국에서의 이주노동 운동과 다문화주의," (사)국경없는 마을 학술토론회 자료집, 『한국에서의 다문화주의 - 현실과 쟁점』, 2007, 85-86을 참조하라.

1. 보호의 대상에서 예수운동의 주역으로

떠돌이 민중에 대한 성서적 연구는 구약성서에 나타난 이주민과 관련된 용어와 용례를 연구하거나 구약성서의 법전들을 분석하여 그들의 정체성과 인권을 주장했다.[39] 그러나 이러한 연구는 떠돌이 민중을 관심과 보호의 대상으로 이해할 뿐 역사의 주체로 세우지 못했다. 더군다나 구약법전에 근거한 떠돌이 민중에 대한 보호는 그들을 이스라엘의 정치와 종교 체제에 순응 혹은 편입시키는 것이다. 실제로 이스라엘은 외국인 이주노동자를 '게르ger, 토샤브toshab, 노크리nokri, nekar, 자르zar'로 구분하여 종교적, 사회적, 경제적으로 차별대우를 했다. 그들은 주인의 지배와 보호 속에 노동력을 제공하며 주류 사회의 변두리에서 떠돌이 민중의 삶을 살았다. 다시 말하면, 그들은 결코 이스라엘 사회의 주체가 되지 못했다.

떠돌이 민중은 구약성서에서는 특별한 관심과 보호의 대상이지만, 신약성서에서는 예수와 함께 하나님 나라의 운동을 추구했던 주역으로 나타난다. 아이히홀츠G. Eichholz에 의하면 신약성서에서 사용되는 민중 개념은 이방인(ἔθνος)과 백성(λαός)에 관한 언어학에 한정된다.[40] 그들은 예수와의 관계에서 단순히 삽화로 취급되거나[41] 디벨리우스처럼 '환호하는 자'로 국한될 수 없으며[42] 제자들

39) 왕대일, "나그네: 구약신학적 이해," 『신학사상』 113집 (한국신학연구소, 2001), 101-121, 이종록, "너희도 전에는 게르였다: 외국인 노동자 선교를 위한 구약성서적 이해," 대한예수교장로회 총회전도부 외국인근로자선교위원회 엮음, 『외국인 노동자 선교와 신학』(서울: 한들출판사, 2000), 124-150. 이태훈, "구약의 외국인 복지," 『구약논단』 14권 1호 (2008). 70-88. 정중호, "고대 이스라엘 사회의 게르에 대한 연구," 『사회과학논총』 23권 1호 (계명대, 2004), 511-525를 참고하라.

40) 폴커 퀴스터, 김명수 옮김, 『마가복음의 예수와 민중』(서울: 한국신학연구소, 2006), 56.

과 대립적 관계에 있으면서 "복음화의 대상을 나타내는 규정할 수 없고 정형화할 수 없는 대중"이다. 마가는 헬라·유대문헌에서 주변적으로 다루어지고 있는 오클로스(주로 천민으로 번역된다)를 그의 복음서에서 핵심적인 인간 집단으로 받아들이고 있다.[43] 오클로스는 어떤 개인적인 정체성을 가진 사람들의 집단이 아니라[44] 갈릴리 밑바닥 계층을 형성하고 있는 규정되지 않은 집단, 그때그때 구성에 따라 움직이는 집단인 '떠돌이 민중'(wander-ὄχλος)이다.[45] 마가복음에 의하면 예수는 사회적 집단으로써의 오클로스에게 깊은 애정을 가졌으며(막 6:34, 10:25),[46] 떠돌이 민중은 예수의 하나님 나라의 운동에서 자신들이 꿈꾸었던 새로운 세상을 발견하고 그 운동에 적극적으로 참여했다. 그러므로 떠돌이 민중은 단순히 관심과 보호의 대상만이 아니라 예수로부터 위임받은 하나님 나라의 운동을 실현하는 주역으로 이해되어야 한다.

2. 구원의 대상에서 구원의 주체로

떠돌이 민중에 대한 구속사적 해석은 갈대아 우르를 떠나 타국에서

---

41) 헤딩거는 예수와 민중 사이의 적극적인 관계가 제3세계의 그리스도교에서 새롭게 발견될 수 있다고 주장했다(U. Hedinger, *Jesus und die Volksmenge, Kritik an der Qualifizierung der ochloi, in der Evangelienauslegung*, im : ThZ32 (1976), 206).

42) 시트론은 디벨리우스처럼 민중을 단순히 "환호하는 자"로 국한하면 "복음은 몇 사람의 선택받은 개인뿐만 아니라 민중을 향하고 있다는 사실에 대해서 설명할 길이 없을 것이다."라고 주장한다(B. Citron, *The Multitude in the Synoptic Gospels*, in: SJTh 7 (1954), 408).

43) 폴커 퀴스터, 『마가복음의 예수와 민중』, 86.

44) *Ibid.*, 91-92.

45) *Ibid.*, 127.

46) *Ibid.*, 92.

떠돌이 생활을 했던 아브라함에서 시작하여 아브라함의 후예인 갈릴리 예수에게서 완결되는 하나님의 구원의 경륜에서 떠돌이 민중의 신학적 의미를 찾는다.[47] 그러나 이러한 구속사적 해석은 하나님이 떠돌이 민중을 선택하여 구원의 역사를 이끌어 간다는 구원의 경륜을 밝혔지만, 여기서 떠돌이 민중은 여전히 그들의 삶을 이해하고 그들을 위해서 헌신하는 선각자에게 의존하고 있는 구원의 대상으로 남아 있다.[48] 다시 말해서 떠돌이 민중에 대한 구속사적 해석은 하나님의 구원사에서 하나님 또는 예수와 민중의 관계를 명확히 규명하지 못했다. 즉 예수와 민중이 언제나 주객의 관계 속에 있다. 그러나 예수와 민중은 주객의 관계가 아니다. 서남동에 의하면 하나님과 민중은 태초부터 하나님 나라를 함께 이루어 가는 계약의 파트너이다. 민중은 사회경제사적으로 가난하고, 억눌리고, 빼앗기는 계층이지만 실제로 생산을 담당하는 주역으로서 스스로 자신을 구원하는 역사의 주체이며, 또한 성령론적으로 하나님과의 계약관계 속에서 하나님의 공의를 회복하는 '작인역作因役'으로서 역사의 주체이다.[49]

---

47) 문동환, "21세기와 떠돌이 신학," 165. 스피나(F. A. Spina)에 의하면 하비루는 게르와 함께 사회에서 소외된 개인들이나 집단으로서 내부인들이 외부인을 경멸적으로 호칭할 때 사용했다(크리스티아나 반 하우튼, 『너희도 이방인이었으니』, 48). 하비루는 "강 건너 온 사람"들로(김희보, 『구약의 족장들』〔서울: 총신대학출판부, 1993〕, 62) 가나안 땅에 정착한 떠돌이 이스라엘 집단을 지칭한다(창 19:14, 17; 출 2:6; 삼상 4:6. 이원옥, "하나님의 자녀 모티브로 본 외국인에 대한 성경신학," 박찬식·정노화 편집, 『21C 신유목민 시대와 이주자 선교』〔서울: 기독교산업사회연구소 출판사, 2008〕, 9). 그리고 '히브리'라는 말은 고대 근동의 하비루 개념과 일치한다(박준서, "구약에 나타난 하나님," NCC 신학연구위원회 편, 『민중과 한국신학』〔서울: 한국신학연구소, 1982〕, 142).

48) *Ibid.*, 185-186.

49) 서남동, 『민중신학의 탐구』(서울: 한길사, 1983), 183.

하나님의 공의 회복의 작인역은 바로 하나님의 공의를 침해하는 권력에 짓밟힌 소위 죄인, 곧 천민—가난한 자, 고아, 과부, 떠돌이, 신체불구자, 도둑 등 밑바닥 인생이라고 파악하는 것은 특유한 성서적 이해이다. 민중이 당하고 있는 고난suffering이 하나님의 역사경영을 알아보는 색인index이라는 말이다.[50)]

하나님은 민중을 구원하시되 민중이 자신의 생명활동을 통해서 스스로를 구원하도록 한다. 구원은 인간 없이 하나님의 은혜로만 일어나지 않는다(*sola gratia non sine homine*). 하나님의 은혜는 인간의 의지를 대치하지 않고 그것을 전제한다(빌 2:12f., 고전 15:10). 즉 인간은 하나님의 은혜로 자율적인 결단을 통해서 자신의 구원을 결정한다. 그때에도 하나님의 주도권은 상실되지 않는다.

> 인간 스스로가 자기를 구원하도록 신이 시킨다. 이것이 본회퍼의 통찰 아닙니까! 인간 스스로가 자기를 구원하도록 하는 것, 그것이 진정한 의미의 구원이지, 남이 구원해 준다고 하는 것은 구원하고는 반대일 것입니다. 이런 사고를 한다고 할지라도 신을 버렸다고는 생각하지 않습니다. 신이 필요 없다고 하는 게 아닙니다.[51)]

그러나 민중이 자신을 구원하는 근원적 힘은 민중 자신에게 있지 않다. 만약 민중이 스스로 자신을 구원하는 힘을 가지고 있다면 하

50) *Ibid.*, 47. 생산의 주체로서의 민중과 하나님과의 계약의 파트너로서의 민중은 상보적 통전관계에 있다.

51) 죽재 서남동 목사 유고집 편집위원회, 『서남동 신학의 이삭줍기』(서울: 대한기독교서회, 1999), 365.

나님의 은혜와 자신의 한계성을 부정하는 것이다. 민중은 "초월자의 간섭,"[52] 곧 성령의 역사를 통해서 비로소 구원의 주체가 된다. 성령은 민중에게 자기 초월성과 종말성을 부여하여 스스로 구원을 이루게 한다.[53] 그러므로 떠돌이 민중은 하나님의 구원의 대상이지만 동시에 자신의 구원을 스스로 이루어 가며 그것을 통해서 타인을 구원하는 구원의 주체로 이해되어야 한다.

3. 선교의 대상에서 복음의 증언자로

일반적으로 한국 교회는 국내에 거주하는 떠돌이 민중을 개종의 대상으로 인식하거나 물질적으로 지원하고 인권을 위해 투쟁하는 특수 선교의 대상으로 이해했다. 그러나 오늘날 떠돌이 민중에 대한 선교는 국내 선교가 아니라 해외 선교라는 인식의 전환과 함께[54] 찾아가는 선교에서 찾아온 사람들을 위한 선교, 곧 떠돌이 민중을 양육하여 본국으로 파송하는 선교로 전환되었다.[55] 한마디로, 떠돌이 민중은 선교의 대상에서 선교의 주체로 이해되었다. 이러한 선교 패러다임의 변화는 매우 중요한 의미를 가지고 있다. 떠돌이 민중을 통해서 하나님 나라의 복음을 온 천하에 전파할 수 있는 좋은 기회가 되기 때문이다. 그럼에도 불구하고 떠돌이 민중에 대한

---

52) 서남동, 『민중신학의 탐구』, 418.

53) 안병무, 『민중신학 이야기』(서울: 한국신학연구소, 1987), 223.

54) 박찬식, "21C 선교환경변화와 이주자 선교의 관점과 전략," 30.

55) 유해근, "세계화와 다문화 시대 그리고 선교의 새로운 패러다임," 박찬식·정노화 편집, 『21C 신유목민 시대와 이주자 선교』〔서울: 기독교산업사회연구소 출판사, 2008〕, 53-54. 또한 나동광, "나그네 신학,"『한국기독교신학논총』 제20집 (2001), 187-205를 참고하라.

선교는 대부분 그 내용과 방법과 목적에 대한 진지한 검토 없이 진행되고 있으며 일반적으로 고전적 선교 방법에 크게 의존하고 있다. 그것은 교회가 선교의 주체가 되어 칭의론에 근거한 복음을 선포해서 개인의 영혼을 구원하는 데 목적이 있다.[56] 그것은 하나님 나라의 복음을 개인의 영적 차원으로 축소하는 것이다.

올바른 선교는 예수 그리스도로부터 위임받은 하나님 나라의 복음을 선포하는 것이며 궁극적으로는 하나님 나라를 실현하고 상대적으로는 하나님 나라에 상응한 사회를 건설하는 데 목적이 있다. 그것은 구체적으로 잃어버린 양들, 곧 "병든 자를 고치며 죽은 자를 살리며 나병환자를 깨끗하게 하며 귀신을 쫓아내는" 하나님 나라의 운동을 통해서 실현된다(마 10:1-8).[57] 그것이 예수가 갈릴리에서 행한 민중선교이다(마 9:35-38, 눅 4:18-19).[58] 그것은 선교사와 선교대상을 주객으로 분리하는 "모자관계 또는 주종관계의 보호주의 선교Paternalism"가[59] 아니라 모든 사람을 하나님의 사랑의 대상으로 보고 하나님의 정의와 평화가 넘치는 공동체를 건설하여 온 생명을 살리는 운동이다. 다른 말로 표현하면, 예수의 민중선교는 낯선 사람과의 만남의 선교이다. 낯선 사람과의 만남은 시련과 아픔과 고통을 동반한 상호이해이다. 그 만남을 통해서 '함께 있음', 곧 모든 인간적인 차별을 넘어서 함께 어울려 사는 삶이 일어난다.[60] 그것은 진정한 타자와의 공존과 공생을 의미한다.[61]

---

56) 아더 글라스 · 도날드 맥가브런, 고환규 옮김, 『현대선교신학』 (서울: 성광출판사, 1985), 187-210.

57) 류장현, "종말론적 희망과 선교," 『신학사상』 139집 (2007)을 참고하라.

58) 서남동, 『민중신학의 탐구』, 259.

59) 한국일, "21세기 바람직한 선교," 한국기독교장로회신학연구소, 『말씀과 교회』, 45호 (2008), 131.

그러므로 예수의 민중선교에서 민중은 선교의 대상만이 아니라 하나님의 선교의 증언자, 곧 선교의 주체가 된다.[62] 그것은 떠돌이 민중이 신학교육을 받아 목회자가 된다는 협소한 의미를 넘어서 민중 자신이 메시아적 역할을 수행한다는 의미이다. 민중은 "한과 단의 변증법"을 통해서 자기 정체성을 확립하며 성령의 능력으로 자기초월의식을 가지고 메시아적 역할을 한다. 세상의 고난을 짊어지고 가는 민중은 예수가 민중의 고난을 짊어지고 십자가에 달린 "한의 그리스도"인 것처럼 자신의 고통을 통해서 백성의 속죄를 집례하는 "하나님의 제사장, 한의 사제"가 된다. 그것이 "고난 받는 민중의 메시아성" 혹은 "한의 속량적인 성격"이다.[63] 그러므로 다문화 사회에서 교회는 떠돌이 민중을 선교의 대상으로 보는 '민중을 위한 교회'가 아니라 하나님의 선교의 증언자로 이해하는 '민중의 교회'가 되어야 한다. 이러한 민중의 교회는 가톨릭의 성전의 종교와 개신교의 성서의 종교를 넘어서 철저하게 예수의 민중선교에 근거한 제 3의 교회 형태이다.[64]

---

60) 테오 순더마이어, 채수일 옮김, 『선교신학의 유형과 과제』 (서울: 대한기독교서회 1999), 223-228.

61) J. Moltmann, *God for a Secular Society: The Public. Relevance of Theology*, Trans., by Magaret Kohl (London: SCM, 1999), 144.

62) 서남동, 『민중신학의 탐구』, 31.

63) *Ibid.*, 110.

64) *Ibid.*, 299.

IV. 나가면서

한국 사회는 이미 다문화 사회가 되었다. 그러므로 교회는 다문화 사회의 떠돌이 민중의 생존 문제에 깊은 관심을 가져야 할 뿐만 아니라 떠돌이 민중과 공생할 수 있는 다문화 사회와 다문화 신앙공동체의 구체적 형태를 진지하게 논의해야 한다. 그것이 21세기 한국 교회의 새로운 신학적 과제라고 생각한다. 그것은 다문화 사회의 떠돌이 민중에 대한 신학적 정립에서 시작되어야 할 것이다. 그러나 지금까지 논의된 떠돌이 민중에 대한 신학적 이해는 떠돌이 민중을 관심과 보호의 대상 및 구원과 선교의 대상으로 이해하는 한계를 가지고 있다. 즉 떠돌이 민중을 역사와 구원과 선교의 주체로 세우지 못했다. 그것은 떠돌이 민중을 영원히 객체로 만드는 것이다.

다문화 사회의 떠돌이 민중은 새로운 사회를 건설하는 역사의 주체일 뿐만 아니라 스스로 자신의 운명을 결정하는 구원의 주체이며 하나님의 선교를 증언하는 선교의 주체이다. 그들이 꿈꾸는 다문화 사회는 모든 억압과 착취와 차별이 없는 사회, 곧 하나님 나라에 상응한 정의와 평화가 넘치는 생명공동체이다. 그것은 떠돌이 민중이 성령을 통해 자기 초월성과 종말성을 가지고 자신의 운명을 스스로 극복하는 해방운동을 통해서 성취될 것이다.

그러므로 한국 교회는 떠돌이 민중을 이주민과 나그네와 이방인이 아니라 하나님의 자녀라는 고백과 함께 하나님의 가족공동체의 한 구성원으로 받아들여야 하며 그들의 생존을 위한 투쟁에 적극적으로 참여해야 한다. 또한 한국 교회는 떠돌이 민중과 함께 예수 그리스도에게서 위임받은 하나님 나라를 실현하고 그것에 상응한 새로운 사회를 건설하는 일에 헌신해야 한다. 그것이 "네 이웃을 네 몸과 같이 사랑하라"(레 19:18, 막 12:31)는 하나님 말씀의 구체적 실천방법이다.

> 거류민ger이 너희의 땅에 거류하여 함께 있거든 너희는 그를 학대하지 말고 너희와 함께 있는 거류민을 너희 중에서 낳은 자(자국민 'ezra) 같이 여기며 자기 같이 사랑하라. 너희도 애굽 땅에서 거류민이 되었었느니라. 나는 너희의 하나님 여호와이니라.(레 19:33-34)

사회윤리의 과제와 방법[1)]

강원돈 I 한신대 교수 / 사회윤리

머리말

우리나라 신학계에서 기독교사회윤리학은 아직 확실한 학문적 위상을 차지하지 못하고 있는 것 같다. 하인츠-디트리히 벤트란트가 말한 바와 같이, 모든 윤리는 결국 '사회윤리'로 귀착될 수밖에 없다고 말하는 것이 합당할 듯한데,[2)] 우리 신학계에서는 사회윤리학의 대상과 방법 등을 둘러싸고 여전히 이견이 많다. 사회윤리의 대상과 관련해서 개인윤리와 사회윤리를 명확하게 구별하지 않는 경우가 있는가 하면, 이 둘을 양자택일적인 것으로 보고 기독교윤리학

1) 이 글은 본래 "교의학과 인문·사회과학에 대한 관계를 중심으로 살펴본 한국기독교사회윤리학의 학문적 위치,"『기독교사회윤리』 18 (2009/12), 39-76으로 발표되었던 것을 머리말의 일부를 수정하고 "사회윤리의 과제와 방법"으로 제목을 변경하여 수록한 것임을 밝힌다.

2) Heinz-Dietrich Wendland, *Einfuehrung in die Sozialethik*, 2. Aufl. (Berlin/New York: de Gruyter, 1971), 7.

은 아무래도 개인윤리를 출발점으로 삼아야 한다는 견해가 여전히 강력하게 제시되는 것 같다. 이렇게 되면, 사회윤리는 기독교윤리학 바깥에 설정되거나 기독교윤리학의 끝자락에 간신히 달라붙어 있는 일종의 부록으로 취급될 수밖에 없을 것이다. 이런 사정을 감안할 때, 한국기독교사회윤리학의 학문적 정위라는 과제를 설정하는 것은 한국이라는 시공간에서 기독교적 관점을 갖고서 사회윤리를 학문적으로 정립하고 활발하게 전개하고자 하는 의지를 천명하는 것으로 생각될 수 있을 것이다.

이 과제를 수행하기 위해서는 무엇보다도 우선, 여전히 논란의 대상이 되고 있는 사회윤리학의 대상이 무엇인가를 먼저 밝혀야 한다고 생각한다. 대상을 설정하는 일은 이미 윤리하는 관점과 방법을 암암리에 전제하는 것이지만, 기독교윤리학이 아니라 굳이 기독교사회윤리학이라는 개념을 사용하기 위해서는 그 개념의 적용 영역을 기술적으로 통제해 두는 것이 적절할 것이다. 앞으로의 논의에서 밝혀지겠지만, 나는 기독교사회윤리학의 대상을 제도적인 것으로 한정하고자 한다. 둘째, 기독교사회윤리학이 제도적인 것을 다루는 데 세상을 보는 기독교 특유의 관점과 방법이 어떤 공헌을 하는가를 따져보는 일이다. 그것은 기독교사회윤리학의 신학적 근거 설정의 과제일 터인데, 이와 관련해서는 오랫동안 논란이 되어 왔던 교의학과 윤리학의 관계에 대해 명확한 입장을 표명하는 것이 좋을 것이다. 끝으로, 기독교사회윤리학의 대상으로 설정되는 제도적인 것의 인문·사회과학적 분석을 어떻게 수용할 것인가를 규명하여야 한다. 이 문제를 제대로 다루기 위해서는 기독교사회윤리학이 윤리적 판단의 규준을 정하는 일과 윤리적 행위의 준칙을 정하는 일을 일단 구별하고, 인문·사회과학적 현실 분석을 기독교사회윤리학에 매개하는 맥락을 밝히는 것이 중요할 것이다.

그러면 먼저 기독교사회윤리학의 대상을 논하기로 하자.

I. 기독교사회윤리학의 대상

서양 기독교 윤리사에서 사회윤리는 매우 오랜 전통을 갖고 있다. 그런 만큼 사회윤리학의 대상에 대한 논의도 결코 새삼스러운 것만은 아니다. 지면이 한정되어 있기 때문에, 여기서는 개신교의 역사에 국한해서, 그것도 몇몇 걸출한 신학자들의 생각을 중심으로 해서 사회윤리학의 대상이 어떻게 논의되었는가를 간략하게 서술하고자 한다.

1. 서양 개신교 윤리사에서 사회윤리의 뿌리는 마르틴 루터의 두 왕국론으로 거슬러 올라간다. 그는 하나님 통치의 두 방식을 구별하고, 이에 상응하는 교회와 국가, 복음과 율법의 관계를 규명하면서 기독교인들이 율법에 대한 냉정한 이성의 해석에 따라 사람들의 공적인 관계를 규율하는 방식을 논하고자 했다.[3)]

윤리학의 전성시대로 알려진 18-19세기에 슐라이에르마헤르는 기독교 도덕론이 철학적 윤리학의 바탕 위에 세워져야 한다고 생각하였으며, 철학적 윤리학은 자연에 대한 이성의 행위를 체계적으로 다루는 것을 과제로 한다고 주장했다. 그는 선에 관한 논의에서 개

---

3) *D. Martin Luthers Werke: Kritische Gesamtausgabe, Bd. 32* (Weimar: Boehlau, 1906), 390, 33-38. 이에 대해서는 Martin Honecker, *Grundriss der Sozialethik* (Berlin/New York: de Gruyter, 1995), 29f.를 보라.

인과 공동체가 각각 자연을 조직하고 상징화하는 네 가지 방식을 분석하였다. 그것은 자기동일적 조직화, 개별적 조직화, 자기동일적 상징화, 개별적 상징화인데,[4] 슐라이에르마헤르는 집단적-유적 차원의 조직화에 해당하는 자기동일적 조직화로부터 교환, 경제, 법률 등을 망라하는 국가공동체가 비롯된다고 생각하였다. 이러한 생각은 윤리학이 교환, 경제, 법률 등의 제도적인 문제를 다루는 사회윤리의 형식과 내용을 갖게 된다는 통찰로 이어진다. 이성 중심의 철학적 윤리학과 범주적으로 구별되는 기독교 도덕론은 경건에서 비롯되는 행위의 동기를 강화하여 이와 같은 윤리학의 보편적인 과제를 구현하는 데 이바지하는 것으로 생각된다.[5]

슐라이에르마헤르의 제자이기도 한 리하르트 로테는 기독교적 이상이 구현되기 이전의 세계와 그 이후의 세계를 역사적으로 구별하고, 기독교 세계에서는 교회가 국가로 해소되어야 한다고 생각하였다. 기독교 세계에서는 교회에 국한된 특수한 윤리학이 따로 있을 필요가 없고, 그리스도 사랑에서 출발하여 세계를 형성하기 위해 기독교인들이 져야 할 의무와 책임을 규명하는 윤리학이 정립되어야 한다는 것이다.[6] 바로 여기서 리하르트 로테의 기독교윤리학은 기독교사회윤리학의 내용과 형식을 취하게 된다.

서양 개신교 윤리사상사의 맹아기와 준비기에서 발견되는 이러

---

4) Friedrich Daniel Ernst Schleiermacher, Entwuerfe zu einem System der Sittenlehre, *Werke: Auswahl in vier Baenden, Bd. 2*, hg. und eingel. von Otto Braun (Leipzig: Meiner; Aalen: Scientia Verl., 1911), 561ff.

5) Friedrich Daniel Ernst Schleiermacher, Die christliche Sitte nach den Grundsaetzen der evangelischen Kirche im Zusammenhange dargestellt, *Saemtliche Werke, Abt. I, Bd. 13* (Berlin: Reimer, 1843), 166.

6) Richard Rothe, *Theologische Ethik*, Bd. IV, 2. Aufl. (Wittenberg : Koelling, 1870), 240, § 1086.

한 견해들이 갖는 중요성은 사회윤리가 개인윤리와 구별되는 차원을 갖고 있다는 것을 통찰하고 있다는 데 있다. 개인윤리는 개인의 도덕성과 도덕적 행위 능력을 함양하면 공동체 전체의 선과 정의가 증가할 것이라는 전제에서 출발하지만, 사회윤리는 인간이 집단적으로 살아가는 공동체가 개인들의 단순한 집합 이상이라는 것을 통찰하고 있으며, 공동체를 규율하는 방법은 개인의 도덕적 행위 능력을 향상시키는 방법과는 분명 달라야 한다는 것을 파악하고 있다.

2. 20세기에 들어와 사회윤리의 과제를 명료하게 제시한 신학자는 라인홀드 니버일 것이다. 그는 도덕적 인간과 비도덕적 사회를 서로 날카롭게 대립시키는 방법론적 이원론에 입각하여 도덕과 정치를 구별하는 기독교 현실주의 노선을 제창한다. 기독교 현실주의는, 설사 어떤 사회가 도덕적으로 잘 훈련을 받았거나 도덕적으로 성숙한 개인들로 구성되어 있다 할지라도, 그 사회는 집단적 이기주의의 힘에 압도적으로 지배받는다는 것을 전제한다. 집단들 사이의 정의로운 관계는 도덕적이거나 합리적인 설득과 조정에 의해 수립될 수 없기 때문에 정의를 위해 강제력의 사용이 허용되어야 한다는 것이다. 니버는 이를 가리켜 '정치적' 방법이라고 일컬었다.[7)]

니버가 제창한 '정치적' 방법이 기독교사회윤리학을 체계적으로 발전시키는 토대임을 가장 명확하게 인식한 신학자는 고범서였다. 고범서가 보기에 "'정치적 방법'이 사회윤리학의 방법론을 위해서 가지는 엄청난 중요성"을 "니버 자신조차 몰랐다."고 한다. "니버의

7) Reinhold Niebuhr, *Moral Man and Immoral Society* (New York [u.a.]: Scribner, 1960), xx.

정치적 방법이야말로 체계적인 사회윤리학 구축의 기반이 될 수 있는 원리였는데, 그것을 기독교 윤리학계가 간과했기 때문에 기독교 사회윤리라는 말은 무성하게 사용되지만 오늘날까지 사회윤리학의 특성을 살린 체계화를 이루지 못했다."[8]는 것이다. 이러한 통찰에 기대어 고범서는 1970년대 초에 이미 개인윤리와 확실하게 구별되는 사회윤리를 정립할 것을 주장하고 나섰다. "필자의 입장에 의하면 사회문제에 관심하고 그것을 다룬다고 해서 반드시 사회윤리는 아니다. 사회문제의 해결을 정책과 제도 나아가서는 사회구조의 레벨에서 추구할 때 비로소 사회윤리라고 할 수 있다는 것이 필자의 입장이다. 사회의 정책과 제도가 합리적이고 정의로울 때라야 비로소 사회문제의 근본적 해결이 가능하기 때문이다."[9]

물론 고범서가 시도한 기독교사회윤리학의 정위는 오늘의 담론윤리에 비추어 볼 때 다소 일방적인 인상을 준다. 담론윤리는 인류의 생활이 역사적으로 진화하면서 생활세계로부터 정치, 경제, 사회, 문화 등 다양한 하부체계들이 분화되어 나갔지만, 이러한 하부체계들을 규율하는 규범을 제정하는 과정에서 생활세계의 의사소통을 통해 이루어지는 설득과 동의를 중시하기 때문이다.[10] 이러한 설득과 동의 과정이 갖는 중요성을 포획할 수 없을 정도로 강제력에 근거한 정책이나 제도를 강조한다면, 그것은 많은 경우 윤리이기 이전에 힘을 힘으로 규율하는 정치적 현실주의로 귀착될 공산

---

8) 고범서, 『라인홀드 니버의 생애와 사상』(서울: 대화문화아카데미 대화출판사, 2007), 133.

9) 고범서, 『개인윤리와 사회윤리: 기독교 사회윤리의 방향』(서울: 한국신학연구소, 1978), 9.

10) 위르겐 하버마스, 『의사소통행위이론 2: 기능주의적 이상 비판을 위하여』(서울: 나남출판, 2006), 206f.

이 클 것이다.

그렇기는 해도 고범서가 사회윤리의 논의 수준을 제도로 설정한 것은 여전히 음미할 만한 가치가 있다. 제도는 우리 시대의 사회윤리학이 초점을 맞추고 있는 핵심적인 주제임이 틀림없다. 사회윤리의 대상을 제도 혹은 제도적인 것으로 제안한 우리 시대의 뛰어난 신학자는 에른스트 볼프이다. 그에 따르면, 제도들은 무질서의 힘에 대항하여 살아가도록 하나님이 인간에게 허락한 삶의 관계들로서 그것들이 없고서는 세상에서 인간이 현존할 수 없다. 볼프는 이처럼 제도들을 인간 현존의 조건으로 규정한 뒤에 곧바로 그 제도들은 결코 고정불변한 것이 아니고 끊임없이 형성되고 개선되어야 할 대상이라고 덧붙인다.[11]

3. 이와 같은 볼프의 제도 이해는 아르투르 리히에게서 조금 더 발전된 형태로 나타났다. 그에 따르면, 인간의 실존은 관계들의 현실성이다. 리히는 마르틴 부버의 나와 너, 나와 그것의 관계론을 확장시켜 각 개인이 자신의 내면세계와 맺는 관계, 인간과 인간의 관계, 인간과 자연의 관계를 입체적으로 파악하고자 한다. 이 관계들은 서로 유기적으로 결합되어 있기에 어느 하나만을 따로 떼어 놓고 생각할 수 없다. 인간은 이 관계들의 복합적 총체로서 현존한다.[12] 리히는 인간의 실존을 규정하는 관계들 가운데 어느 것 하나

---

11) Ernst Wolff, *Sozialethik: Theologische Grundfragen* (Göttingen: Vandenhoeck & Ruprecht, 1975), 173.

12) Arthur Rich, *Wirtschaftsethik I: Grundlagen in theologischer Perspektive*, 4. Aufl. (Guetersloh: Guetersloher Verlagshaus Gerd Mohn, 1991), 40. 아르투르 리히가 인간 실존을 관계들의 복합척 총체로 파악하고자 한 것은 개체성을 인간 이해의 일차적 사실로 간주하고자 하는 개인주의적 구상과 대조를 이룬다. 개인의 자유

도 제도화의 영향으로부터 벗어나지 못한다는 점에 주목한다. 우정이나 연인관계처럼 지극히 사적인 영역을 제외하면, 결혼, 가족, 공동체, 이익사회, 국가, 국제관계 들은 모두 제도들이며, 개개인은 이 제도들에 다양하게 통합되어 있다. 인류의 문명이 발전하면서 자연도 무구한 상태로 남아 있을 수 없게 되었다. 자연은 경제활동을 위한 재화로 인식되고 있으며, 생태계와 경제계는 에너지 물질 순환을 통해 서로 밀접하게 결합되었다. 가장 내면적인 영역이라고 인정되어 온 자기 자신과의 관계도 제도화에서 자유로울 수 없다. 인간이 자기 자신과 맺는 관계를 아이덴티티로 규정한다면, 아이덴티티 형성에 미치는 제도의 영향은 이루 말할 수 없을 만큼 크다. 인간의 아이덴티티는 제도들을 통해 이루어지는 사회화의 산물이며, 근대 사회에서 노동시장이 형성되면서 나타난 노동의 소외는 노동자들의 내면성을 규정하다시피 한다.

아르투르 리히는 인간 실존을 규정하는 이러한 관계들에 대응하는 윤리의 유형을 개체윤리, 상호윤리, 환경윤리로 설정할 수 있다고 보지만, 이 관계들이 제도화되어 있기 때문에 이 관계들의 제도적인 측면을 다루는 윤리학이 따로 설정되어야 한다고 생각한다. 그것이 바로 사회윤리이다. "사회윤리는 나와 나 자신의 관계, 나와 너/너희의 관계, 너/우리와 그것의 관계의 윤리적 질을 함께 규정하는 사회적 공동생활 제도들을 어떻게 구조적으로 규율할 것인가에 대해 책임을 지고자 한다. 그런 한에서 사회윤리는 간접적인 것의 윤리, 혹은 사회구조와 관련된 윤리이다."[13]

를 옹호하기 위해 이러한 견해를 극단적으로 주장하는 학자는 투르츠 렌토르프이다. Turtz Rendtorff, *Ethik 1: Grundelemente, Methodologie und Konkretionen einer ethischen Theologie* (Stuttgart [u.a.]: Kohlhammer, 1980), 89.

4. 이처럼 사회윤리학이 도덕적 행위 주체로서의 인간을 직접 다루지 않고 사람들이 삶을 꾸리기 위해 형성하는 관계들의 제도적 측면을 규율하여 선과 정의를 실현하는 데 관심을 갖는 것으로 이해한다면, 개인의 도덕적 능력을 향상시켜 사회정의와 공동선을 도모하려는 것은 원칙적으로 개인윤리적인 구상이지 사회윤리적인 구상일 수 없다. 사회윤리는 개인윤리와 다른 발상과 방법을 강구하여야 한다. 그렇다면, 사회윤리학의 방법과 관점은 어떤 것일까?

이 질문에 대해 충실하게 답변하기 위해서는 기독교사회윤리학이 반드시 고려하여야 할 몇 가지 사항을 추려 보는 것이 좋을 것 같다. 그 하나는 제도적인 것을 이해하는 신학적 패러다임을 가다듬는 것이고, 또 다른 하나는 제도적인 것에 관한 윤리적 판단과 행위의 원칙을 밝히는 것이다.

아래서는 먼저 제도적인 것을 이해하는 신학적 패러다임을 논하기로 한다. 그러나 신학적 패러다임을 본격적으로 논의하기에 앞서서 기독교사회윤리학의 학문적 정위와 관련하여 교의학과 윤리학의 관계를 규정해 두는 것이 좋겠다.

II. 기독교사회윤리학에서 교의학과 윤리학의 관계

오랫동안 기독교 신학계에서는 윤리학과 교의학의 관계를 어떻게 설정할 것인가를 놓고 논란이 끊이지 않았다. 어떤 신학자들은 윤리학을 신학의 독자적인 부문으로 보지 않고 교의학의 한 분야로

---

13) Arthur Rich, *op. cit.*, 65.

본다. 또 다른 신학자들은 윤리학을 교의학에서 독립된 별도의 신학 분과로 규정하여야 한다고 주장한다.

1. 윤리학을 교의학의 일부로 보는 입장을 가장 분명하게 대변하는 신학자는 칼 바르트일 것이다. 그는 윤리학을 교의학의 '과제'로 이해한다. 교의학이 먼저이고 윤리학은 그 뒤를 따른다는 식이다. 교의학이 하나님의 은혜의 현실을 먼저 직설법적으로 서술할 수 있어야, 그 은혜 가운데서 하나님이 인간에게 요구하는 계명을 명령법적으로 제시할 수 있다는 것이다.[14] 윤리의 근거를 하나님의 은혜에서 찾을 수 있다는 생각은 복음과 율법의 관계에 대한 해석에서 율법을 복음의 형식으로 보는 바르트의 이해와 긴밀하게 맞물려 있다.[15] 따라서 바르트가 선택론, 창조론, 화해론의 과제로서 윤리를 설정하며 역설하고자 한 것은 다음과 같이 요약될 수 있을 것이다. 하나님이 예수 그리스도 안에서 은혜로 인간을 선택하고, 만물을 무화시키는 죄의 권세로부터 지켜주고, 죄인을 용납하여 죄인과 화해하는 현실이 직설법적으로 먼저 확립되었기에 인간에 대한 하나님의 명령법이 성립되고, 하나님의 계명에 대한 인간의 응답이 요구된다는 것이다. 이렇게 보면, 윤리학의 근거는 예수 그리스도 안에서 하나님이 인간에게 허락하신 자유에 근거하여 하나님의 계

14) K. Barth, *Kirchliche Dogmatik*, II/2 (Zollikon-Zürich: Evangelischer Verlag, 1942), 567: "복음의 직설법이 타당하기에 그 직설법이 끝나는 곳에 촉구의 부호가 붙는다. 복음의 직설법은 명령법으로 되는 것이다."

15) 칼 바르트, "福音과 律法,"『恩寵의 選擇 및 福音과 律法』(서울: 향린사, 1964), 96: "율법은 하나님의 은총을 증거한다. 은총을 증거하기에 율법은 복음의 형식인 것이다. 율법이 은총을 증거하기 때문에 율법은 요구요, 주장이요, 회개에로의 부름이요, 예언인 것이다."(일부 어법 필자 수정)

명에 복종하는 데 있을 뿐이고, 그 이외의 다른 별도의 근거를 가질 이유가 없다. 이와 같은 윤리학은 하나님 앞에 서 있는 개인의 인의와 갱신과 성화에 관련될 뿐, 그 인간의 삶이 전개되며 형성하는 관계들의 제도적인 측면들을 직접 다룰 수는 없다. 바로 여기서 교의학적 근거 위에 세워진 윤리학의 한계가 분명하게 드러난다.

교의학이 규명하는 하나님의 은혜의 현실로부터 윤리학을 설정할 때 나타날 수 있는 또 하나의 문제는 세상의 상실이다. 바르트는 예컨대 창조론에서 인간이 세상에서 형성하여야 할 관계들의 모범이 예수 그리스도 안에서 드러나는 삼위일체 하나님의 관계의 현실성이라고 주장한다. 그것은 사람들 사이의 관계들이 하나님 안에서 실현된 삼위일체 관계들을 유비로 해서 형성되어야 한다는 것을 의미한다.[16] 전자는 후자와 같아져야 하고, 같아질 수 있다.[17] 이와 같은 바르트의 주장은 본질과 현상에 관한 모델 플라톤주의의 잔재에 머물러 있는 것으로 볼 수 있다. 따라서 바르트가 그리스도론에 근거하여 구상하는 윤리학은 하나님의 현실 안에서만 맴돌고 있을 뿐, 세상과 접촉하고 소통할 수 있는 구조가 없다고 말하여야 한다.

---

16) 바르트는 예컨대 남자와 여자의 상하관계와 선후관계를 내재적 삼위일체의 관계로부터 설명하고 있다. K. Barth, *Kirchliche Dogmatik*, III/4 (Zollikon-Zürich: Evangelischer Verlag, 1951), 189ff.

17) 하나님의 현실과 인간의 현실이 서로 조응관계(Entsprechung)에 있다는 바르트의 사고방식은 신앙의 유비(analogia fidei)를 전제한다. 하나님의 현실과 인간의 현실이 존재론적 조응관계에 있을 수 없기에 바르트는 존재의 유비(analogia entis)라는 개념을 허용하지 않고 신앙의 유비를 말한다. 이에 대해서는 K. Barth, *Kirchliche Dogmatik*, II/2, 252-267의 상세한 설명을 참조하라. 더 나아가 바르트는 인간의 현실이 하나님의 현실과 같아져야 하고(gleichnisbeduerftig), 같아질 수 있다(gleichnisfaehig)는 표현을 사용하기도 하는데, 여기서 같다는 것은 일종의 메타포이지 존재론적 일치를 가리키지 않음을 유념하여야 한다. 이에 대해서는 K. Barth, *Kirchliche Dogmatik*, IV/3 (Zuerich: EVZ-Verlag, 1965), 906ff.를 보라.

하나님의 절대적인 현실에 조응하는 세상의 현실이 있을 수 없기 때문에 바르트의 윤리학은 세상 없는 윤리학이고, 세상에 대해 유폐된 윤리학이다.

2. 윤리학을 교의학의 과제로 설정하는 한, 바르트가 빠져든 함정을 피하기는 어렵다. 그 묘책은 윤리학을 교의학으로부터 독립시키는 것 이외에 다른 것일 수 없다. 윤리학의 과제는 인간의 삶의 관계들을 규율하여 더 많은 선과 정의를 실현하는 것이다. 이러한 과제를 수행하기 위해서는 인간의 삶과 그 삶이 전개되는 장으로서 세상의 상대성을 존중하는 진지한 자세를 갖는 것이 그 무엇보다도 중요하다. 윤리학은 상대적인 것의 조건들 아래서 인간의 삶을 더 낫게, 더 바르게 형성하기 위한 관점을 찾지 않으면 안 된다. 인간의 삶이 형성하는 그때그때의 현실관계들이 이러저러해야 한다는 규범적 판단을 먼저 설정하고 그 규범들을 현실관계들에 덮어씌우는 식으로 논의를 전개한다면, 그것은 공허한 작업이 되기 쉽다. 윤리학은 현실관계들에서 문제가 되는 것을 분석하고 판단할 뿐만 아니라 역사적인 제약조건들 아래서 현실관계들을 대안적으로 형성하는 관점과 방법을 제시하여야 한다. 현실 분석을 통한 문제의 인식, 문제가 되는 현실에 대한 윤리적 판단, 문제 해결을 위한 실현 가능한 대안의 모색 등으로 이어지는 윤리적 성찰의 특성을 곰곰이 생각해 보면, 윤리학이 교의학과 확연히 구별되는 관점과 방법을 가져야 한다는 것은 저절로 분명하다.

3. 물론 윤리학을 교의학으로부터 독립시켜야 한다는 말은 윤리학의 성찰 과정에서 교의학이 불필요하다는 뜻으로 읽혀서는 안 된

다. 교의학적 성찰은 윤리적 성찰이 전개되는 결정적인 문맥에서 고려될 수 있고, 또 반드시 고려되어야 한다. 윤리적 판단의 원칙을 제정할 때, 어째서 이 원칙이어야 하고 저 원칙이면 안 되는가를 교회에 밝혀야 할 경우이거나, 교회가 어떤 윤리적 행위의 지침을 수용하도록 설득하는 경우를 염두에 둘 때, 기독교윤리학의 전개 과정에서 교의학적 진술의 불가피성은 아무리 강조해도 지나치지 않을 것이다.

이와 같은 경우, 분석의 순서에서는 교의학적 설명이 맨 뒤에 오더라도, 서술의 순서에서는 교의학적 설명이 맨 앞에 올 수 있다. 그러나 이 모든 점들을 십분 감안한다 할지라도, 기독교사회윤리학자는 교의학이 설명할 수 있는 것만이 현실이고, 그렇지 않은 것은 기독교사회윤리학에서 고려할 가치조차 없다는 식의 터무니없는 신학주의에 빠져서는 결코 안 될 것이다.

바로 이 대목에서 나는 철학적 윤리학과 신학적 도덕론의 관계에 대해 슐라이에르마헤르가 제시한 통찰을 다시 음미해 볼 것을 권하고 싶다.

III. 제도적인 것을 보는 신학적 관점

그렇다면 기독교사회윤리학이 제도적인 것에 제대로 접근하기 위해서는 과연 어떤 신학적 관점이 필요한가?

1. 이미 앞에서 조금 다른 논의 맥락에서 시사한 바와 같이, 바르트처럼 하나님의 초월적 현실을 지나치게 강조하게 되면 하나님의

절대적인 현실에 압도되어 세상의 상대적 현실을 긍정하기 어렵게 되고, 심지어는 윤리학의 대상이 상실되는 결과를 피할 수 없게 된다. 이보다 더 극단적인 경우는 초기 바르트의 교의학에서 엿볼 수 있다. 하나님 나라와 세상이 인륜적 실천을 통해 서로 연결될 것이라는 19세기 부르주아 신학의 환상이 제1차 세계대전을 통해 여지없이 붕괴되는 것을 목격한 바르트는 하나님의 초월성을 강조하고 세상에 대한 하나님의 심판을 전면에 부각시킨 바 있다. 이러한 신학적 구도에서는 세상적인 것의 존립이나, 제도적인 것의 형성을 중시하는 입장이 설 땅이 없다. 거기서는 윤리가 가능한 것이 아니라, 윤리에 대한 비판만이 가능할 것이다.[18)]

2. 그렇다면 제도적인 것의 실정성Positivität을 긍정하는 관점은 신학적으로 정당화될 수 있을까? 제도적인 것의 실정성을 강조하는 경향을 띤 신학자들은 독일 에어랑엔 학파의 파울 알트하우스[19)]와 베르너 엘러트[20)], 그리고 변증법적 신학자들 가운데 한 사람이었던 에밀 브룬너[21)]일 것이다.

이들은 하나님의 창조질서 내지는 보존질서로부터 인간 세상의 제도들을 설명하고자 했다. 가정, 노동과 소유, 국가 등을 창조질서로 간주할 경우, 이 제도들은 인간의 복된 삶을 위해 하나님이 인간

---

18) Karl Barth, *Der Roemerbrief*, 2. Aufl. in neuer Bearb. (München: Kaiser, 1922), 419f.

19) Paul Althaus, *Grundriss der Ethik* (Guetersloh: C. Bertelsmann, 1953).

20) Werner Elert, *Das christliche Ethos: Grundlinien der lutherischen Ethik*, 2. und erneut durchges. und erg. Aufl. / bearb. und hrsg. von Ernst Kinder (Hamburg: Furche-Verl., 1961).

21) Emil Brunner, *Das Gebot und die Ordnungen: Entwurf einer protestantisch-theologischen Ethik* (Zürich: Zwingli, 1939), 194.

에게 미리 허락한 삶의 여건으로 간주되어야 하고, 이 제도들의 지양은 생각될 수 없다. 이 제도들을 보존질서로 이해할 경우, 이 제도들은 하나님이 제정한 창조질서를 파괴하는 죄의 현실성에 맞서서 무질서로부터 인간을 보호하기 위해 하나님에 의해 설립된 것으로 간주될 것이며, 죄가 총체적으로 지양되지 않는 한, 이 제도들의 폐지는 허락될 수 없다. 어느 경우든 이미 주어져 있는 제도들의 유효성을 부정해서는 안 될 것으로 간주하는 경향이 강하다.22)

만일 베르너 엘러트처럼 하나님의 통치가 두 영역으로 분리되어 있다고 가정하고, 하나님이 제정한 질서들이나 제도들이 그 자체의 고유한 법칙Eigengesetzlichkeit에 맡겨져 있다고 생각한다면, 가부장적 가정 질서나 착취적이고 억압적인 노동 질서나 히틀러 독재 국가도 하나님의 보존 질서에 내장된 고유한 법칙의 발현으로 간주되지 않을 수 없을 것이다. 이렇게 제도들의 실정성을 극단적으로 옹호하는 신학적 관점은 대단히 위험하다.23)

3. 기독교사회윤리학이 제도적인 것을 다루지 못하는 신학적 무력 상태에 빠지지 않고 또한 제도적인 것의 실정성에 압도되지도 않도록 하는 실마리는 하나님 나라와 세상의 관계에 대한 디트리히

---

22) 이미 주어져 있는 질서의 실정성을 옹호하는 경향에 대해서는 D. Lange, "Schoepfungslehre und Ethik," *Zeitschrift fuer Theologie und Kirche*, Jrg. 91 (1994), 162-167; Chr. Frey, *Die Ethik des Protestantismus von der Reformation bis zur Gegenwart*, 2., durchges. u. erg. Aufl. (Guetersloh: Guetersloher Verlagshaus, 1994), 208을 보라.

23) '고유한 법칙'(Eigengesetzlichkeit)이라는 개념과 F. 나우만 이래 이 개념을 둘러싸고 벌어진 비판적 논의에 대해서는 W. Huber, *Folgen christlicher Freiheit: Ethik und Theorie der Kirche im Horizont der Barmer Theologischen Erklaerung* (Neukirchen-Vluyn: Neukirchener Verlag, 1983), 53-58을 보라. 히틀러 체제에서 이 개념이 얼마나 악용되었는가에 대해서는 W. Huber, *op. cit.*, 62-67을 보라.

본회퍼의 신학적 통찰에서 찾을 수 있다.[24)]

디트리히 본회퍼는 그리스도 안에서 죄의 세력은 이미 무효화되었지만 세상에서 죄의 지배는 아직 지양되지 않았다는 것을 예리하게 인식하면서 하나님의 지배와 세상의 관계를 보는 새로운 신학적 패러다임을 제시하고자 했다. 그는 궁극적인 것과 궁극 이전의 것을 날카롭게 구별하되, 이 둘을 독특한 방식으로 서로 연관시키려고 한다. 본회퍼는 "궁극 이전의 것은 궁극적인 것에 의해 완전히 지양되고 무효화되었음에도 불구하고 여전히 존속한다."[25)]고 자신의 새로운 통찰을 정식화한다. 궁극 이전의 것은 그 존속 기한이 정해져 있고, 그 기한을 정한 분은 예수 그리스도이다. "오직 하나님인 동시에 인간인 예수 그리스도만이 존재한다. 그분만이 현실적으로 존재하고, 그분을 통해 세상은 그 종말을 향해 성숙해질 때까지 존속한다."[26)] 이렇게 그 존속이 허락된 피조물은 세상에서 여전히 궁극 이전의 것에 머물러 있다. 본회퍼는 이러한 피조물을 "자연적인 것"이라는 독특한 개념으로 성격화한다. "자연적인 것은 타락한 세계에서 하나님에 의해 보존되는 생명의 모습, 그리스도를 통한 인의와 구원과 갱신을 고대하는 생명의 모습이다."[27)]

---

24) 아래의 3과 4의 설명은 제도적인 것을 다루는 기독교 현실주의의 관점을 디트리히 본회퍼, 귄터 브라켈만, 아르투르 리히의 윤리학을 중심으로 정리한 것으로서 졸고 「책임윤리의 틀에서 윤리적 판단의 규준을 정할 때 고려할 점」, 『신학연구』 41 (2000/12), 350-353의 내용을 문맥에 따라 재구성한 것이다.

25) D. Bonhoeffer, *Ethik* (München: Kaiser, 1981), 133.

26) D. Bonhoeffer, *op. cit.*, 137.

27) D. Bonhoeffer, *op. cit.*, 154. '자연적인 것'에 대한 크리스챤 링크의 해석은 경청할 만하다. 그는 디트리히 본회퍼가 "자연 개념의 그리스도론적 근거를 설정하였다."고 본다. 이에 대해서는 Chr. Link, *Schoepfung: Schoepfungstheologie angesichts der Herausforderungen des 20. Jahrhunderts, Handbuch Systematischer Theologie,* Bd. 7/2 (Guetersloh: Guetersloher Verlagshaus, 1991), 523 각주 70을 보라. 따라서 자연을 놓고서

이와 같이 이해되는 '자연적인 것'은 단지 죄에 물든 것으로 간주되어 철저하게 부정되기만 해서는 안 된다. 또 '자연적인 것'은 이미 완성된 것으로 인정되어 무조건 정당화되어서도 안 된다. 궁극 이전의 것과 궁극적인 것은 이처럼 긴장관계에 있다. 인간이 세상에서 자신의 삶을 어떻게 형성하여야 할 것인가를 묻고 그 대답을 찾아야 할 곳은 바로 이 긴장관계이다. '자연적인 것'으로 인식되는 세상을 형성해야 할 인간의 책임은 한편으로는 궁극적인 것을 통해 궁극 이전의 것을 뿌리로부터 철저하게radikal 부정할 수만은 없다는 데서 성립한다. 세상을 형성해야 할 인간의 책임은 또 다른 한편으로는 궁극 이전의 것과 단순히 타협하여 궁극적인 것을 망각할 수 없게 만든다.[28] 궁극적인 것의 현실성에 비추어 궁극 이전의 것이 참칭하는 고유한 법칙을 비판적으로 까발리지 않고서는 세상을 위해 하나님이 진짜 하고자 하는 일에 따라 세상을 형성할 길이 없기 때문이다.[29]

이렇게 보면, 디트리히 본회퍼가 기독교윤리학을 위해 이룩한 업적은 절대적인 것과 상대적인 것을 매개하는 장소로서 '자연적인 것'을 설정하고, 궁극 이전의 것이 궁극적인 것을 향해 투명해지도록 인간이 세상을 책임 있게 형성하여야 한다는 것을 명확하게 하였다는 데 있다. 바로 여기서 제도적인 것을 다루는 신학적 관점도 분명해진다.

"피조물을 새 피조물로 이끌어 가는 계속적인 길('과정')을 말할 수 없다. … 본회퍼는 '타락의 사실을 포함하기 위해서' 자연적인 것을 피조물적인 것과 구별해서 말한다. 그러나 그는 또한 '피조물적인 것을 포괄하기 위하여' 자연적인 것을 죄에 속한 것과 구별해서 말한다."(524)

28) D. Bonhoeffer, *op. cit.*, 136f.

29) 이에 대해서는 Bonhoeffer, *op. cit.*, 245, 250f., 253을 보라.

4. 이러한 관점은 귄터 브라켈만에게서 더욱더 예리하게 가다듬어졌다. 그는 '이미 지금'과 '아직 아니'의 종말론적 긴장관계를 주목하면서 세상을 제도적으로 형성하는 기독교인들의 실천을 '지속적 개혁주의'로 성격화한다. 지속적 개혁주의는 이미 주어져 있는 세상의 질서에 대해서 '비판적 거리'나 '비판적 태도'를 취하되, 그것을 "최선을 다해 가장 낫게 형성하기 위한 책임"을 가리키는 말이다. 이와 같은 지속적 개혁주의는 "기독교인들에게 질서들을 개혁하고 변혁할 필요가 있는 곳에서 그렇게 하고자 책임 있게 결단할 수 있는 내적인 자유를 준다. 기독교인들은 기존의 구조를 유일무이한 것으로 간주하지 않으며, 그것을 하나님이 원하는 것으로 볼 수는 더더욱 없다. 기독교인들은 결혼, 가정, 국가, 경제가 반드시 있어야 한다는 것만큼은 알고 있다. 그러나 그것들이 어떻게 존재하여야 하는가는 기독교인들의 책임에 맡겨져 있다."[30]

디트리히 본회퍼의 종말론에서 절대적인 것과 상대적인 것의 성공적인 매개 모델을 보는 아르투르 리히는 궁극 이전의 것과 궁극적인 것 사이의 긴장 영역에서 '궁극적인 것의 부름'[31]에 귀를 기울일 때 세상의 상황을 비판적으로 인식하고, 궁극 이전의 것의 절대성 요구를 상대화시키고, 세상을 형성하는 책임을 진지하게 받아들일 수 있다고 강조한다. 기독교인들이 세계 상황의 위기 징후들을 인지하는 곳에서 그들은 '궁극적인 것의 부름'에 귀를 기울이고, 궁극적인 것에 비추어 위기의 해법을 모색하되, 세상에서 실현가능한

---

30) G. Brakelmann, *Abschied vom Unverbindlichen. Gedanken eines Christen zum Demokratischen Sozialismus* (Guetersloh: Guetersloher Verlagshaus, 1976), 20f.

31) A. Rich, *Wirtschaftsethik I: Grundlagen in theologischer Perspektive*, 4. Aufl., (Guetersloh: Guetersloher Verlagshaus, 1991), 132.

것의 한계를 고려하면서 냉정하게 최선의 대안을 추구하여야 한다는 것이다.

오직 이와 같은 신학적 패러다임을 전제할 때에만, 기독교사회윤리학은 궁극적인 것의 요구에 귀를 기울이는 가운데 제도적인 것에 대해 비판적 거리를 취하면서 조금 더 선하고 조금 더 정의롭게 제도적인 것을 형성하는 일의 의의를 인정하게 된다.

IV. 기독교사회윤리학에서 윤리적 판단 규준과 행위 준칙의 구별

기독교사회윤리학은 궁극 이전의 것이 궁극적인 것에 투명해지도록 요구하면서 제도적인 것을 규율하여 더 많은 선과 더 많은 정의를 구현하는 방법을 강구하는 것을 그 과제로 삼는다. 이 과제를 수행하기 위해서는 제도적인 것에 대한 신학적 관점을 확립하는 것이 중요하지만, 그것만 가지고서는 아직 충분하지 않다. 기독교사회윤리학은 제도적인 것의 현실을 투명하게 인식하여 그것의 문제들을 파악하고 그 문제들을 해결할 수 있는 윤리적 구상을 제안하는 데까지 나아가야 한다. 이와 같은 작업은 제도적인 것에 대한 인문·사회과학적인 분석을 필요로 한다. 그렇다면 기독교사회윤리학은 인문·사회과학적 현실분석을 어떤 문맥에서 수용하여야 하는 것일까? 이 질문에 충실하게 대답하기 위해서는 기독교사회윤리학에서 윤리적 판단의 규준과 윤리적 행위의 준칙을 논리적으로 구별하여야 한다.

기독교사회윤리학은 우선 궁극적인 것의 요구에 귀를 기울이며 제도적인 것과 관련하여 윤리적 판단을 내리는 원칙들을 가다듬어야 하고, 그 다음에는 이러한 원칙적 판단에 가급적 충실하면서도 역사적 제약조건들을 감안하면서 제도적인 것을 가능한 최선의 것으로 형성하는 데 고려하여야 할 준칙들을 마련하여야 한다. 앞의 것을 가리켜 윤리적 판단의 규준이라 하고, 뒤의 것을 일러 윤리적 행위의 준칙이라고 할 수 있을 것이다.

1. 윤리학의 전통에서 윤리적 판단의 규준과 윤리적 행위의 준칙을 철학적으로 명료하게 구별한 사람은 임마누엘 칸트였다. 그의 도덕 형이상학은 한마디로 이성의 명령을 자신의 의지로 삼고 행위하라는 명제로 요약될 수 있다. 이 명제는 절대적 명법이 더 이상 그 뒤를 캐어물을 수 없는 이성의 원리에 근거한다는 확신을 표현하는데, 이 확신은 선에 대한 윤리적 판단의 규준이 그 규준에 따라 행위하도록 이끄는 윤리적 행위의 준칙과 구별된다는 것을 논리적으로 전제한다.[32] 실천이성의 명법과 도덕적 행위의 준칙은 서로 긴밀한 관계를 갖지만 둘은 서로 다른 차원에 놓여 있다.

실천철학을 둘러싼 오늘의 논의에서도 부브너는 칸트의 확신을 재정식화하면서 행위와 준칙과 규범(규준)의 관계를 다음과 같이 규정한다. "준칙론은 행위 개념과 규범의 근거 설정 사이의 중간다리 역할을 한다. 준칙론은 실천을 염두에 두면서 규범들의 탄생을 설명할 뿐만 아니라, 사람들이 주장하는 규범들의 합리성을 검증 가능한 것으로 나타나게 하는 과제를 맡는다."[33]

---

32) 이에 대해서는 I. Kant, Grundlegung der Metaphysik der Sitten, *Werke in Zehn Baenden*, hg. v. W. Weischedel, Bd. 6 (Darmstadt: Wissenschaftliche Buchgesellschaft, 1975), 51, 126.

2. 철학적 윤리학에서 그런 것처럼, 기독교사회윤리학에서도 윤리적 행위의 준칙들은 윤리적 판단의 규준들과 행위 내지 제도 형성을 매개하는 역할을 한다. 윤리적 규준은 궁극적인 것의 요구에서 비롯되기에 세상이 궁극적으로 도달하고자 하는 하나님 나라에 투명한 것이어야 한다. 따라서 그것은 당위적인 요구를 담는 명법의 형태로 주어진다. 윤리적 준칙은 세상의 조건들 아래서 이루어지는 행위 혹은 제도 형성과 관련되는 것이기에 그것은 두 가지 요구 아래 놓인다고 보아야 한다. 하나는 윤리적 규준에 담긴 당위적 요구에 충실하고자 하는 태세를 확립하는 것이고, 또 다른 하나는 행위나 제도 형성이 이루어지는 세상의 현실적 제약조건들에 대한 투명한 인식이다. 윤리적 준칙을 제정하는 과정에서 이 둘은 따로 놀아서는 안 된다. 에둘러 표현한다면, 우리가 사는 세상에서 하나님 나라의 현실을 인식하는 것은 너무나도 막연한 일이기에, 그 나라를 향한 긴 도정에서 길을 잃지 않기 위해 이정표를 설정하는 일을 윤리적 준칙의 제정에 비유할 수도 있을 것이다. 에큐메니칼 사회윤리가 태동하던 시기에 올드햄이 제창한 중간공리middle axiom가 여기서 말하는 윤리적 준칙에 해당한다고 말해도 무방할 것이다.[34]

기독교사회윤리학에서 윤리적 규준은 세상이 하나님의 나라에

---

33) R. Bubner, *Geschichtsprozesse und Handlungsnormen: Untersuchungen zur praktischen Philosophie* (Frankfurt am Main: Suhrkamp, 1984), 223.

34) 올드햄의 '중간공리'에 대해서는 H.-J. Kosmahl, *Ethik in Oekumene und Kirche: Das Problem der "Mittleren Axiome" bei J. H. Oldham und der christlchen Sozialethik* (Göttingen: Vandenhöck & Ruprecht, 1970), 55-58을 보라. 그가 중간공리로서 제안한 책임사회는 그 자체로서는 하나님 나라가 아니지만 하나님 나라를 향한 도정에서 더 많은 선과 더 많은 정의를 구현할 수 있도록 세상을 형성하는 방식을 규율하는 지침이었다. 이 지침은 1948년 암스테르담 WCC 창립 총회에서 에큐메니칼 사회윤리의 패러다임으로 받아들여졌다.

대해 투명해야 한다는 일종의 절대적인 요구를 명료하게 정식화한 것으로 볼 수 있다.[35] 이 윤리적 규준들로부터 행위의 준칙들이나, 제도 형성의 정책적 구상을 직접 도출할 수는 없다.[36] 왜냐하면 윤리적으로 의미 있는 행위도 그렇지만, 제도적 현실의 변혁이나 개혁을 위한 제안 또는 그에 따르는 실천은 어디까지나 상대적인 것의 영역, 곧 역사적인 현실관계들의 영역에서 이루어지기 때문이다. 대안정책의 구상과 그것을 실현하기 위한 실천은 제도들의 문제들에 대한 분석과 제도적으로 실현가능한 것에 대한 평가가 엄밀하게 이루어질 때라야 비로소 착수될 수 있다. 그렇다고 해서 이 말은 대안정책의 구상과 그 실천을 이끌어 가는 윤리적 준칙들이 윤리적 규준들과 무관하게 제정될 수 있다는 뜻으로 해석되어서는 안 된다. 대안정책의 구상과 그 실천은 한편으로는 그것이 투명하게 지향하여야 할 것을 놓치지 않아야 한다는 의미에서 윤리적 규준들을 존중하여야 하고, 또 다른 한편으로는 역사적 현실관계들 안에서 보다 나은 삶을 실현하기 위하여 제도적으로 실현가능한 것을 최선을 다해 조직할 수 있어야 한다.

3. 이처럼 윤리적 규준들과 윤리적 준칙들을 구별하고 나면, 이 규준들로부터 세상의 일을 조직하는 방략을 직접 도출하거나, 그 규준들을 제시하기만 하면 기독교사회윤리학이 할 일을 다 했다고

35) 여기서는 윤리적 규준들을 구체적으로 제시할 수 없다. 윤리적 규준들은 기독교사회윤리학이 어떤 제도의 문제들을 윤리적 도전으로 받아들이는가에 따라서 그때그때 제정되어야 할 것이다. 예컨대, 정치제도의 문제들을 다룰 때 설정하여야 할 규준들과 경제제도의 문제들을 다룰 때 강구하여야 할 규준들이 같을 수는 없을 것이다.

36) 이에 대해서는 A. Rich, *op. cit.*, 222f.

생각할 수 없다는 것은 자명하다. 윤리적 규준들이 지시하는 행위와 제도 형성의 지향점은 결코 유토피아가 아니다. 윤리적 규준들은 윤리적 준칙들을 매개함으로써 비로소 현실성을 갖는다. 윤리적 규준들이 현실성을 갖기 위해 윤리적 준칙들을 매개하여야 한다면, 윤리적 규준들은 매개능력을 가질 수 있도록 정식화되어야 한다. 윤리적 규준들은 인간의 행위와 제도들에 대한 윤리적 판단이 의거하는 원리로서 세상을 형성하는 데 구속력을 가질 수 있어야 하고, 바로 그런 만큼 인간의 행위와 제도 형성을 규제하는 준칙을 구성할 능력을 갖추어야 한다. 윤리적 판단의 규준들을 이러한 정도까지 정식화할 수 있을 때, 기독교사회윤리학은 윤리적 판단의 규준들을 존중하면서 윤리적 행위의 준칙들을 정교하게 가다듬어 제도 형성을 규율하는 지침 내지 정책 구상의 수준까지 구체화할 수 있는 길을 열 수 있다.

V. 제도적인 것에 대한 인문·사회과학적인 분석의 수용

기독교사회윤리학이 제도적 현실관계들에 대한 인문 · 사회과학적 분석을 필요로 하고, 그 작업이 윤리적 준칙을 제정하는 일과 관련된다는 것은 앞에서 윤리적 규준과 준칙이 맺는 관계를 규명한 바로부터 논리적으로 이끌어낼 수 있는 결론이라고 할 수 있다. 제도적인 것에 대한 신학적 관점은 제도적인 것에 대한 인문 · 사회과학적인 접근을 촉진할 수는 있다. 그러나 제도적인 것에 대한 신학적 관점이 제도적인 것의 현실성에 대한 구체적인 분석을 대신할 수는 없다. 그것은 신학의 과제라기보다 인문 · 사회과학의 과제로 보는 것이 적절하다.

기독교사회윤리학이 제도적인 것에 대한 인문·사회과학적인 분석을 수용하여야 한다면, 그 수용의 방법을 상세하게 밝혀야 하겠지만, 지면 관계상 이를 다룰 수는 없다. 여기서는 기독교사회윤리학이 인문·사회과학적인 현실 분석에 대해 어떤 관점과 방법을 특별히 주문할 필요가 있는가를 몇 가지 짚고 넘어가는 것으로 그치고자 한다.

1. 인간의 삶을 영위하는 데 반드시 필요한 기본질서들이나 기본제도들이 있다는 것은 분명하다. 그러나 그것들은 사람들이 자연적 조건들과 문화적 조건들 아래서 역사적으로 형성해 왔던 산물들이다. 제도적 현실관계들을 이렇게 인식할 때, 중요한 것은 현재의 제도들 가운데 무엇이 삶을 영위하는 데 필요하고 무엇이 "마치 필요한 것처럼" 보이는가를 구별하는 것이다. 제 아무리 기본적인 제도들이라고 하더라도 그것의 현실 형태가 더 이상 삶에 필요하지 않게 되었는데도 "마치 필요한 것처럼" 보이는 것은 그것을 마땅한 것인 양 사람들을 설득하여 이익을 얻는 세력이 있거나 그것을 받아들이는 모종의 강박Sachzwang이 있기 때문일 것이다.

예를 들면, 전통적으로 여성과 남성의 관계를 규율하는 가부장제는 신석기 시대에 이룩된 경제적 잉여를 상속의 형태로 보존하려는 욕망에서 비롯되었고, 부계 혈통에 따르는 상속 제도는 경제적 잉여의 생산과 그것의 군사적 보존에 더 많이 공헌하였다고 정치사회적으로 인정되는 남성의 특권을 유지하는 장치였다고 볼 수 있다.[37] 그러나 생산의 기술화가 고도로 달성되고 정치사회적 안보가 근육의 힘과 무술에 의존하지 않게 된 오늘의 세계에서도 여성에 대한 남성의 지배가 정상적인 제도로 인정될 수 있을까? 가부장제 질서를 이상적인 가족 모델로 주장하는 사람들이나 세력들은 그렇게 주장함으로써 어떤 이득을 얻는 것일까?

또 다른 예를 들자면, 근대에 들어와 노동시장이 성립되면서 노동업적에 따른 소득보상이 사회조직 원리로 확립되었는데, 이와 같은 노동사회[38]의 원리가 자본의 유기적 구성이 고도화되고 고용 없는 경제성장이 급속하게 이루어지는 오늘의 세계에서도 당연하고 필요한 것으로 통용되어야 할까? 오히려 오늘의 세계에서는 근대 노동시장이 성립하는 과정에서 사람의 몸에 새겨진 노동규율[39]을 불식시키고 사회적 기본소득의 권리를 주장하는 것이 마땅하지 않을까? 아마 이와 같은 예들을 열거하자면, 그 목록은 끝이 없을 것이다.

어떤 제도가 의사필연성의 모습을 띠면서 당연하고 정상적인 양 등장하는 것은 그 제도를 유지하여야 특정 세력의 이익이 실현될

---

37) 거다 러너, 『가부장제의 창조』, 강세영 옮김 (서울: 당대, 2004), 92.

38) 노동사회라는 개념은 한나 아렌트에 의해 처음 사용되었다. 그녀에 따르면, 20세기 초에 이르러 근대 사회는 노동사회로 전환되었다고 한다. 노동사회는 영원히 반복되는 '자연과의 신진대사'로서의 노동, 곧 '생활의 생산'으로서의 노동을 본위로 하는 사회이며, 일하는 동물로 전락된 노동자들을 생산성의 명령 아래 종속시킨다. Hannah Arendt, *Vita activa oder vom taetigen Leben* (1958), 8. Aufl. (München/Zürich: Pieper Verlag, 1994), 11f, 79ff, 88f. 한마디로 노동사회는 임금노동을 본위로 하는 사회이다. 노동사회에서 노동은 직업상의 지위를 통해 수행되는 영리노동으로 좁게 규정된다.

39) 미셸 푸코는 인간의 몸에 새겨진 노동규율을 생체권력(biopower)으로 규정한 바 있다. 이에 대해서는 미셸 푸코, 『성은 억압되었는가?』, 박정자 역 (서울: 나남 1990), 149ff.를 보라.

수 있기 때문일 것이다. 이런 점을 밝히기 위해 고안된 수단이 이데올로기 비판이다.[40] 이데올로기는 특수한 이해관계를 보편적인 이해관계로 포장시켜 사람들로 하여금 이익을 둘러싸고 벌어지는 제도적 억압과 배제의 현실에 둔감하게 만들기 때문에 그러한 이데올로기를 폭로하여 억압과 배제의 현실을 드러내는 작업은 매우 중요하다.[41]

이데올로기 비판은 심리분석과 결합되면서 제도들을 조직하고 운영하는 원리가 과잉억압에 근거하고 있음을 폭로하는 데까지 나아갔다. 특히 프랑크푸르트 학파의 사회철학자들은 인간의 문화가 충동을 적절하게 억압함으로써 성립되었다는 것을 밝혀낸 프로이트의 분석을 내재적으로 비판하면서 심리분석을 사회사적이고 정치사회학적인 맥락에서 새로 읽어내고자 하였고, 이를 통하여 인간의 충동에 대한 과잉억압에 근거한 제도가 인간의 내적 자연을 어떻게 황폐화시키고, 외적 자연에 대한 인간의 공격성을 어떻게 강화시키는가를 분석하였다.[42] 인간이 몽매와 자연의 지배로부터 벗

---

40) 이데올로기 비판의 역사에 대해서는 존 플라메나쯔, 『이데올로기란 무엇인가』, 진덕규 옮김 (서울: 까치, 1982)를 보라.

41) 이와 같은 이데올로기 비판의 과제를 명확하게 설정한 학자는 칼 만하임이다. 칼 만하임, 『이데올로기와 유토피아』, 林錫珍 譯 (서울: 志學社, 1979).

42) 프로이트의 심리분석과 마르크스의 사회분석을 결합시켜 문명비판의 획기적인 관점과 방법은 Max Horkheimer/Th. Adono, *Dialektik der Aufklaerung: Philosophische Fragmente* (1947) (Frankfurt am Main: Fischer, 1969)에 실린「오디세이 신화와 계몽주의」에서 선구적으로 제시되었고, Max Horkheimer, *Eclipse of Reason* (New York: Oxford Univ. Press, 1947)에서 '자연의 반란'에 대한 심오한 분석에서 나타났다. 이와 같은 작업은 Herbert Marcuse, *Eros and Civilization: a Philosophical Inquiry into Freud* (Boston: Beacon Press, 1956)에서 시도된 현실원칙과 업적원칙의 예리한 구별로 이어졌다. 프랑크푸르트 학파의 비판이론적 프로젝트는 J. Habermas, *Erkenntnis und Interesse: Mit einem neuen Nachwort* (Frankfurt am Main: Suhrkamp, 1973)에서 학문이론의 수준에서 체계적으로 가다듬어졌다.

어나 인간과 인간의 화해, 인간과 자연의 화해, 자기 자신과의 화해를 이루기 위해 구상하였던 근대의 계몽주의적 기획이 도리어 인간의 삶을 내면적으로 옥죄고 그 삶의 자연적 기초를 붕괴시키는 파괴적 무기로 변질되었다는 비판이론가들의 날카로운 지적은 제도들을 형성하는 작업에서 과잉억압의 문제를 정면으로 다루지 않으면 안 된다는 것을 일깨워 준다고 할 것이다.

2. 제도를 형성할 때, 제도의 주체가 인간이라는 점을 한시도 잊어서는 안 된다. 이 점을 망각하면, 제도는 인간의 규율로부터 벗어나 자립적 실체인 양 행세할 수 있다. 제도는 일단 성립되면 바꾸기가 매우 어렵기 때문에 제도가 독립적인 실체인 것 같은 환상이 강화된다.

본래 제도는 세상에서 인간의 삶을 제대로 형성하기 위해 만들어진 것이기에, 인간이 만든 제도가 인간의 삶을 불편하게 하면, 그것을 폐지하거나 바꾸는 것은 당연한 일이다. 그러나 이러한 변화를 애초부터 꿈꾸지 못하게 만드는 사고방식이 있다. 인간의 사회와 제도를 움직이는 불변의 법칙이 있다는 사고방식이 그것이다. 어떤 사람들은 그 법칙이 마치 자연법칙과 같은 것으로 생각하기까지 한다. 이러한 사고방식은 특히 경제현상을 다루는 학문 분야들에서 많이 나타난다. 경제학이 정식으로 표현하는 여러 법칙들은 경제가 경제법칙에 따라 작동하기 때문에 경제제도를 바꾸는 것은 아예 불가능하다는 인상을 자아낸다. 경제법칙이라는 개념은 기존의 경제체제를 유지하려는 세력의 이데올로기적 주장에 사이비 과학의 옷을 입히기 쉽다.[43)]

그러나 경제는 어디까지나 인간의 문화적 산물이기 때문에 역사적으로 다양한 형태로 조직될 수밖에 없다. 고대 사회의 경제는 원시 시대의 경제와 똑같은 원리로 운영되지 않았고, 중세 사회의 경제는 근대 자본주의 사회의 경제를 작동하는 원리를 대부분 알지 못했다. 자본주의만 해도 그것을 운영하는 제도적 형태는 매우 다양하다. 따라서 각 시기의 경제를 운영하는 데 필요한 제도들은 그때그때 필요에 따라 만들어진 것이지, 그러한 제도들을 움직이는 불변의 법칙이 있다고 생각할 수 없다. 이와 같은 법칙의 신화를 깨뜨리는 것은 제도적인 것을 책임적으로 형성하는 데 가장 중요한 관점들 가운데 하나일 것이다. 이러한 신화 비판을 통하여 거듭해서 돌아가야 할 진리는 제도의 주체가 인간이라는 것이다.

이런 점에서 볼 때, 제도가 제도를 규율하는 질서를 스스로 만들어 간다는 신자유주의자들의 주장도 신화적 발상에 지나지 않을 것이다. 신자유주의자들은 시장이 시행착오를 거듭하면서 자생적 질서를 만들어가기 때문에 시장을 시장 원리에 맡기는 것이 최선의 길이라고 주장한다. 최저임금제, 사회적 소득재분배, 고용보장 등과 같은 시장 규제는 시장 주체들에게 도덕적 해이를 가져올 수 있기 때문에, 제아무리 사회적 형평과 연대라는 고상한 가치를 앞세워 시장 규율을 정당화하려고 할지라도, 궁극적으로는 공동체에 해악을 가져올 것이라고 한다. 따라서 시장을 시장 원리에 맡기라는 주장은 그들에게는 지극히 당연한 논리적 결론이다. 그러나 시장 원리의 절대화로 치닫기 마련인 이와 같은 주장은 시장의 자생적 질서로 내세워지는 경쟁이나 시장분배나 가격장치에 대한 미신에서

43) 이 점을 가장 날카로운 형태로 파헤친 사회철학자는 마르크스일 것이다. 이에 대해서는 특히 Karl Marx, Das Elend der Philosophie, *MEW* 4 (Berlin: Dietz Verlag, 1959), 130, 554를 보라.

기인한 것임이 분명하다.[44] 제도가 자생적 질서에 따라 움직이게 내버려 두라는 주장은 제도의 주체가 인간이라는 점을 도외시한다는 점에서 역시 신화요, 이데올로기라고 보아야 할 것이다.

3. 기독교사회윤리학은 인문·사회과학들이 제도의 문제를 다룰 때 오늘 인류가 도달한 기술 능력의 수준을 정확하게 평가하도록 촉구하여야 한다. 인류의 기술 능력은 한편으로는 많은 사람들을 고통스러운 노동으로부터 벗어나 역사상 유례없이 높은 수준의 복지를 누릴 수 있도록 하였지만, 또 다른 한편으로는 인간의 통제를 이미 벗어나 있는 것처럼 보이는 위기의 징후들을 불러일으키고 있다. 생태계 위기, 유전자 조작, 원자력 에너지 사용 등은 위기의 징후들을 기록한 긴 목록의 몇 항목에 지나지 않을 것이다.

인류의 기술 능력이 향상되면 향상될수록 인류의 기술적 개입은 인간의 세상과 지구 환경에 장기간에 걸쳐 더욱더 엄청난 결과를 가져올 것이다. 예를 들면, 화석 연료를 대규모로 사용함으로써 발생하는 기후 변화는 인류의 문명을 근본적으로 바꿀 것이고, 그로 인하여 발생할 피해의 규모는 예측할 수 없을 정도로 클 것이다.

이런 점을 감안한다면, 오늘 우리가 엄청난 기술 능력을 갖고서 결정하고 실행한 일이 가까운 미래와 먼 미래에 가져올 결과들에 대한 책임을 염두에 두고서 기술 능력을 규율할 수 있는 제도적인 장치들을 마련하기 위해 노력하여야 할 것이다. 만일 인간의 기술적 개입이 먼 미래에 가져올 결과를 지금의 인지 능력으로는 도저

44) 신자유주의가 경쟁, 시장분배, 가격장치에 대한 미신에 근거하고 있다는 것에 대한 분석으로는 강원돈, 「사회적이고 생태학적인 경제민주주의를 향하여」, 『지구화 시대의 사회윤리』(서울: 한울아카데미, 2005), 45-55를 보라.

히 예측할 수 없는 일이라고 한다면, 그러한 기술적 개입을 금지하는 제도적 장치를 마련하여야 할 것이다. 오늘의 개입이 가까운 미래와 먼 미래에 가져올 결과를 어느 정도 예측할 수 있다고 한다면, 그러한 기술 개입은 오늘의 세대와 미래의 세대들 사이에서 그 적절성을 다투어야 할 일이 될 것이다. 이와 관련해서는 세대 간의 정의를 제도적으로 다룰 수 있는 정교한 규칙과 이를 뒷받침하는 비용 계산 방법이나 이자율 산정의 방법 등을 마련하여야 할 것이다.45)

4. 기독교사회윤리학은 제도적인 것을 규율하는 규범과 법을 제정하는 제도적 절차를 민주주의적으로 마련할 것을 강조하여야 한다. 제도화된 현실관계들을 규율하는 주체가 그 관계들 속에 들어가 있는 구성원 전체여야 한다는 것이 당연한 요구라면, 제도를 규율하는 절차가 민주주의적으로 조직되어야 한다는 주장은 그 논리적 귀결일 것이다. 이와 같이 제도의 규율과 민주주의의 관계가 중시되어야 함에도 불구하고, 오늘날 인문·사회과학적인 제도분석에서 민주주의 이론은 상대적으로 낙후된 분야로 꼽힌다.

오늘의 세계에서 민주주의는 다수결 원칙에 따라 제도 문제를 집단적으로 다룰 수 있는 가장 현실적인 정치적 합의과정으로 인정되고 있다. 그러나 공동체를 규율하는 규범들과 제재들을 제정하는 데 시민들이 참여하고 합의하는 단계에까지 민주주의가 발전한 것

45) 세대 간의 정의는 논리적으로 '아직 존재하지 않는 것'이 요구하는 존재의 권리를 전제하지 않을 수 없다. 이 어려운 문제를 다루는 시도들 가운데 하나로는 H. Jonas, *Das Prinzip Verantwortung: Versuch einer Ethik fuer die technologische Zivilisation* (Frankfurt am Main: Suhrkamp, 1984), 84를 보라.

은 아니다. 만일 민주주의가 그때그때의 정세에서 정치세력들과 사회세력들의 이해관계를 현실적으로 조정하는 장치에 그친다면, 그것은 민주주의가 권력이나 화폐를 매개로 해서 구축된 체제의 한 기능으로 축소되어 있다는 것을 의미할 것이다. 민주주의는 이러한 체제가 제 기능을 발휘할 수 있도록 뒷받침하는 의사결정 과정임에는 틀림없지만, 민주주의가 공동체 규범과 법의 타당성을 구현하기 위해서는 생활세계를 아우르는 원리로 자리를 잡아야 한다. 이때 생활세계는 체제에 흡수되거나 종속되는 것이어서는 안 되고, 거꾸로 체제가 생활세계에서 파생되어 진화한 산물로 인식되어야 한다.[46]

생활세계가 제도들을 규율하는 규범들과 법률들의 타당성을 가늠하는 최종적인 심급이라고 한다면, 생활세계를 매개하여 삶의 의미가 공유되는 의사소통의 공동체가 형성되어야 한다. 이러한 의사소통공동체는 행위를 이끄는 원칙들의 근거를 최종적으로 밝히는 담론이 이루어지는 현장이다. 담론이 갖는 이와 같은 중요성 때문에 위르겐 하버마스와 칼-오토 아펠 같은 철학자들은 담론을 인식인간학적으로 고찰하고 담론에 근거한 공동체 규율의 방법을 연구하는 담론윤리를 발전시켜 왔다. 담론윤리는 현대 사회에서 민주주의의 가능성을 새로운 각도에서 모색하고 있다는 점에서 기독교 사회윤리학이 제도적인 것을 민주주의적으로 규율하는 일을 검토할 때 참고할 만한 이론이라고 생각한다.[47]

46) 위르겐 하버마스, 『사실성과 타당성: 담론적 법이론과 민주적 법치국가 이론』, 한상진/박영도 역 (서울: 나남, 2007), 478-511. 여기서 하버마스는 생활세계적 의사소통을 수행하는 '시민사회'의 역할을 중시한다. 시민사회를 통해 '공적 의견'을 형성하고, 이와 같은 공적 의견의 압력 아래서 의회에서 법을 제정하는 절차를 통해 '의사소통적 권력'이 민주주의적으로 발현할 수 있게 하는 것이 중요하다는 것이다.

만일 기독교사회윤리학이 제도적인 것을 규율하는 민주주의 원칙을 강조하고자 한다면, 교회도 자신의 견해를 공론장에서 표명할 준비를 갖추어야 한다. 교회는 공론장에서 그 어떤 특권을 요구해서는 안 되며, 오히려 공론장을 이루는 생활세계의 주민들에게 자신의 견해가 어떤 근거에 서 있는가를 조리 있게 설명하여 공중을 설득하여야 한다. 이와 같은 교회의 공공 활동을 보여주는 모범적인 사례는 독일개신교협의회일 것이다. 독일개신교협의회는 국민교회Volkskirche라는 자기이해에 입각하여 국민적 관심사에 대해 교

47) 담론윤리학자들에 따르면, 담론이 선하고 정의로운 삶에 대한 공동체적 합의를 이끌어내기 위해서는 담론의 주체가 강제나 강박으로부터 벗어나 자유롭게 토론하여 진리에 도달할 수 있어야 한다. 물론 이러한 담론공동체는 현실의 세계에 존재하지 않는다는 점에서 그것은 유토피아이다. 위르겐 하버마스는 이 유토피아를 "이상적인 의사소통공동체"라고 불렀다. 이상적인 의사소통공동체는 현실의 의사소통공동체를 규제하는 역할을 한다. 이를테면, 현실의 담화 상황이 거짓말과 복선, 체계적으로 왜곡된 언어, 판에 박힌 구호, 불투명한 폭력 등등으로 심각하게 꼬여 있고 일그러져 있음에도 불구하고, 사람들은 다른 사람들과 대화를 지속적으로 나누기 위해서는 진실하게 표현하고 바르게 행동하기 위해 진지하게 노력하여야 한다는 것을 알고 또 그것을 요청한다는 것이다. 이 때문에 이상적인 의사소통공동체는 현실적인 의사소통공동체를 규율하기 위해 '꼭 필요한 가상'이며, 그 가상은 '사실적인 것을 거스르며' 작용하는 힘이 있다. 이에 대해서는 J. Habermas, "Vorbereitende Bemerkungen zu einer Theorie der kommunikativen Kompetenz," J. Habermas/N. Luhmann, *Theorie der Gesellschaft oder Sozialtechnologie: Was leistet die Systemforschung?* (Frankfurt am Main: Suhrkamp, 1971), 140f.를 보라.

그동안 담론윤리는 이상적인 의사소통공동체의 의미에 대한 논의에 머무르지 않고 현실적인 의사소통공동체를 규율하는 방법에 대해 많은 연구를 해왔다. 아펠에 따르면, 이상적인 의사소통공동체의 규제적 이념들은 "오직 수많은 실용적인 제약들 아래서만" 구현될 수 있다고 말한다. 이를테면, 토론시간의 제한, 개개인의 이성능력과 전문적인 문제해결 능력의 차이, 체제 합리성, 도구적 합리성, 전략적 합리성 등과 타협할 수밖에 없는 현실상황 등등이 그가 말하는 제약들이다. 이러한 실용적인 제약들을 구체적으로 검토하는 것은 사람들의 삶과 관련되는 여러 가지 문제들을 공론장에 회부하여 정치적 의사결정 과정을 민주주의적으로 조직하는 방도를 찾기 위한 것으로 볼 수 있다. 이에 대해서는 K.-O. Apel, *Diskurs und Verantwortung. Das Problem des Uebergangs zur postkonventionellen Moral*, 2. Aufl. (Frankfurt am Main: Suhrkamp, 1992), 202-5를 보라.

회의 입장을 성실하게 표명해 왔다. 이러한 의사표명은 교회가 공공 활동을 통하여 국민적 공동체에 대해 파수꾼의 역할을 수행할 임무를 부여받았다는 교회의 자기이해, 곧 교회의 공공성 위임 Oeffentlichkeitsauftrag der Kirche에서 비롯된다. 이와 같은 교회의 공적인 의사표명은 의사표명의 대상이 되는 현실에 대한 분석, 문제되는 현실에 대한 윤리적 판단과 결단, 윤리적 판단과 결단의 신학적 근거의 설정 등으로 이루어지기 때문에 보통 백서Denkschrift의 형태를 취한다. 백서는 교회의 의견을 논증적으로 제시하여 공중을 설득하는 방식을 취한다.[48]

VI. 맺음말

기독교사회윤리학은 제도적인 것을 규율하여 더 많은 선과 더 많은 정의를 실현하고자 하는 기독교인들의 진지한 작업이다. 이와 같은 기독교사회윤리학의 학문적 정위를 위해서 나는 한편으로는 교의학과 윤리학의 관계를 규정하고, 또 다른 한편으로 인문·사회과학의 제도분석을 기독교사회윤리학에 수용하는 맥락을 드러내고자 했다.

기독교사회윤리학이 제대로 발전하기 위해서는 윤리학을 교의학의 과제로 보는 관점과 결별하고 윤리학이 교의학으로부터 독립된

48) 이에 대해서는 *Aufgaben und Grenzen kirchlicher Äußerungen zu gesellschaftlichen Fragen: Eine Denkschrift der Kammer für soziale Ordnung der Evangelischen Kirche in Deutschland*, hg. vom Rat der Evangelischen Kirche in Deutschland (Gütersloh: Guetersloher Verlagshaus, 1970), § 32를 보라.

신학의 독자적인 부문임을 인식하여야 한다. 윤리학이 교의학으로부터 독립된다고 하더라도, 윤리학적 주장의 신학적 근거를 교회 앞에 제시할 때 윤리학은 교의학을 자신의 논리적 회로에 따라 자유롭게 사용하여야 할 것이다. 기독교사회윤리학은 교의학으로부터 제도적인 것을 다루는 신학적 관점을 배워야 하지만, 제도적인 것에 대한 신학적 해석은 제도적인 것의 현실성을 구체적으로 분석하는 일을 대신할 수 없다.

기독교사회윤리학이 인문·사회과학적 현실분석에 대해 어떤 입장을 취하여야 하는가 하는 문제는 오직 윤리적 판단의 규준과 윤리적 행위의 준칙을 논리적으로 구별할 수 있을 때라야 해결될 수 있다. 윤리적 판단의 규준은 세상이 하나님 나라를 향하여 투명해지도록 하는 일과 관련되어 있기에, 윤리적 판단 규준의 신학적 근거를 밝히는 일이 매우 중요하다. 윤리적 행위의 준칙은 윤리적 판단의 규준에 내포된 당위적인 요구에 충실하면서도 역사적인 제약조건들 아래서 제도적인 것을 규율하는 행위의 지침이나 대안정책의 구상을 가리키기 때문에 윤리적 행위의 준칙을 제정하기 위해서는 제도적인 것의 현실성을 분석하는 일을 마다할 수 없다.

이와 같은 맥락에서 기독교사회윤리학은 제도적인 것에 대한 인문·사회과학의 분석을 수용하여야 하지만, 모든 인문·사회과학이 기독교사회윤리학의 관심사를 나누고 있는 것은 아니기에 어떤 원칙에서 인문·사회과학적 분석을 받아들일 것인가를 고민하지 않으면 안 될 것이다. 나는 제도적인 것을 다루는 인문·사회과학을 향해 기독교사회윤리학이 무엇을 주문할 것인가를 몇 가지 짚어 가면서 인문·사회과학적 현실분석을 수용하는 원칙을 간접적으로 밝히고자 했다. 제도강박에 대한 이데올로기 비판, 제도 형성의 주체로서의 인간에 대한 관심, 미래에 대한 책임의 제도화, 민주주의와 공공성 원칙의 존중이 그것이다.

민중과 디아코니아[1)]
- 안병무의 민중신학에 대한 디아코니아적 구상

홍주민

I. 들어가면서

1970-80년대 한국 사회의 급격한 사회적 변혁기에 한국의 개신교의 토양에서 나온 민중신학은 사회 개혁과 변혁을 위하여 전적으로 복무하였다. 민중신학은 군사독재에 정면으로 도전하는 저항신학으로 커다란 역할을 하였다. 그리고 당시 한국 개신교 교회를 기만했던 근본주의 신학의 가면을 제거하는 폭로의 신학이었다. 이를

---

1) 이 글은 홍주민의 박사논문 지도교수인 테오도아 슈트롬 교수의 70회 생신(2003. 1. 17)을 맞아 발간된 기념논문집(Arnd Götzelmann (hrsg.), *Diakonische Kirche*, Heidelberg 2003, 343-354)에 실린 글을 번역한 것이다. 이 책은 하이델베르크 대학 디아코니아연구소 연구 시리즈 출판물로 하이델베르크 대학출판부에서 발행되었다. 독일어 원 제목은 "Minjung und Diakonie, Das diakonische Konzept in Byung-Mu Ahns Minjungtheologie"이다. 이 기념논문집 "Diakonische Kirche"는 2009년 Books on Demand GmbH, Norderstedt에서 2번째 판이 다시 출판되었다 (ISBN-13:978-3-8370-9296-7). 이 글은 한국실천신학회 학술지인『신학과 실천』(*Theology and Praxis*, Vol. 17, 2008) 외국어 판에도 실렸다.

통하여 억압당하던 민중들이 한국 역사와 문화 속에서 중요한 역할을 하게 되었고 이러한 민중신학의 영향은 제3세계의 억압당하는 이들에게도 역사적·문화적·정치적으로 활기를 던져준 바 있다. 그 결과 민중신학은 서구신학에 얽매이지 않고 각기 처한 문화와 삶의 자리에서 주체적으로 신학화하는 창조적 신학으로 자리매김을 하게 되었다. 한국 개신교 역사에서 두드러진 흔적을 남긴 민중신학은 서구신학에도 영향을 주었다. 하지만 분명한 것은 민중신학자들도 서구신학의 적극적인 요소들과 소통한 것을 간과할 수 없다.[2)]

민중신학은 급변하는 한국 사회 속에서 시대에 조응하여 다양한 모습으로 전개되어 나왔다. 다음에 우리는 세 개의 단계를 구분하여 정리할 수 있다:

1) 1970년대 민중신학은 민중에 대한 정치적·사회적 억압의 경험에 영향을 받아 형성되었다. 이에 대한 출발점은 교의학적이고 교리적인 단초가 아니라 박정희 군사독재정권이 가한 민중에 대한 구체적 고난, 바로 그것이었다. 이 시기에 민중의 고난 경험은 민중의 관점에서 성서 해석을 함으로 신학의 새로운 방법과 내용을 획득하였다.

2) 1980년대는 한국 사회가 혁명적인 해방운동을 아래로부터 경

2) 안병무는 신약학자였지만 사회윤리에도 아주 지대한 관심이 있었다. 특히 그의 친구였던 하이델베르크 대학의 사회윤리학자인 하인츠 에드워드 퇴트의 영향을 받았다. 참조. 안병무, 『민중신학 이야기』, 40. 흥미 있는 것은 독일 디아코니아연구소 소장으로 16년간 봉직한 테오도아 슈트롬 교수도 퇴트를 아버지 같은 친구라 표현하고 있다는 점이다. 1970년 퇴트 교수와 파울 필리피 교수(당시 디아코니아학 연구소 소장)는 "사회윤리와 디아코니아학"을 위한 강화과정을 슈트롬 교수에게 제공했다. 참조. Theodor Strohm, Rückblick auf 15 Jahre Arbeit im Diakoniewissenschaftlichen Institut, in: DWI-INFO Nr. 34, 39.

험한 시기였다. 그 결과 민중신학은 분명한 이데올로기적 선택을 요구받았다. 1980년 광주학살 이후, 군사독재에 저항하는 저항운동은 급진적으로 진행되었다. 당시의 민중신학은 한편으로는, 신학과 급진적 이데올로기와의 대화를 위한 방법론적 근거와 전망을 찾는 데 복무하였다.[3] 다른 한편으로는, 민중신학이 민중교회에 적용하도록 시도를 하게 된다.

3) 1990년대 초 이래로 한국 사회는 민주화의 길로 접어든다. 이러한 작은 도약은 의심할 바 없이, 군사독재를 향한 민중의 저항운동의 결과이다. 이 시기의 민중신학은 지난날 급진적으로 정향된 내용들이 점차 힘을 잃어가는 시기였다. 때문에 이때 이후로 민중신학은 다양한 관점에서 해석하는 시도가 있게 된다.

모든 신학은 실천의 장과 연결되어야 한다. 실천의 장을 잃게 되면, 힘을 잃게 된다. 민중신학도 예외가 아니다. 1970년대 민중신학은 한국 사회의 민중 안에 삶의 자리를 가졌다. 하나의 중요한 예로 도시산업선교회는 사회적 디아코니아적 구상을 담지하고 있었다. 도시의 빈곤한 지역에 도시산업선교회는 사회적 디아코니아의 중심체로 기능을 했고 빈자들의 자조기구로 역할을 하였다. 1980년대에는 사회적 디아코니아의 공공성 사업을 도시선교회, 산업선교회, 농촌선교회가 점차 확산되어 갔다. 이는 민중신학이 교회론적 모델을 민중교회로 발전시켜 나간 형태라 할 수 있다. 민중신학의

3) 이때에 비로소 한국전쟁(1950년) 이후 처음으로 마르크스주의가 공공연하게 민중운동에 등장한다.

실천의 장은 민중사건에서 민중교회로 전환되어 갔다고 할 수 있다. 그 결과 민중신학의 내용은 변환되어야 했다.

1994년 민중교회의 실태에 대한 설문조사가 있었다. 이 설문조사 결과에 따르면, 민중신학은 기존의 정치적으로 단선적으로 정향된 내용을 보충해야 하고 교회 내의 신앙적 차원에 관심을 가져야 한다는 요구를 강하게 받게 된다.[4] 민중신학과 민중교회는 변환기에 있음을 설문조사는 웅변적으로 시사하고 있다. 민중신학연구소의 설문조사에 의하면, 민중신학은 민중교회의 실천을 위하여 적절한 디아코니아의 이론과 신학적 근거를 창출해야 함을 결론적으로 말해 주고 있다고 할 수 있다.

이 글의 관심은 디아코니아와 민중신학과의 관련성이다. 민중신학은 지금까지의 선교신학적-종교학적 연구를 넘어서서 디아코니아학적으로도 연구되어야 한다. 왜냐하면 민중신학의 주제는 민중을 섬기는 디아코니아적 신학이기 때문이다. 디아코니아는 통일된 모델이 있을 수 없다. 각각의 디아코니아 실천은 자신의 신학적 근본 이해와 교회의 발전 과정, 경제적 상황 그리고 그 사회가 처한 역사적 상황에서 요구하는 요청에 따라 서로 다양하게 형성된다.[5] 민중신학이 한국 개신교 안에서 디아코니아적인 실천을 위하여 어떠한 의미가 있는가에 대한 질문을 명료화하기 위하여 이 글은 민중신학의 기초를 놓은 안병무의 신학적 실천을 디아코니아 관점에서 새로이 해석하는 것에 목표를 둔다.

---

4) 민중신학연구소, 『민중은 메시아인가?』, 165-342.

5) Theodor Strohm (Hrsg.), Diakonie an der Schwelle zum neuen Jahrtausend (Veröffentlichungen des Diakoniewissenschaftlichen Instituts 12), 19. Heidelberg, 2000.

II. 안병무의 전기적 삶

안병무는 1922년 6월 23일에 평남(지금의 북한)에서 태어났다. 그는 유년시절에 유교적 학문에 깊이 영향을 받았다. 초등학교 5학년에 그는 동네 교회의 십자가에서 깊은 인상을 갖게 된다. 그는 그 당시 이 십자가에 대한 표식에 대하여 다음의 기억을 각인시킨다: 이 십자가에서 어떤 이가 다른 사람들을 위하여 죽었다. 안병무는 이 사실에 매료된다. 하지만 그의 부친은 그에게 그리스도교 신앙을 포기하도록 압력을 가한다. 하지만 안병무는 그리스도교적 청년단에 적극적으로 참여한다. 이로 인해 그는 자신의 부친과 깊은 단절을 경험한다. 그는 만주의 용정에서 캐나다 선교부가 세운 중학교에 다니게 되는데, 그의 스승은 훗날 한국기독교장로회를 기초한 김재준이었다. 김재준은 한국에서 역사비판적 방법론을 일찍이 수용한 분이었다.

1941년 안병무는 일본 도쿄에 있는 다시오 대학에 있는 입문과정에 입학을 한다. 1943년 그는 이 과정을 성공적으로 마치고 대학입학 자격을 취득한다. 그는 1946년부터 1950년까지 서울대학교에서 사회학을 공부한다. 사회학을 전공하는 동안 그는 한국기독학생회의 회장으로 활동하여 적극적으로 활약을 한다. 이 기간에 그는 한국전쟁을 경험하는데, 이때 겪은 한국의 기존 교회에 대한 결론은 실망, 그 자체였다. 조국의 고난에 무관심한 교회가 그 이유였다. 이러한 이유로 그는 사적 소유를 포기하고 독신으로 교회를 섬기기 원하는 공동체를 형성한다. 이러한 공동체에서 어떤 교단에도 속하지 않은 향린교회가 탄생한다(하지만 후에 이 교회는 기독교장로회에 속한다). 하지만 그의 공동체에 대한 실험은 실패로 귀결된다.

이러한 좌절을 경험한 후, 그는 1956년 독일로 가서 불트만의 신학과 역사비판적 성서해석 방법론을 깊이 공부한다. 안병무의 하이델베르크 대학에서의 박사논문 주제는 "공자와 예수에게 있어 사랑 이해"였다. 그의 가장 우선적인 관심사는 예수의 종말론적 사랑 이해로, 예수가 주창한 사랑 계명의 급진성에 관한 것이었다. 그는 형이상학적 사랑 실천에 관심이 없었다. 오히려 구체적인 사랑의 실천이 그의 관심사였다. 그는 이웃 사랑 계명과 하나님 사랑 계명은 일치한다고 보았다.[6] 안병무는 1965년 한국으로 귀국하여 한신대학교와 연세대학교에 시간강사로 출강하게 된다. 그러던 중 1969년 그를 통해『현존』이라는 정기간행물이 나오게 된다.[7]

1970년 기독교장로회의 교단 신학교인 한신대학교에 안병무는 신약학 교수로 임용된다. 이어 1973년 2월, 그는 한국신학연구소를 설립한다.[8] 이곳이 민중신학의 산실로 중요한 역할을 하게 된다. 당시 한신대학교는 유신독재정권[9]에 저항하는 전초기지였다. 안병무에게 있어 민중 발견에 대한 첫 충격은 전태일 사건이었다. 전태일은 젊은 직물노동자였다. 그는 노동조건의 개선을 위해 노동조합을 만들고 회사 경영진들과 여러 시도를 꾀했지만 성과가 없었다. 그는 회사의 노동조건과 노동관계를 개선하기 위해 노동부, 언론,

---

6) Byung-Mu Ahn, *Das Verständnis der Liebe bei K'ung-tse und bei Jesus*, 82. Heidelberger Dissertation, 1965.

7) 이 정간물은 1981년 전두환 군사정권에 의해 폐간된다.

8) 이 연구소에서 출판된 민중신학에 대한 중요한 논문들이 수록된『신학사상』도 1985년 폐간된다.

9) 박정희는 정권을 잡은 후 지속적으로 자신의 정치적 반대자들을 치명적으로 억압하다가 1972년 유신헌법을 통해 무제한의 권력을 휘두르게 된다.

교회에 호소하지만 별 효과가 없었다. 그러나 그는 포기하지 않았다. 그는 노동자가 자본 축적의 과정에서 희생양이라는 것을 너무도 분명히 알았다. 전태일은 억압당하는 이들의 고난의 절규가 경홀히 여김을 당한다는 사실도 잘 알고 있었다. 이것이 바로 민중의 현실이었다. 이에 대한 저항으로 그는 1970년 11월 3일 자신의 몸에 불을 댕긴다.

이 사건은 안병무를 흔들어 놓는다. 그리고 그의 신학적 안목을 바꾸어버린다. 이후 그는 한신대 신학부 학생들과 함께 종종 서울 수도권 공동체 조직과 빈민촌을 방문한다. 거기에서 그는 민중의 현실과 그들의 처절한 삶을 경험한다. 이러한 경험으로 인해 그는 민중의 눈으로 성서를 보는 새로운 성서해석 방법론을 발전시켜 나간다. 이는 단순히 신학적인 방법론이 아니었고 군사독재에 대한 저항운동의 연장선에서 나온 것이었다. 그 결과 1975년 6월 한신대학교의 문동환 교수와 함께 해직당한다. 안병무는 서남동과 다른 해직교수들과 함께 기성 교회가 더 이상 정치적 책임 문제에 있어 기능을 할 수 없다고 판단하고 고난받는 이들의 작은 공동체 교회인 '갈릴리 교회'를 세운다. 안병무는 갈릴리 예수가 민중과 자신을 일치시켰다는 새로운 인식에 도달한다.

1976년 3월 기독교장로회 선교교육원 원장으로 안병무는 정치적 이유로 대학에서 제적당한 학생들의 계속 교육을 담당하게 된다. 하지만 3월 1일 "나라의 민주회복 성명서"에 서명을 했다는 이유로 체포되어 수년간의 감옥형을 받게 된다. 하지만 국제 사회의 압력으로 1977년 2월 석방된다. 그는 감옥에서 그가 평생토록 찾았던 그리스도를 만난다. 감옥 안에서 그는 죄인의 친구 예수를 구체적으로 인식한다.

독재자 박정희가 자신의 비밀정보원장에 의해 살해된 후, 짧은 기간 동안 민주화의 영향으로 1980년 안병무는 대학에 다시 복직된다. 하지만 새로운 군부정권 이후 복직이 연기된다. 1980년 5월 1일 안병무는 목포에 '디아코니아 자매회'를 세운다. 1984년 그는 다시 복직되어 1987년 은퇴하기까지 한신대학교 신학대학원장으로 일을 하게 된다. 1996년 하늘의 부름을 받고 영원한 길을 떠난다.

III. 안병무의 민중신학

1. 민중 이해

안병무는 민중에 대한 이해를 기본적으로 성서로부터 가져온다. 그는 마가복음의 오클로스[10])를 민중과 일치시킨다. 마가에 의하면, 예수가 있는 곳에 민중이 항상 함께 있다. 예수는 민중과 기꺼이 식탁공동체에서 먹는다. 예수와 오클로스는 예루살렘의 반대에 위치하여 있다. 예수는 오클로스가 그의 어머니요 그의 형제라 천명한다. 예수는 단 한 번도 오클로스를 윤리적이고 종교적으로 판단하지 않는다. 즉 예수는 당대의 상류층, 바리새인들을 심하게 비판한다. 하지만 예수는 민중을 조건 없이 받아들인다. 안병무는 이러한

10) 그의 입장에 따르면, 마가복음에 아주 빈번히 등장하는 오클로스(ochlos, 총 36회)라는 단어의 사용은 우연한 사안이 아니다. 오히려 이것은 복음의 '사회적 성격'을 제시한다. 사회적 약자들과 억압당하는 이들이 여기에 관련된다. 안병무는 오클로스를 하나님의 백성과 구분한다. 즉 누가복음에서 나타나는 라오스(laos)와 구분된다. 민중은 하나님의 백성에 속하지 않는다. 오히려 그들은 모든 것에서 소외되고 변두리로 밀려난 사회계층에 속한다.

것을 예수의 본질적인 특성이라 간주한다.

예수는 지금 고난당하고, 굶주리고, 울고, 목마르고, 억압당하고, 소외된 민중을 당파적으로 이해한다. 동시에 그 원인에 대해서도 그러하였다. 안병무가 주장하는 예수의 민중 이해에 있어 중요한 또 하나의 사실은 페미니스트적이라는 사실이다. 안병무는 갈릴리에서부터 예수를 시중들었던 여인들이 예수의 수난의 현장까지 따른다는 사실을 부각시킨다. 안병무는 예수운동의 정수에 대하여 남자 제자들보다 여성들이 더 잘 이해하고 있었다고 본다. 그는 이러한 여인들이 예수의 십자가의 길에 결정적인 영향을 주었다고 본다.

2. 사건 이해

안병무의 신학은 사건의 신학이다. 그에게 있어 신학의 과제는 하나님이 인간을 통해 일으키는 역사적, 사회적 사건들을 추출해내는 작업이라고 본다. 하나님은 사건을 일으키는 하나님이시다. 하나님은 사건 속에 있고 그분은 사건과 함께 인식되는 분이시다. 그러한 사건은 사회구조와 제도 그리고 문화 속에 역사적·사회적·정치적 혹은 문화적 사건으로 그때그때 발현한다. 신학은 예수의 삶을 통해 역사적으로 일어났던 사건에 대해 증언하는 것이다. 안병무는 예수가 오늘날도 민중 예수로 존재한다고 진술한다. 이러한 해석 용례와 함께 안병무는 역사적 예수에 관한 연구의 길을 연다. 즉, 그는 사건 개념을 통하여 케리그마로 감추어진 역사적 예수사건의 전승 이해를 위한 열쇠를 던진다. 소위, 사건이라는 열쇠는 과거의 예수사건뿐만 아니라 현재에도 예수사건을 통하여 경험되는 것이다.

안병무는 오늘날 일어나는 민중사건을 오늘의 예수사건으로 간주한다. 그런 측면에서, 2000년 전의 예수와 교리적인 그리스도에 관하여 묻는 것은 무의미하다. 중요한 것은 오늘날 예수가 사건화되는 것이다. 안병무는 고난당하는 민중에게서 십자가를 지고 가는 예수를 본다. 이는 마태복음 25장과 히브리서 13장의 민중신학적 성서해석에 기인한다. 그리스도는 일상의 고난의 현장, '사건의 장(현장)'에 현존하며, 이러한 현장이 그의 신학의 중심적 의미를 이룬다. 계속해서 안병무는 남아메리카의 해방신학과 정치신학이 주장하는 것처럼, 민중을 해방받아야 하는 객체로 보지 않고 스스로 해방할 수 있는 메시아적 특성을 가진 존재로 본다. 이러한 측면에서 그는 기존의 전통적인 기독론을 비판하고 민중그리스도론을 강조한다.[11] 그는 하나님이 고난받는 민중 속에 있다고 증언한다.

감옥에서 석방된 안병무는 설교에서 다음을 증언한다:

> "내가 감옥에 들어간 첫 날 저녁 매우 추웠다. 그리고 정말 배고팠다. 감옥에 갇혔다는 사실이 생각보다도 몸으로 반응이 먼저 지배함을 느꼈다. 한 죄수가 나에게 조용히 다가왔다. 그리고 "이것을 먹어라!" 하고 말했다. 그 즉시 나는 주님이 나에게 죄수를 통하여 성만찬을 주시는 것이라는 생각이 들었다. 나는 무릎을 꿇고 빵을 받아먹었다. 그 죄수는 강도범이었다."

안병무는 성서와 현실에서 예수와 민중을 발견한다. 그가 생애 내내 학문적으로 찾았던 예수를 감옥 속에서 발견한 것이다. 안병무는 그리스도를 철저히 소외된 곳, 예를 들어, 감옥에 갇힌 자, 헐

11) 안병무, 『민중신학 이야기』, 86-98

벗은 자, 가난한 자, 묶인 자 속에서 찾아야 한다는 사실을 분명히 한다. 하나님 사건은 소외되고 고난당하는 곳에서 일어난다.[12)]

안병무와 마찬가지로, 테오도아 슈트롬은 주님과의 만남은 배고픈 자, 옥에 갇힌 자, 병든 자, 헐벗은 자들 속에서 이루어지기에 교회를 향해 계속해서 선택을 추동한다고 진술한다.[13)] 여기에서 우리는 안병무와 슈트롬의 유사한 면을 읽을 수 있다.

3. 구원에 대한 민중주체적 해석학

안병무는 그리스도에 의해서만이 구원받는다는 종래의 교리와는 달리, 민중을 통한 구원을 주창한다: 예수는 당시의 법적 제의적 질서의 관련하여 파생된 죄인들과 무조건적인 연대를 한다. 안병무는 특히 예수가 하나님 나라가 죄인들의 것이고 그들이 하나님의 자녀라는 사실을 천명한 것에 주의를 기울인다. 이로써 예수는 민중과 연대한 것뿐만이 아니라 민중을 통한 구원(하나님 나라)이 온다는 사실을 분명히 한다.[14)] 안병무는 비민중이 민중을 통하여 구원받는 다는 사실을 강조한다.[15)]

하지만 우리는 여기에서 안병무가 민중 구원 자체만을 표현한 것이 아니라 예수의 십자가사건에 주목을 하였다는 사실도 관심을 기울여야 한다. 그는 예수의 십자가사건을 분명히 말하면서 이 사건이 하나의 근원임을 표명한다. 하지만 그는 예수의 죽음을 민중의

12) *Ibid.*, 95-102
13) Theodor Strohm, *op.cit.*, 518.
14) 안병무, *Ibid.*, 98-99.
15) *Ibid.*, 99

관점에서 그리고 예수의 십자가사건을 민중 고난의 가장 첨예화된 사건으로 이해한다. 이런 점에서 그는 하나님의 구원사건은 민중을 통해서 온다고 말한다.[16)]

IV. 안병무의 디아코니아 실천에 대하여

민중신학자 안병무는 민중과 예수와의 관련성에 대하여 성서신학적으로 연구하였다. 이에 대한 민중신학적 근거에 대해서는 우리는 많이 알고 있다. 하지만 그가 신학을 넘어서 전적으로 예수를 찾고 그를 따랐다는 사실은 잘 알려지지 않았다. 필자는 여기에 안병무의 디아코니아적 실천에 대해 서술해 보고자 한다.

1. 공동체에 대한 추구

안병무는 대학에서 사회학을 공부하던 시절에 일신공동체라는 새로운 공동체 운동을 시작한다. 그는 교권의 힘에 기반하여 유지되는 기존 교회에 대하여 부정적인 생각을 가지고 있었다. 그는 위계적 교회 규정에 대하여 부정적이었다. 게다가 그는 사회조직의 하나인 가족제도에 대하여 의심을 가지고 있었다. 동시에 그는 새로운 공동체적 삶의 형태인 공동체를 계획하였다. 그의 단초는 다음과 같다: 그는 평신도 교회를 원했다. 그 속에는 직업적인 목회자가

16) 필자의 생각으로는 안병무가 하나님 선교의 신학에 관련하여 구원을 해석하였다고 본다. 오늘날 구원사건이 어디에서 일어날 수 있는가에 대한 물음에 대해서 안병무는 "민중 속에서"라고 답한다.

없다. 하나의 입체적인 공동체, 그 안에서 각자의 직업을 가지고 수도사처럼 살아간다. 하지만 가족주의라는 이기주의 때문에 공동체는 해체된다. 그리고 교회라는 형태로 발전해 나아간다: 향린교회, 갈릴리교회, 한백교회가 바로 그가 세운 평신도 교회에 속한다.

2. 민중교회

1980년대에 '민중교회'라는 이름으로 교회가 시작되었다. 하지만 이미 1970년대 이래 이러한 유형의 교회는 서울에 그 모습을 드러냈다. 1971년 생겨난 한국기독교장로회 서울 수도권 공동체 조직은 자유와 책임의 의식을 교육하여 빈민들을 돕고 교회가 곤경에 처한 이들과 도시 주변에서 구조적으로 소외당하는 빈자들과 연대하기 위한 결사체였다. 이 결성체의 중심에 서 있는 교회가 주민교회, 뚝방교회, 사랑교회, 동월교회, 신명교회이다.[17] 이러한 교회는 대부분 빈민가에서 선교하는 것에 정향되어 있었다. 하지만 1977년 신명교회는 노동자들을 위한 선교에 전력을 다하게 된다.[18]

민중교회는 1980년 중반에야 비로소 분명한 입지를 형성하고 시작되었다. 노동자들이 빈민가와 도시산업선교회를 중심으로 모여든 경험은 중요한 경험이었다. 신학적으로 그들은 민중신학에 영향을 받았다. 민중교회 목회자들은 대부분 민중신학자 안병무와 서남동의 제자들이었다.[19] 현재 민중교회운동을 하는 과정에서 민중신

17) 참조. 기장민중교회연합 편, 『바닥에서 일하시는 하나님』, 98-99.

18) *Ibid.*, 21

19) 민중신학연구소 편, "민중교회의 현황에 대한 조사," 『민중은 메시아인가?』, 192. 이 조사에 따르면, 민중교회 목회자의 85%가 민중신학에 깊은 영향을 받았다.

학의 근본사상이 한국의 변화된 정치적·경제적 조건 아래 새로운 형태로 결실을 맺기 위한 시도들이 전개되었다.

3. 한국 디아코니아 자매회[20)]

안병무는 늘 철저한 가난과 수도원적 삶을 희구하였다. 한국에서의 공동체운동의 좌절 이후, 안병무는 학문을 하기 위하여 독일로 간다. 독일에서의 생활 초엽에 그는 유럽의 제도 교회에 대해 실망한다. 하지만 그는 디아코니아 공동체에서 희망을 발견하고 큰 관심을 갖게 된다. 특히 그는 디아코니아적 동기 부여에 대해 관심이 많았다. 독일 체류 기간 동안 그는 디아콘과 디아코니세들의 실천과 삶을 알게 된다.[21)]

1980년 5월 1일 그는 여섯 명의 자매들과 함께 한국에 첫 개신교 공동체인 "디아코니아 자매회"를 세운다. 그들 자신의 생각에 의하면, 억눌리고 약한 이웃을 위한 섬김은 공동체의 목표였다. 이 공동체는 에큐메니칼 성격을 가지고 있었기에 그리스도교의 모든 교파에 열려 있었다. 디아코니아 자매회는 안병무의 민중에 대한 사랑을 보여준다. 그리고 그가 어떻게 자본주의적인 사회질서 안에서 신앙과 신학이 나가야 할 바, 즉 공公의 신학 실천을 보여준다.[22)]

---

20) 이 자매회는 1982년 이래 독일 카이저쓰베르트 디아코니아에 가입한 회원단체이며 세계 디아코니아의 회원단체이다.

21) 독일 체류 기간 동안 그는 종종 하이델베르크 근교에 있는 디아코니아 공동체를 방문한다. 거기에서 그는 디아코니세들이 지속적으로 디아코니아 실천을 위한 힘을 어디에서 받는 것인가에 대해 상당한 관심을 갖게 되고 놀라움을 갖게 된다. 참조. "안병무, 왜 공동체인가?,"『디아코니아』 3, 5-7, 한국디아코니아자매회 3/1993

22) 한국의 일상용어인 '공'(公)은 개인이 사적으로 사용하는 것이 아니라 보편적으로 정향된 것을 나타낼 때 쓰인다. 더 나아가 공은 아무도 삶의 공동체성으로부터 배제

공동체의 목적은 "예수 이름의 디아코니아를 통하여 하나님 나라를 세워나간다."고 천명하고 있다.

아래에 안병무에 의해서 기초된 디아코니아 자매회의 고백문을 서술해 본다: "1) 우리는 사람을 '하나님 앞에서 이웃과 더불어'의 존재로 믿습니다. 2) 우리는 그리스도를 충실하게 따를 때만 참 사람, 참 교회, 참 민족공동체가 이루어질 것을 믿습니다. 3) 나를 따르라(마 9:9), 나를 따라오려거든 자기를 버리고 제 십자가를 지고 따르라(막 88:34), 누구든지 내게 오는 사람은 자기 아버지나 어머니나 아내나 자식들이나 형제나 자매를 버려야 한다(눅 14:26) 등의 말씀을 우리에게 주신 말씀으로 믿습니다. 4) 우리는 '참 교회는 그리스도의 몸(고전 12:12 이하)'임을 믿습니다. 따라서 그리스도 공동체는 한 몸의 지체들로서 기쁨과 괴로움을 함께 나누고 짊어지면서 그리스도의 몸을 이루어 가야 한다고 믿습니다. 5) 우리는 사랑하라는 예수의 말씀을 우리의 지상 과제로 믿습니다. 이웃 사랑을 외면하고 하나님을 향할 수 있는 길은 없습니다. 예수는 가난한 자, 병든 자, 눌린 자들의 친구이며 참 이웃임을 보여주셨습니다(눅 10:25-37). 우리는 고통당하는 이들의 참된 이웃으로 살아가는 것이 곧 예수 그리스도를 섬기는 디아코니아Diakonia의 삶임을 믿습니다."

디아코니아 자매회는 오늘도 디아코니아적 임무를 실천해 나오

되지 말아야 함을 말할 때 쓰인다. 결국 이 공은 공동체적 삶의 형성을 위해 절대 필요한 것을 나타낼 때 사용된다고 할 수 있다. 이를 위해 타자에 대한 권리에 주의를 기울이고 권력의 민주적 분산, 공동체적 삶에서의 참여적 결정 과정, 경제적 힘의 집중에 대한 조절, 물질의 정의로운 분배에 주의를 기울여야 한다. 안병무는 이러한 공개념으로 하나님 주권의 확립 안에서 공동체적 삶의 형성을 위한 원론적 성찰을 한다.

고 있다. 디아코니아 자매회는 무엇을 위한 공동체인가? 이에 대해 자매회의 안내홍보물에 있는 내용을 옮겨 본다: 1) 우리는 성서의 증언과 교회의 공동체적 전통에 따라 수도원적 공동체로 살아간다. 파괴로 위협당하는 창조세계의 한가운데에서 우리는 새 하늘과 새 땅을 바라보며 하나님의 뜻이 이 땅 위에 이루어지기를 기도드린다. 그래서 우리는 희망을 가지고 기도하는 공동체로 살아간다. 그리스도가 우리 가운데 굶주린 자, 목마른 자, 병든 자, 집 없는 자, 옥에 갇힌 자 그리고 나그네들 속에서 만난다(마 25:31-46)는 사유 속에서 우리는 그러한 사람들을 돌본다. 그래서 우리는 사랑으로 생명을 나누는 공동체이다. 2) 디아코니아 자매회의 사회적 참여: 우리 자매단은 예수의 사랑을 사회적 참여에서 실천해 나간다. 자매단은 사회의 인간적이고 전인적인 발전을 위하여 교육 프로그램과 모임의 장으로 존재한다. 목포의 의료시설에서는 지역의 건강과 복지의 틀 안에서 사역을 한다. 한삶의 집에서 우리는 병든 이들과 가난한 이들을 돌보는 공동체적 삶에 헌신한다. 1998년 11월 17일 모원과 교육센터는 충남 병천으로 옮겨온다. 그곳에서 "영성과 평화의 집"으로 오늘까지 이어오고 있다.

안병무는 이 자매회가 전적으로 하나님의 비밀스런 손에 의해 세워졌다고 고백한다. 그는 이 공동체에서 완전하고 구체적인 사랑의 실천이 일어나기를 소망했다. 안병무는 이 공동체를 그의 마지막 삶의 열매로 간주하였다.[23] 신학자 안병무는 한계 없는 이웃 사랑을 원했다. 때문에 그는 예수처럼 사는 수도원 운동에 관심이 있었

---

23) 안병무, "디아코니아 자매회를 위한 편지,"『갈릴리 예수와 안병무』, 378, 서울 1998.

다. 사적 소유 없이, 가족 없이, 사례 없이, 오직 노동과 성서읽기 그리고 섬김의 실천으로 수도원 전통을 이어 나가길 원했다.

안병무는 1981년 11월 1일 디아코니아 자매회에서 요한복음 15장 1절-14절에 대한 설교를 한다. 그 설교에서 그는 그의 신학적 단초가 디아코니아적으로 포괄적인 의미를 지녔다는 것을 서술한다. 안병무는 세상에서 행하시는 보편적 섬김사역에 하나님은 우리 인간을 직접적으로 개입케 하는 존재로 본다. "하나님의 말씀 안에 사는 사람은 그 분의 뜻을 행한다." 단지 마음으로 만이 아니라 행동을 통해서! 인간에게 생명을 불어 일으키는 하나님의 행동인 신앙은 사랑 안에서 행하는 것이다(갈 5:6). 말씀 안에서 살아간다는 것은 무엇을 의미하는가? "너희는 내가 너희를 사랑한 것처럼 너희도 서로 사랑하라. 이것은 나의 계명이다." 사랑하면 그 가운데 말씀이 있다. 예수는 극단의 사랑을 요구한다. "친구를 위하여 자기 생명을 던지는 것보다 큰 사랑이 없다." 이렇게 생명을 주는 것이 가능한가? "내가 너희에게 말한다. 내 기쁨이 너희 안에 머물고 너희의 기쁨이 충만하게 되리라." 어떻게 기쁨이 생기는가? 사랑하는 사람에게 기쁨이 온다. 우리는 사랑의 원천을 가졌기 때문에 우리는 기쁘게 된다. 이러한 사랑은 나 자신에게서 오는 것이 아니라 그 분으로부터 온다. 때문에 사랑하는 것이 가능하다. 예수는 우리를 위하여 친구로서 그의 생명을 던지셨다. 우리의 친구는 누구인가? 자신의 도움이 없이는 설 수 없는, 그래서 우리를 필요로 하는 사람들, 그들이 나의 친구들이다. 그들이 우리를 아래의 어두운 곳에서 부른다.[24)]

---

24) 안병무, "새로운 공동체," 『디아코니아』 6, 16, 한국디아코니아자매회, 2000/6.

순전한 사랑을 하기 위하여 사랑하는 이는 그 자신에 대한 염려로부터 자유로워야 한다. 신앙으로 사랑하는 이는 그가 신앙으로 하나님과 연결되어 있음으로 그가 필요로 하는 모든 것을 선물로 받는다. 신앙하는 이는 자기 자신을 실현하기 위해 사랑의 행위를 하는 것이 아니다. 오히려 신앙하는 이는 이미 실현된 존재이기 때문에 이웃을 향해 자신을 전혀 유보하지 않는 섬김을 위해 자유한 존재이다.[25)]

1982년 5월 1일 안병무는 다섯 자매의 서원식에서 설교를 한다. 여기에서 그는 그의 신학적 기본개념인 '사건'을 진술한다. 안병무의 사건의 장은 디아코니아의 장이다. 그곳에 예수의 부활이 구체적으로 일어난다. 예수는 다른 이들을 위해 오늘도 희생한다. 그것이 바로 사건이다. 이로부터 디아코니아의 장이 형성된다.

1995년 12월 31일 안병무는 디아코니아 자매회에서 "우리는 어디로 향할 것인가?"라는 제목으로 설교를 한다: "우리는 세계의 미래를 낙관적으로 보지 않습니다. 왜냐하면 인간들이 자연을 물질주의적이고, 이기주의적이고 그리고 기계적인 사유로 인해 파괴하고 있기 때문입니다. 우리는 바울의 탄식을 듣고 있습니다(롬 8장). 지금 우리는 전적으로 새로운 인간을 기다립니다. 이를 위하여 하나님은 여기에 우리의 디아코니아 자매회를 세우셨습니다. 하나님께서 우리에게 힘을 주신다면, 우리는 섬김을 감당할 수 있습니다."[26)] 이 설교에서 오늘날 섬김을 위하여 해방된 사람이 절실히 필요하다는 그의 사유를 읽을 수 있다. 피조세계는 두려움과 곤경으로 가득

---

25) Theodor Strohm, *op. cit.*, 7

26) 안병무, "우리는 어디로 향할 것인가?," 『디아코니아』 7, 한국디아코니아자매회, 1995. 12. 31.

한 이 세상에, 화해의 역할을 하는 도움 주는 자들이 나타나기를 고대하고 있다. 이들은 세상의 치명적인 종살이로부터 해방받은 이들이다.[27] 그러한 사람은 화해의 섬김을 위해 화해자로 부름받았다.[28]

V. 나가면서: 민중과 디아코니아

민중신학자들은 민중의 소재를 성서에서 발견한다. 그들에게 민중은 신학의 주제이다. 이러한 발견은 책상에서 나온 것이 아니라 고난의 역사 속에서 나온 것이다. 이는 1970년대의 경험의 결과이다.[29] 민중신학은 민중에게 하나의 신학적 의미를 부여한다. 여기에서 민중은 동정의 대상이 아니라 하나님의 역사 속에 메시아적인 역할을 하게 된다. "너희가 여기 있는 작은 형제를 위해 하는 것은 나에게 행한 것이다."(마 25:31-46). 이 말씀 속에 예수는 스스로를 민중과 일치시킨다. 여기에 예수가 고난당하는 이들 속에 숨겨진 채 현존한다는 것이 증명된다. "우리 갈릴리로 가서 보자!"(막 16:7)는 예수의 천명은 부활한 그분이 그의 존재의 장을 분명히 밝힌 것이라 할 수 있다: 안병무에 의하면, 예수는 우리 시대의 '갈릴리', 즉 민중이 사는 곳에 현존하신다. 오늘의 예수사건의 장은 디아코니아의 장이다.

안병무의 민중신학은 디아코니아 신학이다. 작은 자에게 그의 생

27) 참조. Theodor Strohm, Diakonie an der Schwelle zum neuen Jahrtausend, 21.

28) *Ibid.*, 517.

29) Vgl. Byung-Mu Ahn, Was ist die Minjungtheologie? Junge Kirche, Jahrgang 43, 290-296.

명을 던지는 예수의 사랑은 민중신학으로부터 실천된다. 이러한 이유로 민중신학에게 있어 작은 자들을 섬기는 것이 그리스도교의 근본 과제라는 것은 너무도 분명하다. 본훼퍼의 언명처럼, 그리스도인은 고난받는 하나님 옆에 선다.[30)]

민중신학자들은 신 없는 세상 속에서 하나님의 고난을 담지하고 있는 억눌리고 착취당하는 민중에게 눈을 돌린다. 하여 지금까지의 민중신학은 신학을 위한 민중의 의미를 주제화하면서 전개되어 나왔다. 이를 통해 민중 전승이 성서와 교회사에서 추출되었다. 이로써 민중이 자신의 역사의 주체이고 신학화될 수 있다는 인식에 도달하였고 더 나아가 민중의 자기희생이 메시아적 특성을 가지고 있다는 사실을 밝히는 것에 이르렀다. 이러한 인식은 민중신학자들로 하여금 무조건적인 민중과의 연대로 이끌었고 민중신학자들과 이에 동의하는 이들의 상당한 고난의 감래로 이어졌다.

하지만 필자는 이제 민중의 메시아적인 기능과 함께 민중이 예수와 마찬가지로 디아콘(섬기는 자)으로 역할을 했다는 사실이 고려되어야 한다고 생각한다. 여기에서 우리는 디아코니아 학자인 벤드란트의 핵심적인 신학사상을 말할 수 있다. 그에게 있어 그리스도의 디아코니아적 현존은 두 개의 형태로 나타난다: 그리스도는 교회 안에 디아코니아적 카리스마로 가득한 모습으로 현재한다. 동시에 세상 고난과 곤경의 깊음 속에서 숨겨진 채로 현존한다.[31)] 이러한 그리스도의 이중의 실존 형태와 함께 조우하면서 우리는 파악되

---

30) 참조. D. Bonhoeffer, *Widerstand und Ergebung* (München, 1951), 242, 244, 247.
31) 참조. H. D. Wendland, "Christos Diakonos, Christos Doulos. Zur theologischen Begründung der Diakonie," in *Die Kirche in der revolutionären Gesellschaft*, 187.

지 않고, 형이상학적이고, 이상향적인 현실이 아니라 세상 안의 숨겨진 신적인 인간성에 근거를 둔 운동을 세상 속에서 만나게 된다. 변화된 상황 속에서 민중신학은 하나님의 보편적인 디아코니아와 함께 예수의 구체적인 디아코니아를 함께 연결하는 요구들 앞에 서게 된다.

안병무의 민중신학은 단순한 이론이 아니라 실천을 통해 형성된 신학이었다. 다시 말해 그는 신학적 실천을 구체화한 인물이다. 때문에 그의 신학은 항상 그의 구체적인 자전적 실천과 연관되어 해석되어야 한다. 거기에서 우리는 디아코니아 실천가 안병무를 만나게 된다. 우리는 그의 비타협적이고 투쟁적인 사회정치적 실천 과정에서 정치적이고 예언자적인 디아코니아를 발견하게 된다. 그로 인해 생겨난 평신도 교회와 민중교회 안에서 우리는 교회에 근거를 둔 디아코니아를 확인한다. 그리고 디아코니아 자매회에서 자유한 디아코니아를 구체적으로 보게 된다.

지나간 십여 년간 민중신학과 민중교회는 여러 이유들로 인해 변환기, 때로는 정지기에 있었다. 신학은 당면한 현실의 문제에 대한 답변을 위해 노력하고 사회적 디아코니아에 대한 문제를 성찰하고 새로이 형성해 나가야 하는 과제를 가지고 있다. 민중신학은 지배를 위한 학문이 아니라 섬기기 위한 학문이다. 민중신학은 급변하는 한국 사회 속에서 현장 실천의 직접적인 행동을 통하여 섬기는 신학을 위한 자리매김을 필요로 한다. 이러한 과제를 진지하게 받아들이기 위해 민중신학은 좀 더 구체적이고 디아코니아적인 신학으로 발전되어 나가야 한다. 이를 위하여 민중신학은 디아코니아학과 대화를 필요로 한다고 필자는 생각한다. 이것으로 민중신학은 사회와 고통당하는 이들에게 진정한 섬김을 행할 수 있을 것이다.

제2부

민중신학과 성서

- 성서 재해석의 근거로서 민중신학

야웨의 배우자이자 민중종교로서 '아세라'(Asherah) 여신(女神)

김은규 | 성공회대 교수 / 구약학

I. 서론

구약성서의 야웨 신과 가나안의 바알 종교는 이스라엘 역사 속에서 밀고 당기면서 첨예한 대립각을 세웠다. 그런데 야웨와 바알 틈새에 바로 여신 '아세라Asherah'가 있음을 주목하게 된다.[1] 바알과 아

---

1) 구약성서에서 아세라('asherah)는 모두 9권의 책에서 40회 등장한다. 그 가운데 18번은 여성단수 형태인 *'ăšērāh*(신 16:21; 사 6:25, 26, 28, 30; 왕상 15:13; 16:33; 18:19; 왕하13:6; 17:16; 18:4; 21:3, 7; 23:4, 6, 7, 15; 대하 15:16)이며, 남성복수 형태는 19회로 그중 13회는 *'ăšērîm*(왕상 14:23; 왕하 17:10; 23:14; 대하 14:2; 17:6; 24:18; 31:1; 33:19; 34:3, 4, 7; 사 17:8; 27:9), 6회는 어미 형태 *'ăšērêhem*(출 34:13; 신 7:5), *'ăšērêkā*(신 7:3; 왕상 14:15; 렘 17:2; 미 5:13) 나온다. 그리고 여성복수 형태인 *'ăšērôt* 는 3회(삿 3:7; 대하 19:3; 33:3) 등장한다. 그리고 아세라와 관련된 동사들은 주로 '자르다' '불태우다' '심다' '세우다' '뽑아버리다' 등과 함께 사용되고 있다. 이때 남성복수인 *asherim*은 제단이나 이미지들과 관련되는 것으로 볼 때, 아세림은 대상물로 본다. 이 분류는 Judith M. Hadley, *The Cult of Asherah in Ancient Israel and Judah* (Cambridge: Cambridge Univ. Press, 2000), 54를 참고.

세라는 구약의 신명기 역사서(신명기/여호수아서~열왕기하)와 역대기 역사서(역대기상, 하) 전체에 흐르는 역사가의 입장에 따라 배척의 대상이 되었다. '유일신 숭배'와 '우상숭배 척결'에 대한 신명기적 인식은 고대 이스라엘 종교의 역사적 상황을 넘어서, 로마제국 이후 십자군 전쟁을 통한 중세시대, 식민지 확장과 제국시대 그리고 현대에 이르기까지 그리스도교 전체에 커다란 영향을 주어, 서구 그리스도교가 다른 종교들을 배척하고, 그들의 문화를 척결하는 데 이용하는 지배이념으로 확고하게 자리 잡았다. 물론 현대에도 미국을 중심으로 한 그리스도교 근본주의자들Christian fundamentalists은 전 세계를 지배하겠다는 확고한 신념으로 삼고 있다. 그래서 성서학자, 신학자, 목회자, 평신도에 이르기까지 신명기적 사고에 따라 그 어떤 생각이나 검증도 없이 가나안 종교를 물질주의, 부도덕한 성, 풍요라는 단어들로 매도하고 있다.

필자는 아세라 여신에 대한 논의가 '야웨이즘Yahwism'과 관련이 있다고 보고, '야웨이즘'을 규정하면서 이 글을 시작하려고 한다. 우리는 구약성서에 나타나는 '야웨'에 대해서 창조를 이루신 위대한 분으로만 막연하게 보아서는 안 된다. 그것은 같은 야웨를 말하고 있더라도 지배계층이 고백하는 내용과 사회에서 소외된 민중이나 여성이 고백하는 내용이 전혀 다르고, 성서 저자가 기록할 때 자기의 어떤 의도를 반영하느냐에 따라 신의 메시지도 분명히 다르게 기록되어 있기 때문이다. 그래서 필자는 구약 안에 두 개의 야웨이즘 전승으로 구분하려고 한다.

첫째, '해방적 야웨이즘The Liberated Yahwism'은 이집트 탈출을 이끈 해방적 야웨 신을 믿는 모세 집단과 가나안의 도시국가로부터 억압과 착취를 피해서 도망 나온 가나안 최고의 신 '엘티'을 믿는 토착 원

아세라 여신상

주민 집단들이 초기지파시대(기원전 1250-1050년경)에 팔레스타인 중앙고지대에 융합하면서 만들어진 신관과 이념이다. 이 시기에 야웨 신은 해방자로서 이 집단들에게 새로운 사회에 대한 희망과 비전을 가지고 살아갈 수 있는 힘이 되었다. 비록 중앙산악지대가 척박한 농업환경이었지만, 이들은 계단식 농업을 통해서 개간하고, 집단 군락을 형성하였고 서로 유기적인 네트워크를 만들어 외부의 침입에 대비하고, 청동기시대에서 철기시대로 넘어가는 이행기에 농사부터 전쟁에 대비하는 물자들에 이르기까지 정보를 교류하였다.[2] 해방적 야웨이즘은 이집트를 탈출한 집단뿐만 아니라 가나안

---

2) 사회학적으로 접근한 구약개론서인 Anthony R. Ceresko, *Introduction to the Old Testament* (New York, Maryknoll : Orbis Books, 2001), 김은규 역, 『구약입문』 (서울: 바오로딸출판사, 2008) Ch. 9 "The Conquest of Canaan," Ch. 10 "Israel in the Period of the Judges"; 참고 Norman K. Gottwald, "Models of the Israelite Settlement in Cannan" Part 5 in *The Tribes of Yahweh* (Maryknoll, New

의 도시국가 군주제에서 억압받은 하층민들에게도 해방과 평등의 이념으로 융합할 수 있게 하는 정신적 초석이 되었다. 그리고 수평한 경제구조를 통해 협동생산과 물물교환의 소비구조를 이루면서 부족동맹시대를 열었다. 해방적 야웨이즘은 지파시대 동안 수평적 구조를 가지면서, 가나안 도시국가들의 위협을 견디게 하는 정신적, 신앙적 지주가 되었다. 이 해방적 야웨이즘은 기원전 8세기 왕정시대에 예언자들의 정의, 평화사상, 권력부패에 대한 비판의식, 제사장과 종교권력에 대한 비판의식으로 나타난다.

둘째, 지파시대가 끝나고 다윗이 왕정국가를 세우면서 왕권강화와 예루살렘를 보장하는 '지배적 야웨이즘The Ruling Yahwism'을 만들어낸다. 곧 야웨가 다윗 가문의 영원한 세습 왕조를 보장하는 신학적 지배이념과 지배구조이다.[3] 사실, 나단이 실제로 계시를 받았는지, 아니면 다윗 왕권 강화를 위해서 만들어냈는지 알 수 없다. 그런데 다윗 왕조시대의 법과 지배이념과 지배구조는 약 200여 년 전에 이집트를 탈출하고 광야로 이끈 모세라는 카리스마적인 지도력의 권위에 소급시켜 전달하는 문학적 형식을 띤다.

왕 권력 중심에는 지파시대에 볼 수 없었던 군인계급, 성직계급, 행정관료, 무역업자, 예언자 그룹, 서기관 그룹 등이 대두하였고, 이

York: Orbis Books, 1979)의 학설을 잇는 최근의 연구들이 나온다. Robert Gnuse, "Israelite Settlement of Canaan: A Peaceful Internal Process," *Biblical Theology Bulletin* 21 (1991), 56-66, 109-17; William G. Dever, "Ceramics, Ethnicity, and the Question of Israel's Origins," *Biblical Archaeologist* 58 (1995), 200-213; John J. McDermott, *What Are They Saying about the Formation of Israel?* (New York: Paulist Press, 1998); Paula McNutt, *Reconstructing the Society of Ancient Israel* (Louisville, Ky.: Westminster John Knox Press; London: SPCK, 1999).

3) 나단의 예언은 삼하 7:5-16, 다윗의 기도문은 삼하 7:18-29; Cross, F. M., *Canaanite Myth and Hebrew Epic* (Cambridge: Harvard University Press, 1973), "Davidic Kingship," 229-37, "The Judean Toyal Theology," 241-64.

들은 남자들로 구성되었으며, 가부장적 권력을 만들었다. 솔로몬 왕도 성전 건축과 궁전 건축을 통해서 행정관료를 중심으로 권력을 강화시켰다. 이들이 만들어내는 지배적 야웨이즘은 야웨, 곧 신의 이름으로 모세, 왕, 제사장과 초기 예언자 등에게 계시하는 명령적 언어, 신화, 이야기, 시, 율법과 제도 등의 형태를 띠는 종교적인 형식을 빌어서, 결국 사회 상류층의 이익을 대변하는 정치적, 종교적, 사회적, 문화적인 지배이념이 되었다. 이스라엘 백성들, 민중들, 여성들이 따르고 복종해야 할 의무와 책임을 갖도록 하는 지배이념인 것이다.

이러한 해방적 야웨이즘과 지배적 야웨이즘은 마치 서로 다른 유전자 구조가 얽혀 있듯이 이스라엘 역사 속에서 진행되는데, 이 논문은 거대한 두 주류에서 어떻게 아세라 여신 숭배가 명맥을 유지했는지,[4] 그 요인을 이스라엘 백성, 특히 민중, 여성들의 시각에서 찾아보고자 한다. 구약 본문에는 아세라를 배척하고 불태우는 내용밖에 없지만, 아세라는 바알과 동등한 규모로 큰 주류를 이루었다.[5] 이 글은 고대 근동지방에서 여신들의 위상과 성격을 살피고, 지금까지 아세라 연구사에서 다룬 쟁점들의 흐름을 살펴본 후, 고대 이스라엘 사회를 만들어간 가부장적 지배사회, 종교권력 등의

---

4) 아세라에 관한 최근 저서들은 다음과 같다: Walter A. Maier, *'AŠERAH: Extrabiblical Evidence* (Atlanta: Scholars Press, 1986); Raphael Patai, *The Hebrew Goddess* (Detroit: Wayne State University, 1990); Bob Becking, Meindert Kijkstra, Marjo C. A. Korpel & Karel J. H. Vriezen, *Only One God? : Monotheism in Ancient Israel and the Veneration of the Goddess Asherah* (London: Sheffield Academic Press, 2001); William G. Dever, *Did God Have A Wife? Archaeology And Folk Religion In Ancient Israel* (Wm. B. Eerdmans Publishing Company 2005) Pettey, Richard J., *Asherah: Goddess of Israel* (New York: Peter Lang, 1990).

5) 열왕기상 18장 19절에서, 엘리야가 아합 왕에게 바알 예언자 450명과 아세라 예언자 400명을 소집시키는 데서 대등한 규모임을 볼 수 있다.

지배적 흐름과 아세라 여신 숭배를 연결지으려 한다.

II. 고대 근동 세계의 여신들과 아세라 여신의 기원

1. 메소포타미아와 이집트의 여신들

구약성서에는 아세라가 오직 척결의 대상으로만 표현되고 있기 때문에 여신의 활동이나 본질적인 모습을 찾을 수 없다. 그런데 이스라엘 종교가 발전하면서, 메소포타미아와 팔레스틴 지역의 제의, 신화, 절기, 축제, 신적인 활동, 건축 등 제반에 걸쳐 직접 영향을 받고 있음으로 해서, 구약에 등장하는 아세라 여신을 이해하기 위해서는 고대 메소포타미아 지역과 이집트, 페니키아, 시리아를 중심으로 널리 그리고 매우 활동적으로 퍼져 있었던 여신들을 참고함으로써 같은 유형들을 찾아낼 수 있을 것이다.[6)]

'이쉬타르Ishtar'[7)] 여신은 고대 아시리아와 바빌론 신화에서 대모신the great mother goddess으로 등장하는 최고 신으로, 하늘 신 '아누Anu'의 딸이자 달 신이기도 하다. 성sex과 전쟁을 관장하고, 악으로부터 남자를 보호하는 역할을 했으며, 자궁과 많은 젖가슴 상징은 모든 생명을 주는 자가 되고, 지상에서 출생과 죽음을 관장하였다. 하늘의 여왕으로 존경받았으며, 활과 화살통을 나르기도 하였다. 이

---

6) James B. Pritchanrd, *Ancient Near Eastern Texts: Relating to the Old Testament* (New Jersey: Prinston University Press, 1955). 이 책의 수메르 신화, 우가릿 신화, 이집트 신화, 아카디아 신화에 여신들 이야기를 소개하고 있음.

7) Wilkinson, Philip, "Ishtar," *Illustrated Dictionary of Mythology* (New York: DK, 1998), 24.

쉬타르 여신은 남자 배우자에게 의존한 것이 아니라, 스스로 절대적으로 통치를 하여, 고대 바빌론 시대에는 만신들 가운데서 최고 위치를 차지했다. 이쉬타르의 남편 배우자 타무즈Tammuz는 유프라테스와 티그리스 강에서 세상이 시작했을 때, 이쉬타르와 함께 내려왔다. 이쉬타르 여신은 중동지역과 이집트에까지 널리 확산되었다. 아스타트Astarte 여신은 고대 이집트 8왕조에서 시작했으며, 일반적으로 풍요, 성, 전쟁과 관련한다. 우가릿에서도 숭배되었고, 유대지역에 와서는 아쉬토렛Ashtoreth으로 이름이 바뀌었고, 음력에 따른 여신이었다. 아티랏Athirat은 바빌론의 초기 왕정시대(기원전 1830-1531)에 등장하는데, "하늘 왕의 신부"로 그리고 "성적인 정력과 쾌락의 여왕"으로, 기원전 14세기경 서부 셈족 우가릿 만신의 최고 여신이자 엘의 배우자이며, "신들의 창조 여신"으로 숭배되었다.[8] Shachar와 Shalim(CTA 23)의 신화에는 아티랏의 성적인 특징들을 보여주고 있다. 그리고 청동기 중기와 말기 시대에 많은 여성 상들이 팔레스틴을 덮었다고 한다. 그래서 우가릿 자료들에 근거하여, 아티랏과 여신들 상을 관련시키고 있다. 더욱이 이집트 토판에는 벌거벗은 여신에 'Qudshu-Astarte-Anat'가 적혀 있다. 이것은 이집트 Qudshu 여신과 우가릿의 아티랏을 일치시킨 것이다.[9] 아티랏이 풍요의 특징을 갖고 있다고 보며, 우가릿의 만신이 이미 아스타트에서 풍요 여신을 가졌다는 추측이 가능하다.[10]

---

8) Judith M. Hadley, *The Cult of Asherah in Ancient Israel and Judah: Evidence for a Hebrew Goddess* (Cambridge: Cambridge Univ. Press, 2000), 38-40, 43-44.

9) Tilde Binger, *Asherah* (Sheffield: Sheffield Univ. Press, 1997), *JSOT Sup* 232. 56-57. 이집트 신화에서 Qudsu 여신을 낳은 여신은 서부 셈족 세계에 그 뿌리를 둔 여신이 분명하며, Qudsu는 아세라의 대안적 이름으로 이집트에서 널리 받아졌다는 것이다.

아스타롯/아스토렛Astaroth/Astoreth 여신은 기원전 1200-200년경까지 페니키아와 시돈 지방의 풍요의 여신으로 바알의 주主 여신이기도 하다.11) 아스토렛은 사랑과 전쟁의 여신이다. 특히 여호수아 이후에 이스라엘 백성이 그리고 솔로몬이 숭배했다. 솔로몬 왕이 들여온 이 여신의 숭배 대상물을 기원전 622년 요시야 왕이 파괴시켰다.12) 아스타롯은 아스타트Astarte로 불렸으며, 고대 아시리아의 이쉬타르Ishtar를 모델로 하였다. 아낫Anat은 바알의 누이이며, 기본적으로 풍요의 여신이다.13) 아낫은 옷을 벗은 채로 젖가슴과 음부가 묘사되고, "신들의 어머니"로 불린다. 아낫은 젊고 공격적인 전사 여신이며, 라스 샴라Ras Shamra 석판에는 "모든 신들의 하늘 여왕"으로 그려지고 있다.

이들의 공통된 특징은 여신이 메소포타미아 지역의 가부장적 배경 속에서도 남신에 종속적이기보다는 독립적이며, 여신 숭배가 광범위하게 퍼져 있었으며, 풍요와 성, 출산과 죽음을 관장하며, 따라서 생명과 깊이 관련되고 있다. 이러한 여신의 특징은 사막 풍토에서 척박한 농업의 토지생산력, 임신과 출산 그리고 자녀 건강, 그리고 죽음에 이르기까지 생명이 삶의 중심으로 자리 잡고 있는 데서 나오는 종교라고 할 수 있다.

---

10) Hadley, 9.

11) Jordan, Michael, "Astoreth," *Encyclopedia of Gods* (New York: Facts On File, Inc., 1993), 29-30.

12) 삿 2:13; 10:6, 삼상 7:3, 4; 12:10; 31:10; 왕상 11:5, 33; 왕하 23:13.

13) Jordan, Michael, "Anat," *Encyclopedia of Gods* (New York: Facts On File, Inc., 1993), 16-17.

2. 아세라의 기원과 수입 경로

아세라(אשרה), 아낫과 아스다롯은 13세기 이전에 가나안 지역에서 섬기던 대표적인 3대 여신이었다. 페티R. J. Petty는 아세라를 서부 셈족의 모신mother goddess으로 우가릿 여신들(Astarte, Anat, Elat과 Qodesh), 비-우가릿 여신들(Ishtar, Ashratu/Asheratu, Atargatis, Isis)과 연관지어 보는데, 그의 견해로는 아세라가 우가릿과 고대 근동 세계에서 보이는 여신들의 성격이나 유형들의 특징들이 너무나 유사하여 구분이 안 될 정도라고 한다.[14] 그래서 후에 이스라엘 백성들도 불가피하게 유사한 특징들을 모두 담을 수밖에 없었을 것으로 본다.[15] 이것은 비록 아세라가 구약성서 안에 그 신적인 특징과 활동, 제사 등이 드러나지 않지만, 구약 외 자료들을 통해서 역추적할 수 있는 실마리가 될 수 있겠다.

그리고 엘-아마르나El-Amarna 문서에는 기원전 15세기경 아세라 이름이 아랏-아쉬르타Arad-Ashirta 혹은 에베드-아세라Ebed-Asherah가 등장하며, 레바논 지역에서는 아세라가 가나안 지역 최고신인 엘El 또는 바알 신의 배우자로 나온다. 아세라는 두로와 시돈, 도시들 가운데 하나인 우가릿의 최고 여신이었으며, 후기 철기 II 시기인 기원전 1000년대에 중요한 여신이었고, 해상무역을 하는 팔레스타인의 우가릿 도시의 배경을 가졌다. 아세라는 가부장적 문화 속에서 여성성의 권위를 가진 것으로 보인다. 아세라는 바알을 고려하여 엘에게 조언을 하면서 중재자 역할과 비판적 역할을 한 것으로 보

14) Petty, R. J., *Asherah: Goddess of Israel?* (1990), 21, 25.
15) *Ibid.*, 33.

인다. 아세라는 70명의 아들을 둔 '모신'이었기에 '출산과 풍요'와 관련이 있다.16) 아세라는 방어도 하고 진노를 보이기도 하고, 인간이 맹세를 어기면 심한 심판을 내리기도 했다.

하들리Judith M. Hadley는 이스라엘 백성들이 아세라를 우가릿을 대표하는 엘 신보다는 가나안을 대표하는 바알과 연결시킴으로, 지역의 여신으로 토착신이라는 정체성을 갖게 했다고 주장한다.17) 그래서 이스라엘 백성들이 가나안 지역에서 바알과 아세라를 받아들이는 것은 자연스러운 과정이었다고 보며, 이스라엘 왕정 기간으로 내려가면서 아세라가 야웨의 배우자로서 역할을 했을 가능성에 대한 주장들이 나오고 있다.

야마시타T. Yamashita는 1963년에 아세라가 이쉬타르Ishtar와는 구별되는 바빌론의 만신으로 후대의 Ašratum이었으며, 최고신의 배우자였다고 한다.18) 리드W. L. Reed는 아세라와 관련된 제단, 지성소, 향, 우상 이미지들은 히브리인들이 고안한 것이 아니라, 팔레스타인에 살았던 이웃 백성들로부터 채용한 것이며, 그 시기는 기원전 10세기부터 6세기로 본다.19) 엥글J. R. Engle은 아세라 기둥 상 대부분이 유대에서 발견되며, 철기시대로 기원전 9세기 초에서 시작하여 기원전 7세기 초까지 대중화되고, 기원전 6세기 초에 서서히 사라지는 것으로 추정한다.20) 이상의 연구들을 보면, 고대 메소포타미

---

16) Wiggins, S. A., *A Reassessment of 'Asherah': A Study According to the Textual Sources of the First Two Millennia BCE* (AOAT, 235; Kevelaer: Butzon & Bercker; Neukirchen-Vluyn: Neukirchener Verlag, 1993), 130.

17) Hadley, *The Cult of Asherah*, 8.

18) T. Yamashita, *The Goddess Asherah* (1963), Ch. 2. Hardley, *The Cult*, 13에서 재인용.

19) W. L. Reed, *The Asherah in the Old Testament* (Fort Worth, TA: Texas Christian University Press, 1949), 68.

아 지역의 여신들 가운데, 가나안 지역의 우가릿을 중심으로 한 아세라가 기원전 10세기경 이스라엘로 수입된 것으로 보인다.

3. 고고학적 증거: 야웨의 배우자로서 아세라

아세라 초기 연구[21]에서 구약성서는 신으로 '아세라'를 언급한 적이 없기 때문에, 단순히 여신의 이미지를 갖는 대상물, 가령 나무 기둥, 신성한 작은 숲grove[22]이나 성소[23]로 보았다. 그래서 아세라는 단순한 나무 기둥이지 여신이 아니었다고 여겼다. 최근에 킬Othmar Keel은 고대 메소포타미아와 이집트의 청동기, 철기시대에 여신들과 나무, 식물, 달의 상관관계를 연구하여, 왜 아세라 여신에서 이러한 이미지들이 나왔는가를 밝혔다.[24]

하지만 1929년 우가릿의 국제교역 해안 도시인 라스 샤므라Ras Shamra가 발견되면서, 신으로서 아세라에 대한 것이 명백해졌다. 우가릿 여신 아티랏Athirat의 정체성이 밝혀지면서, 고대 근동에서 신이나 여성 신의 상징을 숭배하는 것이 그 신성이 나타내는 것과 일치한다는 것이다.[25] 이처럼 아세라도 여신과 여신의 상징 모두가 일치하는 것이다.[26] 대이J. Day는 열왕기하 23장 4절이 바알, 아세

---

20) J. R. Engle, *Pillar Figurines of Iron Age Israel and Asherah/Asherim* (1979), 21.
21) W. L. Reed, *The Asherah*, Ch. 3.
22) 삿 6:25-30; 신 16:21; 출 34:13, 신 7:5; 12:3; 왕하 18:4; 23:14, 15; 대하 14:2; 31:1; 미 5:13.
23) 왕상 14:15, 23; 15:13; 16:33; 왕하 13:6; 17:10, 16; 21:3, 7; 23:6, 7; 대하 15:16; 19:3; 24:18; 33:3, 19; 34:4,7.
24) Othmar Keel, *Goddesses and Trees, New Moon and Yahweh* (Sheffield: Sheffield Univ. Press, 1997), JSOT Sup 261, Ch. 2.
25) Hadley, 7.

라 그리고 하늘의 모든 신을 언급하기 때문에, 아세라가 성소라기보다는 신의 상징으로 주장한다.[27] 파타이R. Patai는 아세라가 사사시대에는 야웨의 제단으로 상징되다가 왕정시대에 이스라엘의 신이었다고 본다.[28] 대체로 우가릿 아티랏이 히브리 아세라로 되기까지 4, 5백여 년의 기간을 통해 이스라엘의 신으로 된 것으로 본다. 이 같은 견해는 아세라가 바알과 결합되다가 야웨와 결합된 자료에서 명백해졌다.

1967년 헤브론과 라기쉬 사이에 키르벳 엘-콤Khirbet el-Qom[29]에서 발견된 기원전 8세기로 추정되는 비문에는 "아훼와 그의 아세라로 우리야후Uriyahu를 축복한다."는 표현이 나온다.[30]

1. 'ryhw h'šr ktbh (Uriyahu<qualification of Uryahu> his writing (or: inscription)
2. brk 'ryhw lyhwh (Blessed be Uryahu by Yahweh)
3. wh'wryh l'šrt (w)hwš 'lh (his light by Asherah, she who holds her hand over him)
4. lrpyh w (by his rpy, who)

---

26) *Ibid*., 7.

27) J. Day, "Asherah in the Hebrew Bible and Northwest Semitic Literature," *Journal of Biblical Literature*, 105 (1986), 385-408, 401.

28) R. Patai, *The Hebrew Goddess* (Detroit: Wayne State University Press, 1990), 38-41.

29) 1967년 윌리암 데버(William Dever)는 라기쉬, Tell Beit Mirsim과 헤브론 사이에 위치한 작은 키르벳 엘-콤에서 비문을 발견하였고, 이를 "Iron Age Epigraphic Material from the Area of Khirbet el-Qom," *HUCA* 40-41 (1969-70), 139-204에서 발표하였다.

30) Tilde Binger, *Aserah*, Ch. 5, "Asherah in Israel," 95-96 참조.

그 후 1975년 시나이 사막 쿤틸렛 아즈루드Kuntillet 'Ajrud(Hebrew "Horvat Teman")[31]에서 발견된 같은 기원전 8세기 것으로 추정되는 도자기에 각인된 표현은 "나는 사마리아의 YHVH와 그의 아세라로 너를 축복한다." 혹은 "우리의 보호자와 그의 아세라로"라는 표현이 나온다.[32]

도자기 1

'mr.'···h..k. 'mr.lyhl··· (..h..says:say to yhl and to yw'šh and<to NN>)

Wlyw'šh.w···brkt. 'tkm. lyhwh.šmrn.wl'šrth (I bless you by the Yahweh of Samaria and by his Asherah)

도자기 2

'mr. 'mryw. 'mr.l'dny. h··· brktk.lyhwh. (I bless you by the Yahweh of Teman,)

tmn. wl'šrth.ybrk.wyšmrk.wyhy.'m. 'dny. (and by his Asherah, may he bless you and keep you and be with [you], my lord.)

이 도자기들의 표현에 따르면, 야웨의 배우자로서 아세라가 동시에 숭배된 것을 볼 수 있다. 고대 메소포타미아와 이집트에 널리 퍼

---

31) 이곳은 아카바만에서 가자에 이르는 무역로에 가까운 Kadesh Barnea에서 50Km 떨어져 있다. Meshel, Z는 "Kutillet 'Ajrud," *A Religious Centre from the Time of the Judean Monarchy on the Border of Sinai* (Jerusalem: Israel Museum, 1978); "Did Yahweh Have a Concert," *BAR* 5,2:24-35.

32) Tilde Binger, 102-3; W. G. Dever, "Asherah, Consort of Yahweh? New Evidence from Kuntillet 'Ajrud," *BASOR* 255 (1984), 21-37.

진 여신 숭배가 북이스라엘과 남유대 모두에서 있었다. 그리고 유일신 사상이 기원전 7, 6세기의 포로기, 곧 이스라엘이 멸망해 가는 시점에 만들어진 것이라면, 아세라가 야웨의 배우자로서 최고 여신의 위치를 가졌던 것으로 보인다.

이상에서 이스라엘에서 아세라 여신에 대한 연구는 고대 근동 세계의 신들을 중심으로 접근할 수밖에 없는 한계를 갖고 있고, 구약성서에서는 신명기 역사가에 의한 아세라 본문으로 제한되고 있기 때문에 이스라엘 백성들이 여신 숭배를 왜 했는지를 근원적으로 접근하지 못하는 한계가 있다. 그래서 필자는 왜 이스라엘 백성들이 아세라 여신을 숭배했는지를 지배권력에서 소외된 민중과 여성의 입장에서 접근하려고 한다.

III. 지배적 야웨이즘과 가부장적 종교권력

이 장에서는 이스라엘 백성들이 아세라 여신을 숭배하게 된 근본적인 배경을 찾고자 한다. 필자는 왕정시대에 들어서면서 야웨 신의 해방적 이념은 쇠퇴하고, 반대로 정치세력과 가부장적 종교집단의 결합에 의해 지배적 야웨이즘이 확대되어 감에 따라, 소외된 민중들과 여성들이 여신 숭배에서 그 정서적 위안을 받았을 것이라는 가설을 세워 논의를 전개하고자 한다.

1. 가부장 권력

이스라엘의 배경이 되는 메소포타미아 지역은 기원전 3천 년부터 남성의 지배가 보편적이었다. 앙드레 뷔르기에르의 『가족의 기원』을 보면, 이 당시 남자주인 '벨룸belum'은 "아내의 주인"이라는 뜻이었고, 토지의 소유자와 권위의 소유자가 된다. 남자는 조상에게 제사를 지내고, 가정을 지켜주는 신을 만족시키기 위하여 애를 쓰는 절대적인 수장이었다. 남자는 사실상 무제한적으로 자신의 권한을 행사하였다.[33] 기원전 2000년기로 내려와 가계의 족보는 토지에 대한 권한을 뜻하기도 한다.[34] 가족은 가부장적이었으며, 아버지의 권위와 부계 혈족에 기반하였고, 사실상 결혼은 남편이 된 남자가 여자를 소유하는 것이었다.[35] 그리고 신명기의 시형제 결혼법[36]과 동일한, 죽은 자의 남자 형제가 과부가 된 죽은 남자 형제의 아내와 결혼하여 그 재산을 물려받아야 하는 수혼법은 재산의 상속과 유산의 보전을 위한 것이었다.[37] 일부일처제가 엄격하게 행해지지 않았고, 축첩제도가 존재하는 사회였지만, 그 사회가 합법적으로 간주한 결혼을 통해 낳은 자식만이 상속자가 될 수 있었다. 다른 자식들은 재산 상속에서 제외되었다.[38]

이스라엘의 가부장적 문화와 제도를 살펴보면 같은 배경을 보이고 있다. 창세기에서 아브라함 이야기(창 15-25장)의 핵심은 아들 선호 사상으로, 아브라함을 가부장 문화를 선도해 나가는 조상으로 묘사한다. 이삭이 에서와 야곱을 낳아서, 축복권을 둘러싼 형제간

---

33) 앙드레 뷔르기에르, 『가족의 기원 1』(서울: 이학사, 2001), 161. 아내의 간통이 명백한 경우에는 남편이 부인의 생사여탈권을 가지고 있었다고 한다. 162.

34) *Ibid.*, 142. 재산의 권한과 상속이 부계 친족 관계에서 결정되었다. 양자를 들일 수 있는 것도 분명 집단의 강화를 목적으로 했다. *Ibid.*, 143.

35) *Ibid.*, 149.

36) 신 25:5-6.

37) *Ibid.*, 157.

38) *Ibid.*, 171.

갈등과 재산권도 맏아들을 중시하는 가부장 문화에서 나온다. 사막 기후에서 할례(창 17장)는 보건위생적인 측면도 있지만, 하느님과 남자 사이에 영원한 계약을 맺는 징표로 삼아 남자에게 가부장적 권한과 재산 상속과 유지를 하는 동시에 종교적 권한을 주는 지배 이념이다.[39] 구약에 등장하는 인물들은 대부분 남자들(모세, 여호수아, 사사들, 사무엘 제사장, 사울, 다윗 왕들, 예언자들)로 채워지고 그 역할도 종교적 권위나 정치적·군사적으로 중요한 인물들의 영웅 이야기로 전개되지만, 여자는 산모,[40] 출산이나 첩, 후궁으로 사회에서 그리 중요치 않은 존재로만 등장한다.

여기서 이스라엘의 일부일처제를 점검할 필요가 있다.

구약시대에 이스라엘 사회는 일부일처제[41]를 끌고 가면서도 첩 제도에 대한 정당성을 알리고, 이것이 신앙이라는 틀 안에서 여성을 지배하는 종교적 지배이념이 되고 있다. 대표적인 예가 창세기의 첫 조상이 되는 아브라함이 아기를 못 낳자, 첩인 하갈을 통해서 아기를 갖고, 다시 본부인 사라에게서 아들을 낳아 자손이 퍼져나간다는 이야기는 야웨와 아브라함을 통해 여성 지배를 종교적으로 정당화하는 지배이념이다. 곧 남성의 지배와 일부일처제를 통해 아들(남자)에게 재산의 보전과 그 상속이 이루어지는 것과, 아내 사라에 대한 정조 이데올로기를 보여주려는 의도가 담겨 있다. 아내는 엄격한 정조를 지켜 부부간에 의리를 지켜야 하고, 남편은 첩 제

---

39) 창 17:10-14.

40) 산모가 아들을 낳으면, 그 여자는 7일 동안 부정하며, 딸을 낳으면 두 주일 동안 부정한데, 모두 월경할 때와 같이 부정하다는 표현을 쓴다(레 12:2, 5). 그리고 정결 기간 동안 성소에 다닐 수 없도록 하고 있다.

41) R. 드보, 『구약시대의 생활풍속』, 이양구 역 (서울: 대한그리스도교출판사, 1983), 55-58. 이스라엘 사회가 일부일처제와 첩을 두는 풍속이 있었음을 소개하고 있다.

도를 유지시키면서 가족 안에서 합법적으로 성적인 쾌락을 즐기고 아들을 낳으며 재산권을 유지한다. 가족의 형식은 일부일처제이지만, 실제로 남자는 일부다처제인 것이다.

일부일처제를 유지하여 남자들은 권력과 지배력을 강화하고, 여자를 통제한다. 이스라엘 사회에서 초기부터 왕정시대에 이르기까지 첩 제도를 병행하는 일부일처제는 엄한 사회적·종교적 제재 속에서 여성에게 정신적 고통을 줄 수밖에 없는 제도이다.

이스라엘의 가부장 제도는 왕정시대로 내려가면서 정치권력, 종교권력으로 확대된다. 이 시기에 형성된 가부장적 법과 제도는 이스라엘의 초기시대로 소급시켜, 모세가 야웨의 계시를 받아 모든 율법을 선포하는 형식으로 모세의 권위 속에 집어넣고 있다: "주께서 모세에게 말씀하셨다"는 표현이다.[42] 가부장적 지배 질서를 구축하고 보존하는 내용을 야웨의 계시라는 종교적 언어로 포장하여 권위를 갖도록 하고 있다. 이처럼 이스라엘에서 아세라 여신 숭배의 근본적인 배경에는 가부장 제도가 자리 잡고 있는 사회를 엿볼 수 있다.

2. 왕조 지배권력

기원전 11세기 후반 다윗은 열두 부족을 통일해 왕정국가 체제를 확립한다. 다윗은 사울 계열의 경쟁자들을 물리치고, 정치적 중립지대인 예루살렘을 수도로 정하고, 하느님의 궤를 옮겨놓음으로써 정

42) 출애굽기, 레위기, 신명기에 나오는 모든 종교적·사회적 법령들이 모세를 통해 전달된다.

치와 종교의 힘을 결합시켰다. 다윗은 왕권의 정당성과 그 지배이념을 확고하게 하기 위하여 하느님의 궤를 예루살렘으로 옮겨 야웨이즘을 강화시켰다. 하느님은 예언자 나단을 통해 "하느님이 다윗을 이스라엘 통치자로 삼았고, 다윗 집안을 원수로부터 보호하고, 한 왕조로 삼고, 그의 왕위를 영원토록 튼튼하게 하겠다."[43]는 계시를 내린다. 이것은 다윗 왕권에 대한 도전을 막고, 왕권을 영원히 보장하겠다는 의도를 신의 계시 형식으로 왕에게 정치적·종교적 권위를 부여하고 있는 것이다. 모세 권위에 반대하는 인물들이 광야에서 심판을 받거나 죽었다는 이야기[44]는 왕권에 대한 도전을 못하게 하는 장치도 될 수 있다. 토라는 정치·사회·경제의 제반 법을 담고 있을 뿐만 아니라, 종교의 제사법·의무·절기 등에 대한 의무와 책임을 강조하여 야웨이즘의 지배이념을 확고히 한다. 솔로몬 시대로 넘어가 제사장들을 왕 권력 주변 행정요직에 포진시키고, 성전과 궁전을 건축하면서 왕권과 종교권력을 확고히 한다. 솔로몬 이후 국가는 분열되는데, 북이스라엘은 왕권에 대한 정쟁 다툼이 끊임없이 일어나고, 남유대도 왕 권력의 남용과 사회의 부패가 심해진다. 그럼에도 왕 권력과 지배층은 바빌론 제국의 침략을 받을 때까지 보호받고 유지되고 있다.

반면 백성들, 특히 민중과 여성은 왕정의 지배체제가 확고해질수록 경제적 불평등과 사회적 고통을 받고, 사회의 지도층으로부터

---

43) 삼하 7:5-16.

44) 민수기 3:4, 아론의 아들들이 주께 금지된 불을 드리다가 죽었다는 구절, 민수기 12장에 미리암이 악성 피부병에 걸리는 이야기, 민수기 14:23에서 "나를 멸시한 사람은, 어느 누구도 그 땅을 못 볼 것이다."는 표현, 민수기 16장에서 반역한 백성들 이백오십 명이 죽는다는 이야기 등은 하느님과 모세에게 거역하지 못하게 하는 효과가 있다.

정치적 억압과 고통이 가중되는 것을 예언서에서 확연히 볼 수 있다. 예언자들은 사회정의를 회복하고, 경제적 착취를 비판하는 메시지를 전하면서 이집트를 탈출시킨 해방적 야웨의 모습을 회복시키려고 한다.

이 왕정 기간 동안 민중과 여성은 아세라 여신을 섬겼고, 아세라 여신 숭배는 민중종교로서 자리 잡았다. 곧 야웨이즘이 왕권과 함께 가부장적 지배권력으로 사회 상류층에 확고히 자리 잡아 나갈 때, 소외된 민중과 여성은 아세라 여신에게서 정서적인 유대감을 가졌을 것으로 추정한다.

3. 성(sex) 권력

고대 메소포타미아 의학서적에는 '법률' 문서들로 근친상간을 금지하고 있다. 어머니와 아들의 성관계, 의붓어머니와 아들, 남편과 의붓딸의 성관계. 이 모든 행위에는 화형이나 물에 빠뜨려 죽이는 형벌에서부터 추방에 이르기까지 다양한 처벌이 나온다.[45] 일부다처제 사회에서 성을 통제하는 내용이다.

구약 오경에도 성性의 통제와 관련한 내용들이 등장한다. 레위기 18장은 근친 성관계를 통제한다. 가족, 가까운 친족 안에서 몸을 범하지 못하도록 한다. 그리고 남자 간에 성교, 짐승과 교접하는 행위도 금하고 있다. 이러한 성행위를 하는 것은 가나안의 풍속이라 하였고,[46] 역겨운 짓이라고 하여 하느님과 관계를 끊어야 한다고 강

45) 앙드레 뷔르기에르, 『가족의 역사 1』, 155.

46) 레 18:3.

력하게 금지하고 있다.[47] 남자가 정액이 나올 경우 이를 부정하다고 하고, 여자가 월경이 되면 이레 동안 불결하고, 그 기간에 눕는 자리도 부정하다고 한다.[48] 출산 때도 아들을 낳으면, 여자는 이레 동안 부정하며, 딸을 낳으면 두 주일 동안 월경 때처럼 부정하여 삼십 일, 육십육 일 동안 집 안에서 줄곧 머물러 있어야 한다는 율법을 세운다. 레위기에서 '부정하다'는 표현이 사막풍토에서 보건위생적으로 보호하기 위한 측면도 있어, 산모를 외부와 단절시켜 감염을 예방하는 측면도 있지만, 아들이냐 딸이냐에 따라 부정한 기간의 기준이 달리 적용되고 있다. 성을 통제하는 법들도 다른 율법들과 마찬가지로 야웨가 모세에게 하는 말씀의 형식 속에 있다. 아내의 간통을 밝히는 절차의 내용도 여성차별적이며, 아내의 간통에 대해 제사장이 쓴 물을 마시게 하여 고통을 주도록 했다.[49] 구약 전체적으로 성행위와 여성의 출산에까지 부정적 인식을 보이고 있다. 그리고 노아 홍수 신화인 창세기 9:18-29에서 노아가 포도주를 마시고 취하여, 벌거벗은 채로 누워 있었는데, 함이 아버지의 벌거벗은 몸을 보았다가 저주를 받게 되었다. 이것은 함이 가나안의 조상이 되는 내용으로, 타 민족의 기원을 비하하고 있다.

종교적으로 성을 통제하는 것은 개인의 본능적 욕망을 억제시키면서, 죄의 윤리의식을 갖게 하는데, 동시에 개개인에 대한 사회적 통제가 가능해지는 차원이다. 주변 제국들이 왕의 절대적 권력으로 대규모 노예제 동원으로 강제적인 통제가 가능했다면, 이스라엘은 그 같은 국가노예제가 없는 상태에서 성을 통한 개개인의 통제를

---

47) 레 18:27.
48) 레 15:1-33.
49) 민 5:11-31.

갖도록 했다. 곧 종교적으로 성을 제약하는 것이 일종의 정치적인 권력이자 지배이념인 것이다. 이것의 종교적·사회적 규약을 어겼을 때 바로 제재를 가할 수 있기 때문이다.

신명기 사가가 바알과 아세라 여신을 성 문란의 원인 제공자로 몰아가는 것은 종교가 달라서 우상을 숭배하고 있기 때문이 아니라, 지배적 야웨이즘이 두 신을 쫓아냄으로써 정치적 · 사회적 · 종교적 통제를 가할 수 있는 근거가 되기 때문이다. 그렇게 함으로써 이스라엘의 민중과 여성이 바알과 아세라 여신을 중심으로 가졌던 결속력 내지는 힘을 약하게 하고, 지배 질서에 순응하도록 하는 이념으로 작용했다고 할 수 있다.

4. 종교권력

이스라엘 야웨이즘은 신, 제의, 절기, 공간, 제사장, 율법, 종교적 설화 등이 한데 어우러져 종교를 이룬다. 하지만 야웨이즘은 창조와 해방 그리고 역사를 알려주는 동시에, 인간에게 많은 제약과 구속을 가하고 있다. 신이라는 절대적인 존재가 피조물인 인간에게 가하는 정신적·사상적·윤리적인 통제부터 생명·죽음에 이르기까지 수많은 통제를 가한다. 이것은 신과 인간의 대화 구조를 통해서 인간의 마음에까지 깊숙이 파고들기 때문이다. 사실 다윗 시기로 보이는 최초의 인간인 아담과 하와 이야기도 많은 신학적인 주제를 담고 있음에도, 근본적으로 하느님이 인간의 마음을 꿰뚫어보는 것을 바탕으로 전개하고 있다. 카인-아벨 이야기, 노아 홍수, 아브라함, 이삭, 야곱, 요셉 설화, 모세가 전능한 종교적 힘이 생겨 이집트의 파라오를 물리치고 병사들이 바다에 휩쓸려 죽는 이야기, 홍해

바다를 건너는 기적과 광야에서도 모세 반대파들과 모세의 약속을 어긴 백성들이 야웨에 의해 죽임을 당하는 이야기, 여호수아의 가나안 정복 시에도 종교적인 기적을 통해서 군사적 힘을 보여준다. 이후 지파시대에도 백성들이 주변 민족들에게 한시적으로 점령되고 다시 구출받는 것도 신명기 사가에 의해 가나안 종교, 곧 바알과 아세라 신을 섬긴 죄의 결과로 해석된다. 사울의 왕권도 사울이 자기 판단대로 제사를 드렸다는 죄로, 하느님의 영이 그를 떠났고, 결국 사울은 피폐해진 초라한 모습으로 다윗을 견제하는 것으로 전락한다. 다윗이 절대 왕권을 가졌으나, 밧세바와 정을 통한 것이 나단 예언자에 의해 탄로가 나는 것 역시 하느님의 개입으로 행해지고 있다. 이렇게 신이 인간의 마음뿐만 아니라, 모든 사건에 개입하는 것 자체가 신의 권력을 보여주는 것이고, 인간을 거기에 복종할 수밖에 없게 만들고 있다.

하느님을 모시는 법궤 주변에는 레위인을 중심으로 막강한 종교 권력이 형성되고, 모세 권위 속에 십계명은 절대윤리로 자리매김한다. 특히 야웨 신의 질투심을 강조하여 다른 신들을 배척하게 하는 우상숭배 금지 조항은 가장 절대적인 사상으로 인간을 종교적으로 통제하는 최고의 수단이 된다. 물론 제국에 둘러싸인 작은 나라에 불과한 이스라엘이 정신적으로, 곧 종교적으로 독립할 수 있고, 구심력을 가질 수 있는 유일한 대안이 되는 상황에서, 유일신 강조와 우상숭배 금지 조항에 대해 그 당시 상황에서는 매우 긍정적인 평가를 내릴 수 있다.

그리고 일상생활, 사회적인 규약, 종교적 절기와 규례 등이 모두 야웨의 말로 선포됨으로써 모든 개인과 사회 구성원 전체가 이 의무와 책임을 감당해야만 했다. 이러한 종교적인 통제로 이스라엘은 다윗-솔로몬 왕정시기에 들어서면서 제사장들이 현실 정치와 행정 조직에 참여하여 거대한 종교권력을 형성하게 되고, 남자 중심의 가부장적 종교 지배이념을 만들었다.

결국 다윗 이후 가부장적 야웨이즘의 종교권력은 민중과 여성을 억압하는 요인이 되었다. 물론 율법 안에는 고아와 과부, 이방인 등 사회적 약자에 대한 배려, 십일조를 통한 가난한 사람에 대한 재분배, 안식년 법을 통한 경제적 채무자의 구제 등 사회적 보호를 강구한다. 하지만 근본적으로 왕권과 거대한 가부장적 종교 지배이념이 주류를 이루어 가는 분위기에서 사회적 약자에 대한 배려는 매우 약소한 조치에 불과한 것으로 여겨진다. 이처럼 지배적 야웨이즘이 사회와 정치·종교 권력의 핵심으로 제도화하면서, 그 권력에서 소외된 민중과 여성은 아세라 여신 숭배를 통해 위로를 받았을 것으로 추측된다.

IV. 지배적 야웨이즘에서 소외된 민중종교 아세라 여신

1. 신명기 역사가의 지배적 야웨이즘

구약성서의 신명기 역사서와 역대기 역사서는 바알과 아세라 척결을 가장 강하게 외치고 있다. 따라서 신명기 사가의 관점과 의도를 살펴보지 않을 수 없다.

요시야 왕 때 발견된 율법문서는 종교개혁을 일으키는 동력이 되었고, 그 율법 정신은 신명기 역사가가 역사 서술을 펼쳐나가는 기본 패러다임으로 자리 잡는다. 신명기 사가는 두 번의 편집(요시야 왕과 포로기)을 통해 신명기 틀에 따라 육백여 년의 역사를 회고하는데, 특히 국가적 멸망을 가져온 그 원인을, 배교에 두고 서술해 나간다.

신명기서가 강조하는 바는 유일신 사상과 우상숭배 금지, 하느님께 순종하면 축복을 받지만 불순종을 하면 징벌을 받는다는 단선적인 사고이다. 신명기 사가의 이러한 공식은 출애굽기 34장 13절에서 잘 나타난다: "그러니 너희는 그들의 제단을 허물고, 그들의 석상을 부수고, 그들의 아세라 목상을 찍어버려라." J와 E 자료에서는 발견되지 않는 이 공식은 신명기와 역대기 역사가에 의해 확장된다.[50] 그러면 왜 신명기 사가와 역대기 사가가 이 파괴 공식을 채택했는가? 그 이유는 이방 제의를 파괴하는 것이 순수함의 상징이 되는 것이라고 보았기 때문이다.[51] 신명기 사가는 이 공식에 기초하여 왕조실록을 참고하지만, 왕들이 우상을 섬겼느냐 안 섬겼느냐에 따라 왕들을 평가하고 있다. 신명기 사가는 유대와 이스라엘 모든 왕의 역사를 신명기 정신에 따라 서술하고 있다.

1) 북이스라엘

솔로몬에게 반기를 들고 권력을 차지한 여로보암 앞에 아히야 예언자가 나타나, 솔로몬이 시돈의 여신 아스다롯과 모압 신 그모스와 암몬 신 밀곰에게 절하여 솔로몬 이후에 두 왕국으로 분열될 것을 예언한다.[52] 하지만 아히야가 여로보암에게 거는 희망도 대단히

---

50) 신 7:5; 12:3; 삿 6:25 이하; 왕하 18:4 이하; 23:13; 대하 13:1; 15:16 이하; 출 34:14.
51) 삿 6:25-30; 왕하 18:4-7.
52) 왕상 11:31-33.

비관적으로 나타나고, 결국 여로보암은 신명기 사가에 의해 강력한 비판을 받는다.[53]

엘리야 예언자는 아합왕(기원전 873-852)에게 엘리야 예언자가 아합에게 바알 제사장 450명과 아세라 제사장 400명을 소집할 것을 요청하는데, 이때 바알 제사장들만 모두 죽는다. 곧 아세라 제사장들의 운명에 대해서는 언급이 없다. 엘리야가 그들을 찾지도 않고, 다시 불러 모았다는 이야기도 없다. 아세라 제사장들은 모두 살아남았다는 이야기이다. 이에 대해 파타이는 첫째, 아세라 제사장들이 계속해서 여신을 섬기는 데 방해받지 않았다는 가설과 둘째, 바알은 야웨의 위험스런 경쟁자인 반면에, 아세라 여신은 야웨의 불가피하고, 필수적이고, 혹은 인내심 있는 여성 파트너로 간주되었기 때문에 살아남았다는 가설을 주장한다.[54]

엘리사 예언자를 후광으로 예후가 등장하여 아합 왕의 왕후 이세벨과 왕가 친족들을 살해하면서, 바알 숭배자들도 숙청한다. 그러나 여기서도 아세라 숭배자들은 언급이 없다. 강력한 반 바알주의자들인 엘리야와 엘리사 예언자들이 등장했음에도 아세라 숭배자들이 살아남았다는 것은 아세라 여신이 해방적 예언 정신의 맥락과 교감이 있음을 추측하게 한다. 파타이는 이에 대해 기원전 798년 이후에도 아세라 상들이 사마리아(=북이스라엘)에서 손상받지 않았다는 것은 아세라 숭배가 계속되었다는 것이라고 주장한다.[55] 이것은 북이스라엘이 앗시리아 제국에 의해 멸망(기원전 722)될 때까지 아세라가 야웨와 함께 민중종교로 합법적으로 숭배되었음을 알

53) 왕상 12:25-13:10.
54) Raphael Patai, "The Goddess Asherah," 33-53, 43.
55) *Ibid.*, 43.

리는 것이다. 동시에 야웨이즘이 아직 유일신으로 자리 잡지 못했음도 가정할 수 있다.

2) 남유대

솔로몬의 아들 르호보암 왕은 아세라 목상을 만들고 여신을 숭배했다.[56] 여호사밧 왕(기원전 870-846) 시대에도 아세라는 숭배되었다. 그러나 히스기야 왕(727-698)은 종교개혁을 통해 전통적인 가나안 종교와 아세라 제사 대상물, 산당과 기둥들을 제거하거나 파괴하였다. 하지만 히스기야의 아들인 므나세 왕 때에 와서 바알과 아세라가 다시 복구되었다가, 요시야 왕(639-609)이 율법서(신명기 12-26장)의 발견을 계기로 과감한 종교개혁을 단행하여, 바알과 아세라 상들을 불태우고 없앴다. 요시야의 종교개혁으로 볼 때, 남유대도 솔로몬 이후 6세기까지 아세라 숭배가 존재했음을 본다.

이상 두 국가가 지속했던 사백여 년의 역사 안에서 아세라 숭배가 계속되었음을 보았다. 하지만 신명기 사가의 관점은 남유대가 멸망한 원인을 이스라엘 백성들이 야웨를 저버린, 곧 이방종교를 숭배한 관점으로만 역사를 서술하고 있다는 데서 문제를 제기하지 않을 수 없다. 물론 당시 제정일치가 된 사회에서 이 같은 배교의 시각으로만 역사를 바라보는 한계를 이해할 수 있다. 하지만 국가의 흥망성쇠는 정치적·경제적·사회적·국제적 요인들이 복합적으로 작용한다. 전쟁이나 국지전 등이 일어나는 것은 근본적으로 영토 확장, 물이나 식량자원 그리고 농업용지 확보, 교통로와 무역로 확보, 노예 등 인력자원 확보, 신무기 확보와 경제적 우위를 통한 타

56) 왕상 14:21-24.

민족과 국가를 지배, 내부 사회의 갈등을 전쟁으로 외연화하는 경우 등 다양한 요인들이 작용하며, 철저히 민족적·국가적·경제적 실익에 의해 전쟁을 일으킨다. 이러한 기본적인 상식은 당시에도 알고 있는 사실들이다.

그럼에도 신명기 사가가 다른 종교를 믿었다고 타 민족의 지배를 받게되었다는 역사의식은 종합적으로 볼 수 있는 역사관이 없었거나 의도적으로 외면한 것인지는 모르지만, 종교적 관점에서만 서술했다는 것은 신명기 사가의 시각에 근본적인 문제점을 제기해야 한다. 신명기 사가가 멸망과 포로기의 시기에 기득권 입장에서 이러한 사회적 부패와 기득권 계층들의 잘못을 은폐하고, 그 모든 국가적 책임을 종교적 배교로만 몰아가는 것은 아닌지도 따져봐야 할 것이다. 또한 신명기 사가가 지배적·가부장적 야웨이즘을 존속시키기 위해서, 멸망의 책임을 야웨와 지배 사회가 아니라 아세라 여신에게 돌리려고 희생제물로 삼은 것으로도 해석해 볼 수 있을 것이다. 곧 민중과 여성의 민간신앙으로 전승되던 정신적 지주이며 토대가 되는 바알과 아세라를 퇴출시킴으로써, 민중과 여성의 정신적·종교적 힘을 약화시키고, 상대적으로 가부장적 야웨이즘의 지배권을 높이는 계기가 되었을 것이다. 곧 야웨이즘의 지배체제를 유지하기 위해서는 아세라 여신이 걸림돌이었던 것이다. 그렇기에 신명기 사가의 '우상숭배 금지'는 단순히 다른 종교에 대한 금지가 아니라, 정치권력과 종교권력이라는 지배이념의 의도가 담긴 것으로 바라보아야 한다.[57]

57) Eun-Kyu, Kim, "The Prohibition of Idolatry and the Rejection of Empire," *Interreligious Insight*, Vol. 3. No. 3 (2005), 41-48.

신명기 사가는 이렇듯 단선적인 사고를 갖고 이스라엘 역사를 기술하였다. 물론 국가적 위기와 멸망이라는 상황에서 유대 백성들을 종교공동체로 묶어세우려는 시도에서 바알과 아세라를 배척하는 것은 하나의 방법이 될 수 있었겠지만, 신명기 사가의 역사관은 지배적 야웨이즘을 형성하는 데도 큰 기여를 했다.

2. 민중종교로서 아세라 여신

종교권력과 사회에서 소외된 민중과 여성이 마음을 둘 곳이 민중종교는 아니었을까?

고대 메소포타미아와 이집트에 이르는 지리적 환경이나 종교적 풍토에서 최고 신들은 배우자로서 여신이 있었음은 앞에서 보았으며, 그 지역이 넓게 분포되어 있는 것으로 보아 여신이 대중적이었을 것으로 본다. 특별히 여신은 사막 기후에서 생산력과 풍요를 가져다주는 절대 필요한 신이다. 흔히 가나안 종교를 풍요와 섹스로 무시하거나 배척하는 경향이다. 하지만 인간은 물론, 가축과 식물에 이르기까지 생산력과 풍요를 기대하지 않을 수 없고, 그것은 곧 번식과 관계되기 때문에 성을 매개로 해야만 한다. 따라서 여신은 이러한 임신, 출산, 양육, 동물의 수태, 식물의 성장 등 생명과 관련하여 매우 자연스러운 것이다. 더욱이 임신과 출산 시 산모와 영아 사망률이 높은 상황에서 여신에 대한 의존도는 더욱 높을 수밖에 없었을 것이다.

이스라엘 백성들은 우선 앗시리아 제국의 이쉬타르 여신을 선택하지 않고 토착신 아세라를 선택함으로써 제국의 신을 거부하였다.[58] 그 시기는 철기시대로 아세라 여신 숭배는 기원전 9세기 초에서 시작하여 기원전 7세기 초까지 대중화되고, 기원전 6세기 초에 서서히 사라졌던 것으로 추정된다.59) 아세라 숭배는 북이스라엘과 남유대 모두에서 발견되며, 성서 외 비문들에서 아세라 여신이 야웨와 한 쌍을 이룬 것과, 아세라 여신의 기둥들이 곳곳에 많이 세워졌다는 것은 야웨와 적대적인 경쟁의 영향이 아니었음을 보여주고 있다.60) 이렇게 보면 왕정 시기에 아세라 숭배가 충분히 행해지고 받아들여졌다는 것을 알 수 있다.

올얀S. M. Olyan은 아세라가 본래 야웨 제단에 대해 이방적이지도 않고, 가나안에서 들어와 북이스라엘과 남유대 모두에서 야웨 제단에 합법적으로 있었던 것으로 보아 국가 종교이면서 대중 종교라고까지 주장한다.61) 그리고 아세라와 바알에 대해서 반대한 것은 신명기적인 논법의 결과라는 것이다.62) 그리고 그는 "야웨이스트들을 구분하여 보수적인 집단(신명기 사가들)이 아세라를 반대했지만, 다른 보수적인 집단들(엘리야/엘리사 집단)은 그렇게 하지 않았다."63)고 하여 보수 집단을 분류하였는데 이는 적절하다.

구약성서에서 아세라가 모두 40회 중에 신명기 역사서와 역대기 역사서에서 36회 등장하는 것과는 달리, 예언문학에서는 4회만 언급되는데,64) 이 구절들 역시 신명기적 영향의 구절들로 본다. 그렇다면 예언자들이 신명기적인 영향을 받은 주제들 말고, 아세라를

58) Judith Hadley, 8.

59) J. R. Engle, *Pillar Figurines of Iron Age Israel and Asherah/Asherim* (1979), 17, 21.

60) Engle, 102.

61) S. M. Olyan, *Asherah and the Cult of Yahweh in Israel* (SBLMS, 34; Atlanta: Scholars Press, 1988), 13-14.

62) *Ibid.*

63) Olyan, 3.

64) 사 17:8; 27:9; 미 5:13; 렘 17:2.

적극적으로 반대한 예언자가 없었다는 것이다.[65] 엘리야/엘리사 설화, 예후 이야기, 아모스와 호세아의 신탁들에서도 아세라에 대해 침묵하고 있다. 아모스서를 제외하고, 이들은 반 바알적이지만, 아세라에 대해서는 결코 언급하고 있지 않는다. 예언자들이 우상숭배에 대해서 강하게 비판했다면, 아세라에게도 강하게 비난해야 하는데 침묵하고 있다는 것이 매우 이상할 정도이다. 그렇기에 예언자들이 어떤 기준과 판단을 가졌다는 것으로 해석할 수 있다. 이것은 예언자들이 민중과 여성이 지배적 야웨이즘과 종교권력에 소외되어 있음을 알았고, 이들이 믿는 아세라 여신에 대해서 비난하기보다는 같은 정서를 공유했을 것으로 생각된다. 예언자들이 적극적으로 지지하지는 않았지만, 비난하지 않음으로써, 여신 숭배를 용인하는 방식인 것이다.

다윗의 왕정체제를 유지시키는 것으로 전락한 지배적 야웨이즘이 민중과 여성을 사회와 종교 안에서 소외시켰고, 결국 소외된 사람들은 야웨의 배우자로서 최고 신의 위치를 갖는 아세라 여신에 의지하였던 것이다. 우가릿 신화에서 아티랏 여신이 엘의 배우자로서 모든 신에게 생명을 주는 어머니 같은 존재였듯이, 아세라도 지배권력으로부터 소외된 이스라엘의 민중과 여성에게 생명과 관련한 임신, 출산, 양육 등 모성과 여성성을 가진 존재로 그 역할을 했을 것이다. 또한 아세라 제단도 야웨 제단과 동등하게 제사, 주술, 제사장, 절기 등 제반 여건들을 갖추고 공식적으로 행해졌을 것이다. 그리고 히스기야의 종교개혁 때까지도 가나안 여신 아세라를 계속 섬겼다는 것은 아세라가 이스라엘 민중에게 믿음의 대상이었

65) Hardley, 17.

다고 생각할 수 있다.[66]

이후 요시야 왕의 종교개혁 시에 바알 제단을 치면서, 야웨가 유일신 종교로 가기 위해 어쩔 수 없이 아세라 여신도 함께 배척된 것으로 추정된다.

V. 맺는 말

지금까지 구약시대 동안 아세라 여신이 야웨와 함께 숭배되어 온 흐름을 추적해 보았다. 그 결과 다음과 같은 몇 가지 내용을 밝혀낼 수 있었다.

첫째, 구약성서에서 등장하고 고백되는 야웨는 다 같은 야웨가 아니다. 모세가 이집트를 탈출하여 만난 가나안 군주제에서 도망 나온 원주민들과 같은 정체성을 가진 '해방적 야웨이즘'과, 이스라엘 왕정시대에 왕을 비롯한 지배계층이 만들어내는 통치 이데올로기로서 '지배적 야웨이즘'이 서로 얽혀 있다.

둘째, 지배적 야웨이즘이 주류를 이룰 때, 여기서 소외된 대중들, 곧 민중과 여성은 당시에 여신을 자연스럽게 믿는 지중해권 풍토에서 앗시리아 제국의 여신이 아니라, 가나안 지역의 토착신으로서 아세라 여신을 믿었다. 아세라 여신은 북이스라엘과 남유대 전 지역에서 합법적으로 숭배되었으며, 야웨의 배우자로서 최고 신으로 존재했다.

---

66) 노세영 · 박종수, 『고대근동의 역사와 종교』 (서울: 대한그리스도교서회, 2000), 268.

셋째, 열왕기에서 엘리야와 엘리사 예언자가 바알 제사장을 집단으로 죽이는 사건이 있을 때도, 아세라 제사장들은 살아남았다. 예언자들이 사회 상류층과 야웨 제사장들의 부정과 부패를 조목조목 날카롭게 비판하면서도, 아세라 제사장과 그 숭배자들을 비판하지 않은 것은 아세라 여신이 민중과 여성, 곧 사회적으로 소외된 약자의 대변자 역할을 했기 때문에 같은 민중적 정서를 가졌던 것으로 볼 수 있다. 이것은 아세라 여신이 해방적 가치로 존재했기 때문에 살아남은 것으로 본다.

넷째, 포로기 전후에 유일신으로 통합되어 가는 과정은 단순히 신들의 배척이 아니라, 지배권력의 사회적·종교적 통제이자 권력의 문제로 보아야 한다.

다섯째, 신명기 역사가의 유일신 사상과 우상숭배 금지라는 단선적인 역사관에 더 이상 갇혀서는 안 되며, 바알과 아세라를 물질 풍요와 성 타락의 대명사처럼 바라보는 기계적인 관점도 반드시 극복되어 새롭게 조명해야 할 것이다.

이스라엘 초기 역사부터 야웨와 엘 신은 공존하면서 국가가 형성될 때 지배적 종교로 변모하였고 육백여 년이 흐른 포로기 멸망에 가까워서야 두 신이 합쳐져 유일신이 되었다. 이 전기간에 걸쳐 사회와 권력에서 소외되고, 억압을 받고, 빼앗기던 민중과 여인들은 아세라 여신에게 기대며, 사막 기후에서 임신과 출산과 양육 등 생명과 관련한 가장 근본적인 생존의 문제부터, 소외된 마음들을 모성성에서 찾고 기대었던 것으로 보인다. 하지만 신명기 역사가는 이스라엘 멸망의 근본 원인을 배교, 곧 백성들이 야웨를 배반하고 다른 종교를 가진 것으로 보고, 육백여 년의 역사를 '우상숭배 금지'에 초점을 맞추어 기술하였다. 여기에 바알과 아세라 그리고 다른 신들은 철저히 배제되어 밀려났다.

이 같은 멸망기 시점의 역사관과 종교관이 신명기 역사가가 주변 제국들을 고려하였다면, 제국의 종교와 문화를 거부하는 저항의식의 표현으로 볼 수 있으며, 다른 한편 국가가 멸망한 상태에서 야웨 종교만을 인정하여 강한 정신적 구심점을 세우려고 했던 의도를 엿볼 수 있다. 아세라 여신이 담당했던 기능과 역할에 대해 단 한 단어도, 단 한 줄의 묘사도 하지 않은 채, 단지 '찍고, 불태우고, 없애는' 배척의 대상으로만 기술하는 신명기 사가의 의도로 야웨 주도권을 강하게 하려 했던 배타적인 신관을 형성하였다고 볼 수 있다. 신명기 역사의 서술이 이스라엘을 왕들의 통치 순서로 내려간 것만 보아도, 그가 지배적 역사관을 가졌다는 것을 볼 수 있으며, 따라서 민중과 여성들이 섬겼던 아세라 여신을 배척의 대상으로 삼았다는 것은 지배적 역사관과 밀접하게 연결된다고 하겠다.

이러한 야웨 중심적이고 지배적인 역사의식으로 채워진 신명기 역사관을 토대로, 그리스도교가 국가 종교로 인정받은 이후 오늘날까지 힘 있는 그리스도교 국가들은 세계를 그리스도교 제국으로 지배하고 확장하는 논리의 종교적 이데올로기로 이 역사관을 활용하며 식민지 지배를 정당화하였고, 토착 종교와 문화들을 파괴하는 데 이용했다. 또한 현재에도 신명기 역사관은 종교 간 갈등을 일으키는 주된 원인을 제공하고 있다.

* 이 논문은 2008년 6월 〈민중신학회〉 월례세미나에서 발표하였고, 필자의 『하느님 새로 보기』(서울:동연출판사, 2009)에 실렸음을 밝힌다.

대량학살의 기억과 반제국주의 운동[1)]

이병학 | 한신대 교수 / 신약신학

I. 서론적 성찰

인류의 역사는 한편으로는 제국들에 의해서 자행된 전쟁과 학살로 점철된 폭력의 역사이며, 또 다른 한편으로는 자유와 인권을 위한 해방투쟁의 역사이다. 특히 20세기는 인류 역사 중에 가장 야만적이고 유혈적인 제국주의 전쟁과 제노사이드[2)]의 세기였다. '자유',

1) 이 논문은 『신학사상』 143집 (2008 겨울호), 97-133에 수록되었다.

2) 제노사이드는 인종 집단을 멸절시키는 대량학살을 의미하지만, 정치적 집단을 포함한 대량학살로 의미가 확대되어서 사용되고 있다. 제노사이드(genocide)라는 용어는 그리스어 γένος(genos=인종, 종족, 민족)와 라틴어 caedere(죽이다, 학살하다)의 파생어 cide를 조합한 것이다. 유대인 출신 폴란드 법학자인 라파엘 렘킨(1900-1959)이 나치 독일이 유대인 인종을 멸절시킬 목적으로 유대인들을 대량 학살한 행위를 범죄로 규정하기 위해서 제노사이드라는 용어를 1944년에 처음으로 사용하였다. 그는 제노사이드를 "어떤 집단 자체를 멸절시키려는 목적에서 그 집단 구성원들의 삶의 근본적인 토대를 파괴하기 위해 기도되는 다양한 행위의 통합적 계획"으로

이 두 장의 사진은 1950년 7월에 대전에서 남한 군인과 경찰에 의한 정치범 무차별 처형 장면을 미육군이 찍은 사진들로서 2008년 7월에 미국 국립문서보관소에서 비밀 해제로 분류된 일련의 사진들 중에서 뽑은 것이다. 당시 대전에서 7천 명이 학살되었고 다른 여러 곳에서 수십만 명이 처형된 것으로 알려졌다.

정의하였다. Raphael Lemkin, *Axis Rule in Occupied Europe: Laws of Occupation, Analysis of Government; Proposals for Redress* (Washington, D.C.: Carnegie Endowment for International Peace, 1944), 79.

'정의', '평화', '번영', '문명', 그리고 '민주주의'의 수사학으로 장식한 제국주의 국가들은 침략 전쟁들을 일으켜서 수많은 원주민들과 민간인들을 학살하였을 뿐만 아니라, 전쟁이 아닌 상황에서도 국가 발전에 저해가 되는 사람들이라는 이유로 수많은 자국의 민간인들과 자국의 영토 안에 거주하거나 또는 점령지에 거주하는 외국인 민간인들을 집단적으로 잔혹하게 대량학살하였다.

1948년 유엔 총회에서 "제노사이드 범죄의 방지와 처벌에 관한 협약"이 체결되었지만,[3] 그러나 비무장 민간인들을 집단적으로 학살하는 반인륜 범죄인 제노사이드는 오늘날까지도 세계 도처에서 여전히 발생하고 있다. 무죄한 자들의 피를 흘리는 살인을 해서는 안 된다는 것이 성서적 계명이다. 그럼에도 불구하고 오늘날 교회와 신학이 이러한 대량학살 사건들과 제노사이드의 희생자들에 대해서 거의 말하지 않고 침묵하는 것은 매우 유감스러운 일이다.

정치학자인 루돌프 럼멜이 추산한 통계에 의하면 1900년부터

---

3) "제노사이드 범죄의 방지와 처벌에 관한 협약"(Convention on the Prevention and Punishment of the Crime of Genocide)은 1948년 12월 9일 파리에서 개최된 유엔 총회에서 체결되었다. 이 협약의 본문은 제노사이드를 "특정 국적, 인종, 민족, 종교 집단에 속한 사람들을 전체적으로나 또는 부분적으로 파괴할 의도를 가지고 실행된 행위"로 정의하며, 그러한 범죄적 행위는 ⓐ 집단 구성원을 살해하는 것, ⓑ 집단 구성원에 대해 중대한 육체적 그리고 정신적 위해를 가하는 것, ⓒ 전체적이든 또는 부분적이든 집단의 신체적 파괴를 초래하기 위해서 고려된 삶의 조건들을 그 집단에게 의도적으로 부과하는 것, ⓓ 집단 내의 출산을 방지하기 위한 의도된 조치를 부과하는 것, 그리고 ⓔ 집단의 아동을 강제적으로 다른 집단으로 이동시키는 것이라고 규정하였다. 그러나 유엔에서 승인된 이 협약에서 범죄로 규정된 제노사이드의 정의에서 정치적 집단과 비인종적 집단을 죽이는 행위는 누락되었다. 이것은 이 협약을 추진하였던 렘킨이 실수로 빠뜨린 것이 아니라, 그가 (구)소련의 압력 때문에 어쩔 수 없는 타협의 결과로 빠진 것이다. 제노사이드 협약의 이러한 한계에 대해서는 최근호, 『제노사이드: 학살과 은폐의 역사』(서울: 책세상, 2005), 35-67; 벤자민 발렌티노, 『20세기의 대량학살과 제노사이드』(제주: 제주대학교출판부, 2006), 30-32를 보라.

1988년까지 전쟁을 제외한 비전투적인 상황에서 제국주의 국가들의 절대적 권력에 의해서 의도적으로 학살당한 민간인 남자들과 여자들은 1억 6,919만 8천 명이다.[4] 이 수치는 1차 세계대전과 2차 세계대전의 군인 전사자들을 합친 수보다 몇 갑절이나 더 많다. 이처럼 수많은 민간인들의 생명을 파괴시킨 제국주의 정부들에 의한 대량학살의 대표적인 사례들은 다음과 같다.

소련은 1900-1917년에 자국민 1백만 명을 살해하였으며, 그리고 1930-1940년에 자국민과 외국인들을 합쳐서 거의 6천 2백만 명을 학살하였다. 멕시코는 1900-1920년에 원주민 1백 40만 명을 학살하였다. 터키는 1915-1918년에 자국 안에 살고 있는 외국인 거주자들인 아르메니아인들 1백 80만 명을 집단적으로 학살하였다. 중국은 1923-1928년에 자국민 3백 5십만 명을 학살하였고, 1928-1949년 국민당 정권하에서 자국민 1천 10만 명을 학살하였고, 1958-1962년 사이의 대약진운동에서 자국민 3천만 명을 학살하였으며, 그리고 1966-1976년 사이의 문화대혁명 과정에서 자국민 1백만 명을 학살하였다. 나치 독일은 1933-1945년에 유대인들뿐만 아니라, 자국민 장애자과 동성애자, 슬라브인, 집시인, 발트인, 체코인, 프랑스인, 폴란드인, 우크라이나인, 그리고 또 다른 종족들을 역시 학살하였는데, 6백만 명의 유대인 희생자들을 포함하여 거의 2천 1백만 명을 학살하였다. 일본은 1937-1945년에 중국을 비

4) Rudolph Rummel, *Death by Government* (New Brunswick, N. J.: Transaction Publishers, 1994), 1-28. 럼멜은 제노사이드의 협소한 의미를 극복하기 위해서 제노사이드(genocide), 정치적 학살(politicide), 대량 살해(mass murder), 그리고 테러(terror)를 포괄하는 대량학살의 개념으로 democide라는 용어를 사용하였다. democide는 그리스어 δῆμος(demos = 사람, 인민, 다중)와 라틴어 *caedere*(학살하다)의 파생어 *cide*를 조합한 것이다.

롯한 동아시아의 여러 국가들에서 6백만 명을 학살하였다. 폴란드는 1945-1948년에 민간인 1백 60만 명을 학살하였다. 캄보디아의 크메르 루즈 정권은 1975-1979년에 급격한 공산주의 집단화를 추진하는 과정에서 자국민과 소수 민족을 합하여 2백만 명을 학살하였다. 파키스탄은 1958-1987년에 민간인 1백 50만 명을 학살하였다. 그리고 유고슬라비아는 1944-1987년에 자국민 1백만 명을 학살하였다.[5)]

유고슬라비아의 해체로 각기 분리된 세르비아, 슬로베니아, 크로아티아, 보스니아-헤르초고비나, 그리고 코소보는 1991-1999년 사이의 내전과 제노사이드로 인해서 1백만 명의 민간인 피학살자를 생산하였다. 르완다는 1994년에 인종 갈등으로 1백만 명의 투치족 민간인 피학살자를 생산하였다. 그리고 과테말라는 1978- 1996년에 게릴라 진압 작전과 초토화 과정에서 수십만 명의 원주민을 집단적으로 학살하였다.[6)]

이러한 대량학살의 희생자들 중에 많은 여성들은 학살되기 전에 성폭행을 당하는 이중의 고통을 겪어야만 하였다. 일본제국은 1919년에 삼일운동을 진압하기 위해서 한국인들을 체포하여 심문하였을 때 여자들을 성폭행하였으며,[7)] 그리고 1932-1945년에 여러 전선에 집단 강간 캠프를 설치하고 정신대라는 이름으로 수만 명의

---

5) *Ibid.,* 29-362.

6) 벤자민 발렌티노, 『20세기의 대량학살과 제노사이드』, 224, 234, 246.

7) 김병조, 『한국독립운동사략 (상)』 (상해: 대한민국임시정부 사료편찬위원회, 1920), 169-170. 그리고 일본인들은 1923년 9월 1일 일본에서 관동대진제가 발생했을 때, 불과 일주일 동안에 일본에 거주하던 한국인 7,313명을 잔혹하게 학살하였다. 홍진희, "관동대진재와 조선인 학살: 유언비어를 중심으로," 이병천/조현연 편, 『20세기 한국의 야만 1: 평화와 인권의 21세기를 위하여』 (서울: 도서출판 일빛, 2001), 111-133.

나이 어린 한국인 여성을 성노예로 거기에 장기간 감금하고 체계적으로 강간하였다. 또 다른 실례로서 일제는 난징학살(=남경학살)에서 불과 6주 동안(1937년 12월 13일-1938년 1월)에 30만 명의 중국인을 갖가지 잔혹한 방법으로 학살하였을 뿐만 아니라, 적어도 2만 명 이상의 중국 여성과 어린 소녀를 강간하였으며, 그리고 심지어는 강간 직후에 많은 여자들을 살해하였다.[8)]

탈식민지 시대에 여러 독립 국가들 가운데서 자주 발생하고 있는 유혈적인 내전과 대량학살의 원인은 무엇인가? 그것은 역시 과거의 식민통치 시대에 제국주의자들이 인종을 이간하여 지배하였던 분리 통치 정책이나 종교 정책에서 기인된 것이며,[9)] 또는 식민통치로부터 약소국을 해방시킨 또 다른 강대국들의 지배와 유혹으로 인해서 강대국들의 경쟁적인 이데올로기 대립에 휘말려 들어갈 수밖에 없었던 약소국의 운명에서 기인된 것이다.

일본 제국의 패망과 더불어 점령군으로 한반도에 진주한 미국과 소련의 경쟁적인 이념 대립의 구도에 의해서 한국은 결국 남북으로

---

8) 아이리스 장,『난징대학살』(서울: 끌리오, 1999), 107-114. 중국계 미국인인 아이리스 장(Iris Chang, 1968-2004)은 자신의 책과 강연을 통해서 난징학살의 진실을 부정하거나 은폐하고 왜곡한 일본 정부와 일본 역사교과서를 통렬하게 비판하였으며, 또한 한국인 정신대 희생자들의 피해를 부정하는 일본 정부를 역시 강하게 비판하였다.

9) 예를 들면, 1950년대에 벨기에의 식민통치가 종식되면서 르완다에서 후투족과 투치족 간의 정치적 투쟁과 인종 갈등이 나타났으며 마침내 1994년에 후투족에 의해서 1백만 명의 투치족이 살육된 비극적인 제노사이드의 근원은 식민지 시대에 그 두 종족을 서로 경쟁하도록 부추기고 이간시켜서 지배하였던 제국주의의 분리 통치 정책에서 기인된 것이다. Theo Tschuy, *Ethnic Conflict and Religion: Challenge to the Churches* (Geneva: WCC Publications, 1997), 42-44. 그리고 수단에서 2003년 내전이 발생한 이후로 현재까지 인종 갈등과 종교 갈등이 계속되고 있으며 이슬람교도인 아랍인들과 대립하고 있는 그리스도교도인 아프리카 흑인들 중에 30만 명이 최근에 다르푸르(Darfur) 지역에서 친정부 민병대에 의해서 잔혹하게 학살되었다.

분단되었고,[10] 곧 이어서 참혹한 한국전쟁(1950-1953)과 민간인 집단학살 사건들이 발생하였다. 중요한 것은 식민통치 시대의 일본의 반공 정책이 한국의 분단과 민간인 집단학살의 토양이 되었다는 점이다. 1930년대에 '좌익'이라는 말은 '항일'의 동의어였으며, '반공'은 '친일'의 동의어로 사용되었다. 일제는 순수한 저항세력인 지하 독립 운동가들을 공산주의자들로 몰았으며, 소작쟁의와 노동쟁의를 모두 공산주의자들의 책임으로 돌렸으며, 그리고 반공을 표방한 친일단체들이 조직되도록 정책적으로 유도하였으며, 특히 기독교 단체들이 공산주의를 비난하는 반공 세력이 되도록 강요하였다.[11] 해방 후 친일세력이 미군정의 고위직에 등용되었으며, 일본경찰에 의해서 훈련된 한국인 경찰의 85%가 미군정의 경찰로 채용되었고, 그리고 그들의 대다수가 정부 수립 이후에 남한 정부의 경찰이 되었다.[12] 한국전쟁 전후의 기간에 남한에서 주로 좌익과 부역 협의자로 내몰려서 정당한 재판 절차도 없이 집단적으로 처형당한 민간인 희생자들은 1백만 명에 이르는 것으로 추정된다.[13] 대표적인 민간인 집단학살 사건들은 제주 4·3항쟁, 여순항쟁, 국민보도연맹원 학살, 그리고 충북 영동 노근리 학살의 맥락에서 발생하였다.[14] 그들은 그토록 염원했던 조국의 해방과 자유를 채 누려 보기

---

10) 점령군으로 진주한 미군정의 성격에 대해서는, 백기완, "김구의 사상과 행동의 재조명," 송건호 외, 『해방전후사의 인식』(서울: 한길사, 1979), 289-290; 장상환, "미국에 의한 한국 사회의 재편성," 경상대학교 사회과학연구원 편, 『제국주의와 한국사회』(서울: 한울, 2002), 138-139를 보라.

11) 브루스 커밍스, "한국의 해방과 미국정책," 일월서각 편집부 편, 『분단전후의 현대사』(서울: 일월서각, 1983), 139.

12) 김정원, 『한국현대사의 재조명』(서울: 돌베개, 1982), 153.

13) 한국전쟁전후 민간인학살 진상규명 범국민위원회 편, 『한국전쟁전후 민간인학살 실태 보고서』(서울: 한울, 2005), 12-13. 물론 북한에서도 북한 당국에 의한 민간인 학살이 발생하였을 것으로 추정되므로 앞으로 구체적인 연구가 필요할 것이다.

도 전에 그러한 이념 대립의 소용돌이 속에서 억울하게 죽임을 당해야만 하였다. 그들은 경찰, 국군, 서북청년단과 민간치안대 등 우익 단체들, 그리고 미군에 의해서 잔혹하게 학살되었다.

이러한 민간인 집단학살 사건들은 반세기 이상 억압과 통제 속에 묻혀 있었지만, 1990년대의 한국의 민주화 이행 과정에서 비로소 침묵이 깨어지고 공론화되기 시작하였다. 그동안 무죄한 피학살자들의 유족들은 숨을 죽이면서 서러움과 통한의 삶을 견디어 왔을 것이다.[15] 한 실례를 들면 서영선은 12살 소녀였을 때 부역자의 아내라는 이유로 집에서 향토방위 특공대원들에 의해서 강제로 끌려간 어머니의 마지막 모습을 아직도 잊지 못하면서 슬퍼하고 있다. 그녀의 어머니는 여덟 달 된 아기를 가슴에 안은 채로 1951년 1월 초순에 강화도 바닷가에서 총살되었다.[16]

> "10명씩 갯벌에 세워 놓고 총을 쏘았다고 하더군요. 다음 날 아침이면 시신들은 다 떠내려갔겠죠. 강화 앞바다는 물살이 세거든요. 엄마는 아마 처음 60명을 죽일 때 죽었을 거예요."[17]

---

14) 이러한 사건들에 대한 신학적 성찰을 위해서는, 이병학, "'언제까지 우리의 흘린 피를 신원하여 주지 않으렵니까'(묵 6:10): 제국주의에 대한 저항과 기억의 문화," 『신학사상』 (2006년 겨울호), 205-207을 참조하라.

15) 민간인 집단학살의 진상에 대해서는 한국전쟁전후 민간인학살 진상규명 범국민위원회 편, 『계속되는 학살 그 눈물 닦일 날은…: 한국전쟁전후 민간인학살 인권피해 실태보고서』 (서울: 우인미디어, 2006)을 보라.

16) 강화도 민간인 학살 사건을 조사한 진실과 화해를 위한 과거사 정리 위원회는 2008년 7월 17일 진실이 규명되었으므로 억울하게 학살당한 희생자들과 유족들에 대한 국가의 사과와 재발 방지 교육이 필요하다고 발표하였다.

17) 서영선, 『한과 슬픔은 세월의 두께만큼: 강화 민간인학살의 진실과 과거사법 투쟁사』 (서울: 작가들, 2007), 103.

이러한 대량학살의 희생자들에 대한 기억은 제국주의와 국가 폭력에 대한 거부와 저항의 힘이다. 그러므로 억울한 죽음을 당한 희생자들은 결코 망각되어서는 안 된다.

요한묵시록에는 로마제국이 자행한 대량학살의 희생자들에 대한 기억이 보존되어 있다. 요한묵시록의 저자의 인식에 의하면, 하느님이 로마를 심판하는 근본적인 이유는 로마제국이 단지 그리스도인들만을 박해하고 학살하였기 때문이 아니라, 그리스도교 울타리 밖에 있는 수많은 무죄한 사람들을 역시 잔혹하게 학살하였기 때문이다. "선지자들과 성도들과 및 땅 위에서 죽임을 당한 모든 자의 피가 이 성 중에서 보였느니라"(18:24).

나는 대량학살을 중요한 신학적 주제로 인식하고 있다. 그러므로 나는 요한묵시록의 일곱 나팔의 환상을 탈식민주의적 관점에서 새롭게 해석함으로써 대량학살의 희생자들에 대한 요한의 기억과 대안적 세계의 도래에 대한 그의 갈망과 신앙 실천이 이러한 폭력과 학살의 역사가 반드시 곧 끝장날 종말의 도래를 확약하는 일곱 나팔의 환상(8:2-11:19)에 표출되어 있다는 점을 밝히고자 한다.

일곱 나팔의 환상의 뼈대는 출애굽의 재현이다. 하느님은 이집트에서 노예로 예속되었던 이스라엘인들의 "고통 소리를 들으시고 아브라함과 이삭과 야곱에게 세운 언약을 기억하사"(출 2:24) 그들을 해방하기로 작정하였다. 이집트 제국에서의 출애굽의 목적은 단지 억눌린 이스라엘인들을 바로의 폭정과 억압으로부터 해방하고 자유를 선사하는 데만 있었던 것이 아니라, 그들로 하여금 시내산 계약을 통해서 하느님의 자녀로서의 정체성을 얻게 하고, 하느님을 예배하며 나아가 타자에게 봉사하는 자유를 가지게 하는 데 있었다(참조, 출 6:5-7). 이와 마찬가지로 로마제국 한복판에서 재현되는 출애굽은 로마의 제국주의 체제와 압제로부터의 자유에서 나아가 타자를 배려고 봉사하는 자유를 지향한다.

자유와 평화는 인간의 근본적인 갈망이기 때문에 정치적으로 매우 효력이 있지만, 쉽게 오용되기도 한다. 자유의 개념은 때때로 정치적 권력을 획득하거나 유지하려는 자들에 의해서 오용되었다. 어떤 형태의 자유에 대한 방어와 신장은 또 다른 형태의 자유를 억압하는 정치적 구실로 자주 사용되었다. 타자를 위한 자유가 없는 해방은 오직 힘없는 자들이 강자들의 위치에 올라가서 권력을 휘두르는 것과 다름이 아니기 때문에 억압이 반복될 뿐이다. 진정한 자유는 억압으로부터의 자유뿐만 아니라, 힘없고 가난한 타자를 배려하고 섬기는 헌신과 봉사를 위한 자유를 포함한다.[18]

로마제국에서 일어나는 출애굽은 물론 다른 지역으로 이주하는 물리적인 탈출이 아니다. 그것은 로마의 제국주의 체제에 저항하는 영적인 탈출이다. 요한은 하느님이 과거에 이집트에서 바로의 폭압으로 신음하던 억눌린 자들을 해방하기 위하여 출애굽을 일으켰던 것처럼, 지금 폭력과 학살이 지배하고 있는 로마제국 한복판에서 고난당하고 있는 그리스도인들과 억눌린 약자들의 해방과 자유를 위해서 출애굽사건을 다시 일으키고 있다는 사실을 일곱 나팔의 환상을 매개하여 그의 수신자들에게 각인시켰다.

일곱 나팔의 환상의 구조는 요한묵시록의 저자인 요한의 시대에 이미 일어난 사건들과 아직 일어나지 않았지만 곧 발생하게 될 미래적인 사건 사이를 분명하게 구분하고 있다. 처음 여섯 나팔(8:6-9:21)은 요한의 시대에 이미 발생해서 지나간 사건들을 가리키며,

18) 고전 9:19.

그리고 일곱째 나팔(11:15-19)은 폭력과 학살이 지배하는 현재의 시대에 종말을 가져올 아직 일어나지 않았지만 곧 발생하게 될 미래적인 사건인 것이다. 요한과 그의 수신자들이 서 있는 위치는 여섯째 나팔과 일곱째 나팔 사이(10:1-11:13)의 기간인 현재의 시대이다. 이 현재의 시대를 살고 있는 그들의 신앙 실천과 반제국주의 운동이 일곱째 나팔의 선포를 촉진시키는 데 결정적인 역할을 한다.

일곱 나팔의 환상에서 묘사된 여러 가지 표징들은 폭력과 학살의 역사를 끝장내기 위해서 하느님이 로마제국 한복판에서 일으킨 새로운 출애굽을 위한 그의 해방적 행동들을 가리킨다. 그러나 지금까지 대다수의 서구 주석가들과 국내 학자들은 그러한 표징들을 단지 장차 불신자들과 불신 세계에 대재앙을 내리는 하느님의 심판과 세계의 종말에 초점을 두고 해석하였기 때문에 하느님의 반제국주의 운동으로서 새로운 출애굽을 일으킨 그의 해방적 행동들을 가리키는 표징들의 정치적 의미가 묻혀버리고 말았다.

나는 요한묵시록의 일곱 나팔의 환상에 나타나는 표징들을 탈식민주의적 관점에서 약자들과 희생자들의 시각으로 새롭게 읽고 해석함으로써 기존의 왜곡된 해석들을 비판하고 일곱 나팔의 환상의 진정한 의미를 찾고자 한다. 이러한 시도를 통해서 나는 대량학살 사건들이 더 이상 한반도와 세계 도처에서 반복되지 않도록 산 자들로 하여금 민간인 피학살자들의 억울한 죽음과 한을 기억하도록 촉구하며, 그리고 신자유주의적 세계화의 시대에 빈곤과 죽음으로 내몰리고 있는 가난한 자들과 약자들의 인권, 성평등, 생태 보존, 민족 통일, 그리고 세계 평화를 위해서 반제국주의 운동이 절박하다는 점을 신학적으로 환기시키고자 한다.

II. 출애굽 기억의 재현과 반제국주의 운동

1. 제단에 바친 성도들의 기도(8:2-5)

요한은 하늘에서 진행되는 천상적 예전을 보았다. 그것은 땅 위에서 무엇이 곧 일어날 것인지에 대한 하느님의 계시이다. 하늘은 그리스도인들이 예배에서 경험할 수 있는 역사의 초월적 및 심층적 차원을 의미한다. 그리스도교적 공동체의 신앙과 의식은 이러한 천상적 예전에서 표출된다.[19]

제단 위에 모든 성도들의 기도와 향이 있다. 일곱 천사이 나팔을 하나씩 받아 가지고 서 있고, 또 다른 천사가 금향로를 들고 제단 앞으로 나와서 "모든 성도의 기도"(8:3)가 향의 연기와 섞여서 하느님 앞으로 올라가게 하였다.[20] 성도의 기도는 억눌린 자들의 통곡과 절규로서의 기도를 의미할 수 있으며, 또한 억압자들의 악행에 대한 기억과 항의로서의 기도를 의미할 수 있다.[21] 천사가 제단에 있는 불을 그 향로에 가득 담아서 땅에 던지니 하느님의 역사 개입을 상징하는 천둥과 요란한 소리와 번개와 지진이 일어났다. 일곱 천사가 각기 부는 나팔은 음악을 위한 현대의 금관악기가 아니

---

19) Pablo Richard, *Apokalypse: Das Buch von Hoffnung und Widerstand, Ein Kommentar* (Luzern: Edition Exoduus, 1996), 125.

20) 향의 연기와 기도 사이의 관계는 시 141:2에 표현되어 있다.

21) 이병학, "언제까지 우리의 흘린 피를 신원하여 주지 않으렵니까(묵 6:10): 제국주의에 대한 저항과 기억의 문화," 201-212; Byung Hak Lee, "Gebet der Opfer als Schrei und Erinnerung: Bibelarbeit zu Offenbarung 6,9-11," Erhard Kamphausen/Gerhard Köberlin (Hg.), *Gewalt und Gewaltüberwindung: Stationen eines theologischen Dialogs* (Frankfurt am Main: Verlag Otto Lemberg, 2006), 86-94.

라, 불의에 대한 하나님의 경고와 심판을 알리는 양각나팔이다.[22] 신음하는 억눌린 자들의 해방과 자유를 위하여 "크고 두려운 이적과 기사를 애굽과 바로와 그 온 집에"(신 6:22) 일으켰던 하느님이 지금 로마제국 안에서 일곱 나팔의 소리를 신호로 출애굽을 다시 일으킨다. 하느님의 이러한 역사 개입을 촉진시킨 것은 성도들의 기도이다.

2. 처음 여섯 나팔: 로마제국에서 재현되는 새로운 출애굽(8:6-9:21)

일곱 천사가 차례대로 부는 나팔 소리와 함께 이집트 제국과 바로를 심판하고 출애굽을 일으켰던 하느님의 해방적 행동들을 회상시키는 일련의 표징들이 지금 로마제국 한복판에서 새롭게 일어난다. 유대인들의 우주관에 의하면 세계는 땅, 바다, 강 그리고 천체(태양, 달, 별들)라는 네 가지 요소로 구성되어 있다. 처음 네 나팔의 환상에서 나타나는 이러한 네 가지 요소는 로마제국의 제국주의에 의해서 조직되고 유지되는 억압적이고 우상숭배적인 체제로서의 세계를 의미한다.[23]

첫째 나팔 소리는 땅을 타격하는 표징을 보여준다. "첫째 천사가 나팔을 부니 피 섞인 우박과 불이 나와서 땅에 쏟아지매 땅의 삼분

---

22) 수 6:4-5; 민 10:9; 여 6:4ff.; 겔 5:2; 겔3 3:1-2; 제2 에스드라 6:23.

23) 휘오렌자는 처음 네 나팔들을 통한 타격과 심판이 로마제국을 향한 것이 아니라 단지 우주 또는 세계의 네 차원들을 향한 것이라고 해석했다. 그녀는 그 세계가 로마제국에 의해서 조직된 세계라는 점을 인식하지 못하였다. Elisabeth Schüssler Fiorenza, *Revelation,: Vision of a Just World* (Minneapolis: Fortress Press, 1991), 71.

의 일이 타버리고 수목의 삼분의 일도 타버리고 각종 푸른 풀도 타버렸더라"(8:7). "피 섞인 우박과 불"은 하나님이 억눌린 이스라엘인들의 해방을 위해서 이집트에서 일으켰던 일곱 번째 표징(참조, 9:13-35)을 회상시킨다.

둘째 나팔 소리는 바다를 타격하는 표징을 보여준다. "둘째 천사가 나팔을 부니 불붙는 큰 산과 같은 것이 바다에 던져지매 바다의 삼분의 일이 피가 되고 바다 가운데 생명 가진 피조물의 삼분의 일이 죽고 배들의 삼분의 일이 깨지더라"(8:8-9). "바다의 삼분의 일이 피가 된" 것은 하나님이 이집트에서 일으켰던 첫 번째 표징을 회상시킨다(출 7:17-18, 20-21). 바닷물이 피가 됨으로 인해서 결국 물고기와 해초가 삼분의 일씩 죽었다. 그리고 특히 바다 위에 떠있던 배들의 삼분의 일이 파괴된 것은 심판을 위한 하나님의 타격이 역사 안에서 발생하는 것임을 분명하게 보여준다.

셋째 나팔 소리는 강을 타격하는 표징을 보여준다. "셋째 천사가 나팔을 부니 횃불 같이 타는 큰 별이 하늘에서 떨어져 강들의 삼분의 일과 여러 물샘에 떨어지니 이 별 이름은 쓴 쑥이라 물들의 삼분의 일이 쓴 쑥이 되매 그 물이 쓴 물이 되므로 많은 사람이 죽더라"(8:10-11). 이것은 이집트에 임하였던 첫 번째 재앙(출 7:14-25)과 유사하다. 하늘에서 강으로 추락한 그 별이 쑥과 같은 역할을 해서 사람들이 마실 수 없는 독한 물이 되었다는 것이다(참조, 렘 9:15).

넷째 나팔 소리는 천체를 타격하는 표징을 보여준다. "넷째 천사가 나팔을 부니 해 삼분의 일과 달 삼분의 일과 별들의 삼분의 일이 타격을 받아 그 삼분의 일이 어두워지니 낮 삼분의 일은 비추임이 없고 밤도 그러하더라"(8:12). 어두움은 이집트에 임하였던 아홉 번째 표징과 같다(출 10:21-23). 억압자들인 이집트인들에게는 흑암이 임했지만, 이와 반대로 "이스라엘 자손이 거주하는 곳에는 빛이" 있었다(출 10:23).

이처럼 처음 네 나팔의 소리는 로마제국에 의해서 조직되고 유지되는 억압적이고 우상숭배적인 체제로서의 세계를 구성하는 각 부분들의 삼분의 일을 파괴하는 표징들을 보여주었다.[24] 이러한 타격들의 위력은 물론 엄청났지만, 그러나 그것은 하느님의 최종적인 심판은 아니다. 왜냐하면 아직 삼분의 이가 남아 있어서 회개의 가능성이 열려 있기 때문이다. 요한은 이러한 네 가지 표징을 통해서 비록 로마제국이 자신을 영원히 존속할 견고한 제국이라고 주장하였지만, 실제로는 그러한 타격들 앞에서 속수무책인 아주 취약한 체제라는 사실을 그의 수신자들에게 분명하게 각인시켰다. 그러므로 이러한 타격들에 의한 재난은 결코 가난한 자들이 일차적으로 먼저 피해를 당하는 자연적 재난으로 해석되어서는 안 된다. 왜냐하면, 가뭄, 홍수, 해일, 화산, 그리고 지진의 피해자들은 일차적으로 안전한 지대에서 튼튼한 집을 짓고 사는 부유한 자들이나 기득권자들이 아니라, 주로 가난하기 때문에 위험한 산이나 강변이나 바닷가에 초라한 집을 짓고 농사를 짓거나 고기나 조개를 잡아서 겨우 사는 가난한 사람들이기 때문이다.

요한은 처음 네 나팔과 나머지 세 나팔을 명확하게 구분하였다. 전자는 로마제국에 의해서 조직된 체제로서의 세계에 대한 심판이고, 후자는 그 체제의 질서를 떠받치고 있는 짐승의 추종자들과 우상숭배자들에 대한 심판이다. 그러므로 요한은 8:13에서 공중을 날

24) '삼분의 일'이라는 표현은 구약에 자주 나온다. 겔 5:12-13; 슥 13:8-9를 보라.

아가는 독수리로 하여금 큰 소리로 "땅에 사는 자들에게 화, 화, 화가 있으리니 이는 세 천사들이 불어야 할 나팔 소리가 남아 있음이로다."라고 외치게 하였다. "땅에 사는 자들"은 로마제국을 상징하는 짐승을 경배하고 추종하는 우상숭배자들을 가리키는 기술적 용어technical term이다.25)

다섯째 나팔 소리는 새로운 출애굽을 위해서 하느님에 의해서 동원된 황충(=메뚜기)들을 통해서 로마제국의 우상숭배하는 자들을 공격하는 상징적 표징을 보여준다.

"다섯째 천사가 나팔을 불매 내가 보니 하늘에서 땅에 떨어진 별 하나가 있는데 그가 무저갱(ἀβύσσος)의 열쇠를 받았더라. 그가 무저갱을 여니 그 구멍에서 큰 화덕의 연기 같은 연기가 올라오매 해와 공기가 그 구멍의 연기로 말미암아 어두어지며, 또 황충이 연기 가운데로부터 땅 위에 나오매 그들이 땅에 있는 전갈의 권세와 같은 권세를 받았더라. 그들에게 이르시되 땅의 풀이나 푸른 것이나 각종 수목은 해하지 말고 오직 이마에 하나님의 인침을 받지 아니한 사람들만 해하라 하시더라. 그러나 그들을 죽이지는 못하게 하시고 다섯 달 동안 괴롭게만 하게 하시는데 그 괴롭게 함은 전갈이 사람을 쏠 때에 괴롭게 함과 같더라. 그 날에는 사람들이 죽기를 구하여도 죽지 못하고 죽고 싶으나 죽음이 그들을 피하리로다. 황충들의 모양은 전쟁을 위하여 준비한 말들 같고 그 머리에 금 같은 관 비슷한 것을 썼으며 그 얼굴은 사람의 얼굴 같고 또 여자의 머리털 같은 머리털이 있고 그 이빨은 사자의 이빨 같으며 또 철 호심경 같은 호심경이 있고 그 날개들의 소리는 병거와 많은 말들이 전쟁터로 달려

25) 3:10; 6:10; 8:13; 11:10; 12:12; 13:8, 12, 14; 16:15; 17:2, 8.

들어가는 소리 같으며 또 전갈과 같은 꼬리와 쏘는 살이 있어 그 꼬리에는 다섯 달 동안 사람들을 해하는 권세가 있더라. 그들에게 왕이 있으니 무저갱의 사자라 히브리로는 그 이름은 아바돈이요 헬라어로는 그 이름은 아볼루온이더라."(9:1-11)

유대 묵시문학에서 별은 천사의 동의어이다. 하늘에서 땅으로 떨어진 그 별은 타락한 천사가 아니라, 선한 천사들 중의 하나로서 하느님의 전령의 역할을 의미하는 수사학적 표현이다.[26] 그에게 무저갱(ἀβύσσος)의 열쇠가 주어졌다는 표상은 무저갱이 하느님의 통제 아래 있다는 것을 의미한다. 무저갱은 땅속의 깊은 동굴로서 모든 죽은 자들의 영혼들이 마지막 심판의 날까지 머물러 있어야만 하는 임시적인 장소이며, 또는 타락한 천사들, 악령들, 그리고 사탄이 감금되어 있는 장소이다.[27]

---

26) 그 별을 타락한 천사 또는 사탄으로 보는 해석에 대해서는, Wilfrid J. Harrington, *Revelation* (Collegeville, Minnesota; The Liturgical Press, 1993), 109; Pablo Richard, *Apokalypse*, 127; 이필찬,『요한계시록; 내가 속히 오리라』(서울: 이레서원, 2004), 409-410을 보라. 반면에 그 별을 선한 천사로 보는 해석에 대해서는, R. H. Charles, *A Critical and Exegetical Commentary on the Revelation of St. John*, Vol. I (Edinburgh: T. & T. Clark, LTD, 1920), 238-239; Frederick J. Murphy, *Fallen is Babylon: The revelation to John, Harrisburg* (Pennsylvania: Trinity Press International, 1998), 242; G. R. Osborne, *Revelation* (Grand Rapids: Baker Academic, 2002), 362; 김재준,『요한계시록』(서울: 대한기독교서회 1969), 189-190; 박수암,『요한계시록』(서울: 대한기독교출판사, 1989), 132-133; 권성수,『요한계시록』(서울: 도서출판 횃불, 1999), 221; 데이비드 E. 아우네,『요한계시록 (중)』(서울: 솔로몬, 2004), 320-321을 보라,

27) 유대 묵시문학에서 무저갱(ἀβύσσος)은 모든 죽은 자들의 영혼들이 최후의 심판 날 전까지 잠정적으로 모여 있는 장소(에녹1서 22장)이며, 또는 타락한 천사들이 감금된 장소(에녹1서 18:14)이다. 무저갱은 구약성서의 스올에 해당되며, 죽은 자들이 거하는 장소(롬 10:7) 또는 악령들의 감옥(눅 8:31)을 지칭한다. 요한묵시록에서 무저갱(=아비소스)은 짐승의 거처(11:7; 17:8)와 악마 또는 사탄을 가두는 감옥(20:1-3)을 지칭한다.

그 무저갱이 열리자 두 가지 현상이 나타났다. 첫째로 출애굽의 아홉째 표징(출 10:21-29)을 연상시키는 연기가 올라와서 해를 가리고 공기(참조, 16:17)를 어둡게 하였다. 공기가 역사의 가시적이고 경험적인 차원에 속한다는 점을 고려한다면, 이러한 현상은 로마제국의 이데올로기적 측면에 대한 하느님의 심판을 상징하는 것으로 이해될 수 있다. 둘째로 출애굽의 여덟째 표징인 황충들이 무저갱에서 나왔다(출 10:12-20).[28] 자연의 황충들은 본래 풀이나 수목의 껍질을 남김없이 뜯어먹고 산다(참조, 욜 1:6-7). 그런데 무저갱에서 나온 황충들은 풀이나 수목을 먹지 않고, "오직 이마에 하나님의 인침을 받지 아니한 사람들만"을 공격하였다. 황충들의 공격을 당한 사람들은 하느님과 어린양 예수를 따르는 자들이 아니라, 로마 황제를 숭배하는 우상숭배자들로서 로마제국의 억압적인 체제를 지지하는 짐승의 추종자들이다. 여기서 하느님의 인침을 받은 어린양을 추종하는 자들과 하느님의 인침을 받지 아니한 짐승의 추종자들이 분명히 대조되고 있다.

하느님은 새로운 출애굽을 위해서 황충들을 동원하였다. 로마 군대가 침략 전쟁을 일으켜서 수많은 무죄한 사람들을 살육한 반면에, 새로운 출애굽을 위해서 동원된 황충들은 오직 이마에 하느님의 인침을 받지 아니한 사람들만을 다섯 달 동안 괴롭히지만,[29] 그러나 결코 그들을 죽이지는 않는다. 사람의 모습으로 그려진 이러한 황충들은 로마제국의 군대에 대한 대항 이미지로 묘사되었다. 황충들

28) 구약에서 황충(=메뚜기)은 하느님의 심판의 도구로 자주 나타난다. 신 28:42; 왕상 8:37; 대하 6:28; 7:13; 시 78:6;105-34;나 3:15; 욜 1:4, 6-7; 2;1-11.

29) 다섯 달은 황충들의 생존기간에서 연유된 표상이다. 에두아르트 로제, 『요한계시록』 (서울: 한국신학연구소, 1997), 117.

의 생김새는 전투에 임하는 군마처럼 생겼으며, "얼굴은 사람의 얼굴 같고 또 여자의 머리털 같은 머리털이 있고 이빨은 사자의 이빨 같은" 모양을 하고 있으며, 승리를 상징하는 금관 같은 것을 머리에 쓰고 있고(참조, 6:2), 흉갑으로 무장하고 있고, 그리고 그들의 날개의 소리는 말들이 병거를 이끌고 전쟁터로 달려가는 소리를 내고 있다. 그리고 들판에서 떼를 지어 사는 자연의 황충들은 본래 왕이 없지만(잠 30:27), 무저갱에서 나온 황충들은 "무저갱의 사자(=천사)"라는 왕이 있다.[30] 그의 히브리어 이름인 '아바돈'(אֲבַדּוֹן='Aβαδδών)은 파괴 또는 멸망(욥 28:22; 잠 15:11; 27:29; 시 88:11)을 의미하며, 그리고 그의 그리스어 이름인 '아볼루온'('Aπολλύων)은 파괴자를 의미한다. 이처럼 막강한 파괴력을 가진 무저갱의 사자는 신적 위상을 주장하면서 전쟁을 일으켜서 식민지를 초토화하고 수많은 무죄한 자들을 살육하는 오만한 로마 황제에 대한 대항 이미지로서 기능을 한다. 그러므로 "무저갱의 사자"는 악령들이나 마귀들을 지휘하는 사탄으로 해석되어서는 안 된다. 대다수의 주석가들은 황충들을 짐승의 추종자들에게 악마적인 공포를 불어넣어서 괴롭게 하는 마귀들이나 악령들로 해석하지만,[31] 그러한 해석은 배척되어야 한다. 새로운 출애굽을 위해서 동원된 황충들은 우상숭배자들에게 고통스러운 벌을 주는 형벌의 천사들을 상

30) 대다수의 주석가들은 무저갱의 사자를 사탄으로 해석하고, 또 황충들을 악령들로 해석한다. Robert H. Mounce, *The Book of Revelation* (Grand Rapids: William B. Eerdmans Publishing Company, 1977), 185; 박수암, 『요한계시록』, 136; 권성수, 『요한계시록』 (서울: 도서출판 횃불, 1999), 221 그리고 225; 이필찬, 『요한계시록 어떻게 해석할 것인가』 (서울: 성서유니온, 2003), 97. 이와 반대로 무저갱의 사자가 사탄이 아니라는 주장에 대해서는, 김재준, 『요한계시록』, 193.

31) 권성수, 『요한계시록』, 221-222; Pablo Richard, *Apokalypse,* 127.

징한다. 대표적인 묵시문학의 하나인 에녹1서에 의하면, 모든 죽은 자들의 영혼들이 모여 있는 한 장소에서 의인들의 영혼들은 빛과 생수가 제공되는 공간에서 부활과 영생에 참여할 마지막 심판의 날을 기다리는 특권을 누리고 있지만, 생전에 죄 값을 치르지 않고 죽은 죄인들의 영혼들은 어두운 무저갱에서 하느님의 명령을 받은 형벌의 천사들로부터 이미 고통스러운 형벌을 받으면서 영원한 벌이 내릴 마지막 심판의 날을 기다려야만 한다. 왜냐하면 그들은 생전에 하느님을 두려워하지 않고 아무런 죄의식도 없이 이기적으로 살았던 우상숭배자들이기 때문이다.[32]

> "생전에 죄 값을 치르지 않고 죽어 땅에 묻힌 죄인들은 이런 방식으로 분리되어 있다. 그들은 대심판의 날까지 큰 고통을 당할 것이며, 그리고 저주하는 자들에게 재앙과 고통이 영원할 것이며, 그리고 그들의 영혼들의 징벌은 영원할 것이다. 그들(=천사들)은 심지어 태초부터 그들을 영원히 결박할 것이다."(에녹1서 22:10-11)

이러한 형벌의 천사들을 상징하는 황충들은 꼬리에 있는 전갈의 침 같은 것으로 짐승의 추종자들을 쏘았다.[33] 그들은 황충들의 공격을 받고서 너무 아프고 고통스러워서 죽고 싶어 하지만 죽을 수

---

32) 모든 죽은 자들의 영혼들은 네 가지 유형으로 분류되어 있다: ⓐ 신앙을 실천하면서 살았던 의인들의 영혼들, ⓑ 생전에 악행을 저지르고도 하느님의 심판을 받지 않고 잘 살다가 죽은 죄인들의 영혼들, ⓒ 죄 값으로 하느님의 벌을 받고 죽은 죄인들의 영혼들, ⓓ 폭력에 의해서 억울한 죽음을 당한 의인들의 영혼들. Byung Hak Lee, *Befreiungserfahrungen von der Schreckensherrschaft des Todes im äthiopischen Henochbuch: Der Vordergrund des Neunen Testamens* (Waltro: Hartmut Spenner, 2005), 88-103을 보라.

33) 전갈은 뱀처럼 인간에게 적대적인 위험한 존재이다. 왕상 12:11; 눅 10:19.

도 없다. 이것은 짐승의 추종자들이 사후에 형벌의 천사들로부터 당하게 될 비참한 운명을 미리 보여주는 것이다. 비록 지금 짐승의 추종자들이 로마의 제국주의 체제에 협력한 대가로 혜택과 이익을 얻어서 그런대로 걱정 없이 잘살고 있는 것처럼 보이지만, 그러나 사실 그들은 영적으로 벌써 지금 고통스러운 형벌을 혹독하게 받고 있는 죄인들이다. 왜냐하면 그들은 장차 사후에 무저갱에서 최후의 심판을 기다리는 동안에 형벌의 천사들로부터 가혹한 형벌을 받도록 이미 정해져 있기 때문이다.

황충들이 권력과 자본을 우상숭배하는 짐승의 추종자들을 상징하는 "오직 이마에 하나님의 인침을 받지 아니한 사람들만"을 괴롭히도록 허락되었다는 것은 하느님이 무력한 자들과 가난한 자들의 해방과 자유를 위해서 로마제국 한복판에서 출애굽을 다시 일으키고 있다는 것을 증명한다. 그리스도인들은 불의한 방법으로 권력과 자본을 획득한 짐승의 추종자들의 지위를 결코 부러워하거나 작은 이익을 위해서 그들과 타협해서는 안 된다. 왜냐하면 짐승의 추종자들은 비록 겉으로 잘사는 것처럼 보이지만, 지금 회개하지 않는 이상 그들은 장차 사후에 무저갱에서 최후의 심판의 날을 기다리는 동안에 이미 형벌의 천사들로부터 무서운 벌을 받아야만 하도록 정해진 가장 가련한 죄인들이기 때문이다. 이마에 하느님의 인침을 받지 못한 자들이 당하는 이러한 무서운 형벌이 독수리가 외친 첫째 화이다(9:12, 참조, 8:13). 짐승의 추종자들은 지금 황충들의 공격으로 인해서 고통을 당하고 있지만, 어린양 그리스도를 믿고 따르는 자들은 아무런 심판을 받지 않는다(참조, 요 3:18).

요한은 다섯째 나팔을 통해서 로마제국의 권력을 우상숭배하는 짐승의 추종자들을 죄인들로 규정하고 나중에 당하게 될 그들의 비참한 운명을 미리 보여줌으로써 그의 수신자들에게 권력에 대한 두려움과 작은 이익 때문에 우상숭배자들과 타협하거나 연대해서는 안 된다는 점을 일깨워 주었으며, 또한 약자들의 인간적인 삶이 가능한 대안적인 세계의 실현을 위해서 로마의 제국주의의 유혹과 압제에 저항하는 영적인 삶을 살도록 고무하였다.

여섯째 나팔 소리는 정치적 목적을 위한 수단으로 자행된 대량학살 사건들을 정당화하거나 은폐한 위선적인 로마제국의 가면을 벗길 뿐만 아니라, 그러한 대량학살의 희생자들을 망각하고 약자들의 고난에 무관심한 채 자신만의 이익과 안전을 위해서 짐승을 추종하는 우상숭배자들의 이기심과 사악한 행태들을 폭로하는 표징을 보여준다.

"여섯째 천사가 나팔을 불매 내가 들으니 하나님 앞 금 제단 네 뿔에서 한 음성이 나서 나팔 가진 여섯째 천사에게 말하기를 큰 강 유브라데에 결박한 네 천사를 놓아 주라 하매 네 천사가 놓였으니 그들은 그 년 월 일 시에 이르러 사람 삼분의 일을 죽이기로 준비된 자들이더라. 마병대의 수는 이만만이니 내가 그들의 수를 들었노라. 이 같은 환상 가운데 그 말들과 그 위에 탄 자들을 보니 불빛과 자줏빛과 유황빛 호심경이 있고 또 말들의 머리는 사자 머리 같고 그 입에서는 불과 연기와 유황이 나오더라. 이 세 재앙 곧 자기들의 입에서 나오는 불과 연기와 유황으로 말미암아 사람 삼분의 일이 죽임을 당하니라. 이 말들의 힘은 입과 꼬리에 있으니 꼬리는 뱀 같고 또 꼬리에 머리가 있어 이것으로 해하더라. 이 재앙에 죽지 않고 남은 사람들은 손으로 행한 일을 회개하지(μετενόησαν) 아니하고 오히려 여러 귀신(τὰ δαιμόνια)과 또는 보거나 듣거나 다니거나 하지 못하는 금, 은, 동과 목석의 우상에게 절하고 또 그 살인과 복술

과 음행과 도적질을 회개하지(μετενόησαν) 아니하더라."(9:13-21)

여섯째 나팔을 분 천사가 금 제단의 네 뿔에서 나온 한 음성의 지시를 듣고 유브라데에 결박된 네 천사를 직접 풀어주었다는 표상은 대량학살 사건들을 은폐하고 그러한 반인륜 범죄를 기억하지 못하도록 예속된 인민들에게 망각을 강요한 로마제국의 살인적인 제국주의 체제의 가면을 벗기는 것을 의미하는 수사학적 표현이다. "큰 강 유브라데"(9:14; 16:2)는 구약시대에는 약속의 땅인 가나안의 동쪽 경계선을 이루었었지만(참조, 창 15:18; 수 1:4; 사 8:7), 이제는 제국주의 전쟁을 감행하여 수많은 무죄한 사람들을 살육하고 식민지 영토를 확장한 로마제국의 동쪽 경계선을 형성하고 있다. 다시 말하면 과거에 여러 제국들이 유브라데 강을 넘어서 가나안 땅을 침략하여 지배하였듯이 지금은 로마제국이 그 지역을 지배하고 있다.

여섯째 나팔의 정치적 의미를 파악하기 위해서는 유브라데에 결박된 네 천사가 무엇을 상징하는지, 그리고 잔혹하게 집단적으로 학살을 당한 "사람 삼분의 일"(τὸ τρίτον τῶν ἀνθρώπων)이 누구를 가리키는지를 이해하는 것이 매우 중요하다. 네 천사에 대한 주석가들의 해석은 상반된다. 대다수의 주석가들은 네 천사를 하나님의 심판을 수행하는 선한 천사들로 보고 있지만,[34] 일부 주석가들은 그들을 하나님의 심판의 도구로 사용된 타락한 천사들로 해석한다.[35] 그렇지만 그들은 모두 네 천사의 지휘에 의해서 살육된 "사

34) 이필찬, 『요한계시록: 내가 속히 오리라』(서울: 이레서원, 2004), 430-431.
35) George Eldon Ladd, *A Commentary on the Revelation of John* (Grand Rapids: William B. Eerdmanns Publishing Company, 1972), 136.

람 삼분의 일"을 로마제국의 우상숭배적인 체제와의 관계에서 해석하지 못하고 단지 하느님을 믿지 않는 불신자들과 우상숭배자들이라고 해석하였다. 그들은 하느님이 나머지 삼분의 이가 회개하도록 하기 위해서 네 천사를 통해서 불신자들의 삼분의 일을 먼저 죽였다고 주장한다.[36] 이러한 맥락에서 어떤 학자들은 다섯째 나팔의 단계가 불신자들을 "죽이지는 못하게"(9:5) 하고 고통만 주었지만 여섯째 나팔의 단계가 사람들을 대량으로 죽인 것은 하느님이 심판의 강도를 한층 더 높였기 때문이라고 주장한다.[37] 그러나 처음 여섯 나팔의 사건들은 요한이 서 있는 현재의 시간에서 본다면 이미 발생해서 지나간 사건들로 인식되어야 하기 때문에, 그 나팔들 사이의 시간적 간격에 무게를 두는 것은 무의미하다. 그리고 또 다른 학자들은 하느님이 일곱 나팔의 재앙들을 통해서 사람들을 회개시키는 데 실패했기 때문에 새로운 시도로 일곱 대접의 재앙들을 일으켰다고 주장한다.[38] 그러나 마치 일곱 나팔의 환상이 끝난 다음에 일곱 대접의 환상이 이어진 것처럼 두 환상을 연대기적으로 해석하는 것은 잘못이다. 왜냐하면 이 두 환상의 표징들은 로마제국 안에서 일어나고 있는 하느님의 반제국주의 운동인 새로운 출애굽을 가리킨다는 점에서 각기 서로 일치하는 유사성과 상응성이 있기 때문이다.

---

36) 박수암, 『요한계시록』, 138; 이필찬, 『요한계시록: 내가 속히 오리라』, 434; 권성수, 『요한계시록』, 230-232; 에두아르트 로제, 『요한계시록』, 120; Pablo Richard, *Apokaypse*, 130.

37) Sean P. Kealy, *The Apocalypse of John, Wilmington* (Delaware: Michael Glazier, 1985), 152.

38) Wes Howard-Brook and Anthony Gwyther, *Unveiling Empire: Reading Revelation Then and Now*, 148.

이러한 학자들의 여러 해석들과는 달리 나는 여섯째 나팔의 환상의 주안점은 식민지 인민들에게 대량학살을 자행한 로마제국의 잔혹성과 위선의 가면을 벗겨내고 망각된 피학살자들에 대한 기억을 복원하는 데 있다고 본다. 집단적으로 잔혹하게 죽임을 당한 "사람 삼분의 일"은 로마제국의 지배자들이 정치적 목적으로 식민지 인민들에게 자행한 대량학살의 희생자들이다. 유브라데에 결박된 "네 천사"(9:14)는 타락한 천사들로서 네 제국의 왕들을 상징한다. 왜냐하면 유대 묵시문학에서 타락한 천사들은 마귀들을 상징할 뿐만 아니라, 압제적인 제국들의 왕들이나 장군들을 역시 상징하기 때문이다. 내용적으로 9:14과 매우 유사하지만 단지 "네 천사" 대신에 "네 왕"이라는 표현이 사용된 한 구절이 시리아어 에스라의 묵시(*Syriac Apocalypse of Ezra*)의 제6장에서 발견된다. 두 본문을 비교하면, 9:14의 네 천사가 네 왕을 상징한다는 것이 분명하게 증명된다.

"여섯째 천사에게 말하기를 큰 강 유브라데에 결박한 네 천사를 놓아 주라 하매 네 천사가 놓였으니 그들은 그 년 월 일 시에 이르러 사람 삼분의 일을 죽이기 로 준비된 자들이더라."(9:14)

"나는 동쪽에서 온 살모사 한 마리를 보았다. 그 뱀은 약속의 땅 안으로 들어갔으며, 땅 위에 지진이 일어났고, 그리고 한 음성이 들려왔다: '큰 강 유브라데에 결박한 네 왕을 놓아주라. 그들은 사람들의 삼분의 일을 멸망시킬 자들이다.' 그리고 그들은 놓아졌다."(시리아어 에스라의 묵시)[39]

9:14의 네 천사는 이스라엘을 차례로 지배하였던 바빌로니아 제국, 페르시아 제국, 그리스 제국, 그리고 로마제국의 왕들로 해석될 수 있다.[40] 이러한 네 왕이 휘두른 폭력 행위는 지금 로마제국에서 절정을 이루고 있다. "사람 삼분의 일"을 의도적으로 멸절시키려고 하는 자신들의 계획을 실행할 수 있도록 유브라데에 결박되었던 네 천사를 풀어주었다는 표상은 정치적 목적으로 무죄한 자들을 집단적으로 멸절시킨 대량학살을 정당화하거나 또는 은폐하기 위해서 그러한 대량학살의 기억을 억압하고 배제시킨 로마제국의 지배자들이 공론장에서 선전하는 로마의 평화와 국가 안보(참조, 살전 5:3)라는 이데올로기의 가면을 벗기고 대량학살의 불법성과 잔혹성을 백일하에 폭로하는 것을 의미한다. 네 천사에 의해서 잔혹하게 죽임을 당한 "사람 삼분의 일"은 죄 많은 인류의 삼분의 일이 아니라, 로마제국에 예속된 무죄한 인민의 삼분의 일이다.

대다수의 학자들은 "그 년 월 일 시"를 하느님이 죄인들을 심판을 하기로 예정한 때로 본다.[41] 그러나 침략전쟁을 일으켜서 식민지를 확장하였을 뿐만 아니라, 제국주의 체제에 저항하는 사람들의 움직임이 발생하면 언제든지 즉각적으로 군대를 동원하여 유혈 진압을 하였던 로마제국의 행태를 고려한다면,[42] "그 년 월 일 시"는

39) 시리아어 에스라의 묵시의 본문에 대해서는 A. Bethgen, Beschreibung der Syrischen MS 'Sachau 131,' *ZAW* 6 (1886), 119-211을 보라. 이 본문과 묵 9:14의 관계에 대한 논의에 대해서는 R. H. Charles, *A Critical and Exegetical Commentary on the Revelation of St. John* (Edinburgh: T & T Clark Ltd., 1920), 251을 참조하라.

40) 이러한 해석의 가능성은 데이비드 E. 아우네, 『요한계시록 (중)』, 323에서도 발견된다. "그러나 네 천사들은 네 국가를 상징할지도 모른다. 왜냐하면 다니엘 10:13, 20-21은 이스라엘의 군장 미가엘 혼자 대적하는 '페르시아 군장'과 '그리스 군장'을 언급하기 때문이다."

41) 권성수, 『요한계시록』, 229; 이필찬, 『요한계시록 어떻게 읽을 것인가』, 179.

하느님이 불신자들과 우상숭배자들을 심판하기 위해서 미리 예정해 둔 때가 아니라, 로마제국의 지배자들이 정치적 목적을 위해서 제국의 발전에 저해가 되는 사람들로 분류된 자들을 의도적으로 살육하거나 또는 저항하는 사람들을 학살로 진압하는 때를 의미한다고 볼 수 있다.

네 천사는 대량학살을 위해서 자신들의 수하에 있는 "이만만(=이억)"의 기마대를 지휘하였다. 이억이라는 숫자는 정확한 수치가 아니라, 무수히 많은 수를 의미한다. 이 거대한 기마대의 세력이 악마적이라는 것은 말들의 꼬리가 사탄을 상징하는 뱀과 같고 또한 뱀 머리가 거기에 붙어 있다는 점에서 확인된다(참조, 12:9; 20:2). 기마병들이 탄 육중한 군마의 입에서 나오는 "불과 연기와 유황"으로 로마제국에 예속된 무죄한 인민들의 삼분의 일을 잔혹하게 살육하는 재앙이 일어났다. 이것은 로마제국이 무죄한 인민에게 자행한 대량학살을 상징적으로 나타내는 것이다. 대다수의 학자들은 이러한 기마대의 공격과 학살을 파르티아 제국의 용맹스러운 기마대가 유브라데 강을 건너서 로마제국을 무섭게 침공해 오듯이 하느님이 종말의 때에 불신자들을 이처럼 무섭게 심판할 것을 의미한다고 해석한다.[43] 그러나 이러한 해석은 상징적 표현들의 정치적 의미를 간과한 잘못된 해석이므로 배척되어야만 한다.

그런데 이러한 대량학살에서 제외된 "죽지 않고 남은 사람들"은 누구인가? 그들은 지배자들의 정치적 선전에 미혹되거나 또는 자신의 작은 이익을 위해서 불의를 묵인하면서 로마제국의 절대적 권력

---

42) 한 실례에 대해서는 Josephus, *Antiquitates*, 60-62를 보라.

43) 에두아르트 로제, 『요한묵시록』(천안: 한국신학연구소, 1997), 120; 이필찬, 『요한계시록 어떻게 볼 것인가』, 98.

을 칭송하는 짐승의 추종자들이다. 그들은 그러한 대량학살이 로마의 평화와 국가의 안보를 위한 불가피한 조치라는 로마제국의 선전을 믿었던 친로마적인 우상숭배자들이다. 그들은 그러한 끔찍한 살육이 자기 자신과 자기 가족에게 일어나지 않은 것을 다행으로 여기면서 그러한 대량학살의 희생자들의 고난과 서러움을 당사자들의 개인적인 불행으로 간주하고 잊어버리거나 또는 모르는 척하면서 무관심하게 살았을 것이다.[44] 그들은 오히려 인민을 현혹시키는 제국주의의 영들인 귀신들(τὰ δαιμόνια)과 우상에게 희망을 걸고 살았다. 그들은 불의에 대한 의식이 없기 때문에 그러한 살인적인 체제에 협력하고 연대한 자신들의 과오를 회개하지(μετενόησαν) 않았다.[45] 그러므로 요한은 우상숭배를 하면서 아무런 죄의식도 없이 무죄한 자들을 살해하고, 가난한 여자들을 성적으로 착취하고, 그리고 약자들을 경제적으로 억압하는 불의한 행위를 계속한 그들을 통렬하게 비판하였다(9:20-21, 참조, 시 115:3-8). 만일 그러한 우상숭배자들과 살인자들이 지금 회개하지 않고 로마제국의 살인적인 제국주의 체제를 여전히 지지하고 연대한다면, 그들은 장차 무서운 화와 심판을 면할 수 없을 것이다. 이것이 바로 독수리가 외친 두 번째 화인 것이다(참조, 11:14).

로마제국에 예속된 식민지 인민들의 삼분의 일을 멸절시킨 대량학살 사건은 오늘날 용어로 말한다면 반인륜 범죄인 제노사이드이다. 이러한 대량학살은 하나님의 형상을 따라서 인간을 창조한 하

---

44) 한 예를 들면, 일본 정부는 아직도 성노예로 끌려간 한국인 정신대 여성들의 존재를 부정하면서 사과하지 않고 있다.

45) 그리스어 μετανοέω(회개하다)는 μετά(변화)와 νοέω(이해하다, 인식하다, 상상하다, 보다)의 합성어이다. 회개는 자기 자신과 현실을 철저하게 변화된 시각으로 이해하거나 인식하는 것을 의미한다.

느님의 창조와 억눌린 자들을 해방시킨 출애굽에 역행하는 행위이다. 그러한 끔찍한 대량학살의 기억은 로마제국의 은폐 시도에 의해서 억압되고 지워졌다. 그러나 요한은 그러한 대량학살의 기억을 신화적으로 그리고 상징적으로 재현하고 현재화하였다. 이것은 수많은 무죄한 자들을 잔혹하게 멸절시키고 대량학살의 희생자들을 쉽게 잊어버리는 제국주의의 사악한 권력에 저항하는 요한의 대항기억이다.

로마제국 한복판에서 새로운 출애굽을 일으킨 하느님의 반제국주의 운동을 위한 여섯째 나팔의 표징의 정치적 의미는 식민지 인민들의 삼분의 일을 잔혹하게 멸절시킨 반인륜 범죄인 대량학살을 로마의 평화와 국가 안보라는 정치적 선전과 이데올로기를 통해서 합법화하거나 은폐한 로마제국의 위선적인 가면을 벗기고 야수와 같은 폭력성을 적나라하게 폭로하는 것과 그러한 살인적인 제국주의 체제를 묵인하고 연대하는 짐승의 추종자들의 우상숭배적인 행태를 비판하는 것이다.

여섯 나팔에 의해서 지금까지 일어난 각각의 표징들은 장차 모든 인류에게 차례대로 임할 미래적인 재앙들이 아니라, 역사 안에서 현재의 시대에 이미 일어난 사건들이다. 그리고 일곱째 나팔은 아직 일어나지 않은 미래적인 사건이다. 그러므로 여섯째 나팔이 울린 후 연속적으로 일곱째 나팔이 바로 울리는 것이 아니다. 로마제국의 살인적인 제국주의 체제의 끝장과 정의와 평화와 생명이 지배하는 대안적인 세계의 개벽을 선포하는 일곱째 나팔이 울리기까지는 시간적인 간격이 있다. 그것이 바로 요한과 그의 수신자들이 서 있는 위치인 여섯째 나팔과 일곱째 나팔 사이의 현재의 시대이다 (10:1-11:14).

이 현재의 시대에 "용의 입, 짐승의 입, 그리고 거짓 예언자의 입"으로부터 나오는 악령을 통한 제국주의 예언운동(16:13-16)과 로마제국의 우상숭배적인 제국주의 체제를 비판하는 그리스도교적 예언자들과 증인들의 반제국주의 예언운동(10:1-11:13)이 첨예하게 대립하고 있다. 대다수의 주석가들은 10:1-11:14의 단락을 일곱 나팔의 환상에 첨가된 하나의 삽입이라고 주장하지만, 나는 그것을 일곱 나팔의 환상의 본래적인 중심이라고 본다.

이러한 현재의 시대에 요한과 참여적인 남녀 그리스도인들을 대표하는 두 예언자적 증인의 감동적인 반제국주의 예언운동과 해방투쟁이 일어난다(10:1-11:13). 그들의 신앙 실천과 반제국주의 예언운동이 무정한 짐승의 추종자들을 회개로 이끌어서 더 이상 로마황제를 우상숭배하지 않고 하느님에게 영광을 돌리게 만든 놀라운 전환을 가져올 뿐만 아니라, 마침내 폭력의 역사의 끝장과 새 시대의 시작을 선포하는 일곱째 나팔 소리가 울리도록 촉진하는 데 있어서 결정적인 역할을 한다.

3. 일곱째 나팔(11:15-19): 평화의 나라의 시작

이제 마침내 일곱째 나팔 소리가 울린다. 하늘에서 큰 소리로 부르는 천상적 예전의 노래가 들려왔다. 그것은 로마제국의 멸망과 하느님과 그의 메시아 제국의 시작을 축하하는 노래이다.

> "일곱째 천사가 나팔을 불매 하늘에서 큰 음성들이 나서 이르시되 세상 나라(ἡβασιλεια τοῦ κόσμου)가 우리 주와 그의 그리스도의 나라가 되어 그가 세세토록 왕 노릇 하시리로다(βασιλευσει)."(11:15)

축제적인 노래는 불의가 지배하는 현재의 시대가 끝나고, 이제 하느님과 그리스도의 나라가 시작되었다는 것을 선포하였다. 이것은 세계의 종말이 아니라, 억압과 학살이 지배하는 현재의 시대가 끝나는 것을 의미한다. "세상 나라"(ἡ βασιλεια τοῦ κόσμου)는 정치적 목적을 위해서 수많은 무죄한 남자들과 여자들의 인권을 유린하고 학살하는 로마제국에서 절정을 이루고 있는 제국주의 체제를 의미한다. 그것은 반창조와 반출애굽의 체제이다. "우리 주와 그의 그리스도의 나라"는 땅 위에 도래하는 가시적이고, 역사적이고, 그리고 정치적인 차원을 가진 대안적인 제국이다.[46] 물론 이러한 하느님의 나라는 하느님의 권세를 통해서 도래하지만, 그러나 세상 나라를 하느님의 나라로 변화시키는 데는 순교자들과 예언자적 증인들의 헌신적인 신앙 실천이 결정적으로 중요하다.

로마제국이 영원히 지배한다는 신화는 이제 거짓으로 드러났다. 보좌에 앉아 있는 스물네 장로는 새로운 시대의 시작을 축하하는 노래에 큰 권세를 가지고 통치하기 시작한 하느님에게 감사하는 찬양으로 화답하였다. 그들은 하느님 앞에 "엎드려 얼굴을 대고 하나님께 경배하며"(11:16; 참조 4:4, 10; 5:8, 14; 7:11; 19:4) 전능한 하느님에게 감사를 드렸다.

> "감사하옵나니 옛적에도 계셨고 지금도 계신 주 하나님 곧 전능하신 이여 친히 큰 권능을 잡으시고 왕 노릇 하시도다. 이방들이 분노하매 주의 진노가 내려 죽은 자를 심판하시며 종 선지자들과 성도들과 또 작은 자든지 큰 자든지 주의 이름을 경외하는 자들에게 상을 주시며 또 땅을 망

46) Pablo Richard, *Apokalypse*, 145.

하게 하는 자들을 멸망시키실 때(ὁκαιρος)로소이다."(11:17-18)

하느님의 호칭에서 "장차 오실 이"가 빠진 이유는 하느님이 더 이상 미래에 올 분이 아니라, 이미 지금 현재 도래했기 때문이다(비교, 1:4, 8; 4:8).[47] 그러므로 장로들은 큰 권능을 가지고 지금 통치하기 시작한 하느님을 찬양하며 기뻐한다. "큰 권능를 잡으시고"(εἴληφας)의 동사 시제는 미래에도 계속되는 행동을 지칭하는 완료형이며, "왕 노릇하시도다"(ἐβασίλευσας)의 시제는 그의 지배의 시작이 결정적이라는 것을 의미하는 과거형이다.[48]

하느님의 나라의 도래는 성도들에게는 기쁜 소식이지만, 그러나 권력과 자본을 우상숭배하는 악인들에게는 비극이다. 그러므로 예측하지 못했던 하느님의 나라의 도래를 반대하고 분노하는 우상숭배자들에게 하느님은 진노로 심판한다. 이것이 독수리가 외친 세 번째 화인 것이다(11:14; 참조, 8:13).

종말은 하느님의 통치가 시작되는 날이다. 종말은 하느님이 악인들에게 벌을 내리고 세계의 불의를 소멸시킴으로써 폭력의 역사를 끝장내는 날이며, 동시에 억눌린 자들을 해방하고 충성스럽게 일한 자들에게 상을 베푸는 날이다. 요한은 스물네 장로의 입을 통해서 지금이 바로 그러한 종말의 시간임을 세 가지 부정사 형태의 동사를 사용해서 명백하게 말하고 있다. 즉, 일곱째 나팔이 울린 지금 이 시간은 하느님이 죽은 자들을 "심판하고"(κριθῆναι), 하느님의 종

47) Murphy, *Babylon is fallen*, 27; 이병학, "요한묵시록의 예전과 예배: 우상숭배에 대한 저항과 정치적 유토피아,"『신약논단』(2006 겨울호).

48) Robert E. Coleman, *Song of Heaven* (Old Tappen, New Jersey: Fleming H. Revell Company, 1980), 105.

들인 그리스도인들에게 "상을 주고"(δοῦναι), 그리고 땅을 망하게 하는 자들을 "멸망시킬"(διαφθεῖραι) 때(ὁ καιρος)이다.

여기서 "죽은 자들"은 모든 죽은 자들이 아니라, 신앙을 실천하고 생을 마친 의인들, 순교자들, 그리고 억울하게 학살당한 무죄한 희생자들이다.[49] 그리스어 "κρινῶ"(심판하다)는 정의를 세우는 것을 의미한다. 그러므로 이 본문에서 하느님이 죽은 자들을 심판한다는 것은 모든 죽은 의인들이 하느님의 정의를 통해서 신원되고 부활한다는 것을 의미한다(참조, 20:4-6). 그러므로 지금 이 시간은 죽은 의인들과 순교자들과 대량학살의 무죄한 희생자들이 모두 신원되고 부활할 때이다. 또한 지금 이 시간은 모든 그리스도인들이 하느님으로부터 상을 받을 때이다. '종'은 그리스도인들을 지칭하는 포괄적 명칭이며, '선지자들과 성도들'은 직분을 가진 그리스도인들과 직분을 가지지 않은 그리스도인들을 각기 의미한다. '주의 이름을 경외하는 자들'은 이방인 출신 그리스도인들을 지칭한다. 반면에 지금 이 시간은 하느님이 '땅을 망하게 하는 자들', 즉 하느님과 그리스도를 경배하지 않고 자기 자신을 절대화하는 지배자들과 로마의 제국주의 체제의 절대적 권력과 자본을 우상숭배한 짐승의 추종자들에게 벌을 내리고 멸망시킬 때이다.

천상적 예전의 절정은 하늘에서 성전이 열리고 언약궤가 보이는 장면이다. 언약궤는 이집트에서 해방된 이스라엘인들과 시내산에서 맺은 계약의 약속을 지키는 하느님의 신실함과 그의 현존을 재확인해 주는 상징이며, 또한 불기둥과 구름기둥의 인도를 통한 광

49) 죄인들을 포함한 모든 죽은 자들에 대한 하느님의 심판은 천년왕국 이후의 최종적인 마지막 심판 날에 일어난다. 묵 20:11-15.

야 유랑을 경험한 하느님의 자녀들의 정체성을 재확인해 주는 상징이다.

"이에 하늘에 있는 하나님의 성전이 열리니 성전 안에 하나님의 언약궤가 보이며 또 번개와 음성들과 우레와 지진과 큰 우박이 있더라."(11:19)

성전이 열리고 지성소에 감추어져 있는 언약궤가 보인다는 것은 로마제국 한복판에서 새로운 출애굽을 일으킨 하느님이 모든 유혹과 압제에 노출되어 있는 소아시아 지역의 식민지 그리스도인들 가운데 지금 해방자로서 그리고 구원자로서 현존하고 있다는 것을 의미한다.[50] "번개와 음성들과 우레와 지진과 큰 우박"은 억눌린 자들의 해방과 자유를 위해서 출애굽을 다시 일으킨 하느님의 심판으로 인해서 로마제국과 동맹국들이 몰락하여 사라지는 급격한 격변의 상황을 의미한다(참조, 16:18-21). 가난한 자들과 억눌린 자들을 구원하기 위해서 로마제국 안에서 새로운 출애굽을 일으킨 하느님의 반제국주의 운동은 이제 로마제국의 몰락과 함께 성취되었다.

---

50) 언약궤는 하느님과 그의 백성들 사이에 계약이 맺어졌을 때 하느님이 모세에게 준 석판들이 들어 있는 창문이 없는 관이며, 그것은 솔로몬의 성전의 가장 거룩한 곳인 지성소에 보관되어 있었으며, 그리고 아무도 그것을 볼 수 없도록 휘장이 쳐져 있었다. 대제사장만이 일 년에 단지 한 번만 백성들의 죄를 사하기 위하여 언약궤가 있는 지성소에 들어갈 수 있었다. B.C. 586년에 바빌로니아 제국의 왕 느부갓네살에 의하여 예루살렘의 솔로몬 성전이 파괴되었을 때 언약궤도 사라져버렸다. 마카비2서 2:7-8에 의하면 예레미야가 이 언약궤를 이스라엘의 회복의 날을 대비하여 감추어두었는데, 하느님이 장차 자비와 영광 가운데 그것을 보여줄 것이라고 한다.

III. 맺음말

일곱 나팔의 환상은 로마제국 한복판에서 출애굽을 다시 일으킨 하느님의 반제국주의 운동을 보여주는 신학적 틀이다. 요한은 권력과 자본을 우상숭배하는 로마제국의 배 속으로부터의 탈출과 해방을 위해서 출애굽의 기억을 재현하고 현재화하였다. 일곱 나팔의 환상의 목적은 수신자들로 하여금 출애굽을 다시 일으킨 하느님의 반제국주의 운동에 적극적으로 참여하도록 고무하는 데 있다. 로마제국의 사악한 제국주의에 대한 저항과 투쟁이 불의한 세계를 변화시키는 새로운 출애굽사건이다.

일곱 나팔의 환상에 묘사된 여러 표징들은 약자들을 억압하고 착취할 뿐만 아니라, 수많은 무죄한 자들을 학살하면서 세계를 파멸로 몰아가는 로마제국의 질주를 중단시키고 대안적인 세계를 창조하는 하느님의 해방적 행동들을 가리킨다. 그러한 표징들의 초점은 사람들에게 두려움과 공포를 자아내는 대재앙을 통한 세계의 종말에 있는 것이 아니라, 폭력과 학살이 지배하는 현실 속에서 인간적인 삶이 가능한 대항현실을 위한 희망과 저항에 있다. 하느님의 해방적 행동들은 역사적이지만, 그러나 우주적이고 상징적인 표징들로 묘사되었다. 그러므로 그러한 표징들은 문자적으로 해석되어서는 안 되며, 또한 과거나 미래의 어떤 특정한 역사적 사건을 가리키는 것처럼 해석되어서도 안 된다. 표징들의 현재적인 요소들과 미래적인 요소들은 요한의 수신자들뿐만 아니라, 오늘의 그리스도인들에게도 역시 세계의 불의한 현실을 비판적으로 인식하고 미래를 긍정적으로 전망하면서 하느님의 나라를 위해서 어린양 예수 그리스도의 길을 중단 없이 따라가게 하는 이정표의 역할을 한다.

일곱 나팔의 환상은 성도들의 기도가 하느님에게 상달되는 천상적 예전으로 시작하여 폭력의 역사의 끝장과 새로운 세계의 개벽을 축하하는 천상적 예전으로 끝난다. 이것은 대안적 세계의 도래를 위해서 그리스도인들의 기도와 예배가 결정적으로 중요하다는 것을 의미한다. 일곱 나팔의 환상에 나타나는 하느님의 심판은 세계의 파괴, 세계의 종말, 또는 역사의 종말을 뜻하는 것이 아니라, 고난당하는 약자들의 해방과 구원을 위해서 이 세계 안에 있는 모든 불의와 억압과 차별을 소멸하고, 그리고 이 세계를 망하게 하는 억압자들과 살인자들과 학살자들을 심판하고 멸망시키는 역사 안에서의 심판을 의미한다.

로마제국은 정치적 목적을 위해서 무죄한 사람들을 집단적으로 잔혹하게 멸절시켰다. 지배자들과 권력자들이 강요한 은폐, 침묵, 그리고 망각으로 인해서 로마제국이 자행한 대량학살의 희생자들에 대한 기억은 점차 지워졌지만, 요한은 희생자들의 편에 서서 대량학살의 기억을 신화적이고 상징적인 방식으로 재현하여 그의 수신자들에게 전수하였다. 대량학살은 인간을 하느님의 형상에 따라서 창조하고 억눌린 자들을 바로의 압제의 사슬에서 해방시킨 하느님의 뜻에 역행하는 반창조와 반출애굽의 행위이다.

이러한 맥락에서 이미 위에서 논증하였듯이, 나는 처음 네 나팔에서 타격을 받은 땅, 바다, 강 그리고 천체는 로마제국에 의해서 조직된 체제로서의 세계에 대한 심판으로 해석되어야 하며, 다섯 번째 나팔에서 황충들은 짐승을 추종하는 우상숭배자들에게 벌을 주는 형벌의 천사들로 해석되어야 하며, 그리고 여섯 번째 나팔에서 잔혹하게 집단적으로 죽임을 당한 사람 삼분의 일은 로마제국이 자행한 대량학살로 인해서 억울하게 희생된 무죄한 식민지 인민들로 해석되어야 한다고 제안한다.

요한묵시록의 저자는 로마제국의 살인적인 제국주의에 저항하기 위해서 참혹한 대량학살의 희생자들에 대한 기억을 재현하고, 현재화하고, 그리고 보존하였다. 한 사회가 억울하게 처형된 민간인 집단학살의 희생자들을 어떻게 대하느냐 하는 것은 곧 그 사회가 산 자들에게 대하는 태도와 직결된다. 지난 세기에 세계 도처에서 발생한 제노사이드의 희생자들이 망각된다면, 그러한 끔찍한 반인륜 범죄는 금세기에 다시 발생할 수도 있을 것이다. 그러므로 지난 세기에 발생한 수많은 대량학살 사건들의 희생자들은 결코 망각되어서는 안 된다. 한국전쟁 전후에 한반도에서 발생한 민간인 집단학살의 희생자들에 대한 기억은 인권운동의 차원에서, 남북의 화해와 민족 화합의 차원에서, 자주적인 민족 통일의 차원에서, 그리고 나아가서 외세로부터 자주권을 지키고 약자들의 인간적인 삶을 지키기 위한 반제국주의 운동의 일환으로 보존되어야만 한다. 민족통일 교육과 평화 교육은 일차적으로 이러한 민간인 집단학살의 희생자들을 기억하는 것이어야만 한다.

패권적 제국주의에 의한 경제의 세계화에 의해서 민족 국가들이 약화되고 있는 현시대에 반제국주의 운동은 요한묵시록 저자의 시대보다도 훨씬 더 절박하다. 지난 세기에 제국주의 정부들은 총을 쏴서 수많은 인민들을 학살하였지만, 오늘날은 총이나 무기로 사람들을 죽일 필요가 없을 것이다. 왜냐하면 총알을 발사하지 않아도 수많은 가난한 농민들과 노동자들이 굶어죽거나 스스로 목숨을 끊을 것이기 때문이다. 신자유주의적 세계화가 강요하는 규제가 없는 자유 시장 정책에 의해서 부채와 빈곤으로 내몰린 수많은 가난한 농민들과 노동자들이 연이어서 스스로 목숨을 끊는 대량 자살이 지

금 이미 세계 도처에서 현실로 나타나고 있다.51)

일곱 나팔의 환상은 패권적 제국주의에 의한 신자유주의적 세계화의 덫에 걸려 있는 약자들의 해방과 구원을 위해서 한국에서 그리고 세계 도처에서 출애굽을 다시 일으키고 있는 하느님의 반제국주의 운동에 남녀 그리스도인들을 초대하고 있다. 제국주의에 대한 저항과 투쟁 없이는 국가의 자주권과 민족 통일도 기대할 수 없으며, 국민의 식량권과 건강권도 기대할 수 없으며, 그리고 성평등과 생태 보존도 기대할 수 없다. 폭력과 빈곤과 죽음이 지배하는 이 세계에서 평화와 정의와 생명이 지배하는 대항현실을 만들어 가는 사람들은 제국주의의 사악하고 무정한 권력에 온 힘을 다해서 저항하고 투쟁하는 증인들, 예언자들, 짐승의 인침을 받기를 거절하는 자들, 순교자들, 그리고 열사들이다.

일곱 나팔의 환상은 그리스도인들의 반제국주의 운동을 정당화하고, 세계의 가난한 자들과 연대적인 삶을 살도록 고무한다. 폭력과 학살 역사의 끝장과 대안적 세계의 개벽을 선포하는 일곱 번째 나팔은 언젠가는 반드시 울릴 것이다. 그리스도인들은 이 희망 때문에 고난을 당하면서도 불의와 싸우는 새로운 출애굽에 동참한다. 새로운 대안적 세계인 하느님과 그의 메시아의 제국은 대량학살의

51) 한 실례를 들면, 농업시장 개방정책으로 외국의 값싼 면화가 인도의 시장에 쏟아져 들어오면서 면화 값이 폭락하여 각종 대출금을 상환하지 못할 뿐만 아니라, 곡물 가격의 상승으로 식량마저 구할 수 없는 처지에 내몰린 많은 인도 농민들이 잇따라 자살을 하였으며, 지금도 농민들의 자살은 계속되고 있다. 최근에 인도 중서부 마하라슈트라 주에서는 면화를 재배하는 전체 농민의 사분의 일에 해당하는 4,453명이 자살하였다. 인도의 전국범죄기록국의 통계에 의하면 2005년에 자살한 농민은 1만 7,131명이고, 그리고 2006년에는 1만 7,060명이다. 1997년 이후 10년 동안 자살한 인도 농민은 16만 6천 명에 이른다. 이 통계는 인도 신문 "The Hindu" (2008년 1월 30일자)의 보도를 소개한 〈한겨레신문〉 2008년 2월 2일자 24면에서 인용한 것이다.

희생자들에 대한 기억을 보존하기 위한 기억 투쟁에 참여하면서 눌린 자들과 가난한 자들의 인권과 해방과 자유를 위해서 지금 함께 싸우고 있는 남녀 그리스도인들의 고통스러운 투쟁 가운데서 이루어 나가는 승리와 연대 속에서 선취되는 것이다.

칭의론과 그리스도의 믿음[1)]
- 갈라디아서 2:15-21을 중심으로

김종길 | 목사, 덕성교회 담임

I. 서론

1. 연구목적 및 문제제기

본 논문은 '새 관점New Perspective'2)에서, 그리고 사회-수사학 비평 socio-rhetorical criticism3)을 수용하여, 갈라디아서 2장 15-21절을 중

1) 본 연구논문은『神學思想』제144집 (2009, 봄), 7-41에 게재된 것입니다.

2) 제2성전 시대의 유대교를 '언약적 율법주의'(covenantal nomism)로 규정한 샌더스(E. P. Sanders)의 주장에 기초하여, 던(James D. G. Dunn)은 바울의 신학을 새롭게 해석하였다. 그는 자신의 입장을 '새 관점'(New Perspective)이라고 명명하였다. 이후로는 새로운 연구방법을 '새 관점'이라고 하고, 전통적인 입장을 '옛 관점'이라고 칭하겠다. James D. G. Dunn, "The New Perspective on Paul," *Bulletin of the John Rylands University Library Manchester* 65 (1983): 95-122. 언약적 율법주의에 관하여 E. P. Sanders, *Paul and Palestinian Judaism: A Comparision of Patterns of Religion* (London: SCM, 1977), 75, 180-82 등을 참조.

3) '사회-수사학 비평'(socio-rhetorical criticism)이란 성서본문이 형성된 당시의 역

심으로 칭의론의 의미와 기능을 살펴보고, 이와 관련하여 칭의론의 핵심인 '그리스도의 믿음'(πίστις χριστοῦ)을 다루고자 한다.

맥그래스Alister E. McGrath가 거론한 바와 같이, 칭의론은 그리스도교 신학에서 중요한 위치를 차지하고 있다.[4] 어거스틴의 칭의 개념을 수용한 루터Martin Luther는 종교적 행위를 강조한 로마 가톨릭에 대항하여, '오직 믿음으로', '오직 은혜로', '오직 성서로'라는 기치를 내걸고 종교개혁을 주도하였다. 그 결과 '이신칭의Justification by Faith' 교리는 종교개혁의 핵심적인 사상이 되었다.[5] 그런데 옛 관점은 바울신학에서 복음을 강조하다가 율법을 부정하고, 그리스도교의 모태인 유대교를 경원하는 결과를 초래하였다. 또한 전통신학은 개인 구원을 위한 전도Missio Christi에 치중하다가, 하느님의 선교Missio Dei를 간과하였다. 이러한 현상의 원인 가운데 하나가 칭의론에 대한 오해라고 사료된다. 개신교에서는 칭의론이 주로 루터신학의 지배 아래 해석되어 왔다.[6] 슈텐달K. Stendahl이 지적했듯이, 종교개혁의 전통에 서 있는 서구신학은 개인의 내성적인 양심introspective conscience의 차원에서, 구원론에 관심하여 칭의론을 해석하여 왔

사적이고 사회적인 정황을 이해하고, 본문에 내재된 수사학 기술들을 분석하여, 본문이 전달하려는 메시지의 의미를 파악하는 성서해석 방법을 말한다. 이 방법론에 따르면, 성서기자들은 전승의 수집가나 전달자 그리고 독창적인 신학자일 뿐만 아니라, 자신이 속한 공동체의 여러 문제에 능동적으로 참여한 공동체의 지도자였다. 따라서 성서 본문은 단순히 공동체의 수집물이거나 개인의 신학적 기록물로 국한될 수 없고, 성서기자와 공동체 사이에서 일어난 상호작용의 산물이다.

4) 맥그래스는 전통적인 관점에서 칭의론의 발전 과정을 역사적으로 정리하였다. Alister E. McGrath, *Iustitia Dei: A history of the Christian Doctrine of Justification* (Cambridge: Cambridge University Press, 2005).

5) 루터는 칭의 항목을 그리스도교의 모든 교리가 종속되는 복음의 핵심이며, 교회가 서고 넘어지는 조항으로 보았다. McGrath, *Iustitia Dei*, 223.

6) James D. G. Dunn, *Romans 1-8*, Word Biblical Commentary 38A (Dallas, Texas: Word Books, Publisher, 1988), lxv.

다.[7] 그러나 근래에 이르러 옛 관점의 칭의론을 비판적으로 검토하게 되었다. 브레데W. Wrede[8]와 슈텐달[9]이 칭의론에 대하여 문제를 제기한 후에, 근래에 이르러 샌더스E. P. Sanders를 위시하여 던J. D. G. Dunn, 레이제넨H. Raeisaenen, 도날드슨T. L. Donaldson, 라이트N. T. Wright 등이 칭의론을 재고하였다.[10]

이 글은 새 관점 및 사회-수사학 비평을 따라서 갈라디아서의 칭의론을 재해석하고자 한다. 필자는 이 연구에서, 에큐메니칼 운동의 입장과 실존주의 해석도 배제하지 않을 것이다.[11]

---

7) Krister Stendahl, "The Apostle Paul and the Introspective Conscience of the West," *Harvard Theological Review* 56 (1963), 199-215.

8) 브레데(Wilhelm Wrede)는 바울신학의 중심은 칭의론이 아니라 예수로부터 전수한 임박한 종말론으로 보았다. Wilhelm Wrede, *Paul* (London: Philip Green, 1907), 122-128. 이러한 사상은 나중에 슈바이처(Albert Schweitzer)에게로 전달되었다.

9) 슈텐달(Krister Stendahl)은 로마서의 핵심은 칭의론이 아니라고 말했다. 슈텐달에 따르면, 로마서의 절정은 로마서 9-11장에 나타난 교회와 유대 민족의 관계에 관한 것이다. Krister Stendahl, *Paul among Jews and Gentiles and Other Essays* (Philadelphia: Fortress Press, 1976), 11ff., 78ff.

10) E. P. Sanders, *Paul, the Law, and the People of Israel* (Philadelphia: Fortress, 1983); H. Raeisaenen, *Paul and the Law* (Philadelphia: Fortress, 1986); J. D. G. Dunn, *Jesus, Paul, and the Law: Studies in Mark and Galatians* (Louisville: Westminster, 1990); J. D. G. Dunn, "Paul and Justification by Faith," in *The Road from Damascus*, ed. R. N. Longenecker (Grand Rapids: Eerdmans, 1997), 85-101; T. L. Donaldson, *Paul and the Gentile: Remapping the Apostle's Convictional World* (Minneapolis: Fortress, 1997); N. T. Wright, *What Saint Paul Really Said* (Grand Rapids: Eerdmans, 1997).

11) 맥그래스는 현대에 칭의론이 쇠퇴한 이유로 실존주의적 해석, 에큐메니칼 운동 그리고 바울에 대한 새로운 관점(New Perspective) 등을 지적하였다. McGrath, *Iustitia Dei: A history of the Christian Doctrine of Justification*, 406ff. 그러나 이러한 방법들은 칭의론을 연구하는 데에 유용하리라고 생각한다.

2. 본문(갈 2:15-21)의 위치와 맥락

갈라디아서는 크게 두 부분으로 나누면 '나' 구역I section과 '너' 구역You section으로 구분된다.[12] 1-2장은 주로 1인칭으로 서술되고, 3-6장은 2인칭으로 서술된다. 베츠Hans Dieter Betz는 그리스-로마의 수사학과 서간문학의 틀로써 갈라디아서의 문학적 구성과 기능을 분석하였다.[13] 그에 따르면, 갈라디아서 2장 15-21절은 갈라디아서의 핵심적인 논점이 나타나는 주장부로서 앞에 나온 "진술부[1:12-2:14]의 중요한 내용을 요약하고" 뒤따르는 "증명부[3:1-4:31]에서 논의될 주제들을 설정"하고 있다.[14]

이러한 본문의 위치를 고려하면, 주장부에 있는 2장 15-21절에 나타난 칭의론이 갈라디아서를 해석하는 데에 중요한 역할을 한다는 것을 알 수 있다. 15-17절에서 '우리'가 주어이고, 18-21절에서는 '나'가 주어로 등장한다. 곧 전반부는 바울과 예루살렘 교회의 지도자들이 합의한 진리를 재천명하는 내용이고, 후반부는 바울의 개인적인 경험에 근거하여 논증하는 내용이다.[15] 본 단락은 갈라디아서의 머릿돌이라고 할 수 있다.

---

12) 최갑종, 『바울연구 II: 갈라디아서편』 (서울: 그리스도교문서선교회, 1999), 180.

13) 베츠가 제시한 갈라디아서의 수사학적 구조는 다음과 같다. I. 전문(1:1-5), II. 서설(1:6-11), III. 진술(1:12-2:14), IV. 주장(2:15-21), V. 증명(3:1-4:31), VI. 권고(5:1-6:10), VII. 추신(6:11-18).

Hans Dieter Betz, *Galatians: A Commentary on Paul's Letter to the Church in Galatia*, Hermenia (Philadelphia: Fortress Press, 1984), 16-23.

14) Betz, *Galatians*, 114.

15) 마틴(James Louis Martyn)은 2장 15-16절을 게바 및 교사 들을 향한 바울의 주장으로, 17-21절은 논적들의 주장에 대한 대응으로 보았다. James Louis Martyn, *Galatians: A New Translation with Introduction and Commentary*, Anchor Bible 33A (New York: Doubleday, 1997), 246-247.

II. 칭의론의 배경과 기능

1. 칭의론의 배경

1) 갈라디아 교회 정황

갈라디아(1:2)는 갈리아 사람들이 거주하는 북쪽 지역을 지칭하기보다는, 로마의 행정구역인 남쪽 지역을 가리키는 것으로 보인다. 바울은 첫 번째 선교여행 기간에 비시디아 안디옥, 이고니온, 루스드라, 더베 등에 교회들을 세웠다(행 13:13-14:28). 그가 두 번째 선교여행을 하면서 갈라디아를 지나갔고(행 16:6), 세 번째 여행 시에 그곳을 다시 방문하였다(행 18:23). 그런데 얼마 지나지 않아서 갈라디아 지방의 교회들로부터 좋지 않은 소식이 전달되었다. 예루살렘에서 온 "몇몇 사람들"(1:7)이 그리스도의 복음을 변질시켜 "다른 복음"(1:6)을 전파한다는 것이다. 갈라디아서 2장 1-10절에서 바울은 예루살렘 회의에 관하여 언급하였다. 예루살렘 총회에서, 유대인과 마찬가지로 이방인도 "주 예수의 은혜로 구원을 얻는다."(행 15:11)는 데에 바울과 교회의 지도자들이 이미 합의하였다. 그런데도 일부 유대계 지도자들은 "이방 사람들에게도 할례를 주고, 모세의 율법을 지키라."(행 15:5)고 주장하였다. 유대주의자들의 가르침은 교회 안에서 혼란을 야기하였다. 믿음이 약한 갈라디아 사람들은 그릇된 가르침의 유혹에 넘어가서(3:1), 혼란을 겪었다. 갈라디아 교회 안에서 바울과 대적자들 사이에 대립과 논쟁이 발생하였다.

바울을 반대하는 자들은 주로 두 가지 면에서 바울을 비난하였다. 첫째로, 바울은 진정한 사도가 아니다. 그러므로 그는 사도적 권위를 가지고 설교해서는 안 된다. 둘째로, 복음에 대한 바울의 해석은 적절하지 않다. 그의 가르침에는 율법의 실천이 보충되어야 한다는 것이다. 이에 대하여 바울은 자신의 사도권이 정당하고(1:1), 다른 복음은 없다고 단언한다(1:7). 그는 자신의 사도직을 변호하는 데에 많은 지면을 할애하고(1:11-2:21), 이어서 하느님의 은혜에 근거한 그리스도의 복음을 제시한다(3:1-4:31). 사도권을 방어하고 복음을 선포하는 과정에서 칭의론이 나타난다(2:15-21).

갈라디아 교회에 등장한 바울을 반대하는 자들은 누구인가? 바울의 대적자들로 '유대주의적 신자들',[16] '영지주의자들',[17] '종교적 혼합주의자들',[18] '율법주의자들과 방종주의자들',[19] '열심당원들',[20] 그리고 유대주의자들과 정령 숭배자들[21] 등이 거론된다.

---

16) James D. G. Dunn, *The Epistie to the Galatians* BNTC (Peabody: Hendrikson, 1993), 11; Richard N. Longenecker, *Galatians*, WBC 41, (Dallas, Texas: Word Books Publisher, 1990), xcv.

17) 슈미탈스(Walter Schmithals)는 갈라디아서에서 영지주의적 배경을 지적한다. Walter Schmithalsm, "The Heretics in Galatia," in *Paul and the Gnostics*, tr. J. E. Steely (Nashville: Abingdon, 1972), 13-64.

18) 슈탤린(G. Staehlin), 게오르기(D. Georgi), 마르크센(W. Marxen) 등은 바울의 대적자들이 종교적 혼합주의자들이라고 본다. 여기서 종교적 혼합주의란 그리스도교에 영지주의적 요소들을 혼합한 것을 말한다.

19) 뤼트게르트(W. Lütgert) 및 롭스(James Hardy Ropes)는 바울의 반대자들로서 유대주의적 분파와 성령주의적 분파를 상정하는 '두 전선설'(zweifronten Krieg)을 주장한다. Wilhelm Lütgert, *Gesetz und Geist: Eine Untersuchung zur vorgeschichte des Galalerbriefs* (Guetersloh: Berlelsmann, 1919); James Hardy Ropes, *The Singular Problem of the Epistle to the Galatians* (Cambridge, MA: Harvard University Press, 1929).

20) 주이트(Robert Jewett)에 따르면, 유대인 열심당원들이 바울의 가르침을 보완하여 복음을 완성시키고자 하였다. Robert Jewett, "The Agitator and Galatian Congregation," *New Testament Studies* 17 (1971), 198-212.

21) 박익수는 바울의 적대자들을 "유대인 그리스도인들과 이방인 초회심자나 유대주의화를 획책하는 자들" 그리고 "헬라의 우주적 정령 숭배로 돌아가려는 사람들"이라고 보았다. 박익수, 『바울의 서신들과 신학 III』 (서울: 대한그리스도교서회, 2001),

대적자들의 정체를 밝히기가 쉽지 않지만, 2장 4절에 등장하는 "거짓 형제들"을 보수적인 유대계 신도로 볼 수 있다. 갈라디아의 교회들 안에서 유대주의적 지도자들이 바울의 복음과는 다른 가르침을 교인들에게 퍼뜨렸고, 그로 인하여 교회는 혼란에 빠졌다. 바울이 유대계 신자들과 대립하던 상황에서 발생한 갈라디아 사건은 안디옥의 문제가 다시금 표출된 것이다. 따라서 갈라디아의 정황을 파악하려면, 안디옥 사건의 본질을 규명해야 한다.

2) 안디옥 교회 사건

갈라디아서 2장 15-21절은 2장 11-14절과 내용이 연결되어 있다. 이러한 본문의 배치는 갈라디아 교회의 문제가 안디옥 사건과 깊은 관련이 있다는 것을 시사한다.[22] 갈라디아 논쟁에서 칭의론이 처음으로 등장하였다. 옛 관점은 바울의 다마스쿠스 경험으로부터 이 신칭의 교리가 유래한 것으로 보았다.[23] 그러나 던이 언급한 대로, 안디옥 사건을 계기로 바울이 칭의론을 개진하였을 개연성이 높다.[24] 안디옥에서 어떤 일이 있었는가? 바울과 바나바가 사역하는

112.

22) J. D. G. Dunn, *The Epistie to the Galatians*, 132; John M. G. Barclay, *Obeting the Truth: Paul's Ethics in Galatians* (Minneapolis: Fortress Press, 1991), 76-77.

23) 김세윤은 바울의 다마스쿠스 경험으로부터 이신칭의 교리가 유래한 것으로 본다. 그는 칭의 교리의 계시성과 즉각성을 주장한다. 김세윤, 『바울신학과 새 관점』[*Paul and the New Perspective*], 정옥배 역 (서울: 두란노서원, 2004), 25 이하. 그러나 던은 다마스쿠스 사건은 바울의 소명과 회심을 보여주는 것으로 파악하였다. Dunn, "Paul's Conversion: A Light to Twentieth Century Disputes," in *Evangelium, Schriftauslegung, Kirch*, ed. J. Adna, S. J. Hafemann, and Otto Hofius (Göttingen: Vandenhoeck & Ruprecht, 1977), 90, 92.

24) 던은 칭의론이 이방 선교 과정에서 안디옥 사건을 계기로 발전된 것으로 보았다. Dunn, "Paul and Justification by Faith," in *The Road from Damascus*, ed. Richard N. Longenecker (Grand Rapids: Eerdmans, 1977), 90-100.

안디옥 교회에서 이방계 교인들과 유대계 교인들이 함께 식사하고 있었다. 그런데 야고보에게서 온 사람들이 들어오자, 게바를 비롯한 유대인들이 자리를 피하였다. 이러한 처신은 복음의 진리를 따르지 않는 위선적인 행위였다. 그래서 바울은 게바의 일관성이 없는 행동을 비난하였다(2:14).

안디옥 교회에서 발생한 사건의 본질은 무엇인가? 최갑종은 안디옥 사건의 핵심을 유대인의 정체성 유지와 관련하여 "[유대인의] 삶의 문제"[25]로 파악한다. 이에 대하여 이한수는 "[이방인의] 신분 문제"[26]와 관련하여 안디옥 사건에 접근한다. 전자는 하나님의 백성인 유대인의 참 모습에 관심하고, 후자는 이방인도 하나님의 백성이 될 수 있는가에 관심한다. 베드로 일행의 "외식"(2:13)은 이방인 신자에 대한 유대인의 태도에 영향을 미치고, 신앙공동체의 결속을 와해시키는 위험을 초래할 수 있었다. 그래서 바울은 유대주의자들에 맞서서 "복음의 진리"[27]를 지키고자 투쟁하였다. 바울의 우선적인 관심은 이방인 신자가 어떻게 유대인과 동등한 하나님의 언약 백성이 될 수 있는가 하는 문제에 집중되어 있었다.[28] 이

---

25) 유대인이 어떻게 율법을 어기고 이방인과 한 자리에서 음식을 먹을 수 있는가 하는 문제를 예루살렘 교회의 지도자들이 제기했을 때, 베드로 일행이 위선적으로 처신한 것이 사건의 요지라는 것이다. 최갑종, 『바울연구 I』 (서울: 그리스도교문서선교회, 1993), 42-54; 『바울연구 II: 갈라디아서 편』 (서울: 그리스도교문서선교회, 1999), 271, 274.

26) 안디옥 사건은 유대인의 선민적 배타주의가 이방인이 신앙 공동체에 가입하는 것을 방해한다는 것이다. 이한수, 『바울신학연구』 (서울: 총신대학교출판부, 2001), 99-149.

27) "복음의 진리"(2:14)란 "유대계 그리스도인들과 이방계 그리스도인들 사이의 분리의 장벽을 허물고 식탁에서 친교를 나누는 구원의 현실"을 의미한다. 김창락, 『갈라디아서』 대한그리스도교서회 창립100주년 기념 성서주석 (서울: 대한그리스도교서회, 1999), 214.

28) Dunn, *The Theology of Paul the Apostle* (Grand Rapids: Eerdmans, 1997), 340.

러한 바울의 평등사상은 헬레니즘으로부터 기인한 것으로 보인다.[29] 안디옥 사건을 계기로, 바울은 그리스도 안에서 누구든지 그리스도의 믿음으로 의롭게 된다는 칭의론을 역설하게 된 것이다.

2. 칭의론의 의미와 기능

갈라디아서 2장 16절은 "의롭게 하다",[30] "율법의 행위", 그리고 "예수 그리스도의 믿음" 등 중요한 용어들을 포함하고 있다. 이와 관련하여 필자는 칭의론에 대하여 세 가지 물음을 던진다: 1) 누구의 믿음으로 의롭게 되는가? 2) 칭의와 율법은 어떠한 관계에 있는가? 3) 당시에 칭의론은 어떤 기능을 지녔는가?

먼저 칭의의 개념을 간략하게 살펴보겠다. '하느님의 의'(δικαιοσύνη θεοῦ)가 복음에 나타나 있으며(롬 1:17), 예수 그리스도를 통하여 실현되었다(롬 3:22). 어거스틴에 의하면, '하느님의 의Iustitia Dei'란 하느님 자신이 의롭다는 뜻보다는 하느님이 죄인을 의롭게 한다는 의미를 나타낸다.[31] 하느님의 의란 하느님으로부터 와서 인간에게 주어지는 의로서, 하느님이 자기 자신과 사람들의 관계를 올바르게 회복시키는 구원 행동을 의미한다. 옛 관점은 칭의 개념

29) 한동구, "헬레니즘이 유대문화에 미친 영향," 『현상과 인식』 제26호 (2003), 138-39.

30) 갈라디아서 2장 15-21절에서 '의'와 관련된 단어들이 동사형으로 16절에서 3번, 17절에서 1번, 그리고 명사형으로는 21절에서 1번 등장한다. 롱에네커는 의가 법정적이고 윤리적인 의미를 지닌다고 보았다. Longenecker, *Galatians*, 84-5. 동사 δικαιόω는 주로 법정적으로 사용되며, 명사 δικαιοσύνη는 윤리적으로 사용된다. 'δικαιόω'는 '의롭게 하다'(gerechtmachen, 가톨릭) 또는 '의롭다고 인정하다'(gerechtsprechen, 개신교) 등으로 번역된다.

31) McGrath, *Iustitia Dei*, 72.

을 내성적인 양심의 차원에서, 개인에 대한 하느님의 속죄 행위로 규정한다. 그러나 칭의 개념은 개인적인 차원을 넘어서 사회적인 의미를 지닌다. 그리스도 사건이 곧 칭의 사건이다.[32] 누가복음 4장 16-21절은 칭의의 선언이라고 볼 수 있다. 예수는 왜곡된 교조와 부조리한 구조로 인하여 죄인이 양산된 체제에서 하느님의 은혜로 말미암은 죄인의 용서와 해방을 선언한 것이다.

누구의 믿음으로 사람이 의롭게 되는가? 개인의 영적 구원에 관심한 옛 관점은 그리스도에 대한 믿음을 칭의의 조건으로 본다. 옛 관점에서, 칭의는 오직 인간의 '믿음'으로 말미암고, '행위'와는 무관하다. 따라서 믿음과 행위가 분리되고, 복음과 율법이 대립한다.[33] 개신교는 루터의 칭의사상을 편향되게 수용하여, '오직 믿음'을 강조한 결과, 윤리적 실천이 취약하게 되었다. 그런데 갈라디아서 2장 16절은 칭의의 조건이 그리스도의 믿음임을 보여준다. 그리스도의 믿음에 관해서는 III장에서 상술할 것이다.

칭의와 율법은 어떠한 관계에 있는가? 칭의는 율법을 배제하는가? 언약의 구조에서, 은혜와 율법은 언약의 두 가지 실재이다. 양자는 모순관계가 아니라 상보관계에 있다.[34] 구약성서 가운데, 예

---

32) 필자는 이집트 탈출(역사적 사건)과 마음의 할례(심령적 사건) 등과 아울러, 해방을 일으키는 예수사건을 칭의로 보고자 한다. 칭의는 하느님의 구원 행위이다. "하나님의 구원 행위는 인간과 인간 사이의 수평적 관계에서 발생한 소외, 차별, 억압 등의 불의에 희생당한 사람을 구출하는 데서 체현된다." 김창락, 『갈라디아서』, 231.

33) 종교개혁 이래로 그리스도교는 토라(תורה)와 율법의 행위를 동일시하여, 은혜/복음과 대립되는 개념으로 사용하여 왔다. Frank Cruesemann, *The Torah: Theology and Social History of Old Testament Law*, tr. Allan W. Mahnke (Minneapolis: Fortress Press, 1996), 1; "율법과 복음 사이의 구별은 충분히 드러났다. … 율법과 복음은 모순되는 교리들이다." Martin Luther, *Lectures on Galatians*, 『마르틴 루터의 갈라디아서 강해, 상』 김선회 역 (경기: 루터신학대학교 출판부, 2003), 314.

34) 태극기를 예로 들면, 언약(흰 바탕) 안에서 은혜(빨강)와 율법(파랑)은 서로 다르면

레미야 31장 31-34절과 신명기 30장 1-10절은 언약과 칭의 그리고 율법의 관계를 보여준다. 이스라엘이 율법을 어기고, 하느님과 맺은 언약을 깨뜨렸다. 그래서 하느님은 이스라엘의 마음에 율법을 넣어 주어, 새로운 언약을 맺었다(렘 31:33). '율법을 마음에 넣는다.'라는 것은 율법을 폐기한다는 것이 아니라 율법을 지켜 행할 능력을 준다는 뜻이다. '율법을 마음에 넣어 새긴다.'라는 예레미야의 말씀은 신명기에서 '마음에 할례를 베푼다.'(신 30:6)는 구절과 상응한다. 브라울릭G. Braulik에 의하면, '마음의 할례'는 칭의를 의미한다.[35] 야웨는 이스라엘에게 마음의 할례를 베풀어 순종하는 마음을 회복하고, 율법을 지킬 수 있도록 한다(신 30:6, 8). 새 언약은 옛 언약을 폐기하지 않고 완성한다. 마음의 할례, 곧 칭의는 율법 준수로 이어진다. 이스라엘은 공로와 무관하게 하느님의 은혜로 의롭게 된다. 그리고 의로움은 율법 준수를 요구한다. 은혜와 율법의 관계는 '토지'와 '토라'의 관계에서도 나타난다. 이스라엘은 값없이 얻은unmerited 땅을 힘써 쟁취해야merited 한다. 그리고 선물로 받은unmerited 땅에서 복을 누리며 사는 길은 하나님이 명한 모든 계명을 지켜 행하는merited 것이다. 칭의와 율법에 관한 이러한 사상은 제2성전 시대에 형성된 초기 유대교를 거쳐서, 1세기 팔레스타인의 유대교로 이어지고, 바울에게도 영향을 미쳤을 것이다.

서, 어울려 하나를 이룬다(不一不二). 4괘는 율법의 세칙들로 볼 수 있다.

35) Georg Braulik, "Gesetz als Evangelium: Rechtfertigung und Begnadigung nach der deuteronomischen Tora," in *Studien zur Theologie des Deuteronomiums* (Stuttgart: Verlag Katholisches Bibelwerk GmbH, 1985), 157; Braulik, "The Development of the Doctrine of Justification in the Redactional Strata of the Book of Deuteronomy," in *The Theology of Deutoronomy: Collected Essays of Georg Braulik*, O.S.B tr. Ulika Sindblad (Dallas: Bibal Press, 1994), 163-64.

전통적으로 유대교는 공로적 선행(율법 준수)으로 구원에 이르고자 하는 종교로 인식되어 왔다. 그래서 옛 관점은 유대교를 율법주의legalism로 단정하였다. 그런데 샌더스는 유대교는 은혜를 강조하는 종교임을 밝혀냈다. 그에 의하면, 1세기의 팔레스타인 유대교는 "언약적 율법주의covenantal nomism"36)이다. 유대교에 대한 샌더스의 규명은 율법에 대한 새로운 이해를 촉구하였다. 던Dunn은 율법을 도덕법과 제의법으로 구분하고, 바울이 비판한 율법의 행위를 유대인과 이방인을 구분하는 신분 표지인 제의적 법규들로 해석하였다.37) 샌더스와 던은 유대교와 율법을 새롭게 이해하는 길을 열어놓았다.

샌더스와 던으로부터 비롯한 새 관점에 대하여 평가한다면, 바울연구에 새로운 역사를 열었다고 할 수 있다. 먼저 샌더스가 1세기 팔레스타인 유대교의 성격을 새롭게 규명한 것은 큰 업적이 아닐 수 없다. 그런데 샌더스의 한계는 당시의 유대교를 획일적으로 언약적 율법주의라고 규정함으로써, 유대교 내의 다양한 종파들을 간과하고, 그 가운데 율법주의적 종파들의 존재를 무시했다는 것이다.

---

36) "언약적 율법주의(covenantal nomism)란 하나님의 계획에서 인간의 지위는 언약의 기초에 세워진다는 견해이며, 그 언약은 범법 행위에 속죄의 수단을 제공하면서, 인간의 합당한 응답으로서 언약의 계명에 순종하기를 요구한다는 견해이다." Sanders, *Paul and palestinian Judaism*, 75. 이스라엘은 하나님의 은혜로운 선택으로 구원된다. 율법 준수는 구원의 조건이 아니라 언약을 유지하는 방편이다. 유대교 안에는 다양한 종파들이 있었는데, 언약적 율법주의가 여러 종파들의 공통분모라고 할 수 있다.

37) 던에 의하면, "율법의 행위들이란 … 마카비 시대 이래로 유대교를 규정하고, 유대인과 이방인을 규정하는 관행들, 곧 할례, 음식 규정, 안식일 준수 등을 가리킨다." Dunn, "Paul's Conversion: A Light to Twentieth Century Disputes," 92; 율법이 규정한 행위들에는 할례, 음식법, 절기법 등이 있다. Dunn, *Jesus, Paul, and the Law*, 191. 던은 신분 표지인 율법의 행위가 유대인과 이방인을 구분하는 사회학적 역할을 한다고 보았다. Dunn, *Romans 1-8*, 159.

그리고 율법이 유대인의 정체성을 나타내는 신분 표지로 유대인과 이방인을 분리하는 사회적인 기능을 지녔다는 던의 분석은, 율법에 관한 기존의 오류를 정정하는 데에 기여하였다. 그러나 그는 율법의 범위를 특정한 부분으로 축소함으로써, 율법주의적 집단에 대한 바울의 비판을 간과하였다. 바울 서신에서 율법이라는 용어는 문맥에 따라서 그 의미가 달라지는 것이다.

바울은 율법을 부정하였는가? 바울의 율법관을 한마디로 말하기가 어렵다. 레이제넨과 샌더스가 지적한 대로, 바울이 상황에 따라서 율법에 관하여 상이한 내용을 서술한다.[38] 그 이유는 바울이 율법에 관하여 체계적으로 사유하지 않았거나, 율법에 대한 입장이 변해 갔기 때문일 수도 있겠지만, 서신을 받는 교회의 정황과 편지를 쓰는 동기에 따라서 율법에 대한 진술이 달라진 것으로 보인다. 그러므로 상황과 문맥에서 율법의 용례를 살펴보아야 한다. 갈라디아서 2장 15-21절에서 바울은 율법의 행위와 그리스도의 믿음을 대조하고(16절), 율법과 하느님을 대조하며(19절), 율법과 그리스도를 대립시킨다(21절). 이러한 구도는 갈라디아서 전반으로 확장된다. 갈라디아서에서 바울은 율법을 대체로 부정적으로 평가하는 것처럼 보인다.[39] 그러나 율법과 사랑의 관계를 논하거나(5:14) '그리스도의 법'(ὁ νόμος τοῦ Χριστοῦ, 6:2)을 제시한 것을 보면, 바울은 율법 자체를 부정하지 않았다. 5장 22-23절에 열거된 '성령

---

38) H. Raeisaenen, "Paul's Theological Difficults with the Law," in *Studia Biblica 1978*, Supp Series 3 (Sheffield: JSOT Press, 1980), 301; E. P. Sanders, *Paul, the Law, and the jewish People*, 70-76, 144ff.

39) 이에 관하여 조광호는 바울이 율법을 악이나 저주로 인식하지 않았지만, 그리스도를 믿는 믿음을 강조하고자 율법을 부정적으로 묘사한 것으로 파악하였다. 조광호, "갈라디아서에 나타난 바울의 율법 이해," 『신약논단』 제10권 제4호 (2003), 986.

의 열매'는 하느님의 나라를 받을 자들이 지켜야 할 율법의 요소들로 보인다. 16절에서 '그리스도의 믿음'의 대립 개념으로 나타난 '율법의 행위'(ἔργα νόμου)는 하느님의 가르침인 토라Torah를 총칭하는 개념이 아니다. 율법의 행위는 "유대계 그리스도인들과 이방계 그리스도인들 사이를 가로막는 차별의 담"[40]이며, "율법의 실천이 결여된 외면적 정체성의 수단들"[41]이기도 하다. 바울이 반박한 것은 율법 자체가 아니라 복음을 방해하는 율법의 행위, 곧 제의적 규례이다.[42] 유대계 교인들이 내세우는 율법의 행위가 신앙공동체에 들어오는 조건이 될 수 없다. 유대인과 마찬가지로 이방인도 믿음으로 신앙공동체의 구성원이 될 수 있다. 다른 한편, 바울이 율법주의적 성향이 강한 집단을 상대로 언쟁했을 가능성을 배제할 수 없다. 이런 이유로 서중석은 율법의 행위를 "구원의 수단"과 아울러 "장벽 설치의 수단"[43]으로 파악하여, 새 관점의 약점을 보완하고자 하였다.

이제 칭의론의 기능을 살펴보겠다. 갈라디아서에서 칭의론은 사회적 기능으로써 작용하였다. 옛 관점에서 칭의론의 중심 의제는 사람이 의롭게 되려면 '율법을 지킬 것인가, 그리스도를 믿을 것인가?' 하는 것이다. 그런데 새 관점에서 보면, 바울의 관심은 '이방인

---

40) 율법의 행위들은 "할례 문제, 음식 문제, 유대계 그리스도인들의 특권의식, 공로주의" 등이다. 김창락, 『갈라디아서』, 237.

41) 권연경, ""율법의 행위'는 '율법 준수'를 의미하는가?" 『신약논단』 제14권 제3호 (2007), 629, 703.

42) 최홍식에 따르면, 바울이 율법의 행위들을 배척한 이유는 그가 공로적 선행에 반대하거나 인간의 무능을 문제 삼기 때문이 아니었다. 바울은 율법에 규정된 행위를 칭의의 조건으로 간주한 유대적 기독교의 배타적 구원론을 비판한 것이다. 최홍식, "왜 바울은 '율법의 행위들'을 통한 칭의를 부정하는가?: 갈라디아서를 중심으로," 『신약논단』 제11권 제1호 (2004), 185-86, 190.

43) 서중석, 『바울서신 해석』 (서울: 대한그리스도교서회, 1998), 160.

이 어떻게 이스라엘 공동체에 포함될 수 있는가?' 하는 데 있었다. 갈라디아서에서 바울은 하나님의 구원역사에서 특권을 고수하려는 유대계 신자들의 반복음적인 입장을 교정하기 위하여 칭의론을 개진하였다.44) 그것은 개인적인 속성의 변화가 아니라, 사회적인 차원에서 바른 관계를 회복하는 것을 의미한다.45) 칭의론의 목적은 유대인과 이방인 사이에 설치된 장벽을 제거하는 것이다. 그러므로 칭의론은 사회적 조정 기능을 지닌 변론, 곧 강한 자와 약한 자의 부당한 관계를 바로잡으려는 이론적 장치라고 할 수 있다.

갈라디아서와 로마서에서 칭의론의 목적과 기능이 다소 차이가 있다. 로마 교회는 클라우디우스Claudius 황제가 유대인들을 로마에서 추방하는 정책으로 인하여 격변과 위기를 겪었다. 5년 후 추방령이 철회되어 유대인들이 로마로 돌아왔을 때, 교회 안에서는 '강한 자'의 입장에 있는 이방계 그리스도인들과 '약한 자'의 처지에 놓인 유대계 그리스도인들 사이에 주도권 다툼이 발생하였다.46) 로마서에서 바울은 알력 관계에 있는 두 집단의 화해를 목적하고 있다.

다른 한편으로, 갈라디아서에서 바울은 칭의론을 유대주의자의 주장을 공격하는 논쟁적인 무기로 사용하였다.47) 바울의 과제는 하나님의 구속사에서 유대인 신자와 이방인 신자의 평등을 주장하고, 이방인 신자의 권리를 수호하는 것이다.48) 갈라디아서의 칭의

---

44) 김창락, 『갈라디아서』, 254.

45) 서중석, 『바울서신 해석』, 173.

46) Sung-Woo Chung, *Paul, Jesus and the Roman Christian Community: New Perspective on Paul's Jewish Christology in Romans* (Seoul: Christian Herald Publishing Company, 2005), 171.

47) Chung, *Paul, Jesus and the Roman Christian Community*, 84.

48) 이와는 달리, 박익수는 갈라디아서의 칭의론은 약자를 옹호하는 것이 아니라, 그리스도의 믿음을 통한 구원 이외에 유대인들이 내세우는 유대주의화나 이방인들이 좇

론은 이방인 신자의 입지를 약화하는 보수적 유대인들의 가르침에 저항하는 투쟁적인 교리이다.

요약하면, 바울의 칭의론은 평화와 정의를 지향한다. 로마서의 칭의론은 화해의 교리로서 교회의 일치를 도모하고, 갈라디아서의 칭의론은 투쟁의 교리로서 약자를 옹호하여 교회의 연합을 목적한다.

III. 그리스도의 믿음

1. 그리스도의 믿음에 관한 논쟁

칭의론의 핵심은 '예수 그리스도의 믿음'이다. 근래에 '그리스도의 믿음'(πίστις χριστοῦ)은 바울신학 연구에서 중요한 논쟁점으로 떠올랐다. 갈라디아서 2장 16절에 나타난 "πίστις Ἰησοῦ Χριστοῦ"라는 구절은 상이하게 해석될 수 있는데, Χριστοῦ를 대상적 속격objective genitive으로 볼 수도 있고, 주체적 속격subjective genitive으로도 읽을 수도 있다.[49] 그리스도를 신앙의 대상으로 인식하는 전통적인 입장은 χριστοῦ를 대상적 속격으로 해석한다. 루터가 πίστις Ἰησοῦ Χριστοῦ를 "예수 그리스도를 믿는 믿음Glauben an Jesus Christus"으로 번역하였는데, 그러한 해석이 '오직 믿음으로'라는 종교개혁 정신과 부합하기 때문이다. 많은 주석가들은 루터의 입장을 따른다.

는 정령 숭배와 같은 토속신앙을 배제하기 위한 것이라고 보았다. 박익수, 『바울의 서신들과 신학 III』 182.

49) "πίστις Χριστοῦ"를 우리말로 풀이하면, '그리스도를 믿는 믿음' 또는 '그리스도가 믿는 믿음'으로도 읽을 수 있다. 한글 성서는 '그리스도의 믿음'을 대상적 속격으로 번역한다.

예를 들면, 베츠[50]와 마찬가지로 던[51]은 πίστις Χριστοῦ를 대상적 속격으로 번역한다. 김창락[52] 및 차정식[53] 역시 그리스도를 신앙의 대상으로 인식한다. 이러한 학자들은 그리스도를 믿음의 주체로 보기를 꺼려한다.[54]

이와는 달리, 근래에 대두한 새로운 입장은 'πίστις χριστοῦ'에서 그리스도를 주체적 속격으로 해석하기를 제안한다.[55] 여기서는 이

---

50) 베츠는 16절에서 주문장인 "우리가 예수 그리스도를 믿는다"(2:16b)라는 구절에 근거하여 16a절에 있는 Χριστοῦ를 대상적 속격으로 번역한다. Betz, *Galatians*, 117-118.

51) J. D. G. Dunn, *The Epistle to the Galatians* (Peabody: Hendrickson, 1993), 139; D. G. James, "Once More, ΠΙΣΤΙΣ ΧΡΙΣΤΟΥ," in *Pauline Theology* vol. IV: *Looking Back, Pressing On* ed. E. E. Johnson and D. M. Hay (Atlanta: Scholars Press, 1997), 61-81.

52) 김창락은 구원에서 인간의 솔선적인 행위를 배제하는 의미에서, 그리스도를 대상적 속격으로 본다. 김창락, 『갈라디아서』, 228, 233.

53) "그리스도와 믿음의 관계에서 바울의 초점은 하나님의 의가 구체적으로 발현된 결과가 그리스도라는 사실과 이를 믿는 모든 자가 의롭게 된다는 선포적 메시지에 있었다." 차정식, 『로마서 I』 100주년기념 성서주석 (서울: 대한그리스도교서회, 1999), 349.

54) 그리스도를 대상적 속격으로 해석하는 이유는 다음과 같다: ① 그리스도를 믿는 믿음은 신자의 믿음을 강조한 종교개혁의 전통과 부합된다. ② 하느님의 아들인 그리스도에게는 (인간이 소유하는) 믿음이 적절하지 않다. ③ 신자의 믿음은 하느님인 예수를 믿는 것이지, 역사적 예수를 본받는 것이 아니다. 박익수, 『바울의 서신들과 신학 III』 (서울: 대한그리스도교서회, 2001), 355-57.

55) 다음의 글들은 '그리스도의 믿음'을 주체적 속격으로 해석하는 입장에 있다. Richard B. Hays, *The Faith of Jesus Christ: An Investigation of the Narrative Structure of Galatians 3:1-4:11* (Atlanta: Scholars Press, 1983) 139-91; Hays, "ΠΙΣΤΙΣ and Pauline Christology: What is stake?" in *Pauline Theology* vol. IV: *Looking Back, Pressing On* ed. E. E. Johnson and D. M. Hay (Atlanta: Scholars Press, 1997), 35-60; Richard N. Longenecker, "Pistis in Romans 3:25. Neglected Evidence for the 'Faithfulness of Christ'?" *NTS* 39 (1993), 478-80; Longenecker, *Galatians*, WBC 41 (Dallas, Texas: Word Books Publisher, 1990), 87-89; Ben Witherington III, *Paul's Narrative Thought World*, 268-71. 박익수, "Πίστις Ἰησοῦ χριστοῦ는 '그리스도의 믿음'인가? 혹은 '그리스도에 대한 믿음'인가?" 『神學과 世界』 제41호 (2000), 87-127; 최흥식, "바울서신에 나타난 ἔργ

구절을 '그리스도의 신실' 또는 '그리스도가 믿는/지닌 믿음'이라고 읽는다. 위더링튼Ben Witherington III은 던의 주장을 반박하면서, 그리스도의 믿음을 주체적 속격으로 해석할 수 있음을 밝힌다.[56] 위더링튼을 따르면, "그리스도의 믿음이라는 구절은 십자가에서 죽기까지 순종하여 인간의 구원을 이룬 신실한 자에 관한 이야기를 간략하게 간접적으로 언급한 것이다."[57] 다시 말하면, 그리스도의 '믿음'은 그리스도의 '신실'을 뜻한다는 것이다.[58] 그리스도의 산실은 복음의 객관적인 기초이다. 마틴James L. Martyn은 2장 16절과 21절에서 유사성과 모순성을 지적하고, πίστις Χριστοῦ를 주체적 속격으로 해석한다.[59] 그리스도의 신실을 통하여 나타난 하나님의 의가 우리가 지닌 믿음의 근거가 된다. 하나님은 예수 그리스도의 신실을 통하여 인간의 의지를 자유롭게 하셨다.[60] 그리스도의 믿음은 하느님의 은혜로서 인간의 믿음에 선행한다. 박익수에 의하면, "예수의 믿음을 통해서 계시된 하나님의 의, 곧 하나님의 무조건적인 은혜의 선물이 강조된다."[61] 송광근도 같은 맥락에서 그리스도의

α νόμου와 πίστις χριστοῦ 반제에 대한 새 관점: 갈라디아서 2:16을 중심으로," 『신약논단』 제12권 제4호 (2005), 805-854.

56) Ben Witherington III., *Grace in Galatia: A Commentary on St Paul's Letter to the Galatians* (Edinburgh: T&T Clark, 1998), 179-182.

57) Witherington III, *Grace in Galatia*, 182.

58) 헬라어 πίστις에 상응하는 히브리어 에무나(אֱמוּנָה)는 '믿음'과 아울러 '성실'이라는 의미를 내포한다. "하느님의 신실하심"(롬 3:3)과 "아브라함이 지닌 믿음"(롬 4:16)에서 두 구절 모두 πίστις라는 용어를 사용한다. 따라서 πίστις Χριστοῦ를 '그리스도의 믿음/신실'이라고 번역할 수 있다.

59) James Louis Martyn, *Galatians: A New Translation with Introduction and Commentary*, Anchor Bible 33A (New York: Doubieday, 1997), 251.

60) Martyn, *Galatians*, 276.

61) 박익수, "그리스도의 믿음인가 그리스도에 대한 믿음인가," 『神學과 世界』 제41호 (2000), 95.

믿음을 인간의 믿음에 선행하는 하나님의 구원 행동으로 해석한다. "하나님의 의는 인간이 그리스도를 믿기 이전에 그리스도의 믿음으로 나타난 것이다."[62] πίστις Χριστού를 주체적 속격으로 해석할지라도, 그 의미가 일치된 것은 아니다. 예를 들면, 최흥식은[63] 여전히 그리스도를 신앙의 대상으로 인지하고 그리스도의 신실성을 강조한다. 다른 한편, 박익수는 그리스도를 믿음의 전형으로 파악한다.[64] 믿음의 전형은 하느님의 은혜와 아울러 예수의 인성을 강조한다.

다른 한편, 양자의 견해를 절충하는 입장도 차츰 설득력을 얻고 있다. 그리스도의 믿음에 관한 논의를 재개한 윌리암스S. K. Williams는 그리스도 자신의 믿음과 아울러 믿는 자의 믿음을 포함하는 의미에서 πίστις χριστού를 '그리스도-믿음'으로 번역하였다.[65] 마테라Frank J. Matera는 윌리암스와 동일하게 이 구절을 '그리스도-믿음'으로 해석하고, 주체적 속격으로 보면서도 대상적 속격을 배제하지 않는다.[66] 롱에네커Longenecker는 '그리스도의 믿음'이라는 어구가

62) 송광근, 『바울서신의 πίστις Χριστού 연구』(서울: 한들출판사, 2005), 77.

63) 최흥식은 πίστις Χριστού를 기독론적으로 해석한다. 그리스도의 신앙 행위가 아니라 그리스도의 구원사건을 가리키는 뜻으로, 그는 '그리스도의 믿음' 대신에 '그리스도의 신실성'이라는 용어를 사용한다. 최흥식, "바울서신에 나타난 ἔργα νόμου와 πίστις χριστού 반제에 대한 새 관점," 809-810.

64) 차정식은 예수가 '순종의 모범'으로서 '윤리적 기준'을 제시했다는 데에 동의하지 않는다. 차정식, 『로마서 I』, 350. 박익수는 그리스도와 신자의 관계에서 '전형'과 '본받는 자'의 관계가 성립된다고 본다. 박익수, "그리스도의 믿음인가 그리스도에 대한 믿음인가," 118; 박익수, 『바울의 서신들과 신학 III』(서울: 대한그리스도교서회, 2001), 401-441 참조.

65) Sam K. Williams, "Agains Pistis Christou," *The Catholic Biblical Quartely* 49 (1987), 431.

66) "사람이 그리스도를 믿는 것은 그리스도의 신실에 근거한다. 따라서 'πίστις χριστού'는 '그리스도-믿음', 곧 그리스도를 믿는 개인의 신앙의 기초를 다지는 그리스도의 신실로 해석할 수 있다." Frank J. Matera, *Galatians* (Minnesota: The

신앙의 객관적인 근거와 이에 상응하는 인간의 주관적인 응답/신앙 사이에 균형을 이룬다고 파악한다.[67] 현경식은 '그리스도'와 '믿음'을 동격으로 보고, '그리스도의 믿음'을 "그리스도라는 객관적인 믿음의 사건"[68]으로 읽는다. 이러한 절충적인 견해는 먼저 형성된 바울의 서신서와 이후에 성립된 복음서에 나타난 그리스도 이해를 종합하려 한 것으로 보인다.

위에서 살펴본 πίστις χριστοῦ 논쟁은 바울의 신학을 새롭게 이해하는 데에 중요한 단서를 제공한다. 칭의의 근거가 그리스도를 믿는 인간의 믿음인가, 아니면 그리스도의 믿음을 통한 하느님의 은혜인가? 하느님의 선행하는 은총을 강조하는 '그리스도의 믿음'이 타당하다고 생각한다. 전통적으로 그리스도는 신앙의 대상으로 인식되지만, 새로운 해석에서 그리스도를 신앙의 주체로 보고, 나아가서 역사적 예수를 논의할 수 있는 길을 열어놓았다.

2. 그리스도의 믿음과 역사적 예수

칭의론은 역사적 예수와 연결되어야 한다. 그리스도교 신학의 과제는 교리적 예수가 아니라 '역사적 예수Historical Jesus'를 찾는 일이다. 크로산의 말대로, 그리스도교 신앙은 하느님의 현현인 역사적 예수에 대한 신앙의 행위이기 때문이다.[69] 그리스도는 역사적 예수 이

Liturgical Press, 1992), 94.

67) Longenecker, *Galatians*, 87.

68) 현경식, "공동체의 구원을 위하여: 바울의 몸 사상을 중심으로," 『신약논단』 제9권 제1호 (2002 봄), 189.

69) John Dominic Crossan, 『예수: 사회적 혁명가의 전기』[*Jesus A Revolutionary Biography*], 김기철 역 (고양: 한국기독교연구소, 2007), 316.

상이지만, 예수가 그리스도 이하도 아니다. 역사적 예수에 관한 물음은 몇 차례에 걸쳐서 일어났다. 자유주의 신학에서 비롯된 역사적 예수에 대한 '옛 물음'과 불트만 학파의 '새 물음', 그리고 예수세미나가 제기한 '제3의 물음'은 각각 시대적 한계를 지니고 있지만, 교리적 예수상을 극복하고 예수의 복음을 찾으려는 시도라고 볼 수 있다.70) 1985년 '예수 세미나'가 결성된 이후, 펑크Robert Funk, 맥Burton Mack, 크로산John Dominic Crossan, 보그Marcus Borg 등은 새롭게 역사적 예수를 탐구하였다.71) '역사적 예수'는 또 다른 연구주제이므로 여기서는 상술하지 않겠다. 다만 그리스도의 믿음은 역사적 예수와 분리될 수 없다는 것을 지적하고자 한다. 우리는 케리그마의 그리스도와 역사적 예수 가운데 양자택일할 것이 아니라, 양자의 균형과 조화를 모색해야 한다.

우리의 믿음은 역사적 예수의 믿음에 기초하여 세워져야 한다. 그런데 갈라디아서에서 역사적 예수의 자취를 추적하기가 어렵다. 바울의 진술에는 역사적 예수를 평가절하하는 듯한 표현이 나타난다. 그리하여 바울의 메시지에서 역사성이 탈색되고, 신앙의 그리스

70) 김명수, "'예수 세미나' 운동과 역사적 예수 탐구사," 『신약논단』 제10권 제3호 (2003), 555-586 참조.

71) '역사적 예수' 탐구에 관하여 다음의 문헌들을 참조하라. Burton L. Mack, 『잃어버린 복음서: Q 복음과 그리스도교의 기원』[*The Lost Gospel: The Book of Q & Christian Origins*], 김덕순 역, (서울: 한국그리스도교연구소, 1999); Robert Funk, 『예수에게 솔직히』[*Honest to Jesus: Jesus for A New Millennium*], 김준우 역 (서울: 한국그리스도교연구소, 1999); John Dominic Crossan, 『예수는 누구인가: 역사적 예수에 관한 질문들에 대한 대답』[Who Is Jesus?], 한인철 역 (서울: 한국그리스도교연구소, 2000); John Dominic Crossan, 『역사적 예수』[*The Historical Jesus: The Life of A Mediterranean Jewish Peasant*], 김준우 역 (서울: 한국그리스도교연구소, 2000); Marcus Borg & N. T. Wright, 『예수의 의미』[*The Meaning of Jesus: Two Visions*], 김준우 역 (서울: 한국그리스도교연구소, 2001).

도가 부각되었다. “우리는 이제부터는 아무도 육신의 잣대로 [그리스도를] 알려고 하지 않습니다”(고후 5:16). 그가 전파하는 복음도 “사람에게서 받은 것이 아니요, 배운 것도 아니요, 예수 그리스도께서 나타나심으로 받은 것”(1:2)이다. 바울의 메시지는 “예수 그리스도께서 십자가에 못 박히신”(3:1) 사건에 근거하고 있다. 바울은 “예수 그리스도 곧 십자가에 달리신 그분”(고전 2:2)을 알고자 하고, “예수 그리스도의 십자가”(6:14)를 자랑하였다. 바울의 진술을 신중하게 조사하면, 바울의 메시지에서 역사적 예수의 흔적을 찾을 수 있다. 바울은 자신의 사도권을 그리스도의 계시에 기초하였다. 바울이 그리스도의 죽음과 부활을 강조한 것은 육신의 예수를 내세운 예루살렘 교회의 사도들을 의식하였기 때문일 수 있다. 바울은 부활한 그리스도를 핵심 메시지로 선포하였지만, 그렇다고 해서 부활 이전의 역사적 예수를 부정하지 않았다.

바울은 예수의 계승자인가? 아니면 새로운 기독교의 창시자인가? 예수의 복음과 바울의 복음에는 차이가 있다. 예를 들면, 예수는 ‘하느님의 나라’를 선포하였지만, 바울은 ‘하느님의 의’를 전파하였다. 그러나 바울의 교훈은 예수의 가르침과 아주 단절되지는 않았다. 정승우가 지적하듯이, 바울이 하느님의 나라에 관하여 침묵하고, “하나님의 의에 초점을 맞추고 있는 것은 선교 전략”[72]이라고 볼 수 있다. 로마제국의 권력에서 신앙 공동체를 보호하고, 이방 세계에 효과적으로 전도하는 데에, 하느님의 나라보다는 하느님의 의가 적합하였을 것이다. 예수와 바울의 율법관은 상이한가? “율법의

72) 정승우, “왜 바울은 하나님 나라에 대해 침묵하는가?” 『신약논단』 제13권 제2호 (2006), 422.

성취자"(롬 10:4)인 예수 그리스도는 "율법을 폐하러 온 것이 아니라, 완성하러 왔다."(마 5:17). 율법을 완성하는 새 언약은 예수에게서 궁극적으로 성취되었다(마 26:28; 막 14:24; 눅 22:20; 고전 11:25; 히 8:7-13). 그에 비하여 바울은 율법에 관하여 부정적으로 언급하는 경우가 많다. 앞에서 언급했듯이, 바울의 칭의론은 율법의 준수를 지향한다. 양자 사이에는 차이점이 보이지만, 예수와 바울이 근본에서는 일치한다고 할 수 있다.

바울은 예수를 누구라고 인식하였을까? 바울은 예수와 마찬가지로, 유대교인으로서 예수 운동을 일으키며 유대교의 개혁을 추진하였다.[73] 바울의 신학은 하나님 중심적God-centered이다. 본문에서 그는 예수를 "그리스도"(2:16)와 "하나님의 아들"(2:20)로 고백하고 있다. 이러한 용어들이 반드시 신적인 존재를 가리키는 것은 아니다. 메시아(מָשִׁיחַ) 또는 '그리스도'(Χριστός)란 기름 부음 받은 자, 곧 하나님이 그의 백성을 구원하기 위하여 보내기로 약속한 사람이라는 뜻이다. 예수가 그리스도라는 것은 그가 하나님의 현존을 깊이 체험하고, 그리스도의 사명을 자각하게 되었다는 것을 의미한다. 또한 바울은 예수를 하나님의 아들로 지칭하였다. '하나님의 아들'이란 수사학적 메타포로서, 하나님의 말씀에 온전히 따르며 하나님의 뜻을 실현하는 사람을 가리킨다.[74] 바울이 예수를 하나님의 아

73) 샌더스는 유대적 문화전통에서 예수운동을 해석하고, 예수운동을 유대교 안에서 일어난 갱신 운동으로 보았다. 예수는 유대교의 개혁과 부흥을 추구하였다. 샌더스가 역사적 연구의 출발점으로 삼은 성전 숙청사건은 이스라엘의 회복을 열망하는 예수의 상징적 행동이었다는 것이다. E. P. Sanders, 『예수와 유대교』[*Jesus and Judaism*], 황종구 역 (서울: 크리스챤다이제스트, 1998), 106.

74) 구약성서에서 하나님의 아들은 이스라엘 백성(호 11:1; 출 4:22-23), 이스라엘의 왕(시 2:7), 천사(욥 38:7), 의로운 사람(지혜 2:18) 등을 가리킨다. 신약성서에서 주로 하나님과 예수의 친밀한 관계를 나타내는데 하나님의 아들이라는 용어가 사용

들로 지칭한 것은, 그가 하나님의 뜻에 온전히 순종하여 믿음의 본을 보였다는 뜻이다. 구약의 메시아Messiah 신앙에서 조명하면, 예수를 하느님으로 받아들이기는 무리다. 예수는 그리스도이지만, 하느님은 아니다.

그리스도의 신성을 나타내는 것으로 알려진 본문들을 숙고하면, 예수의 인성을 발견할 수 있다. 예를 들면, 갈라디아서 4장 4-5절은 예수의 선재 사상과 성육신 신학을 의미하는 것이 아니라,[75] 구속사에서 하느님의 주권과 예정을 드러내는 파송 형식 구문이다.[76] 하느님은 예수 그리스도를 통하여 당신의 뜻을 드러내고, 구원역사를 전개하였다는 것이다. 초기 교회의 그리스도 찬송으로 알려진 빌립보서 2장 6-11장은 전통적으로 기독론적으로 해석되어 그리스도가 신앙과 찬송의 대상으로 고백되었지만,[77] 역사적 예수와 연관하여 그리스도가 종말론적 메시아로 해석될 수 있는 여지가 있다.[78]

다른 한편, 바울이 예수를 하느님으로 인식하게 하는 단서를 제공하였다는 것을 부인하기는 어렵다. 교회가 선포된 그리스도에 집중하게 된 데에는 바울에게도 책임이 있다고 본다. 그러므로 바울의 공헌을 인정하면서 그의 한계를 지적하는 것이 요구된다. 바울

되었다(막 1:1; 요 1:34; 롬 1:4 등).

75) Betz, *Galatians*, 206.

76) Matera, *Galatians*, 150.

77) 배재욱, "빌립보서 2:6-11의 '그리스도 찬송'에 대한 기독론적 연구,"『신약논단』 제14권 제1호 (2007), 99-127.

78) 서동수, "바울의 역사적 예수: 롬 1,3-4 '하나님의 아들'과 빌 2,6-11 '하나님의 형상'의 신학적 의미의 연관성에 관한 소고,"『신약논단』 제12권 제2호 (2005), 461-495. "하나님의 아들 예수 그리스도를 철저히 인간으로 이해하는 바울의 신학은 우리의 신앙을 저해하지 않는다."는 서동수의 발언은 예수를 하느님으로 만드는 기독론에 도전적인 문제를 제기한다. 서동수, "바울의 역사적 예수," 486.

의 서신들에서 십자가사건의 역사성과 정치성이 탈색되고 케리그마를 강조하는 신학 작업이 추진된 것은 당시의 선교적 상황과 연관이 있을 것이다. 바울은 당시의 정황에서 로마 정부와 불필요하게 충돌하는 것을 피하고, 선교지에 자유롭게 여행하며 이방인들에게 전도하기를 원했을 것이다. 성서를 기록하는 과정에서도 복음을 위한 '생존의 수사학'[79]을 구사하여, 로마제국을 자극하는 표현을 자제한 것으로 추정된다. 바울은 선교사역에서 다른 방식으로 로마제국에 대항한다.[80] 바울 서신에서 사회의 부조리에 저항하거나 로마의 체제를 거부하라는 메시지는 명시적으로 드러나지는 않는다. 그런데 교회의 약자에 대한 배려나 로마에 의한 순교를 감안하면, 바울의 메시지는 구조악 및 불의한 세력과 투쟁하기를 시사한다.

초기 교회는 역사적 예수보다 신앙의 그리스도에 관심하였다.[81] 복음서에서 하느님의 아들은 격상된 의미를 지니게 되었다. 예수를 신격화하는 교리는 성서시대 이후 교회사를 통하여 더욱 발전하였다. 교회는 예수에 대한 은유적 고백들을 사실적 묘사로 수용하고,

79) 성서는 생존의 책이다. 서용원은 성서 전체를 이해하고 해석하는 중심언어를 '생존'(生存, survival)으로 본다. 생존이란 생의 위기나 도전에 응전하여, 생명을 보존하고 자기를 창조하는 생명 작용을 의미한다. 성서는 존망의 위기에 직면하여, 생존의 길을 모색한 위기의 산물이다. 서용원, 『생존의 복음: 초기 기독교의 신앙과 복음해석에 대한 탐구』 (서울: 한들출판사, 2000); 서용원, 『마가복음과 생존의 수사학』 (서울: 대한기독교서회, 2003).

80) 바울은 십자가 처형을 묵시적으로 해석하였다. 그리고 '복음', '신앙', '정의', '평화' 등 로마제국의 정치적 용어들을 신학적으로 재해석하여, 반제국적인 복음을 선포하였다. 김재성, "바울과 로마제국의 정치학," 『신약논단』 제13권 제4호 (2006), 953 이하, 970 이하.

81) 복음서들에서 예수 그리스도의 신성(神性)과 선재(先在)가 보다 강조되었다. 예수를 하느님의 아들로 고백하는 시점을 바울은 예수의 부활사건(롬 1:4)으로 보았고, 마가는 예수의 세례(막 1:11)로, 마태와 누가는 잉태사건(마 1:23; 눅 1:32, 35)으로, 요한은 태초(요 1:1)로 보도한다. 예수를 하느님의 아들로 고백한 성서의 기사는 위기의 상황에 처한 신앙공동체가 선택한 생존의 수사학으로 보인다.

선포자 예수를 선포의 대상으로 바꾸었다. 중세기에 접어들면서, 신격화 기독론이 본격적으로 형성되어 갔다.[82] 니케아 공의회에서 예수와 하느님을 동일본질homoousios로 보는 기독론이 우세하였다. 정통 그리스도교의 신앙고백문인 사도신경에는 나사렛(역사적) 예수가 빠져 있다. 그리하여 그리스도교 전통은 '예수가 믿는 믿음'을 '예수를 믿는 믿음'으로 변경하고, 예수가 선포한 복음을 예수에 관한 복음으로 대체하였다. 종교개혁은 '오직 믿음'을 내세우며 그리스도를 믿는 믿음을 더욱 강화하였다. 이러한 전통이 오늘날 한국 교회에 그대로 전수되고 있다. 교회가 역사적 예수에 관심해야 하는 이유가 여기에 있다.

3. 그리스도의 믿음과 우리의 믿음

갈라디아서 2장 16절에 의하면, 그리스도의 믿음이 우리 믿음의 근원이 된다. "예수 그리스도의 믿음으로"와 "그리스도의 믿음으로"에서 그리스도가 믿음의 주체이다. 그러나 "우리도 그리스도 예수를 믿은 것입니다."라는 주문장에서 '믿었다'(ἐπιστεύσαμεν)라는 동사의 주체는 우리(인간)이다.[83] 이러한 구조는 그리스도의 믿음과

---

82) 초기 교회는 생존의 수사학으로써 예수를 그리스도로 고백하였다 그런데 중세 교회는 신격화 기독론을 통하여 성직제도와 교권을 강화하고 지배 이데올로기를 재생산하였다.

83) 갈라디아서 2장 16절은 다음과 같이 네 부분으로 분석된다: a. 사람이 율법을 행하는 행위로 의롭게 되는 것이 아니라, 예수 그리스도의 믿음으로 의롭게 되는 것임을 알고(이유), b. 우리도 그리스도 예수를 믿은 것입니다(주문장). c. 그것은 우리가 율법을 행하는 행위로가 아니라, 그리스도의 믿음으로 의롭다고 하심을 받고자 했던 것입니다(목적). d. 율법을 행하는 행위로는, 아무도 의롭게 될 수 없기 때문입니다(이유). 16절에서 b가 주문장이고, 칭의론 명제를 담은 a, c, d는 종속절이다. a는 b의 이유이고, d는 c를 부연적으로 설명한다. 바울은 a와 c에서 예수 그리스도

우리 믿음의 상관관계를 보여준다. 롱에네커는 '믿음'이란 그리스도교 신앙의 객관적 기초인 '그리스도의 신실'에 대한 인간의 주관적인 반응이라고 서술하였다.[84] 그리스도의 믿음이 칭의사건이고, 인간의 믿음은 그리스도의 믿음에 대한 응답이다. 하느님의 의가 "믿음에서 믿음으로"(ἐκ πίστεως εἰς πίστιν, 롬 1:17)[85] 이른다. "예수 그리스도의 믿음"에 근거하여 "우리도 그리스도 예수를 믿는다"(2:16). 박익수는 로마서 1장 17장과 3장 22절을 연결하여, "예수 그리스도의 믿음이 모든 믿는 사람들의 믿음을 불러오게" 하였다고 보았다.[86] 예수는 믿음의 전형이며, 가장 탁월한 하느님의 증인이다. 예수가 믿음의 전형이라는 것은 그는 하느님과 인간 사이를 이어주는 대속적 중개인broker이 아니라는 것이다. '대속substitution'이라는 개념은 구원의 타율성과 인간의 의존성을 강조하고, 결과적으로 인간의 주체적 참여를 배척한다.[87] 그러므로 2장 20절에서 "ὑπὲρ ἐμοῦ"를 "나를 대신하여"(표준)보다는 "나를 위하여"(개역)라고 번역하는 것이 더 적절하다. 그리스도의 속죄는 인간의 결단과 참여를 요청한다. 왜곡된 실존으로 살아가는 죄인은 믿음의 결

의 믿음을 제시하고, b에서 우리의 믿음을 언급한다.

84) Longenecker, *Galatians*, 87.

85) "믿음에서 믿음으로"(ἐκ πίστεως εἰς πίστιν, 롬 1:17)라는 구절은 일반적으로 "처음부터 끝까지 믿음으로(by faith from first to last, NIV)", "오직 믿음으로"라는 뜻으로 이해된다. 다른 한편 전자는 하느님의 신실을 가리키고, 후자는 인간의 신앙을 가리킨다고 볼 수 있다. 따라서 이 구절을 '그리스도의 믿음에서 우리의 믿음으로'라고 읽을 수 있다.

86) 박익수, 『유대인과 이방인 모두를 위한 복음: 로마서주석 I』(서울: 대한기독교서회, 2008), 313.

87) 틸리히(Paul Tillich)가 지적했듯이, 속죄론이 대속(substitution)의 개념에서 참여(participation)의 개념으로 나아가야, 구원의 의미를 올바르게 드러낼 수 있을 것이다. Paul Tillich, *Systematic Theology* II (Chicago: The University of Chicago Press, 1975), 173.

단으로 그리스도-사건에 참여하여, 진정한 실존을 회복하게 된다. 예수는 복음을 선포하고, 하느님을 증거하며, 사람마다 중매자 없이 하느님에게 나아갈 길을 보여주었다. 이런 뜻에서 예수는 "길이요 진리요 생명이다."(요 14:6).

그리스도의 믿음으로 말미암아 우리도 믿음으로 살아간다. 본문에서 "믿음으로 의롭게 되는 것"(2:16)이라는 명제는 "믿습니다."(2:16)라는 고백과 "믿음 안에서 삽니다."(2:20)라는 선언을 이끈다. 그리스도인은 그리스도와 함께 십자가에 못박히고(2:20), 예수의 죽음을 몸에 짊어지고 다니는 자이다(고후 4:10). 그리스도인의 삶의 원리는 "그리스도 안에서"(ἐν Χϱίστῷ, 2:17; 5:6) 및 "영을 따라"(πνεύματι, 5:16)라는 구절로 요약된다. 갈라디아서는 하느님의 은혜로 말미암는 구원의 도리를 선포하고(3-4장), 이어서 구원 이후 그리스도인의 삶에 관하여 진술한다(5-6장). 믿음과 삶은 나누어질 수 없는 것이다.

4. 그리스도의 믿음이 지닌 의의

위에서 살펴본 '그리스도의 믿음'은 다음과 같은 의의를 지닌다.
① 그리스도의 믿음은 '율법의 행위에 근거한 의'와 '예수의 구원사역에 근거한 의'를 구분한다.[88] 예수의 믿음이란 인간의 행위에 선행하는 하느님의 은혜로운 구원사건을 의미한다. 그리스도의 믿음은 그리스도 사건을 통하여 계시된 하느님의 의와 은혜를 강조한다.
② 그리스도의 믿음은 신자가 본받을 '믿음의 전형'이다. 예수는 하

88) 박익수, 『바울의 서신들과 신학 III』, 397-98.

느님의 증인으로서, 하나님의 뜻에 온전히 순종하고 충성하였다. 그리하여 인간이 하나님의 의를 공유할 수 있게 되었다. 그리스도의 믿음이 우리의 믿음으로 이어진다. ③ 그리스도의 믿음은 신자의 주체성과 책임성을 강화한다. 그리스도의 믿음은 하나님의 주도적 구원 행위를 보여주고, 신자의 주체적 참여를 요구한다. 그리스도와 신자는 상호 주도적이며 상호 의존적인 관계에 있다(2:20). ④ 그리스도의 믿음은 '믿음'과 '행위'를 통합한다. 종교개혁의 신학에서 복음과 율법이 대립하고, 믿음과 행위가 분열되어 있다. 우리의 신앙이 하나님의 현존을 증언하고, 우리의 행위가 우리의 믿음을 드러낸다. 따라서 신앙과 행위를 분리하는 것은 몸과 영혼을 분리하는 것이며(약 2:26), 우리와 하나님을 분열시키는 것이다. '그리스도 안에서' 믿음과 행위가 통일을 이룬다. 그리스도의 믿음은 '율법의 행위'를 넘어서, "그리스도의 법"(6:2)을 성취하는 것을 목적한다.

IV. 결론

개신교신학은 루터신학의 영향 아래, 인간의 죄 문제를 해결하려는 구원론적 입장에서 바울의 칭의론을 취급하였다. 개인의 영적 구원에 관심한 옛 관점은 그리스도에 대한 인간의 믿음을 칭의의 조건으로 본다. 옛 관점에서, 칭의는 오직 (인간의) '믿음'으로 말미암고, '행위'와는 무관하다. 여기서는 믿음과 행위가 분리되고, 복음과 율법이 대립한다. 개신교는 루터의 칭의사상을 편향되게 수용하여, '오직 믿음'을 강조한 결과, 윤리적 실천이 취약하게 되었다.

이에 대하여 새 관점은 유대교를 언약적 율법주의로 이해한다.

유대교는 율법주의적 종교가 아니다. 율법의 행위는 유대인의 신분 표지인 제의적 법규들을 가리킨다. 새 관점은 선교적 정황에서 칭의론의 사회적인 의미를 찾고자 한다. 당시 갈라디아 교회의 현안은 이방 선교 과정에서 발생한 교회 구성원의 분열이다. 안디옥 사건은 이방인에 대한 차별적인 시각을 드러낸다. 그래서 바울은 유대인과 이방인을 차별하는 율법의 행위를 비판한다. 강자인 유대인 신자를 견제하고 이방인 신자의 권리를 옹호하는 데에 칭의론이 사용되었다. 칭의론은 사회적 조정 기능을 지닌 변론, 곧 강한 자와 약한 자의 부당한 관계를 바로잡으려는 이론적 장치라고 할 수 있다.

갈라디아서 2장 16절에서 칭의론과 관련하여 옛 관점에 입각한 전통신학은 두 가지 명제를 내세운다: 1) 사람은 믿음으로 의롭게 된다. 2) 사람이 율법의 행위로 의롭게 되는 것이 아니다. 이에 대하여 새 관점을 수용한 본 연구의 논지는 다음과 같다. 1) 칭의의 근거는 인간의 믿음이 아니라 그리스도의 믿음이다. 2) 칭의는 율법을 배제하지 않고, 율법에 순종함을 요구한다.

칭의와 율법은 어떤 관계에 있는가? 칭의는 오직 믿음만 요구하고 율법을 배제하는가? 언약의 구조에서, 은혜와 율법은 언약의 두 가지 실재이다. 양자는 모순관계가 아니라 상보관계에 있다. 율법은 언약의 구체적인 표현이다. 새 언약은 옛 언약을 폐기하지 않고 완성한다. 야웨는 이스라엘에게 마음의 할례를 베풀어 순종하는 마음을 회복한다. 다시 말하면, 하나님의 은혜는 이스라엘을 의롭게 하고, 칭의는 율법을 요구한다. 그리하여 칭의는 그리스도의 법을 이루는 데로 나아간다(갈 6:2).

칭의론의 핵심은 '예수 그리스도의 믿음'이다. Ἰησοῦ Χριστοῦ라는 구절에서 Χριστοῦ를 대상적 속격으로 볼 수 있고, 주체적 속격으로 읽을 수도 있다. 후자의 해석을 따르면, 그리스도를 신앙의 주체로 보고, 이 구절을 '그리스도가 믿는 믿음'이라고 번역할 수 있다. 전통적으로 그리스도는 신앙의 대상으로 인식되지만, 새로운 해석에서는 그리스도가 믿음의 전형으로 이해될 수 있다. 따라서 그리스도의 믿음은 역사적 예수를 논의할 수 있는 길을 열어놓았다.

칭의는 믿음으로 예수 그리스도 사건에 참여하는 것이다. 그러므로 칭의론은 역사적 예수와 연결되어야 한다. 그리스도교 신학의 과제는 교리적 예수가 아니라 역사적 예수를 찾는 일이다. 그리스도교 신앙은 하느님의 현현인 역사적 예수에 대한 신앙의 행위이기 때문이다. 그리스도는 역사적 예수 이상이지만, 예수가 그리스도 이하도 아니다. 따라서 역사적 예수로부터 칭의론이 논의되어야 한다. 그리스도의 믿음은 역사적 예수에 근거하기 때문이다.

그리스도의 믿음은 우리의 믿음으로 이어진다. 믿음이란 그리스도교 신앙의 객관적 기초인 그리스도의 믿음에 대한 인간의 주관적인 반응이다. 예수 그리스도의 믿음이 모든 믿는 사람들의 믿음을 불러오게 하였다. 예수는 믿음의 전형이며, 삶의 모범이다. 예수가 믿음의 전형이라는 것은 하느님과 인간 사이를 이어주는 대속적 중매자 없이 하느님에게 나아갈 길을 그가 보여주었다는 것이다. "예수 그리스도의 믿음으로 사람이 의롭게 된다."(2:16)는 명제는 하느님의 은혜를 선언하고, 신자의 신실과 순종을 요구한다.

칭의론은 개인적이고 실존적인 의미를 넘어서 역사적이고 사회적인 의미를 지닌다. 에큐메니칼 운동과 하느님 선교의 차원에서 바울의 칭의론은 중요한 의미를 지닌다. 오늘날 칭의론에 대한 올바른 이해를 통하여 교회의 일치와 연합을 이루기를 기대한다.

고통 가운데서도 파멸하지 않는 인간의 삶
-『욥기』 다시 읽기

최형묵 | 한신대 외래교수, 천안살림교회 담임

I. 부조리한 현실과 고통의 기원에 관한 물음의 보편성

"네 시작은 미약하였으나 네 나중은 심히 창대하리라."(욥기 8:7)

흔히 개업식에서 가장 애송되는 성구이다. 개업을 축하하는 목사의 설교 가운데서도 널리 인용될 뿐 아니라 현판이나 액자로 내걸리기도 한다. 가까운 사람의 개업식에 축하선물이라도 들고 가야 하는데, 마땅히 정한 것이 없다면 이 성구가 적혀 있는 현판이나 액자를 사 들고 가면 환영받을 수 있다. 근래 우리 사회에서 가혹한 구조조정의 위기로 많은 사람들이 일자리를 잃고 창업에 나설 수밖에 없었는데, 그들의 창업 현장에서도 이 성구는 널리 울려 퍼지고 또한 내걸렸을 것이다. 성서에 기록된 지 2000여 년이 지난 오늘에도 이 문구는 퇴색하지 않고 많은 사람들의 희망을 표현해 주고 있다.

그러면 얼마나 좋을까? 사람들이 희망하는 대로 모든 일이 그렇게 처음에는 보잘것없었지만 훗날 번성해진다면 얼마나 좋을까? 그러나 유감스럽게도 사람들이 경험하는 것은 그 희망이 성취되는 것보다는 그 희망이 배반당하는 현실이다. 구조조정의 여파로 창업을 했던 많은 이들은 창업신화의 주인공이 되기보다는 또 다시 실패의 좌절을 겪어야 했고 따라서 극심한 고통 가운데 있는 것이 현실이다. 한때 부풀었던 희망은 물거품이 되고, 좌절의 아픔과 현실적 생활고의 압박을 견디어야만 한다. 이 사람들에게 그 성구는 도대체 어떤 의미를 지닐 수 있을까? 그것을 다시 반복해 믿어 봐야 하는 것일까?

우리는 어려서부터 착하게 살면 복 받는다고 배워 왔다. 법 없이도 살 수 있는 사람이라고 불리는 착한 사람들, 그렇게 불리는 사람들 치고 소위 세상의 영달을 누리는 사람은 드물다. 항상 손해 보고 고통을 겪는 사람들은 대개 이런 사람들이다. 착하기만 하기 때문에 망한 사람들이 많다. 오히려 영악한 사람들이 출세도 하고 부귀영화를 누린다. 20여 년 전 광주에서 무자비한 총칼에 짓찢긴 사람들은 지금도 고통에서 헤오나오지 못하고 정상적인 삶을 살아갈 수 없는데, 그 참극을 벌인 당사자들은 버젓이 거리를 활보하고 있다. 때린 놈은 편히 잘 수 없어도 맞은 놈은 발 뻗고 잔다고 위로를 받아 왔지만, 우리가 실제로 경험하는 세상의 현실은 정반대다. 이런 상황에서 착한 사람은 복 받고 악한 사람은 벌 받는다는 믿음은 무슨 소용이 있을까? 이 부조리한 현실을 도대체 어떻게 해명할 수 있을까? 아무런 잘못도 없는 많은 사람들이 좌절의 고통을 안아야만 하는 사연은 어디에 있는 것일까? 이들의 개인적 무능 탓일까? 아니면 또 다른 이유가 있는 것일까?

『욥기』는 바로 그와 같은 물음들을 집약하고 있다. 『전도서』와 더불어 『욥기』는, 인간 삶에서 제기되는 보편적인 물음을 집약해 놓은 고대 지혜문학의 최고봉으로 찬사를 받아 왔다. 루터는 "성서 안에서 가장 웅장하고 아름다운 책"이라 했고, 영국의 시인 테니슨은 "인간이 쓴 시 중에서 가장 위대한 시"라 했는가 하면 칼라일은 "성서 안팎에서 욥기에 비견할 만한 책은 없다."고까지 했다. 그와 같은 찬사에 걸맞게 『욥기』는 기독교 서구 문화 안에서 문학적 상상력의 중요한 하나의 원천으로서 역할을 해왔다.

오늘날 우리에게 전해진 『욥기』의 기록 연대는 이스라엘 역사에서 대략 바빌론 포로기(기원전 586-538년) 이후로 추정되지만, 그 기원이라는 점에서는 훨씬 더 고대로 소급된다. 『욥기』는 특정한 시대 특정한 인물의 전기와 같은 것은 아니다. 『욥기』는 사실 고대 근동 지혜문학이 집약된 하나의 작품이다. 흔히 생각하는 상식적인 지혜가 아니라 그 상식에 어긋나는 현실에 대한 물음에서 시작된 색다른 지혜를 추구한 노력의 결실이다. 고대 바빌로니아의 지혜문학 가운데는 이른바 "바빌로니아의 욥기"라 불리는 작품들이 있다. 기원전 1600-1150년까지 소급되는 〈지혜의 주님을 찬양하리라〉는 작품은 성서 『욥기』의 줄거리와 아주 유사하며, 〈인간의 고통에 대한 대화〉 역시 원인을 알 수 없는 고통을 받아 신의 정의에 회의를 느끼는 주인공이 종교적으로 경건한 친구들과 대화를 나누는 형식으로 구성되어 있다. 최초의 '욥' 이야기로 알려진 〈고난과 순종〉은 기원전 2000년대 수메르 시대까지 거슬러 올라가기도 한다. 또한 역시 기원전 2000년대의 고대 이집트의 작품으로 〈말 잘하는 농부의 항변〉은 서막과 후기가 산문으로 되어 있고 논쟁 부분이 시로 되어 있는 『욥기』의 구조와 아주 유사하며, 기원전 1000년대의 작품으로 〈자살 논쟁〉이라는 제목으로도 알려져 있는 〈삶에 지친 영혼과의 논쟁〉 역시 『욥기』의 내용과 유사하다. 뿐만 아니라 고대 인도에도 인간의 고통 문제를 다룬 유사한 작품들이 있고, 그리스 비극 또한 공통된 문제의식을 지니고 있다.

성서의 『욥기』는 이와 같은 고대 근동의 지혜문학 전통이 이스라엘의 역사적 맥락에서 집약된 것이다. 『전도서』와 함께 『욥기』는 『잠언』과 같은 책의 낙관적 지혜론(또는 경건한 지혜론)과는 대비되는 비판적 지혜론(또는 불경한 지혜론)의 결정판이다. 『욥기』 그 자체 안에서 이 두 가지 지혜의 전통은 친구들과 욥의 대화 가운데서 충돌하고 있다. 『욥기』가 완성된 포로기 이후의 역사적 상황은 옛 궁정 지혜의 전통을 따르는 상식적인 지혜론이 더 이상 설득력을 지니기 어려운 상황이었다. 더 이상 어떤 낙관적 기대가 가능하지 않은 상황 속에서 예언의 전통이 묵시문학적 종말론의 색채를 띠어 가고 있을 때, 낙관적 지혜의 전통에 대한 비판적 반성으로서 과거의 또 다른 지혜의 전통을 계승하는 『욥기』가 형성된 것이다.

하지만 『욥기』가 말하고 있는 것은 사실 이스라엘 역사의 특수한 상황에서만 제기되는 문제들이 아니다. 『욥기』의 내용은 오히려 이스라엘 민족의 특별한 체험을 직접 시사하는 요소들은 없다. 주인공 욥이나 그의 친구들도 이스라엘과는 상관없다. 이 사실과 함께 『욥기』가 다루는 주제의 기원이 아주 오래되었다는 사실은 『욥기』가 제기하는 물음의 보편성을 시사한다. 그럼에도 불구하고 『욥기』의 최종 기록 연대를 이스라엘의 특정한 역사적 국면과 관련시켜 이해하는 것은 유다 국가의 멸망과 유배, 그리고 그 유배로부터 풀려나고서도 도무지 미래를 낙관할 수 없었던 그 시대의 분위기 자체가 인간의 고통에 관한 물음을 새삼 환기시키기에 적절한 조건을 형성하고 있었다는 점 때문이다. 바로 그와 같은 상황에서 예로부터 제기되어 온 인간 고통의 기원에 관한 문제가 새삼 조명되었다. 그렇게 해서 집약된 『욥기』는 비단 과거의 시대에서만이 아니라 오늘, 그리고 어쩌면 앞으로도 지속될 수밖에 없는 물음들을 극적으로 표현하고 있다.

『욥기』는 다음과 같이 구성되어 있다.

1. 1장-2장: 서장 (산문)
2. 3장-42장 6절: 본론 (시)
   1) 욥과 세 친구의 논쟁(3-31장)
      (1) 욥의 탄식(3장)
      (2) 첫 번째 논쟁(4-14장)
      (3) 두 번째 논쟁(15장-21장)
      (4) 세 번째 논쟁(22장-27장)
      (5) 지혜의 찬양시(28장)
      (6) 욥의 마지막 자기 변호(29장-31장)
   2) 엘리후의 연설(32장-37장)
   3) 하느님과 욥의 대화(38장-42:6)
      (1) 첫 번째 하느님의 말씀(38장-39장) / 욥의 응답(40:1-5)
      (2) 두 번째 하느님의 말씀(40:6-41장) / 욥의 응답(42:1-6)
3. 42:7-17: 종장 (산문)

이제 이 구조를 그대로 따라가며, 『욥기』가 제기하는 물음이 무엇인지 새삼 음미해 보자.[1]

II. 고통으로 무너지지 않은 인간이 있을까? – 서장(1-2장)

욥은 흠이 없고 정직하였으며, 하느님을 경외하며 악을 멀리하는 사람이었다. 그는 종교적으로 경건한 사람이었으며 도덕적으로 의로운 사람이었다. 그렇게 흠이 없는 사람 욥을 두고 시비가 시작된다. 사탄은 욥의 동기를 의심한다. 그가 까닭 없이 하느님을 경외하고 악을 멀리하는 것이 아니라는 것이다. 그가 누리는 복을 거두어 버리면 그는 틀림없이 하느님을 저주할 것이라고 한다. 사탄의 의혹은 상식적인 지혜의 세계를 대변하는 것으로, 우리들 모두를 근본적인 문제의 상황으로 몰아넣는다. 『욥기』의 저자는, 반드시 보상의 동기를 따라서만 경건하고 의로운 삶이 가능하다는 주장을 사탄의 입을 통해 발설함으로써, 그러한 상식이 '사탄적'(악마적)이라고 암시하고 있다. 우리는 과연 사탄의 의혹에서 얼마나 자유로울 수 있을까?

사탄은 숨가쁘게 욥에 대한 시험 작전을 펼친다. 가축이 약탈당하고 종들이 살해당한다. 자식들 또한 죽는다. 한마디로 욥이 가진 모든 것이 사라졌다. 소유의 완전한 상실이다. 사탄은 확신하였다. 그렇게 그가 가진 모든 것이 사라지면 욥은 무너질 것이라고 확신했다. 그러나 욥은 자신이 가진 모든 것을 상실해버린 그 고통 앞에서 슬퍼하였지만, 그의 신실함과 의로움은 무너져 내리지 않는다.

---

1) 『욥기』를 다시 읽는 데 그 안에 담긴 주제들을 추려 재구성해 해설을 하는 방식도 있겠으나, 여기서는 『욥기』의 구조를 그대로 따라가며 읽는 방식을 취하려고 한다. 그 방식이 성서 가운데 가장 읽기 난해한 『욥기』를 읽어 가는 가장 쉬운 방법이라 생각하기 때문이다.

"모태에서 빈손으로 태어났으니, 죽을 때에도 빈손으로 돌아갈 것입니다. 주신 분도 주님이시오, 가져가신 분도 주님이시니, 주님의 이름을 찬양할 뿐입니다." 욥을 믿어준 하느님, 그 하느님을 믿은 욥의 일차 승리였다.

그럴 리가 없다고 믿었던 사탄은 이차 시험을 계획한다. 소유를 박탈함으로써 그를 무너뜨릴 수 있다고 생각했던 사탄은 이제 욥 자신에게 해를 가하면 틀림없이 무너져 내릴 것이라고 믿었다. 욥은 병들고 그가 맺고 있던 인간관계로부터 격리된다. 고대인들이 신의 저주로 가장 두려워하였던 피부병을 앓은 욥의 모습은 사회적으로 인정받을 수 있는 인격의 근거 자체가 말살되었다는 것을 의미한다. 결국 그는 사회적 관계로부터 완전히 격리되어 폐허의 잿더미에 앉게 된다. 소유를 상실한 것은 괴롭지만 그래도 견딜 만한 것인지 모른다. 그러나 자신의 몸마저 망가지고 그 결과 인간으로서 자기 몫을 할 수 없는 지경에 이르렀을 때 고통은 상상하기 싫을 정도로 끔찍하다. 사회적으로 존재 자체를 완전히 부정당하는 지경에서 살고 싶은 마음이 들기나 할까? "차라리 죽는 것이 낫겠다."는 욥 아내의 탄식은 그런 절망적 상황을 말한다.[2] 그러나 욥은 그 상

2) 욥의 아내에 대한 서로 다른 전통의 이해는 매우 흥미롭다. 기독교 전통에서 욥의 아내에 대한 평가는 가혹하다. 아우구스티누스는 '사탄의 협조자'로 말했는가 하면, 요한 크리소스톰은 욥의 고통을 더욱 가중시킨 요인 가운데 하나가 하느님이 욥의 아내를 데려가지 않은 것이라고까지 말했다. 욥의 이야기를 공유하고 있는 이슬람에서 욥의 아내에 대한 평가는 기독교와 비슷하면서도 약간 완화되어 있다. 꾸란(38:44)에는 사탄의 유혹에 넘어간 아내를 매 100대로 벌을 주도록 했으나 욥이 병에서 나았을 때 이파리가 100개 달린 종려나무 가지로 한 대만 때리게 했다는 이야기가 전해져 온다. 반면 유대교의 전통(미드라쉬)은 욥의 아내를 전혀 다르게 평가한다. 욥 아내의 희생적인 측면을 강조하면서 끝까지 남편에 대해 사랑을 아끼지 않은 여인으로 평가한다. 한편, 레바논계 이집트 출신 프랑스 여성작가 앙드레 쉐디드는 소설『욥의 아내』에서, 욥과 그의 친구들 사이에서 벌어지는 격론의 장에서 모습을 전혀 보이지

황에서도 무너지지 않는다. "우리가 누리는 복도 하느님께로부터 받았는데, 어찌 재앙이라고 해서 못 받는다 하겠소?" 하느님과 욥의 이차 승리였다.

자신의 지식과 경험의 한계 안에 있는 하느님이 아니라 그 모든 것을 뛰어넘는 하느님에 대한 신실함, 그리고 그 신실함에 걸맞게 악을 멀리하는 인간 승리에 관한 이야기로서 『욥기』의 결론은 이미 서장에서 내려졌다. 그러나 그 결론이 중요한 것은 아니다. 『욥기』의 진가는 그 결론에 이르기까지의 과정에서 제기되는 물음들에 있다. 고통의 원인을 규명하려는 친구들의 태도와 그 고통 때문에 절규하면서도 끝까지 스스로의 존재를 포기하지 않고 항변하는 주인공의 갑론을박은 고통 가운데 있는 인간의 적나라한 상황을 우리에게 보여준다.

III. 두 세계의 대결 - 본론(3장-42:6)

고통을 겪는 욥에게 친구들이 달려온다. 그들은 물론 욥과 논쟁을 벌이기 위해 달려온 것은 아니다. 그들은 고통받는 친구를 위로하고 나아가 친구가 그 고통에서 헤어 나올 수 있는 방법을 충고하기 위해 달려온다. 그들은 선의로써 욥에게 말을 건넨다. 그러나 친구들의 말은 위로를 주지도 못하고 나아가 그 어떤 해결책도 제시하지 못한다. 친구들의 주장은 욥을 더욱더 고통스러운 상황으로 몰

않았던 욥의 아내를 등장시켜 아름다운 노년 부부의 진실한 사랑을 그림으로써 『욥기』에 대해 신선한 여성주의적 해석을 하고 있다(뒤의 참고문헌 참조).

아넣는다. 선의를 통해 다가오는 악이라고 할까? 우리들 모두가 쉽게 경험하는 상황이다. 노골적으로 드러나는 악의는 손쉽게 배척할 수 있다. 그러나 선의 가운데서 다가오는 악은 분별하는 것조차 쉽지 않다. 항변하는 욥은 우리의 일상을 지배하는 세계관 속에 감추어진 악의와 기만을 폭로한다.

1. 고통의 기원 - 욥과 세 친구의 논쟁(3-31장)

1) 삶이 고통이라면? - 욥의 탄식(3장)

욥이 겪는 고통이 너무도 처참하여 그 누구도 입을 열지 못하고 있었다. 그 무거운 침묵을 깨트리고 마침내 욥이 입을 떼고 탄식의 독백을 쏟아놓는다. 자신이 당하는 잔인한 운명을 한탄한다. 욥은 자신이 살아 있는 것 자체를 원망한다. 살아 있는 것 자체가 고통이라면 그 누구인들 자신의 삶을 원망하지 않겠는가? 그 고통에 초연할 수 있는 사람이 과연 있을까? 탄식하는 욥은 고통으로 몸부림치는 인간의 실존 그 자체이다.

욥은 사死의 찬미를 노래한다. 삶이 곧 고통이라면 죽음은 곧 기쁨이다. 삶이 죽음이요 죽음이 삶이다. 죽음의 세계에서는 아이러니컬하게도 삶의 세계에서 고통을 주는 모든 관계가 뒤바뀌어 있다. 자신의 권력과 영예를 위해 분주했던 권세가들이 할 일이 없다. 무고한 핏덩이들이 내버려지는 그 고통을 더 이상 겪지 않는다. 악한 사람들이 제멋대로 굴지 못하고, 자신을 소진시키는 고단한 노동에 시달리던 이들이 안식을 누린다. 죄인으로 격리되었던 이들이 더 이상 정죄받지 않고, 주인도 노예도 없다. 높은 사람 낮은 사람도 없다. 그러므로 사의 찬미는 역설적으로 진정한 생의 찬미로 바뀐다.

인간이라면 그 누구나 누려야 할 세계를 '죽음'의 세계는 보장한다. 고통스러운 삶의 현실을 죽여야 한다! 그러면 모든 것이 살아날 것이다.

하지만 여전히 욥은 고통스러운 삶의 현실 가운데 있다. 살고자 발버둥치는 일이 오히려 자신을 죽이는 두려운 일이 되고 있다. 밥을 놓고서도 탄식하고 있으니, 그것은 살고자 하는 것이 곧 죽음에 이르는 두려운 일이 되고 말았다는 것이다. 어찌 욥만이 처한 상황일까? 살고자 애쓰는 모든 일이 결국 자신의 무덤을 만들 뿐인 오늘 우리의 현실이기도 하다. 인간이 그 고통을 겪어야 하는 까닭이 무엇이며, 그 고통으로부터 헤어 나오는 길은 무엇일까?

2) 아니 땐 굴뚝에 연기 나랴? - 첫 번째 논쟁(4-14장)

욥의 불경스러운 탄식을 들은 친구들은 더 이상 참을 수 없다는 듯이 퍼부어대기 시작한다.

가장 연장자이자 인생의 경험이 풍부한 엘리바스가 경험의 논리를 펼친다. 죄 없는 사람이 망하고 정직한 사람이 멸망한 일을 자신은 본 적이 없다고 말한다. 고통을 겪는 사람들은 모두 자신들의 잘못 때문에 그 고통을 겪는다고 한다. 아니 땐 굴뚝에 연기 날 리 없다는 것이다. 그러므로 그 고통에서 헤어 나오기 위해서는 하느님 앞에서 스스로의 잘못을 뉘우치고 돌아서는 길밖에 없다고 단언한다(4:1-5:24).

과연 그럴까? 가난과 질병, 그로 인한 고통이 죄의 결과일까? 쓰나미로 인한 서남아시아의 사람들의 고통, 미군의 공습으로 폭격을 당한 이라크 민간인들의 고통, 60%에 달하는 비정규직 노동자들의 고통이 모두 그들의 잘못 탓일까? 엘리바스는 그렇다고 말하지만 욥은 아니라고 항변한다. 욥은 먼저 고통의 현상을 주목하라고 말한다. 절절히 자신의 고통을 호소한다. 지금 고통을 겪는 그는 무엇보다도 위로를 받고 싶다. 살아가는 것 자체가 하나의 전쟁이요 강제 노역과도 같은 상황에서 고통에 몸부림치는 사람들은 그래도 이해 받고 위로 받을 수 있다면 그나마 삶의 희망을 간직할 수 있다. 동정을 받을 수 없는 상황에서 욥은 하느님을 향하여 탄식한다(6:1-7:21).

엄격한 교리주의자의 면모를 가진 친구 빌닷은 매우 단도직입적으로 말한다. 공정한 하느님의 심판은 잘못될 리 없는데도 지금 하느님의 공의를 의심하고 항변할 수 있느냐고 한다. 빌닷은 욥 자신이 잘못한 것이 없다면 그 자식들이 잘못한 것 때문에 지금 고통을 겪고 있다고 단언한다. 도대체 자신도 알지 못하는 어떤 이유 때문에 고통을 겪는 것이 과연 하느님의 의에 합당한 것인지 물음을 던지고 있는 욥에게 빌닷은 더 이상 생각할 여지를 주지 않는다. 명백한 잘못이 있으니 하느님께 자비를 구하는 길밖에 없다고 한다. 욥이 정말 의롭다면, 욥이 더 이상 불경을 범하지 않는다면 하느님이 욥의 명예와 가산을 회복시켜 줄 것이라 한다. 바로 이 대목에서 빌닷은 저 유명한 경구를 말한다. "네 시작은 미약하였으나 네 나중은 심히 창대하리라." 여기에서 의로움을 입증해 주는 방편은 재산이다. 그 재산이 처음에는 보잘것없지만 점차 크게 될 것이라 한다. 재산과 의로움은 비례한다? 그러나 현실이 그와는 전혀 다르다면 그 경구는 언어의 폭력일 뿐이다(8:1-22).

빌닷의 감정 없는 신학, 인정 없는 교리적 독선에 욥은 분노를 터뜨리며 거의 정신착란지경에 이른다. 친구들을 향해 비아냥거렸다 하느님에게 호소했다 혼자서 탄식을 했다 종잡을 수 없는 지경에 이른다. 욥은 아예 하느님의 부조리에 대해 항변한다. 하느님을 경외하며 흠 없이 살아온 자신은 이렇게 학대하면서 악인이 세운 계획은 잘만 되게 하니, 이 무슨 일이냐고 따진다. 잘못을 할 때는 가차없이 벌을 주면서도 올바른 일을 하는 것은 눈여겨보지도 않는 존재라고 항변한다(9-10장).

엘리바스의 경험으로도, 빌닷의 교리로도 설득되지 않는 욥을 보고 세 번째 친구 소발은 직격탄을 날린다. 죄인 주제에 제발 허튼 소리 그만 하고 죄를 회개하는 길밖에 없다고 선언한다. 소발의 대안은 아주 구체적이다. 먼저 마음을 바르게 먹고, 기도하며, 생활을 깨끗하게 하면, 그 결과는 놀라운 것이다. 부끄러움이 사라지고 마음이 편해져 두려움이 없어진다. 괴로운 일은 옛 일이 되어버리고 생활이 밝아지고 희망이 생긴다. 확신이 생기고, 걱정거리가 없어지고 악몽을 꾸지 않는다. 자다가 놀랄 일도 없고 많은 사람들이 환심을 사려고 줄을 설 것이다. 마치 오늘날 빈궁함과 곤고함 때문에 절박한 심정으로 머리를 조아리는 교인들을 향한 목사의 설교 같다. 소발은 그 사실을 깨닫지 못하고 여전히 오만하기 그지없는 욥이 안타까울 따름이다(11장).

욥이 보기에는 친구들이 오히려 가소롭다. 그들은 마치 하느님을 완전하게 알고 있는 듯이 말하지만 욥이 보기에 하느님은 불가사의하다. 친구들이 보기에 하느님은 인간을 흥하게도 하고 망하게도 하는 전지전능한 존재로서, 선한 사람을 흥하게 하고 악한 사람을 망하게 한다. 욥은 말한다. 하느님은 인간을 흥하게 하기도 하고 망하게 하기도 하지만, 흥하고 망하는 것이 선과 악을 의미하는 것은 아니다. 현실은 정반대다. 욥에게는 그것이 의문이다. 도무지 알 수 없다. 그래서 몸부림치며 호소한다. 자신들의 지식과 경험을 절대화하며 마치 하느님의 대변자라도 되는 듯이 행세하는 친구들과 욥은 더 이상 말하고 싶지 않다. 그래서 욥은 이제 하느님과 직접 대면하는 것만이 진실을 아는 길이라 확신한다(12-14장).

3) 두 가지 지혜의 대결 - 두 번째 논쟁(15장-21장)

욥의 항변이 거세어지자 친구들은 이제 사실상 적대자로 변한다. 다시 엘리바스가 말문을 열면서 이제는 욥에게 침묵을 강요한다. 하느님 앞에서 인간이 하잘 것 없는 존재라는 사실을 인정한다면 잠잠하라고 한다(15장).

하느님 앞에서 인간의 하잘 것 없음, 또는 인간의 한계성에 대해서는 욥도 이미 공감하고 있는 바이다. 그 점에서 엘리바스와 욥은 일치하고 있다. 그럼에도 불구하고 둘의 태도는 너무나 대조된다. 엘리바스는 오직 순종과 침묵을 강조한다. 반면에 욥은 눈을 부라리며 마구 떠들어댄다. 엘리바스에게서 하느님의 위대함은 인간 주체의 소멸의 근거이다. 반면에 욥에게서 하느님의 위대함은 인간 주체의 회복의 근거이다. 엘리바스는 절대적으로 의로운 하느님 앞에서 인간은 납작 엎드리는 수밖에 없다고 보지만, 욥은 절대적으로 의로운 하느님이기에 그 권능이 인간 사회 안에서도 공명정대하게 펼쳐져야 한다고 본다. 여기에서 특정한 인간의 욕망과 권력에 지나지 않는 것이 자연적 혹은 초자연적 힘으로 둔갑하는 세계 현실과, 사람들이 그렇게 자연적 내지는 초자연적 힘으로 잘못 믿음으로써 정당화되는 불의와 고통이 극복되어야 한다는 저항적인 주체의 요구가 충돌한다(15-17장).

두 번째로 이어지는 빌닷의 충고는 아예 욥을 저주하는 것으로 일관한다. 분을 이기지 못해 날뛰지만 그런다고 바위가 제자리에서 밀려날 턱이 없다고 한다. 지금 세계를 지배하고 있는 질서를 자연적인 것으로 간주하고 따라서 요지부동한 것으로 믿는 사람들은 그에 대해 저항하는 사람들에게 항상 그와 같은 '충고'를 아끼지 않는다. 그것은 비현실적일 뿐 아니라 옳지도 않다는 것이다. 빌닷은 마치 뿌리 뽑혀 말라버린 나무와 같은 형세를 하고 있는 욥의 처지는 곧 그가 옳지 않다는 것을 말해 주는 증거라고 단언한다(18장).

여전히 친구들이 말하는 의미에서 죄를 저지른 바 없다는 확신을 가지고 있는 욥은 그처럼 죄를 저지르지 않아도 고통받는 자신의 모습을 보고 자신들의 신학을 의심해 보라는 듯이 자신의 고통을 생생하게 전한다. "폭력이다!" 외쳐도 소용없고 "살려달라!" 부르짖어도 듣는 사람이 없다. 그 사태를 보고도 하느님은 방관한다. 오히려 자신을 가혹하게 괴롭힌다. 욥의 이와 같은 부르짖음은 고통을 죄의 결과로, 유복함을 의로움에 대한 증거로 삼는 신학과 그 세계관을 의심하라는 촉구이다. 그 의심이 없이는 새로운 가능성은 없다(19장).

아마도 다혈질적 성격을 지닌 듯한 소발의 두 번째 발언은 저항하는 욥에 대한 불쾌감을 감추지 않는다. 여전히 그는 다른 친구들과 마찬가지로 욥의 고통으로 동요하는 기색이 전혀 없다. 고통에 다가서려는 노력보다는 타인의 고통이 자신의 세계관을 입증해 주는 명징한 사례라 보는 관점에서 변함이 없다. 그러한 입장에 저항하는 욥이 불쾌할 따름이다. 따라서 악한 자의 운명에 관한 이야기만을 함으로써 욥에게 경고하고 있다(20장).

욥은 다시 친구들에게 호소한다. 정말 자신을 위로할 생각이라면 자기들의 주장만 되풀이하지 말고 고통을 겪는 당사자의 처지를 살피고 그 말에 귀기울여 달라고 호소한다. 그러나 이 대목에서 욥은 자신의 고통만을 두고 이야기하지 않는다. 욥은 이제 자신의 고통이 친구들이 주장하는 사실과는 다른 경우를 대표하는 하나의 고통에 지나지 않는다는 것을 친구들에게 역설한다. 자기 한 몸 때문에 하는 이야기가 아니라 자기가 이야기하는 것이 그럴 만한 이유가 있다는 것을 알아들으라고 강력하게 주장한다. 친구들은 선과 악의 구도, 다시 말해 도덕적 규범의 차원에서 하느님의 뜻을 이해하고 있다. 그에 대해 의심하지 않는다. 그러나 욥은 그렇게 확고하게 믿고 있는 그 진실을 의심해 보라고 말하고 있는 셈이다. 자기를 보면서 달리 생각할 수 없다면, 악인이 받아야 할 벌을 의인이 받고 의인이 받아야 할 보상을 거꾸로 악인이 받는 숱한 현실의 사례들을 보고 생각을 바꾸라고 외친다.

욥은 여기서 한 걸음 더 나아간다. 만일 악인이 받아야 할 벌과 의인이 받아야 보상이 잠시 유예되는 것에 지나지 않는다고 변명할 생각은 말라고 한다. 욥의 이와 같은 주장은 모든 유예의 논리가 지닐 수 있는 함정을 들추어내며 그 논리에 사로잡힌 사람들을 위기 상황으로 몰아넣는다. 바로 지금 당면한 문제를 미래 역사에 맡기는 태도 태도의 함정을 들추어낸다. 물론 이와 같은 유예의 태도는 모든 경우가 동일한 것은 아니다. 한편의 사람들은 현실을 얼버무려 의도적으로 그 현실을 용인하기 위해 그 유예의 논리를 펴는가 하면, 한편의 사람들은 바로 그 유예의 논리가 현실을 압도하고 있기 때문에 불가피하게 미래의 희망을 말할 수밖에 없다. 이런 의미에서 욥의 주장은 불가피하게 유예의 태도를 취할 수밖에 없는 이들이 의도적으로 유예의 태도를 취하는 이들에게 "지금 당장!"을 외치는 것과 같다.

죽음에 이르러서야 공평함을 말할 수 있는 현실은 부조리하며,

그 불공평한 현실에 대해 이의를 제기하지 않는 주장은 불온하다. 정말 불공평한 현실은 그대로 두고 하느님의 복과 징벌을 말할 수 있단 말인가? 평생 고통스럽게 살다 간 사람들은 모두 죄를 짓고 저주를 받았단 말인가? 불공평한 현실은 그대로 두고 말하는 행복과 불행은 하느님과는 상관없는 일이다. 하느님의 뜻과는 상관없는 그 사태를 두고 하느님을 운운하는 친구들은 불온하다. 오늘날 그 태도를 그대로 취하고 있는 종교는 또 얼마나 불온한가?(21장)

4) 운명의 굴레를 벗어라! - 세 번째 논쟁(22장-27장)

첫 번째 논쟁이 죄의 혐의를 주장하는 친구들의 공격과 그 혐의를 부정하는 욥의 응수로 특징지어지고, 두 번째 논쟁이 서로 다른 두 가지 지혜가 격돌하는 양상이었다면, 세 번째 논쟁은 혼전의 양상을 띠고 있다. 그 내용만으로는 과연 누구의 주장인지 헛갈릴 정도로 유사하기도 하다. 욥이 구체적으로 처해 있는 고통의 상황을 새삼 환기하지 않는다면 모두 옳은 이야기를 하고 있는 듯한 혼선을 불러일으키기도 하고, 실제로 본문 자체가 엉켜 있다(25-27장).[3] 그럼에도 불구하고 이 세 번째 논쟁 전반부의 엘리바스의 주장과 욥의 주장을 통해 여전히 동일한 주제가 되풀이되고 있는 것을 확인할 수 있다.

이제 정말 마지막이라는 듯이 엘리바스는 멋진 설교를 한다. 엘리바스는 감히 하느님에게 도전하며 악행을 범한 욥을 질책하며 훈계를 아끼지 않는다. 그리고 욥에게 장엄한 축복의 선언을 한다. 하

3) 이 세 번째 논쟁 부문은 많은 혼선을 일으키고 있는데, 특히 25-27장은 욥과 친구들의 주장이 뒤엉켜 있어 성서 번역본마다 그 발언의 주체를 서로 다르게 분류하고 있다.

느님과 화해하기만 하면 은총을 베풀 것이라 한다. 하느님 앞에서 돌이키기만 한다면 만사형통한다는 말씀에 그 누가 솔깃해하지 않겠는가? 그러나 엘리바스가 말하는 의미에서, 돌이켜야 할 그 무엇이 없는 욥으로서는 얼마나 난감하겠는가? 남에게 못살게 굴지도 않고 선하게 살아왔는데도 지지리도 가난하게 고생만 하는 사람에게, 잘못한 것이 많아 고생하는 것이니 하느님 앞에 회개하라고 한다면 얼마나 난감할까? 오늘날 교회에서 선포되는 설교들은 대부분 그런 유가 아닌가? 그런데도 난감해하기보다는 다들 "아멘!"을 외치는 사연은 또 무엇일까? 인간의 근원적 한계에 대한 자각이라면 다행일 것이다. 하지만 그보다는 그저 복 받고 싶은 마음에 우선 회개부터 하는 것은 아닐까? 도대체 무엇을 돌이켜야 할지도 모르면서 습관적으로 반복하는 것은 아닐까? 그 경우 설교는 청중에게 스스로 생각하고 현실의 부조리를 깨닫게 하기보다는 사고를 정지시키고 현실을 제대로 바라보지 못하도록 가로막는 역할을 할 뿐이다. 엘리바스의 아름다운 설교는 그처럼 부질없다(22장).

엘리바스의 감동적인 설교가 끝난 후 이어지는 욥의 이야기는 그 누구를 직접 대면하고 말하는 것과는 다르다. 마치 오페라의 아리아와 같다. 그 말하는 투도 이제까지의 격정적인 어조와 달리 절제되어 있다. 여전히 욥은 탄식한다. 여전히 고통스럽다. 그러나 이제 절망만 하고 있지는 않다. 대답하지 않고 보이지 않는 하느님을 간절히 찾는다. 이제까지 거의 항변으로 일관했던 욥은 아직 알지 못하는 하느님의 뜻을 헤아리기 위해 발버둥치기 시작한다. 하느님은 명백히 자신에게 무죄를 선포하겠지만, 그럼에도 불구하고 지금 자신에게 고통을 주는 이유가 무엇인지 궁금하다. 고통의 의미를 묻기 시작한 것이다. 그 물음의 결과일 것이다. 자신의 고통 때문에 몸

서리치고 그 고통이 더욱 가중될까 봐 두려워하고 있는 가운데서도 욥은 시선을 이제 자신에게서 다른 사람들에게로 옮긴다. 고통을 겪고 있는 것은 자신뿐만이 아니라는 사실을 깨닫는다. 이미 모르는 바 아니었지만, 이 대목에 이르러 욥은 더더욱 확실하게 그 사실을 체감한다. 선과 악을 한순간에 판별할 수 있도록 해주지 않는 하느님이 원망스럽기는 하지만, 적어도 사람들이 선과 악이라고 믿는 것이 하느님이 재가한 것은 아니라는 사실을 욥은 분명하게 깨닫는다. 부자와 재상은 하늘이 낸다고 했던가? 그것이 사람들의 믿음이었다. 결국 권세도 재산도 가지지 못해 가난하고 비루하게 사는 사람은 하늘의 선택을 받지 못했다는 이야기이기도 하다. 그러나 욥은 그 믿음이 터무니없다는 것을 소상히 밝힌다. 욥은 부귀영화를 누리는 사람들이 어떻게 그렇게 부귀영화를 누리게 되었으며 가난한 사람들이 어찌 그렇게 가난하게 되었는지를 생생하게 서술한다.

이 이야기는 사람들이 자연적인 질서요 신적인 질서로 간주하는 것이 결코 자연적이지도 신적이지도 않다는 것을 말한다. 악행을 범하는 사람이 있기에 그로부터 고통을 받는 사람들이 생긴다. 따라서 가난과 고통은 운명이 아니다. 그것은 사람들의 관계를 바꿈으로써 얼마든지 바꿀 수 있는 것이다. 가난과 고통을 운명으로 받아들였을 때에는 거기에 아무런 의미가 있을 수 없다. 그저 고통스러운 현실일 뿐이다. 고통스러운 현실 때문에 절규하는 사람들 앞에서 침묵하시는 하느님의 속셈은 무엇일까? 그것은 그 고통을 자신이 가한 것이 아니라는 의미가 아닐까? 인간 사회에서 발생하는 고통이 어디에서 비롯되는 것인가를 스스로 생각해 보라는 것일 수도 있다. 그렇게 고통의 문제를 다시 생각하고 그것이 뭔가 잘못된 현실의 관계에서 비롯되는 것이며 따라서 변화할 수 있다고 보게 되면 그 고통은 현실을 바라보는 눈을 열어 준다. 예수는 나면서부터 눈먼 사람을 두고 그것이 누구의 죄 때문인지를 묻는 사람들에게 그 사람이나 그의 부모 잘못 탓이 아니라 하느님이 하는 일을 그에게서 드러나게 하려는 것뿐이라고 말하며 그의 눈을 뜨게 해준다(요 9:1-12). 눈먼 사람의 눈을 뜨이게 하는 일, 그것이 곧 하느님의 일이다. 부조리한 현실에서의 고통은 마치 그와 같다. 지금 현실에서 그것은 마치 운명과도 같지만, 하느님의 일을 드러내는 계기가 될 수 있다면 그것은 은사가 된다. 욥은 그와 같은 깨달음에 이른다(23-24장).

5) 사랑하는 연인을 찾듯이 지혜를 찾는 욥 - 지혜의 찬양시(28장)

욥의 이야기가 아직 다 끝나지 않았는데, 지금까지의 긴장된 문맥과 달리 분위기가 확 바뀌어 '지혜의 찬가'가 등장한다. 아마도 본래 독립된 전승이었던 이 노래가 욥과 그 친구들의 지혜를 뛰어넘는 근원적인 지혜에 관한 물음으로 이 대목에 삽입되었을 것이다. 그것이 욥의 이야기로 엮어진 것은 지금 아는 것을 전부로 알지 않는 욥의 일관된 태도와 잘 어울린다. 욥은 인간 지식의 놀라운 성취에도 불구하고 해명할 수 없는 사태 앞에서 과연 지혜가 어디에 있느냐고 묻고 있다. 마치 애타게 사랑하는 연인을 찾는 듯한 태도이다.

욥은 그 지혜가 사람에게서 나오는 것이 아니라고 말한다. 인간이 지금까지 쌓아온 지식으로 세상의 이치를 완전히 설명할 수 없다는 것을 말한다. 또한 개별적 지식의 한계를 말하는 것이기도 할 것이다. 그러기에 사람은 어느 누구도 지혜의 참 가치를 알지 못한다고 말한다. 깊은 바다도 넓은 바다도 그것을 숨겨두지 않았다. 모두가 그 지혜를 아련하게만 느낄 뿐이다. 살아 있는 모든 것들의 눈에도 지혜는 보이지 않으며 저 하늘 높이 나는 새에게도 지혜는 보이지 않는다. 저 깊은 심연의 세계도 지혜라는 것이 있다는 소문만 들었을 뿐 정작 알지 못한다. 욥은 하느님만이 그 지혜가 있는 곳을 안다고 말한다. 태초에 하느님이 그 지혜를 다루었기 때문이다. 이것은 수없이 지혜를 말하면서도 정작 실감하지 못하는 우리들 모두의 실상을 말한다. 친구들이 더 이상 사유하기를 중단하고 자신의 지식을 절대화하고 있을 때 욥은 이처럼 겸허하게 끝없는 지혜를 추구했다는 것을 말하기도 한다.

6) 욥의 마지막 자기 변호(29장~31장)

친구들과의 격정적인 논쟁을 벌인 욥은 친구들과의 대화에서 위로도 얻지 못하고, 자신의 주장으로 친구들을 설득하는 데도 한계를 느낀다. 친구들도 이미 욥과의 대화 불가 상황을 시인하고 입을 다물어버렸다. 그 상황에 이르러 욥은 자신의 삶을 돌이켜보고 지금 자신의 처지를 다시 생각한다. 일종의 정관靜觀 상태에 이르렀다고 해야 할까?

욥은 지난날 아주 행복했다. 스스로 의롭다고 생각한 만큼 그에 상응하여 유복함을 누렸다. 때문에 불사조처럼 장수를 누리며 선종善終하리라 믿었다. 그 모든 것을 의로운 자신에 대한 하느님의 적절한 보상으로 여겼다. 그러나 예기치 않은 재난과 고통으로 그 확신은 흔들린다. 욥은 가진 모든 것을 잃었고 인격적으로 모독을 당하고 있을 뿐 아니라 육체적으로 극심한 고통을 겪고 있다. 욥은 고통을 받는 사람을 보면 함께 울었고 궁핍한 사람을 보면 함께 마음 아파했던 자신에게 행복은 오지 않고 화가 들이닥친 상황을 통탄한다. 하지만 욥은 친구들이 말하는 의미에서 그 어떤 잘못을 저지르지 않았다는 점에서 여전히 확신을 가지고 있다. 욥은 하느님 앞에서 떳떳이 설 수 있는 자신감을 가지고 있다. 결백에 대한 그 자신감, 그러나 그와는 대조되는 극심한 고통의 상황은 하느님에 대한 새로운 이해, 세계에 대한 새로운 이해를 촉구하고 있다. 그 극명한 대비로 욥의 발언은 마감하고 있다.

2. 팽팽한 대립구도의 균열 - 엘리후의 연설(32장-37장)

욥과 세 친구 사이의 논쟁은 끝까지 평행선을 달렸다. 그 대화를 지켜본 사람들에게는 새로운 깨달음을 주었을지언정 대화의 당사자들 사이에서는 피차간에 소득이 없는 논쟁이었다. 결국 욥과 세 친구는 함께 나가떨어지고 말았다. 그때 한 젊은이 엘리후가 등장한다. 엘리후가 보기에 친구들은 욥을 정죄하려고만 했지 정곡을 찌르지 못했고 욥 역시 정당하지 않았다. 엘리후는 논쟁의 새로운 지평을 열겠다는 태도로 나선다.

엘리후가 보기에 하느님의 언어로서 고통은 고통 그 자체가 목적이 아니다. 인간에게 고통을 가함으로써 인간을 파멸에 이르게 하려는 것이 아니다. 고통받는 사람의 생명이 죽음의 문턱에 이르게 될 때 하느님은 천사를 보내 그를 구하고 그가 마땅히 해야 할 일을 상기시킨다. 그가 하느님에게 기도하면 모든 것을 정상으로 회복시켜 준다. 그러한 일을 두 번 세 번 되풀이하는 것은 사람의 생명을 무덤에서 끌어내어 생명을 보게 하려는 것이다. 그것이 엘리후가 생각하는 고통의 의미다. 엘리후의 이와 같은 생각은 명백히 욥의 친구들의 생각과 다르다. 욥의 친구들은 인과응보적 보상의 논리를 따라 고통을 죄에 대한 징벌로만 이해했다. 그러나 엘리후는 죄에 대한 징벌로서 고통이 아닌 교훈을 일깨우는 계기로서 고통의 의미를 강조한다. 인간은 죄가 없어도 고통을 받을 수 있다. 그 고통은 인간을 하느님 앞에서 겸허한 존재로 만들고 진정한 생명을 누리게 만드는 계기가 된다. 그 점에서 친구들과 욥은 모두 잘못된 판단을 하고 있다. 죄를 지었으니 고통을 받는 것이 마땅하다는 생각이나 죄가 없는데도 어찌 고통을 주느냐고 불평하는 것은 모두 고통을 죄의 결과로 생각하는 태도에서 벗어나지 못한 태도이다.

엘리후는 자신의 말대로 양측의 잘못을 지적하고 훈계함으로써 공평함을 지키는 듯했다. 그리고 욥의 친구들의 입장을 벗어날 수 있는 일말의 가능성을 제시한 것도 사실이다. 그러나 그는 기본적으로 불가역적인 존재로서 하느님에 대한 믿음을 굳게 지키고 있다는 점에서 욥의 친구들과 기본적인 입장을 공유하고 있다. 따라서 그의 관심은 욥의 신성모독에 있다. 엘리후는 세 친구들의 동의를 구한다. "세 분께서는, 그가 말하는 것이 악한 자와 같다는 것을 아시게 될 것입니다." 엘리후는 사실상 친구들이 욥을 정죄한 사실을 그대로 받아들이며, 거기에 새로운 범죄를 더욱 명확하게 추가한다. "욥은 자신이 지은 죄에다가 반역까지 더하였으며, 우리가 보는 앞에서도 하느님을 모독하였습니다."

결국 엘리후의 신학은 친구들의 신학보다 세련되었지만 역시 보수적이다. 선행을 행하면 행복하지만, 악행을 범하면 고통을 겪는다는 친구들의 주장은 논리적으로 명쾌했지만 현실적 설득력은 없다. 엘리후는 그 약점을 보완한다. 행복도 고통도 모두 하느님의 장중에서 이루어지는 일이고, 고통은 꼭 범죄의 결과로 겪는 일만은 아니며 하느님의 선한 뜻을 깨닫게 하려는 의도를 지닐 수도 있다는 것이다. 엘리후의 이와 같은 주장은 한편으로는 사고의 새로운 지평을 열어 주지만, 그 새로운 지평이 열리는 순간 서둘러 그 새로운 지평을 전지전능한 하느님의 울타리 안에 포섭하는 꼴이다. 그렇게 전지전능하신 하느님 앞에서 인간은 어찌해야 할까? 인간은 그 앞에서 스스로 무지몽매하다는 사실을 시인해야 한다는 것이 엘리후의 결론이다.

3. 천지불인(天地不仁) - 하느님과 욥의 대화(38장-42:6)

욥이 하느님에게 항변할 때 정말 하느님이 응답하리라 기대했을까? 아마도 욥의 행보를 지켜본 사람은 하느님의 직접적 응답을 기대한 것이라기보다는 그저 답답해 뱉어놓은 하소연에 가깝다고 보았을 것이다. 그런데 하느님은 폭풍이 몰아치는 가운데 나타난다. 욥은 정말로 하느님과 일대일로 대면하는 상황을 맞이한다. 하느님은 욥에게 응답을 한다. 그렇게 응답하는 하느님은 욥을 정죄하지 않는다. 욥이 항변했던 내용에 대한 직접적인 응답을 하지도 않는다. 하느님은 욥에게 질문을 던짐으로써 하느님의 지혜, 곧 섭리를 욥에게 일깨우는 방식을 취하고 있다.

1) 하느님의 자유 - 하느님과 욥의 첫 번째 대화 (38장-39장 / 40:1-5)

응답하는 하느님은 욥에게 이 땅이 시작된 날을 환기시킨다. 땅의 기초를 놓은 이는 하느님이다. 그뿐이 아니다. 하느님은 바다와 땅의 경계를 정하기도 하였다. 다시 말해 우주 만물의 운행 그 가운데 하느님의 뜻이 있다. 자연적 질서 자체가 하느님의 지혜 곧 섭리라는 말이다. 이 이야기는 자연의 모든 사물이 인간에게 유용하도록 만들어졌다는 생각을 경고한다. 땅의 기초를 놓고 모든 경계를 정한 것이 인간이 한 일이 아니라 하느님이 한 일이라는 말은 그와 같은 의미를 담고 있다. 욥의 친구들이 그렇게 명백하게 선과 악을 가르고 그것을 하느님의 정의와 연결시켰던 발상 자체를 거부하는 것이다. 노자老子는 "천지불인天地不仁"이라고 했다(『老子』 5장). 자연은 인간의 규범적 가치로 재단되지 않는다는 뜻이다. 어떤 자연현상은 인간에게는 명백한 재난이지만 자연 자체로서는 생명활동의 연장일 뿐인 경우가 허다하다. 그럼에도 불구하고 인간은 얼마나 많은 것들을 인간적 가치로 재단하는가?

하느님은 여러 가지 자연현상과 생명현상을 들어 가며 욥에게 대답해 보라고 다그친다. 이것은 욥에게 스스로 죄를 인정하라는 이야기는 아니다. 친구들에게 항변하면서 동시에 자신도 모르게 친구들의 사고의 한계 안에 있었을 수도 있는 욥에게 그 한계를 뛰어넘는 진실을 깨우치라는 이야기이다. 욥은 더 이상 긴 말을 하지 못한다. 그저 겸손하게 그 진실을 인정할 뿐이다.

2) 하느님의 정의 - 하느님과 욥의 두 번째 대화 (40:6-41장 / 42:1-6)

"아직도 너는 내 판결을 비난하려느냐? 네가 자신이 옳다고 하려고, 내게 잘못을 덮어씌우려느냐?" 이렇게 시작하는 하느님의 두 번째 물음은, 욥의 친구들이 매여 있던 인과응보의 논리에 매여 자신을 판단하지 말라는 이야기이다. 하느님은 자신의 존재를 입증하기 위해서가 아니라, 누구도 극복하지 못하고 있는 인과응보의 논리의 허구를 깨트리기 위해 욥에게 물음을 던지고 있다.

그러나 욥이 스스로 의롭다고 내세울 만한 근거를 묻는 말씀은 우리를 당혹스럽게 한다. 하느님은 욥에게 교만한 자들과 악한 자들을 응징할 수 있느냐고 묻는다. 만약 그렇게 응징할 수 있다면 하느님은 욥을 찬양하겠다고 하며, 욥이 당신을 이겼다고 인정하겠다고 한다. 이야기인즉슨 '네가 생각하는 악을 극복할 수 있다고 생각하느냐? 그건 불가능하다. 네가 그 일을 할 수 있다면 내가 내 자리를 너에게 내주겠다'는 것인데, 이 이야기가 뜻하는 바가 과연 무엇일까? 이것은 마치 숙명론처럼 보인다. 세계의 악은 인간 스스로 극복할 수 없다는 이야기처럼 들린다. 그러나 그 이야기는 인간이 그렇게 악의 사슬에 묶여 살 수밖에 없는 숙명적 존재라는 것을 말하는 것은 아니다. 그보다는 인간들이 하는 일이 악순환을 만들고 있는 현실을 말하고 있는 것일 뿐이다. 악을 척결한다는 것이 또 다른 악을 만드는 현실, 고통을 극복한다는 것이 또 다른 고통을 만들어내는 인간 현실에 대한 적나라한 질타이다. 욥의 친구들은 욥에게 고통에서 헤어나는 해법을 제시한다면서 더 심한 고통을 가하고 있지 않은가? 욥 역시 자기의 의로움을 강조하지만 욥이 스스로의 의로움을 강조할수록 사실은 친구들의 주장에 동조하는 모순을 낳는다. 의로우면 고통을 겪지 않는다는 말인가? 욥이 스스로 경험한 대로, 그리고 목격한 대로 무수히 많은 무고한 사람들이 고통을 겪지 않는가? 그러니 고통은 운명이란 말인가? 그것이 아니다. 인간의 현실이 그렇다는 것을 깨달으라고 하느님은 촉구한다. 욥은 하느님에게 억울하다고 항변하고 하느님이 불공평하다고 말하고 있지만, 하나님은 욥에게 인간들 스스로 만든 그 굴레에서 헤어날 것을 촉구한다. 덩달아 그 굴레 안에 하느님을 가두는 것을 질책한다. 하느님은, 일정한 한계 안에 갇힌 인간이 그 한계를 인정하지 않고 스스로 전지전능하다고 생각하면서 만들어내고 있는 악의 현실에 주목한다. 하느님의 정의는 일순간 악의 해소라는 방식보다는 선과 악을 드러내 줌으로써 인간에게 그것을 분별하도록 하고, 인간에게 악순환에서 벗어날 길을 찾도록 촉구하는 방식으로 제시되고 있는 셈이다. "대낮의 광명은 너무나 밝아서 악한 자들의 폭행을 환히 밝힌다."(38:15). 제발 인간들이 그 사실을 깨닫기를 바라는 것이다.

베히못과 리바이어던 이야기 역시 우리를 당황하게 만든다. 하느님은 인간이 어찌할 수 없는 두 짐승 베히못과 리바이어던의 위력을 장황하게 설명한다. 이 두 동물은 실존하는 동물이라기보다는 고대적 상징이 응축된 전설적인 동물들이다. 앞에서 인간이 개입하지 않아도 자유롭게 자신들의 생명을 영위하는 동물의 세계를 언급하는 이야기(38:39-39:30)에 비해 이 이야기는 훨씬 무겁다. 인간의 불가항력을 강조하는 것 같다. 서두의 이야기가 숙명론을 이야기하는 것처럼 보였듯이 이 이야기는 그 숙명론을 더욱 강조하기 위한 보완장치처럼 보인다. 역시 숙명론일까? 인간이 별짓을 해도 물리치거나 어찌해 볼 도리 없는 괴물들의 존재를 강조하는 뜻은 무엇일까? 우리는 하느님의 두 번째 응답의 서두에서 가졌던 의문과 동시에 그 해법을 생각할 수 있다. 여기에서 강조점은 그 괴물들의 위력에 있는 것이 아니라 그 무시무시한 괴물들 역시 피조물에 지나지 않는다는 사실이다. 인간 사회의 악의 상징과도 같은 두 괴물들이 피조물이라는 이야기는 인간 사회의 악 역시 하느님에게서 비롯된다는 이야기일까? 이 이야기를 숙명론으로 받아들이면 그렇게 보는 것이 그럴 듯한 해석일 것이다. 그러나 이 이야기의 초점은 악도 하느님에게서 비롯된다는 측면보다는, 마치 신적 존재와 같이 간주되는 그 존재 역시 피조성의 한계 안에 있다는 점에 있다. 인간 사회는 수없이 많은 필연적 법칙으로 얽혀 있다. 정치의 법칙, 경제의 법칙… 그리고 그 법칙을 따르는 제도는 항상 항구적인 것으로 간주된다. 그 모든 것들의 꼭대기에 국가권력이 자리하고 있다. 베히못과 리바이어던은 바로 그와 같은 존재를 말한다. 홉스는 국가권력을 리바이던이라 불렀다. 그것은 마치 인간들에게 불가항력적인 것으로 간주된다. 그러나 하느님은 말한다. 그것은 불가항력적인 것이 아니라 당신의 피조세계의 한계 안에 있을 뿐이다. 하느님을 승인하는 것은 또 하나의 거대한 필연의 법칙에 우리를 맡기는 것이 아니라, 사실은 인간들이 만들어낸 것에 불과한 '필연의 법칙'에서 헤어 나와 전혀 새로운 가능성을 기대하는 것이다.

하느님의 엄청난 다그침 앞에 욥은 승복한다. 욥의 그 승복은 도대체 어떤 의미를 지닐까? 숙명론의 관점에서는 아주 편하고 익숙한 해법이 제시된다. 전지전능한 하느님 앞에서 어쩔 도리 없는 인간이 스스로 한계를 승인한 것이라는 것이다. 그러나 그것은 전제군주와 같은 하느님 앞에서 인간은 그저 명령만을 기다리는 존재일 수밖에 없다는 뜻은 아니다. 결국 그 이야기를 위해 욥의 고통이 또 하나의 도구로 채용되었다면 허망하지 않은가? 만일 그렇다면 그 하느님을 믿어야 할까? 만일 그렇다면 욥이 지금까지 항변해 왔던 것보다 더 극렬하게 하느님에게 항변해야 하지 않을까? 만일 그렇다면 우리는 정말 심각한 회의에 빠지지 않을 수 없다.

그러나 『욥기』는 인간이 스스로 만든 법칙에 매인 노예에서 하느님의 구원의 은총을 누리는 자유인의 가능성을 추구하는 궤적을 적나라하게 보여주고 있다. 하느님을 승인하는 것은 또 다른 법칙에 자신을 매이게 하는 것이 아니라 새로운 가능성을 추구하는 것이다. "지금까지는 제가 귀로만 들었습니다. 그러나 이제는 제가 제 눈으로 주님을 뵙습니다." 이전까지는 하느님에 관해 간접적으로 전해

들었을 뿐이지만 이제는 하느님을 직접 체험한다는 이야기이다. 이제 어떤 중재자 없이도 하느님을 만날 수 있다. 편견 없이 하느님을 만난다. 하느님을 대신한다는 존재, 하느님을 전한다는 이야기는 오히려 하느님의 진실을 보여주고 전하기보다는 왜곡시켰다. 그러나 이제 그 미망에서 벗어났다. "그러므로 제 주장을 거두어들이고, 티끌과 잿더미 위에 앉아서 회개합니다." 이 번역은 이전에 욥이 뱉었던 항변 자체를 거두어들이고 그렇게 항변했던 것을 잘못이라고 뉘우치고 있다는 것으로 보일 수 있다. 그러나 이 말은 "나는 먼지와 재를 포기하고 후회한다."로 재해석될 수 있고, 이 말은 '먼지와 재'로 상징되는 신음과 한탄의 태도를 접겠다는 뜻이다.[4] 그것은 근본 태도를 바꾸겠다는 뜻이지 말을 번복한다는 뜻이 아니다. 고통에 신음하고 한탄하며 하느님께 불평하는 태도에서 벗어난다는 것이다. 고통이 더 이상 자신을 파멸의 상황으로 모는 어떤 구실이 될 수 없게 만드는 삶의 의지의 천명이다.

IV. 꼭 보상을 받아야 하나? - 종장(42:7-17)

『욥기』 대단원의 막은 하느님과 욥의 대화로 이미 내렸다. 고통이 어디에서 비롯되는 것인지에 대한 명쾌한 해명은 여전히 없었다. 친구들로 대변되는 전통적인 지혜론에서는 그 인과관계가 명쾌하였다. 그러나 욥의 주장 가운데서는 그 인과관계가 전혀 가당치 않

4) 이와 같은 해석은 『욥기』를 이해하는 데 중요한 의미를 지니는 것으로, 해방신학자 구티레에즈의 입장을 따랐다. 네그리 역시 소멸의 잿더미 위에서 다시 태어나고 생성케 하는 역능을 강조하면서 이 대목을 의미심장하게 해석한다(뒤의 참고문헌 참조).

다는 것을 입증하는 현실이 적나라하게 드러났을 뿐이다. 하느님의 응답에서도 고통의 원인에 대한 해명은 없다. 욥과 하느님의 대화에서는 고통의 상황 가운데서도 여전히 하느님을 신뢰할 수 있고 자신을 파멸로부터 지킬 수 있는 태도가 무엇인지에 대한 깨달음만 분명하게 나타날 뿐이다. 『욥기』는 그렇게 고통 중에도 파괴될 수 없는 인간성, 그리고 동시에 소멸되지 않는 신성을 말한다. 하느님의 자유로움에 대한 욥의 깨달음은 주어진 굴레에 매이지 않는 인간의 자유로움에 대한 갈망이다.

그렇게 사실상 이미 대단원의 막이 내렸건만 『욥기』에는 후기가 덧붙여졌다. 앞의 1-2장과 함께 민담 형식을 취한 이 대목은, 그래도 뭔가 확실한 답을 손에 쥐고 싶은 사람들의 기대에 부응하고 있는 것 같다. 먼저 하느님은 분명하게 심판을 한다. 욥의 친구들이 잘못되었고 욥이 옳다고 평결을 내린다. 『욥기』의 앞뒤를 장식하는 산문 부분을 전제로 하지 않을 때 독자는 누가 옳고 그른지 알기 쉽지 않다. 오히려 겉으로 드러나기에 하느님을 신실하게 믿는 것처럼 보이는 경건한 친구들이 옳은 것처럼 보인다. 일관되게 항변하는 욥은 불경스럽기 그지없다. 욥은 고집이 센 사람이요 의심이 많은 사람일 뿐이다. 도저히 하느님을 믿는 사람처럼 보이지 않는다. 그런데 하느님은 욥이 옳다고 선언한다. 덧붙여진 이 이야기는 그렇게 『욥기』가 제기하는 본 뜻을 친절하게 해석해 주고 있다. 친구들은 이미 하느님을 알고 있다고 생각하면서 자신들의 세계에 하느님을 가두어버리는 잘못을 범했다. 반면에 끊임없이 의심하고 항변했던 욥은 오히려 자신의 세계에서 벗어나 하느님의 진실에 더 가까이 다가섰다. 고통에서 한 발자국 물러나 말로만 하느님을 설파했던 친구들은 하느님을 직접 뵙는 영광을 누리지 못했지만, 고통 가운데서 호소했던 욥은 하느님을 직접 뵙는 영광을 누렸다.

그러나 하느님은 어느 편도 파멸에 이르기를 원치 않는다. 하느님은 욥의 친구들을 용서하고 욥과 친구들 사이의 관계의 회복을 원한다. 그런데 하느님은 그 관계 회복의 주도권을 욥에게 준다. 친구들에게 속죄제의 제물을 욥에게 가지고 가서 용서를 빌라고 한다. 욥이 그것을 받아 친구들의 용서를 빌면 비로소 그때 하느님도 용서를 해주겠다고 한다. 고통당하는 사람의 신원을 들어주겠다는 것이다. 욥은 친구들의 용서를 빌었고 하느님은 그 기도를 들어주었다. 욥은 아직 고통 가운데 있었지만, 이렇게 해서 친구들과의 관계를 회복했다. 얼마나 멋지고 통쾌한 일인가? 현실에서 이런 일이 쉽사리 일어날 수 있을까? 쉬운 일이 아니다. 그러나 『욥기』에 덧붙여진 이 이야기는 『욥기』의 진정한 뜻이 여기에 있다는 것을 분명하게 이야기해준다.

그런데 그 이야기로도 충분하지 않았을까? 민담은 그 뒷 이야기까지 전한다. 하느님은 욥에게 재산을 회복시켜 주었고, 나아가 친척 및 친구들과의 모든 관계까지 완전하게 회복해 주었다고 한다. 단순한 회복이 아니다. 이전보다 모든 재산을 두 배로 늘려주었다. 자식들도 다시 주었다. 그렇게 복을 누렸을 뿐 아니라, 욥은 그 뒤에도 무려 백사십 년을 살면서 손자를 사대까지 보았다고 한다.

이 결말을 어찌 이해해야 할까? 의인에게 내리는 마땅한 보상일까? 그렇게 고생했으니 그만한 보상은 당연한 것일까? 그것이 아마도 사람들이 기대하는 바일 것이다. 그 기대에 비추어 보면 참 다행스럽다. 그리고 위안이 된다. 그러나 의로운 사람에 대한 마땅한 보상이라 보면, 『욥기』의 주제에서 벗어난다. 의로운 사람이 무고하게 고통을 겪었으니 그에 대한 보상이 꼭 이루어져야 하느님의 정의가 실현된다고 보면 그것은『욥기』의 주제 자체를 훼손한다. 그렇게 요란하게 인과응보의 논리, 보상의 논리를 부정했던『욥기』의 주제는 그 결론 하나로 순식간에 무너져 내린다. 다시 한번 확인하지만『욥기』의 주제는 고통 중에도 파멸에 이를 수 없는 인간의 삶이다. 그 삶은 꼭 보상을 필요로 하지 않는다.『욥기』는 보상이 없어도 마땅히 살아가야 할 방도대로 담담하게 그리고 당당하게 살아가는 삶에 대한 찬가이다. 그 찬가를 통속적 민담이 훼손해버린 것일까?

『욥기』의 일관된 주제에 비추어 이 결론을 우리는 어찌 이해해야 할까? 욥의 의로운 삶에 대한 당연한 보상이라기보다는 뜻밖의 선물로 보아야 하지 않을까? 하느님의 은총에서 비롯되는 선물일 뿐, 하느님의 정의를 입증하는 필연적인 결과가 아니다. 나의 노력의 결과로서가 아니라, 협력하여 선을 이루는 결과로서 누리는 삶이다. 그것이 은총으로 누리는 삶이다. 만일 그렇다면 우리는 그 삶을 거부할 까닭이 없다.

V. 고통 가운데서도 파멸하지 않는 삶

어찌된 일인지 기독교의 역사에서 욥은 마치 인내와 순종의 표상처럼 이해되어 왔다. 고통 가운데서도 결과적으로 하느님을 저버리지 않고 자신의 삶을 원망하지 않았다는 사실 때문에 그와 같이 이해되어 왔는지 모른다. 그러나 다시 읽는『욥기』에서 드러난 욥은 그와는 정반대로 끊임없이 항변과 도발을 일삼는 사람이다. 고통 가운데서 인내와 순종을 강조한 것은 친구들의 입장이었을 뿐이다. 친구들은 그렇게 고통을 숙명적인 것으로 받아들이며 세계 자체에 대한 새로운 물음을 포기한다. 하지만 욥은 친구들이 믿고 있는 인과응보의 법칙으로 도무지 해명되지 않는 현실의 부조리에 대해 끊임없이 이의제기를 함으로써 세계 자체를 새롭게 묻는다.

『욥기』의 결론은 사람들의 상식과는 정반대로 진정한 유신론자처럼 보였던 친구들을 무신론자로 평결 내리는 반면 불경한 무신론자처럼 보였던 욥을 진정한 유신론자로 평결 내린다. 이 사실은 인간들이 고통당하는 현실 가운데서도 오직 침묵할 것을 강요하는 요지부동한 세계 자체가 오히려 무신성無神性을 드러내는 반면, 거꾸로 침묵을 강요하는 그 세계에 이의제기함으로써 새로운 세계의 틈새를 여는 주체의 저항이 진정한 유신성有神性을 입증해 준다는 것을 말한다. 그것이 『욥기』가 주장하는, 상식에 반하는 신학이다. 『욥기』는 고통 가운데서도 결코 폐허의 잿더미로 전락하지 않는 인간 삶에 대한 찬가이다.

제3부

다시, 민중신학이다

- 오늘의 민중신학을 위한 시도

중진국 상황에서 민중신학하기
- 민중론을 중심으로

권진관 I 성공회대 교수 / 조직신학

I. 서론

인도 달릿신학과 2년에 한 차례 연례 민중-달릿 신학토론회를 하는데, 그때마다 인도의 달릿과 우리의 민중의 상황이 차이가 있음을 절감했다. 한국의 민중은 인도의 달릿 사람들에 비해서 너무나 잘 살고 있고 차별이나 착취의 정도도 덜하다. 그래서 우리는 1970-80년대의 상황을 배경으로 한 민중신학을 제시하는 경향을 보이기도 했다. 이제 솔직하게 한국의 사정이 크게 바뀌었다는 것을 인정하고 본격적으로 상황의 변화를 고려한 민중신학을 논의할 때이다. 이 논문은 새로운 상황에서 필요한 민중론은 무엇인가에 대한 논의로 한정하고자 한다. 이러한 민중론을 가지고 심도 있는 신학적인 논의가 필요한데 이것은 다음 기회로 돌리고자 한다.

최근 서구 지성들로부터에서 "습격해" 오는 새로운 진보담론 중에는 민중신학자들이 고려해야 할 것들이 많다. 2000년대에 들어와 유럽의 좌파들인 네그리와 하트가 『제국』, 『다중』을 발표하였고, 빠올로 비르노가 *A Grammar of the Multitude*(우리말로는 "다중"이라는 책명으로 번역됨, 김상운 역)을 출판하여 민중신학 연구자들에게 관심을 불러일으키고 있다. 본 연구자는 네그리와 하트의 『다중』을 읽으며 여기에 오늘날의 세계화와 포스트모던 시대의 민중담론의 종합적 이론이 있다는 것을 기뻐했고 많은 것을 배웠다. 나는 이들의 논의, 그리고 그것에 대한 다른 학자들의 토론 등을 많이 참고하게 되었다.

남미의 해방신학은 빈자(프토코이, the poor)를 주제로 삼고, 최근 서구 진보세력의 일부는 다중the multitude을 주제로 삼고 있지만 한국 민중신학은 계속해서 민중을 주제로 삼는다. 민중은 가난한 자와 다중을 모두 포함하면서 이들보다는 보다 포괄적이며 보다 현실적인 개념이라고 본다. 적어도 한국의 상황에서는 그렇다. 서구 학자들이 말하는 다중의 요소들에 대해서 이 글에서 논의를 할 예정이며, 이것과 우리 민중신학은 무엇을 얻을 수 있고, 이를 통해 민중이 새로이 이해될 수 있겠는가를 살펴볼 예정이다.

II. 문제의식

1) 민중교회와 민중신학이 매우 약화된 것으로 보인다. 상황이 많이 변했기 때문이다. 1970-80년대의 상황을 기반으로 하여 출발한 민중신학과 민중교회는 오늘날 2000년대 발전된 한국 안에서 새로운 모습으로 나타나야 하는 과제가 생겼다.

이미 민중교회는 다양한 계층과 다양한 개인과 집단들이 모여 있으며 과거처럼 사회의 저변층의 사람들이 중심을 이루지 않고 있다. 한민연의 멤버 교회들도 이와 마찬가지이다. 저변층의 민중이 아니라, 다중적 민중들이 교회의 구성원이 되었다. 지식인, 중간층이 주류를 이루고 있다. 최하층의 민중들은 순복음교회를 비롯한 대형교회들에 다니고 있으며, 그곳에서 많은 혜택과 위로를 받고 있는 것으로 보인다. 최하층 민중들은 민중교회의 주체적인 구성원으로 참여하는 것이 아니라, 민중교회가 열고 있는 선교복지 프로그램의 혜택 수혜자 혹은 대상자로서 참여하고 있다. 그렇다면 오늘날 민중운동의 전통을 잇는 민중교회는 어떤 교회인가? 교회의 구성원의 중심은 역사의식과 진보적인 신앙과 사상으로 무장된 지식인들을 비롯한 중간층이 중심을 이루어고 있으며, 이들의 주요한 사회적 과제는 오늘날 시민사회와 정치 사회에서의 민주화와 사회정의를 위한 참여와 발언이다.

오늘날 민중신학의 상황은 과거와 매우 다르다. 저변층의 민중을 보호하기 위한 모든 일들은 과거와 같이 급진적인 방식이 아니라, 개량적이고 복지적인 방식으로 진행되고 있다. 따라서 민중신학의 근저에는 다중적인 민중, 특히 지식계층을 중심으로 한 다양한 계층들의 집단인 다중이 중심을 이루는 사회운동이 있어야 한다고 본다.

III. 왜 프토코이 대신에 오클로스였는가?

민중신학이 "가난한 자"(프토코이ptokoi) 대신에 "민중 혹은 다중"(오클로스oklos)을 사용했던 것이 시사하는 것은 무엇인가?

민중을 지칭하는 말로서의 오클로스는 가난한 자들을 포함한 다양한 소외된 계층들을 망라한다. 세리들은 당시에 프토코이 즉 가난한 자는 아니었지만 예수의 오클로스에 속했다. 물론 민중인 오클로스 속에는 가난한 자들 즉 프토코이가 참여한다. 그러나 민중이 곧 프토코이 즉 가난한 자로 환원되지 않는다. 오클로스는 프토코이보다 광범위한 집단을 말한다. 오클로스와 민중 혹은 다중은 하나의 정체성을 가진 집단이기보다는 다양한 정체성을 가진 소집단들과 개인들의 집합이라고 할 수 있다. 또한 오클로스나 민중 혹은 다중은 사회학적인 개념일 뿐만 아니라, 정치적인 개념으로서, 정치적인 주체성의 양태를 가진 사람들(群)을 말한다.

그러므로 오늘날 오클로스 즉 민중은 역사에 참여하는 주체로서의 다중을 말한다. 복음서 특히 마가복음서에서 오클로스는 예수와 함께 역사에 참여했던 자들이었다. 이들은 간혹 지배계층의 영향 아래 예수를 십자가의 처형이라는 위기로 몰아가는 데에 기여했지만, 더 많은 경우 예수와 함께 유대사회의 개혁에 앞장섰던 사람들이다.

오늘날 한국의 상황 속에서 역사의 주체로서 지배 질서의 불의에 저항하며 새로운 사회를 추구하는 사람들을 민중이라고 부르자. 이들은 굳이 가난한 자들만은 아니다. 중간층, 지식인층 등 다양한 계층과 계급으로 구성되어 있다. 그러나 이들은 공통적으로 지배 질서를 문제 삼고 저항한다. 대표적인 경우가 2008년 5월의 촛불 집회에 참여했던 다양한 계층의 다중적인 민중들이다. 또한 용산 참사 항의 집회에 참석했던 사람들이 그 다른 예이다.

축약하면, 민중신학이 프토코이 대신에 오클로스를 채택했던 근본 이유는 후자에 내재해 있는 민중의 주체성의 측면에 있다고 본다. 프토코이는 가난한 '상태', 즉 정치적 역동성보다는 사회적 '계층성'이 부각된 개념지만, 오클로스는 주체적으로 역사에 참여하는 양태를 갖는 '활동적'이고 역동적인 개념이다. 오늘날 기존 질서에 저항하여 역사적 개혁운동이 일어나지 않고 있는 나라는 거의 없으며, 세계의 어느 곳이든 민중운동이 없는 곳은 거의 없다. 한국에서의 민중운동과 그것을 신앙의 눈으로 성찰하는 민중신학은 고유한 의미를 갖고 있다. 왜냐하면, 한국은 저개발과 가난의 상태에서 벗어나 중진국 대열에 올라가 있는 나라이며, 저개발과 개발 모두를 한 세대 안에 경험하였고, 그것이 오늘날에도 동시에 한국 안에 존재하고 있는 나라이기 때문에, 그 속에서의 민중신학적 성찰은 고유한 측면이 있다.

한국의 민중신학은 선진국과 후진국 사이에 위치해 있는 전형적인 중진국의 상황에서 약자인 민중의 주체성을 중심에 놓고 사유하는 학문이다. 그리고 민중이 역사 속에서 주체됨을 통하여 이 역사를 근본적으로 변혁할 수 있다는 신념을 기본으로 하는 학문 이론이다. 그러므로 이러한 학문 이론을 형성하는 데에 도움이 되는 모든 학문적인 성과들과 성찰들을 대화의 파트너로 삼는다.

IV. 예수로부터 비롯된 민중신학의 사상적인 모티브

민중신학은 예수와 오늘날의 오클로스 즉 민중과의 시대를 넘어선 '상관관계적인 대화'를 중심으로 형성된다. 상관관계의 양축 즉 예수와 민중 중에서 먼저 예수에 대해서 말하고자 한다. 예수는 상관관계에서 민중 문제들에 대한 '대답'과 '응답'의 자리에 있다.

첫째, 예수는 하나님의 나라라고 하는 사회 전체의 변화를 불러일으키는 사회변혁운동을 일으킨 예언자이자 메시아요 하나님 나라 운동자였다. 그는 제자들을 비롯한 약자들, 특히 그를 둘러싼 많은 오클로스와 함께 이 운동을 전개하였다.

둘째, 이 하나님의 나라 운동은 약자들, 겸손한 자들, 사회적인 힘을 갖지 못한 자들과 예수와 연대하는 부류들, 즉 단일한 지배 질서에 순응하는 '국민'(people, laos)이 아닌, 지배 질서에 대한 대안적인 열망을 가진 다중적 민중multitudinous minjung이 일으켰다. 이 다중적인 민중은 유다의 지배 질서와 그것을 지배하고 있던 로마제국의 지배 질서에 대해 문제를 제기하고 그것을 대체할 하나님의 나라를 내세웠다.

셋째, 그렇다면 여기에서 민중, 즉 다중적인 민중은 일정한 활동 양태를 가진 사람들을 가리킨다. 즉 지배 질서의 성원 즉, 국민이나 시민으로 지배 질서에 종속되거나 순치되지 않은 무리들을 가리킨다. 이들은 국민이나 시민일 수도 있지만, 중앙집권적 지배 질서에 의해서 규정되고 순치된 국민이나 시민들과는 다른, 순치되지 않고 기성 제도를 비판하고 저항하는 사람들을 말한다. 그리고 이들은 언제든 대안적인 지식과 비전에 목말라하는 사람들이다. 이들은 예수의 새로운 비전에 참여했던 사람들이다. 이들은 민중운동, 하나님의 나라 운동에서 예수와 함께 운동의 주체를 이루었다.

넷째, 민중신학이 비판적인 입장을 견지하면서(脫), 동시에 대안적인 건설(向)을 추구하는 것은, 지배 질서를 대체할 대안을 마련하여 그것을 실제로 구현해내지 못하면, 결국 기존 질서의 모순에 의해서 약자인 민중(그리고 생태, 자연)이 먼저 희생양으로 몰리고, 파괴되고 말 것이기 때문이다. 특히 민중신학은 남북 분단과 대치와 같은 현 상황을 대체할 수 있는 통일과 평화를 조성하는 일에 초미의 관심을 가지는데 이것은 남북 민중의 생명과 직결된 문제이기 때문이다.

세계의 역사를 살펴보면, 민중이 주체가 되어 참여하는 운동이 없는 곳에는 언제나 생명 파괴의 비극이 있어 왔음을 본다. 민중신학은 생명 파괴를 막기 위해 현실 비판과 함께 대안을 끊임없이 추구한다. 예수에게 있어서의 대안은 하나님 나라였다. 하나님 나라 운동의 구체적인 전략으로 바울은 에클레시아 운동을 펼쳤다. 바울에 의해서, 교회는 그리스도의 몸이 되었고, 그리스도의 육화로서의 역할을 감당해야 한다는 신념이 형성되어 공표되었다. 그러므로 오늘날의 교회는 약자가 주체가 되는 하나님의 나라 운동과 분리될 수 없게 되었다.

다섯째, 예수는 폭력적인 운동이 아니라, 로마의 폭력적 지배에 대한 대안으로 평화적인 삶의 방식, 평화적인 저항 전략을 채택하였다. 예수는 평화적인 삶을 추구했고, 이것은 폭력적이고 억압적이고 착취적인 지배 질서와 충돌하였다. 예수의 평화적인, 평등한, 기쁨이 넘치는 삶을 위한 운동은 폭력적이고 억압적인 위계적 지배 질서와 대립적하였으나, 폭력적 지배 권력에 대한 예수의 저항 전략은 평화적인 방식이었다.

여섯째, 예수의 운동은 기독교라고 하는 종교로 승화되었다. 예수의 뒤를 따르는 신자들의 기독교는 억울한 약자들을 신원伸寃하고 약자들을 복권시키는 약자들의 희망을 육화한 종교이다. 예수의 평화적 저항운동은 결국 십자가의 처형으로 끝이 난 것으로 보였다. 그러나 운동은 예수의 부활에 의해서 이어졌다. 그리고 그것은 종교운동의 형태를 띠었다. 그리고 그것은 예수를 기억하며 그의 뒤를 따르는 자들의 교회를 이루었다. 예수의 운동이 종교운동으로 변화되었다는 것은 예수가 제시한 이상이 종교적인 희망으로 승화되었고 따르는 공동체 안에 강고하게 되어졌음을 말한다. 그러나 역사 속의 교회는 이러한 약자들의 희망을 잊고 강자들을 옹호하는 교회가 되었다.

기독교는 약자의 희망을 육화한 종교다. 기독교는 약자의 희망에 종교적 절대성을 부여한 종교이다. 현실에서는 그러한 희망이 실현되지 않으므로, 이 희망을 종말적인 희망으로, 즉 종교적 절대성으로 못 박았다. 예수를 따르는 기독교는 약자들의 희망을 종말적으로 해석하고 이것을 현재의 역사 속에서 동력화하는 종교이다. 십자가는 약자들의 억울한 죽음이요, 부활은 억울하게 죽은 약자들의 다시 일어섬을 의미한 것이지, 힘 있는 자들의 죽음과 힘 있는 자들의 일어남을 상징하는 것이 아니다.

오늘날의 한국의 일부 대형 교회들은 강한 자를 축복하는 종교, 부자의 희망을 담는 종교를 만들었다. 민중신학은 이러한 상황 속에서 원래의 기독교, 약자의 복권과 희망을 종말적으로 체화하는 종교로 돌아갈 것을 시도하고 선포한다. 그러므로 오늘날 축복(예, 여의도 순복음교회의 삼박자 축복)의 메시지는 부자들을 위한 것이 아니라 약자들을 위한 것이어야 하며, 영광의 부활(일어남)은 약자와 이에 연대하는 자들에게 주어진 약속이지 강자와 부자를 위한 것이 아님을 분명히 해야 한다. 교회의 메시지는 다름에 대한 미움과 불신, 억압과 불평등을 조장하는 것이 아니라, 평화와 평등의 친교의 메시지로 바뀌어야 한다. 한국 교회는 기독교가 약자들의 희망의 종교인 것을 인정하고 우리 사회의 모든 약자들에게 봉사하고 희망이 되는 것을 우선해야 한다.

V. 민중과 예수의 상관관계

예수와 오클로스는 예수의 하나님 나라 안에서 연대하며, 상호간에 영향을 주고받는 관계에 있다. 그러한 상호관계는 오늘날 예수와 민중과의 상호관계의 성서적인 근거가 된다. 오늘날의 예수와 오늘날의 민중과의 상호관계는 성서의 예수와 오클로스의 관계에 근거한다. 오늘날의 예수는 누구인가는 오늘날의 예수의 의미 즉 그리스도론의 문제이다. 이 그리스도론의 이해와 오늘날의 민중과의 상관관계를 성립시키는 일이 민중신학의 본령이라고 하겠다. 이러한 상호관계에서는 오늘날의 민중론적인 질문들을 가지고 예수의 의미를 추구해 보는 것을 말한다. 오늘날의 민중, 특히 민중의 역사의 주체됨에 대한 논의들을 성찰하는 것은 민중신학의 중요한 부분이다. 그런 면에서 민중신학은 오늘날의 민중론적인 문제제기들에 대해서 성찰해야 한다. 동시에 그것에 대한 그리스도론적인 대답이 무엇인지를 성찰해야 한다. 여기에서 대답answer이라는 말은 사안에 대한 해답 즉 정답, 정통주의적 '진리'를 가리키는 것이 아니라, 응답이라는 말에 더 가깝다. 즉 민중론적인 질문에 대한 기독론적인 응답이 민중신학의 대강이라고 하겠다.

위에서 살핀 예수의 모티브는 그대로 오늘날 민중의 문제에 대한 그리스도론적인 대답을 제공해 주고 있다. 예수는 민중인 오클로스와 함께 행동했으며, 이 둘은 상호관계 속에 있었다. 예수는 민중과 함께 평화적이고 기쁨에 넘치는 삶을 추구했고, 그것은 하나님의 나라로 표현되었다. 하나님의 나라 운동은 위계적, 폭력적, 억압적인 로마와 유대종교 지배 질서에 대항하는 민중의 평화주의적인 생명운동이었다. 이러한 예수의 이야기는 오늘날의 민중과 민중운동이 어떠해야 하는가에 대한 응답answer, response을 제공해 준다.

VI. 민중신학과 민중교회의 상호관계

위에서 민중과 예수의 상호관계를 말했다. 이제 신학과 교회의 상호관계에 대해서 말해야 한다. 민중신학의 위기는 민중교회의 위기요, 그 반대도 성립한다. 민중신학은 민중교회의 발전을 위해 공헌할 수 있어야 한다. 그러한 면에서 민중교회와 민중신학의 만남은 지속되어야 한다. 민중교회는 질문을 던지며, 민중신학은 그것에 대한 대답을 모색해야 한다. 민중교회로부터 오는 질문에 대해 적극적으로 응답하지 않는 신학은 민중신학이라 할 수 없을 것이다.

이미 언급되었지만, 우리나라가 아직 독재 하에 있었고 경제적으로는 낙후된 후진국이었던 시대 즉 1970-80년대에 민중교회가 발전되었다. 민중신학도 마찬가지다. 그런데 오늘날의 상황은 중진국 사회로 진입되어 과거와 같은 가난과 후진성은 쉽게 발견되지 않는다. 과거의 민중교회들 중에는 작은 교회로서 건강하게 성장한 예도 적지 않다. 그러나 민중교회의 성원은 청년, 노동자 계층이 주를 이루다가 변화되어 중간층, 지식인, 중장년 계층이 주류를 이루고 있다.

이러한 중진국으로의 변화된 상황에서 한국 민중신학은 민중교회와 함께 고민해야 한다. 이러한 때일수록 민중신학자와 민중교회 목회자들은 함께 만나서 문제들을 발견하고 그것에 대한 대답을 시도해야 한다. 이것으로 신학과 교회가 동시에 발전할 수 있게 될 것이다.

VII. 오늘날의 민중은 누구인가?

1. 두 가지의 접근법

민중은 누구인가를 말할 때, 다음 두 가지를 구별하는 것이 편리하다고 본다. 즉 민중에 대한 실재적 접근과 담론적 접근을 구별해야 한다.[1] 제1세대 민중신학자들은 민중을 정의내리기를 꺼려했다. 이것은 민중을 담론적으로 접근하는 것을 막았다. 그들은 실재계의 민중을 있는 그대로 보려고 했다. 실재적 민중은 이론적 담론으로 온전히 알아질 수도 없을 뿐만 아니라, 담론가의 자의로 민중을 왜곡시킬 수 있다고 보아 담론적 접근법을 피했다. 실재계는 우리에게 자주 오지 않는 깊은 통찰에 의해서 우리의 담론계 안으로 급습해 들어와 우리의 담론 속에 있는 잘못과 오해들을 여지없이 해체시켜버린다. 그러므로 우리의 담론적 구성은 이렇게 실재가 들어올 수 있도록 틈새를 열어놓고 개방된 상태를 유지해야 한다. 그렇지 않으면 이데올로기로 전락되어버리고 말기 때문이다. 실재의 민중은 담론적 민중과 완전히 일치할 수 없다. 민중에 대한 담론은 실재적 민중을 나타낼present 수 없다. 다만 표상represent할 수 있을 뿐이다. 그렇다고 담론을 이데올로기라고 비하할 필요는 전혀 없다.

---

1) 실재적 접근과 담론적 접근은 프랑스의 심리학자이자 철학자인 라깡의 주요개념인 실재계와 상징계를 응용한 것이다. 라깡에 의하면, 실재계란 상징계에서 배제되면서도 상징계에 끊임없이 영향을 미치고 있는 중핵적인 부분이다. 실재는 불가능성이다. 이 "불가능성은 부정적 의미가 아니라 논리적으로 상징화된 접근방법으로는 실재 자체에 다가갈 수 없는 게 실재의 모습이기 때문에 불가능성이라고 지칭된다." [출처] 김석, 『라깡의 상징계』 (Daum에서 검색함).

최근의 포스트모던 사상가들이 주는 지혜를 빌려서 말하면, 담론계는 언어를 가진 인간에게 현실계이다. 그 현실계actual world가 실재계real world가 아닌 것을 기억하자. 이것은 마치 우리가 신이라고 하는 실재the real God를 신에 대한 특정 담론(예, 어거스틴, 토마스의 신론, 이들의 an actual God)과 동일시할 수 없는 것과 같다. 신은 그 담론들로 완전히 드러나지 않는다. 이와 유사하게, 민중이라고 하는 실재는 우리들의 경험에 주어져 있다. 그런데 이 실재에 대해서 표현할 때에는 언어와 담론으로 하지 않을 수 없는 것이 피할 수 없는 현실이다. 이 담론이나 언어가 민중을 다 담아낼 수는 없다. 그러나 민중의 중요한 부분에 대해서 정당하게 표상할represent 수는 있다.

우리에게 민중이라고 하는 주체가 있다. 그러나 그 주체에 대해서 이리저리 말하게 되면서 민중이라고 하는 주체는 더 이상 자신을 말할 수 있는 순수 주체가 되는 게 아니라, 스스로도 이러한 민중담론(들)에 의해서 제약되고 규정되고 있음을 발견하게 된다. 민중이 민중담론이라고 하는 구조 속에 들어가 그 영향 속에 실존하기 때문이다. 한때 노동자들이 역사의 주체로서 전면에 일어날 수 있었던 것은 그 당시의 담론의 형태가 그것을 가능하게 만들어 주었던 측면이 있었기 때문이다. 오늘날 민중에 대한 지배적 담론이 어떤 것이냐에 의해서 민중의 자기 정체성이 영향받고 결정된다. 신학자는 오늘날의 민중담론 구조가 민중을 고착시키거나 억압하는 이데올로기가 아닌지를 비판적으로 분석해야 한다.

그렇다면 1980년대에 자주 논의되었던 민중의 계급적 구성분석 작업들은 담론적 접근인가 아니면 실재적인 접근인가? 단순한 계급 구성분석은 실재적인 접근방식에 가깝다고 본다. 민중의 외적인 측면을 분석하는 계급구성분석 방법과 민중의 이야기를 수집하는 또 다른 실재적 접근방법은 민중에 대한 담론적 접근법이 잘못된 방향으로 나아가지 않도록 잡아당겨 주는 중심추가 된다는 점에서 그 중요성은 결코 감해지지 않는다. 그러나 실재적 접근법도 민중 그 자체, 즉 실재의 민중을 다 담아낼 수는 없다. 실재적 민중은 잡힐 듯하지만 잡히지 않는 자리로 물러난다. 실재적 접근은 민중을 다 말할 수 없는 약점이 있을 뿐 아니라, 상황에 적합한 사회윤리적 처방을 내리는 데에 미흡하기 때문에 우리는 다른 방식을 택해야 한다. 즉 민중을 이론적 담론으로 접근할 수 있어야 한다. 담론적인 접근법은 민중의 의식, 문화, 역량potential 등 민중의 객관적인 측면뿐 아니라 주체적인 측면에 관심을 갖는다.

담론은 인간이 언어를 갖고 있음을 전제로 한다. 여기서 우리는 언어 소통할 수 있는 인간의 능력을 갖고 있다는 점을 중시한다. 그리고 민중을 말하고자 하는 담론가도 민중에 대한 언어적 진술을 한다. 민중에 대한 이론-담론적 진술은 실재의 민중에 의해서 그 진실성이 점검되지만 그러나 제한받지 않는다. 이론-담론적 접근이 실재적 접근에 가깝게 가고자 노력은 해야 하지만, 그렇다고 실재적 접근과 같을 수는 없다. 그만큼 이론-담론적 접근은 스스로 선택적이다. 여기에서는 담론자가 중요하다고 생각하는 부분이 크게 부각될 수 있다. 그런 면에서 담론적 접근에는 주관적인 요소가 있다. 민중에 대한 정치적 관점에서의 진술도 담론적 접근이며, 민중신학적 민중 진술도 담론적 접근 유형에 속한다(여기에서 담론은 이론적 담론을 가리킨다). 특히 정치-민중-신학적으로 민중을 이해하는 것은 실재적 이해가 아니라, 담론적 이해이다.

이에 비해 실재적 접근은 '있는 그대로'의 민중을 서술한다. 서사

narrative, 이야기, 사회 전기social biography로 민중을 이야기하는 것은 '있는 그대로'의 민중을 부각시키는 작업이다. 담론자가 민중은 이러저러하다고 얘기하는 것은 '있는 그대로'의 민중이 아니고, 민중에게 담론자의 생각을 강요하는 것이 되므로 그리해서는 안 된다고 1세대 민중신학자들이 말했다. 그러나 담론적 접근방식은 이러한 위험을 감수한다. 그리고 담론자에게 비쳐진 민중을 자유롭게, 그러나 실재의 민중에 충실하면서 담론적 이해를 구성한다.

실재적 접근에 이론적-담론적인 요소들이 있을 수 있다. 예를 들어 민중을 계급적으로 분석하는 데에는 계급 분석 이론이 사용된다. 그런데 이러한 이론은 민중의 '있는 그대로'의 상태를 분석할 뿐이다. 그런데 이렇게 실재적 접근법은 '있는 그대로'의 민중을 부각시키는 장점이 있음에도 불구하고 '가능태로서'의 민중을 부각시키는 일에는 무능력하다. 가능태의 민중이라고 해서 실재의 민중으로부터 완전히 독립되는 것은 아니다. 마치 고백된 그리스도가 역사의 예수로부터 완전히 독립되어 자유해지는 것은 아닌 것과 흡사하다. 실재의 민중에 근거하지만, 그러나 그것에 머물지 않고 새로움이 더해진 '가능태로서'의 민중을 담론적 민중의 한 요소라고 할 수 있다. 담론적 민중은 실재의 민중을 배격하지 않고 함께 가지만 그것으로부터 자유한다.

담론적 접근방법은 상상과 통찰과 해석의 방법을 수용한다. 이 방법은 민중의 실재적 사실들을 연결하여 민중에 대한 종합적인 이해를 재구성한다. 이러한 시도는 시대마다 새롭게 전개될 수 있다고 본다. 이러한 종합적 재구성은 실재적 접근방법으로는 불가능하다. 그리고 민중의 실재에 대한 단편적인 사실들의 분석에 머무르는 실재적 접근방법만 가지고는 실천의 방안을 제시할 수 없다. 예를 들어 민중의 이야기를 한다고 해서 실천의 방안이 나올 수는 없는 것이다. 이 이야기를 통해서 나타난 사실들을 재구성해서 민중에 대한 전체적인 재구성이 있어야 실천의 방향과 전략을 모색할 수 있게 된다. 그리고 민중의 재구성은 실천을 통해서, 민중과의 직접적인 실천적 관계 속에서 다시 수정되고 보완된다. 여기에 실천과 이론의 상호작용이 있다.

쟈크 라깡Jacques Lacan의 주체가 담론을 생산하는 것이 아니라, 담론이 주체를 형성한다는 후기 구조주의적 입장을 민중론, 즉 담론적인 민중 논의에 적용해 보면, 민중은 언어들, 즉 담론들에 의해서 창조되고 규정된다고 할 수 있다(Lacan 1998, 32). “실재로의 돌아옴turn to the reality”과 “담론으로의 돌아옴turn to the discourse”, 이 둘은 서로 상반되는 것처럼 보이지만, 상호보완되어야 한다. 담론은 사회 전기(이야기)와 상호보완되어야 한다. 언어와 상징은 계급분석과 상호보완되어야 한다. 담론적 접근은 실재적 접근과 상호보완되어야 한다. 이 둘 중 하나만 사용하면 민중에 대한 논의가 빈곤해진다.

2. 담론으로 본 민중

본 연구자는 담론체계가 하나의 구조를 이루어 실재의 민중을 그 안으로 끌어들여 일정한 경향의 민중을 만들어 놓는 기능을 한다고 본다. 민중은 담론의 구조에 의해서 영향받는다. 현실의 민중은 스스로에 대한 담론을 만들어 놓지 않는다. 다만 그들의 이야기를 남겨놓을 뿐이다. 영향력 있는 세력과 사람들이 민중에 대한 일정한 이해구조를 형성해 놓고 이를 보급한다. 오늘날의 민중을 다중으로 해석하는 담론가들, 예를 들어, 안토니오 네그리, 빠울로 비르노 등이 우리 민중신학이 경청해야 할 중요한 내용을 가지고 있다고 생각한다. 이들은 민중을 국민국가에 의해 통합된 국민으로 보는 대신, 다중은 이러한 통합을 거부하고 저항하는 사람들로 본다. 그러나 나는 오늘날의 민중이 다중으로 나타나고 있다고 보며, 따라서 민중과 다중을 동일하게 본다. 다만 이들 저자들의 다중론은 오늘 한국에서의 민중론을 생각하는 데에 많은 도움거리를 제공해 주고 있다는 것을 지적하고자 한다.

빠울로 비르노에 의하면, 오늘날의 다중으로서의 민중의 가장 근본적인 특징은 불안과 공포 속에서 산다는 점이다.[2] 그 불안은 대부분 노동의 불안에서 온다. 노동이 신자유주의의 테두리 안에 있을 때 불안해질 수 있다. 신자유주의하에서는 언제든지 해고될 수 있고, 비정규직이나 혹은 실직에 빠질 수 있다. 일찍 퇴직당하기도 일쑤다. 다중은 노동을 하는 사람들이라는 것이 큰 특징이다. 노동을 할 수 있는 것도 특권일 정도로 다중 안에 많은 사람들은 노동의 기회조차도 없는 경우가 있다. 이들 모두는 전 지구적인 경쟁구도 속에서의 신자유주의적 자본주의의 지배하에 있다. 그렇기 때문에 이들은 지구적 자본이 요구하는 삶의 리듬과 가치관에 맞추어 자신을 적응할 수밖에 없는 처지에 놓여 있다. 다중의 반대는 소수의 엘리트 계층이라고 하겠다. 엘리트들은 삶 속에서 자신감을 가지고 자신을 확장해 나간다. 이들도 지구적 자본의 움직임에 기대어 살지만 상대적으로 안정적인 삶을 즐긴다.

2) Paolo Virno, *A Grammar of the Multitude*, 김상운 역, 『다중』(서울, 갈무리, 2004), 52 이하.

엘리트 계층과는 반대로 민중은 언제나 닥쳐올 수 있는 삶의 위험 앞에 늘 불안하다. 실제로 그들의 삶은 고난으로 점철되어 있다. 상대적으로 덜 불안한 위치에 있는 사람도 근본적으로는 불안하기 마찬가지이다. 이들은 모두 신자유주의를 표방하는 자본의 체제하에서 살고 있고, 자본에 의해 언제든지 버림받을 수 있다. 이들은 자본의 지배하에서 살아남기 위하여 자본이 요구하는 것에 충실하게 적응하지 않을 수 없다. 대개의 경우 능동적으로 자본이 창출하는 세계 속에 자신을 귀속시킨다. 그러나 귀속되면 될수록, 자본에 의해 희생양이 될 수밖에 없다. 이들은 자본의 손아귀에 완전히 잡혀 있다. 노동하는 민중에게 불안이 증폭될 수밖에 없다.

그러나, 민중은 이러한 불안을 극복하기 위하여 집단적인 지혜와 지성을 모을 수 있는 가능성의 존재이다. 다중적 민중은 자신들을 보호하기 위한 집단적인 지혜, 혹은 집단적 지성(민중의 일반적 지성)을 모색할 가능성을 가진 존재라는 사실에서 우리는 민중이 자본에 대응하는 새로운 세계와 담론을 형성할 그루터기가 될 수 있음을 확인할 수 있다. 오늘날 모든 피조물들이 신자유주의적 지구적 자본에 지배받고 있는 상황에서, 민중은 이에 대응하는 대안을 세울 수 있는 세력이며 모판이다. 이들은 언어를 새롭게 구사하고 소통함으로써 대안의 세계를 형성한다. 이들의 언어는 자본의 언어와 그것에 의해 형성되는 세계와는 질적으로 다른 것이다.

최근에 열린평화포럼의 월례세미나에서 기세춘 선생이 민중평화사상가 묵자에 대한 강의를 하면서 인人과 민民을 구별하여 설명하기를, 인은 지배자, 귀족을 가리키며, 논어에서 나오는 군자에 해당한다고 했다. 민은 피지배계층으로서 사민四民계층을 말한다. 사민은 사농공상이라고 하는 4부류의 민중을 말한다. 여기에서 사士는 학자를 말하는데, 이들도 모두 피지배계층에 포함된다. 사농공상이라고 하는 다중이 곧 민이라는 말이고, 지식인도 피지배계층으로 간주되었다는 점에서 오늘날의 현실의 일부를 잘 드러내 주고 있다. 관변 지식인 혹은 제도권 지식인이 민중에 속한다고 말하기는 어렵겠으나, 그렇지 않은 많은 지식인은 분명 피지배계층에 속한다. 심지어 잘 나가는 엘리트들마저도 지배자들의 지시를 따르지 않을 수 없는 처지이므로 지식인 대부분이 피지배 다중에 속한다. 사농공상, 백성(다양한 성을 가진 사람들) 등의 언어들은 그 의미상 다중과 근거리에 있다. 사士 계급이 민 안에 들어 있으므로, 민이 공감하는 일반 지성을 형성할 수 있으며, 그런 의미에서 유기적 지식인Organic Intellectuals이 될 수 있다.

이제 유사한 단어들 중에서 국민, 민중, 다중, 인민에 대해서 구분해 봄으로써 민중신학에 적합한 상징언어는 무엇인지를 찾고자 한다. 국민은 잘 알다시피 한 국가의 국적을 가지고 있는 시민들을 가리킨다. 그러나 국민이라는 말에는 국가와 관련된 민으로서, 국가의 통치의 대상이라는 의미가 포함되어 있다. 하지만 한 국가의 테두리와 영토 안에 사는 사람들이 모두 국민은 아니다. 국민은 애국을 요구받고, 국가의지에 대한 충성을 요구받는다. 국가에 대한 일정한 의무가 강조된다. 모든 국민은 일정한 연령 안에 있으면 국방의 의무가 주어져 있고, 모든 국민은 세금을 내야 한다. people이라는 단어를 민중으로 번역하는 경우가 많은데 이것은 오해를 불러일으킬 수 있다.[3] 그리고 people과 multitude의 차이와 갈등이

---

3) people을 민중으로 번역한 경우의 예를 김상운이 번역한 비르노의 책, 『다중』에서 볼 수 있다. 이 번역책 221쪽을 참고하라.

그대로 민중과 다중 사이에도 있는 것처럼 착각하게 만드는 것은 번역의 잘못 때문이다. 오히려 민중과 다중 사이에는 유사한 점이 너무나 많다. 그러나 아우토노미아 이론가들이 정립한 다중 개념이 오늘날 한국의 상황에서 민중을 대체할 만한 적합한 개념인지는 두고 볼 일이다. 이 점에 대해서는 다음 절에서 다루고자 한다.

people은 민중보다는 국민에 가깝다. people은 단일한 국가 경계 안에 존재하며 분화되지 않은 집단을 말한다. 이에 비해 민중은 예전에는 사민계급을 말했고, 요즘에는 더욱 분화되어 다양한 계층의 사람들을 말한다. 그러므로 민중은 다중이라고 할 수 있다. 그러므로 오늘날의 민중을 people로 번역하는 것보다, minjung 혹은 multitude로 쓰는 것이 낫다고 본다. 의미를 분명하게 하기 위하여 이 글에서 본 연구자는 민중을 다중적 민중multitudinous minjung이라는 의미로 사용하고 있음을 밝혀둔다.

시민은 국민보다는 자기의 권리 주장이 더 포함되어 있는 단어이다. 시민권이나 인권이라는 단어는 대체로 시민과 연계되어 사용되고 있다. 오늘날 한국에 많은 외국인들이 와서 거류하고 있다. 백만이 넘는 이주노동자들이 한국에 들어와 정주하고 있다. 이들은 국민이나 시민이 아니지만, 한국 민중의 일원이기도 하다. 이처럼 민중은 넓은 범위의 피지배계층을 아우르는 개념이다.

남한에서는 민중이라는 말이 사용된 반면에 북한에서 인민이라는 언어가 사용되고 있다. 그러다 보니 인민이라는 단어에는 북한 민중의 역사적인 경험이 묻어나 있다. 남한의 민중은 민과 국가권력 사이의 갈등 관계 속에서 성립되어 왔다면, 북한의 경우는 민과 국가권력이 혼연일체가 된 역사적 경험을 갖고 있다. 국가의 지배세력과의 갈등이 항상 좋은 상태는 아니지만, 민은 그 성격상 국가

권력으로부터 소외당하고 가진 자들로 부터 착취를 당하게 마련이다. 북한의 경우 자본가 계급이 없으므로 착취나 억압이 없다고 말할 수는 없을 것이다. 북한의 인민은 일정한 담론체계와 그것을 뒷받침하는 정치적 구조하에서 형성되어진 민이다. 우연의 일치이기는 하지만, 인ㅅ이 지배자를 칭한다고 한다면 인민은 인+민, 즉 지배자(人)와 피지배자(民)을 포함한 모든 사람들을 가리키는 것이 된다. 이론적으로는, 북한의 인민은 지배자와 피지배자가 분리되지 않고 모두 자본계층에 대적하며, 혼연일체로 움직이고 있는 것으로 되어 있다는 점에서 민 혹은 민중의 개념과는 다르다고 하겠다. 이론적으로는, 통치계층과 피통치계층의 연합인 인민의 독재라고 북한의 체제를 설명해 주고 있다. 실제로 북한은 비록 가난하지만 민과 국가가 손잡고 제국의 입김과 압력에 굴하지 않고 견뎌내 왔다. 그러나 이러한 인민의 독재가 북한을 포위하고 있는 시장의 지구화의 영향을 받지 않을 수 없다. 북한도 일정하게 개방과 시장화를 추진하지 않을 수 없게 되어 있다. 그렇게 되면 지배계층(그와 연합한 국가)과 피지배계층 간의 갈등이 점점 더 커져서 민중화로 진행될 것이라고 본다.

북한의 인민과는 다르게, 지배자와 피지배자의 분리를 전제로 하는 민 혹은 민중이라는 언어는 남한의 역사적인 경험에서 나왔다. 민+중(무리)의 합인 민중은 피지배 민의 무리를 말한다. 민은 원래 사민, 즉 사농공상士農工商 등 4개의 계층으로 구성되었는데, 오늘날에 와서는 사회가 발전하여, 분화되고, 복잡해지면서 민을 구성하는 계층이 더 많아졌다. 여성들, 노약자들, 이주노동자들, 지식노동자, 육체노동자, 비정규 노동자 등등 다양한 계층이 민을 이루고 있다. 이러한 다양성을 주시하고 있는 포스트모던 사상가들은 이러한 민을 다중multitude이라고 부르기 시작했다. 본 연구자는 다중이라는 말과 민중이라는 말은 동일한 의미를 갖고 있다고 생각한다. 그러나 포스트모던 정치사상가들이 강조하고 있는 민중의 다중성에 대해서 민중신학이 관심을 가지고 검토해 볼 필요가 있다.

한국에서 다중적인 민중의 출현은 1980년대 말 이후라고 하겠다. 삼저현상으로 경제가 갑자기 중진국 대열에 들어서고, 단순 육체노동보다는 지식과 과학과 대규모 설비가 생산에서의 중요성이 커졌고, 컴퓨터와 IT 산업의 급격한 발전이 이루어지면서 남한은 포스트포드적 생산방식에 기초한 포스트모던 시대로 넘어갔다. 오늘날의 남한은 선진국 진입을 넘보고 있다고 하는데 그러나, 이러한 시대에 대다수의 민중은 구조적인 위기 속에 처해 있게 되었다. 그리고 이들 민중은 과거 1970-80년대의 산업확장기 동안 고용된 민중과는 다르게 한편으로는 구조적인 고용위기 속에 있으며 다른 한편으로는 지식노동자 중심의 노동 양태로 변환됨에 따라 오늘날의 민중은 과거와는 다르게 다중이라고 보자고 주장하는 학자들이 많아졌다.[4] 이 논자도 그러한 입장에 동조하고 있다.

포스트포디즘의 산업을 배경으로 하는 포스트모던 시대에 오늘날의 한국 민중은 구조적인 위기 속으로 진입해 들어갔다. 제레미 리프킨Jeremy Rifkin과 같은 논자는 과거의 시간에 기초한 육체적 노동이 종언을 고하는 시대가 되었다고 주장하면서 오히려 더 좋아졌

---

4) 다중론에 대해서는 위에서 지적한 대로 스피노자, 네그리 등이 선구자라고 하겠다. 많은 학자들 빠울로 비로노는 이러한 다중은 이탈리아의 경우 1977년부터 출현했다고 보고 있다. 비르노의 위의 책, 168 이하 참조. 우리나라는 이보다 늦게 출현했다고 본다.

다고 하는 낙관론을 펼치고 있다. 노동의 종언이 민중에게 결코 좋은 세상을 가져오지 않고 있다. 오히려 노동의 위기로 치닫고 있다.

비르노에 의하면, 오늘날의 산업 생산은 더 이상 산업노동자들의 노동시간을 중심으로 이루어지지 않고, 과학과 대형 기계설비, 정보, 지식, 협력이 생산의 중핵을 이룬다.[5] 이러한 분석이 남한의 상황에도 적용되는데, 남한에서도 전통적인 정규노동의 수는 점점 더 미미해져 가고 있다. 심지어 20:80의 사회로 진행되면서 80%의 노동 인구가 비정규, 불완전 고용이나 실업 상태로 전락하는 구조로 이행되어면서 민은 점점 더 불안한 생활로 빠져 들어가고 있다. 전통적인 노동이 뒤로 물러나고 지식노동 중심으로 발전되다 보니, 청년 실업, 비전문가들의 불완전 고용이나 실업 사태가 터지고 있다. 경제성장과 투자가 지속되지만, 민의 삶은 더 불안해진다. 국가나 공무원 세계와 대기업들은 풍요로운데, 민은 가난으로 허덕이는 현상이 우리나라뿐 아니라, 모든 후진국들에서 나타나고 있다.

3. 민중의 일반적 지성의 국가 이성으로의 편입

오늘날 민중교회들(과거의 한국민중교회연합〔한민연〕의 회원 교회들)의 상황을 보면, 상당수는 지방자치단체들 혹은 중앙정부와 연합하여 사회복지 프로그램에 참여하고 있다. 어린이방, 공부방 등등 정부가 해야 할 일들을 정부의 재정적 보조를 통해 자기 사업으로 하고 있다. 이것을 민중교회 운동, 혹은 민중선교 운동의 발전된 상태로 보아야 하는가 하는 문제가 제기되고 있다.

---

5) 비르노, 173.

민중교회의 이주외국인 노동자를 위한 활동을 보면, 이 문제는 더욱 심각해진다. 외국인들의 인권과 복지적인 문제들을 위해 많은 기독교 교회들이 참여하고 있으며, 이들 중에는 대형으로 발전된 교회들이 있다. 대형사업으로 발전한 교회들은 정부의 다양한 지원으로 사업이 이루어지고 있다. 물론 자체의 모금과 인력으로 상당 부분 충당하고 있기는 하지만, 정부의 지원이 결정적이다. 처음에는 불법 이주노동자들을 국가가 탄압하는 과정에서 이주노동자선교센터들은 저항했고 갈등했지만, 서서히 국가와 타협하고 함께 공존하는 모습을 보이고 있다. 이것은 민중선교와 국가의 합일화 과정으로 보인다. 민중선교의 '인민화'라고나 할 수 있지 않을까? 여기에서 '인민화'란 위에서 설명되었듯이 국가와 민중이 혼연일체가 되는 상태를 말한다.

우리는 이것을 보면서 국가가 민중적 지성을 흡수하여 자기 안으로 통합하는 형국이라고 본다. 이런 상황에서는 국가의 관료위계적인 지성이 민중의 지성을 흡수해버리는 꼴이 된다. 민중의 정치적인 의식은 순치되고 더 이상 자유를 위한 저항의 이성으로 발전하지 못하게 된다. 이 점이 민중선교가 처해 있는 모순점이다. 민중선교는 이러한 흡수로부터 물러서야 하고 국가 권력으로부터 자유해야 한다.

오늘날 한민연 회원 교회였던 이른바 민중교회들은 시민사회의 영역에서 국가의 복지사업의 일부를 담당하고 있다. 이렇게 발전된 것은 민중교회의 적극적인 민중선교에 힘입었다. 민중선교에 국가를 끌어들인 공로를 인정하지만, 그러나 이것으로 국가 이성 속으로 민중교회의 지성이 흡수되어버린 것도 간과할 수 없는 것이다. 이것 때문인가? 민중교회들은 국가 관료주의적인 지배 질서에 대해 더 이상 정치적인 저항의 모습을 보이지 않고 있다. 그렇다면 민중교회는 오늘날의 과두적 관료주의 지배 질서를 민주적인 질서로 생각하고 있는 것인가? 그렇지는 않은 것 같다. 그러나 이러한 지배 질서에 대해서 저항의 양태를 보이지 않고 있는 것도 일정한 추세인 것을 부인할 수 없다.

그렇다면 오늘날의 시민사회에서의 빈민들과 외국인 노동자들을 위한 민중교회의 실천과 지성을 국가에 의해 수렴되어진 것으로만 보는 것은 정당한가? 그 반대로 국가가 하지 않으려고 했던 일들을 민중교회가 했고, 민중교회는 국가의 지성을 발전시키는 데에 공헌했으며, 이것으로 더욱 민중에게 책임적인 국가, 즉 민주적인 국가를 만드는 데에 기여했다고 할 수 있는 것은 아닌가? 그럼에도 불구하고, 민중 복지를 위한 실천이 국가 체제에의 귀속 혹은 순치되는 측면도 있다.

이러한 민중 영역과 시민사회에 존재하고 있는 일반적인 지성이 국가의 통치체제 안으로 흡수되어 가는 과정에서 민중사회와 시민사회는 좁아지고 설 자리를 잃게 된다. 한때 기독교 진보 진영의 일부 세력이 국가에 편입되는 과정에서 기독교 진보운동 전체가 함께 국가에 편입되어 독립된 예언자적인 목소리를 내지 못했던 경험을 상기해야 할 것이다.

국가가 복지 마인드와 '품격' 있는 '선진화'로 나아가고자 할 때는 민중 영역에서 나오는 지혜들을 차출해서 국가의 지성으로 삼기도 한다. 그러나 요즘 이명박 정부는 거꾸로 민중의 지혜를 부정하고 의심하며, 민중 지성이 반사회적인 것으로 배제하고 있다. 이러한 상황은 민중운동에 좋은 기회를 제공해 주었다. 이제 다시 민중의 역량과 지성을 국가로부터 거리를 두고 독립적인 위치에서 자신의 독자성을 가질 수 있는 가능성이 생겨났다.

4. 민중신학적 민중(담)론은 무엇인가

그렇다면, 이제 민중을 어떻게 볼 것인가? 우리는 위에서 민중을 다중, 인민, 국민의 관점에서 분석하여 보고, 민중은 인민과 국민보다는 다중에 더 가깝다는 점을 암시하였다. 민중(담)론이란 민중을 어떻게 개념적으로 구성하느냐가 그 주제이다. 민중에 대하여 다양한 의견들이 나와 있고, 그것들의 결점들을 극복하는 새로운 민중론이 형성되어야 할 필요가 있다. 이 연구자의 한계는 이 민중담론을 사회과학적, 정치학적으로 충분하게 논의할 수 있는 역량이 부족하다는 데에 있다. 그러나 적어도 과거의 1970-80년대의 민중론은 극복해야 하지 않을까 하는 관점을 가지고 있다. 이미 암시했지만, 1970-80년대의 민중신학의 민중론은 민중을 적극적으로 담론으로 재구성하는 일을 삼갔다. 그리하여 민중의 사회 전기, 민중의 이야기, 민중의 계급 분석 등에 머무르며 민중론을 기피하였다. 이제는 적극적으로 민중에 대한 우리들의 이론 혹은 담론을 내어 놓아야 한다고 본다. 그렇게 해야만 오늘날의 새로운 상황 속에서 어떤 행동과 어떤 전략으로 민중뿐 아니라, 사회 전체에 희망을 줄 수 있는지를 말할 수 있을 것이기 때문이다.

어떤 민중 개념 즉 어떤 민중론이 오늘날의 상황에서 적합할 수 있는 것인가? 오늘날에 필요한 민중 개념을 재건하기 위하여, 본 필자는 1970-80년대의 민중과 오늘날의 민중을 비교해 보고자 한다. 이어서 다중과 민중, 그리고 인민과 민중의 비교를 통하여 오늘날에 적합한 민중은 무엇인가를 모색해 보고자 한다.

1) 1970-80년대 민중과 21세기의 민중

1970-80년대의 민중이 그대로 오늘날 지속되고 있다고 말할 수도 있을 것이다. 그러나 오늘날의 민중은 확실히 30여 년 전의 민중과는 다른 상황 속에 있고 다른 생각을 하고 있으며, 다른 것을 먹고 입는다. 간단히 말해서 1970-80년대의 민중은 후진국 시기의 민중이었고, 오늘날의 민중은 중진국 상황에 있는 민중이다. 어떤 논객은 중진국인 남한에서 더 이상 민중은 존재하지 않는 것이 아니냐며 민중신학이나 민중론은 폐기되어야 마땅하다고 주장하고 있다. 그러나 사실은 예전의 민중개념에 맞는 민중은 더 이상 존재하지 않는 것일 뿐, 오늘날에도 민중은 계속해서 존재하고 있으며, 다만 새롭게 개념 규정해 주기를 기다리고 있을 뿐이라고 말하는 것이 더 옳다.

1970-80년대의 민중은 가난하고 소외되었지만, 역사의 주체로 참여하는 모든 사람들이었다. 당시의 민중은 역사의 진정한 주체라는 개념으로 해석되었다. 왕이나 지배계급이 역사를 이끌어 가는 주체로 기록되고 있으나 실제에 있어서는 역사를 짊어지고 이끌고 가는 계층은 약자인 민중이라는 것으로 개념 정리하였다. 민중은 고난의 역사 속에서 역사를 이끌어 간 진정한 주체로 이해되었다. 이러한 민중론은 민중으로 하여금 투쟁에 참여하도록 독려하는 영향을 주었다.

21세기의 남한의 민중은 지속적으로 고난당하고 있다. 민중이 역사에 주체로서 참여하는 모습을 더 이상 보이지 않는다. 그리고 민중의 구성원이 복잡해졌다. 과거에는 노동자, 농민, 도시빈민들이 민중을 구성하였는데, 오늘날에는 그 구성원들이 더 나뉘어 각각 다른 정체성을 가지고 있다. 노동자들 중에는 정규/비정규, 대기업

노동/중소기업 노동, 풀타임/파트타임, 도시/농촌, 지식노동/육체노동, 국내 노동자/외국인 이주노동자 등으로 나뉘어 각각 다른 정체성과 요구를 가지고 있다. 과거와는 달리 노동의 성격이 많이 바뀌었다. 지식노동이 중심으로 등장하였고, 특별한 전문능력을 소지하지 못하면, 쉽게 도태되는 것이 노동시장의 풍경이 되었다. 그리하여 대학을 나온 젊은이들의 실업이 심각해지고 있다. 민중 구성원의 다양화와 민중 구성원들의 삶의 불안정이 중진국의 상황에서 더욱 구조화되고 지속되고 있다. 예전보다는 훨씬 더 풍요로워졌음에도 불구하고 삶의 절박성과 경쟁은 증폭되었다. 민중 구성원의 다양화는 민중 안에서의 연대가 일어나기가 어렵게 되었고, 연대하고 결합하여 하나의 주체성을 발휘하기가 어렵게 되었다. 여기에 더해서 문민정부 이후, 국민의 정부, 참여정부에 이르기까지 10여 년간의 민주화 시대에 민중운동은 국가에 편입되어 독자성을 갖지 못하고 순화되고 약화되었다. 이제 관료주의하에서 민중은 분산되고, 이른바 목소리 없는 '죽은 민중'으로 역사의 뒤안길로 내몰렸다. 이러한 시대적 상황의 민중을 본 연구자는 '중진국 상황의 민중'이라는 말로 표현하고자 한다.

중진국 상황하에서의 민중이 새롭게 역사의 전면으로 나설 뿐 아니라, 정치적 참여 주체자로 재등장할 수 있음을 나타내 보일 수 있는 담론이 요청된다. 본 연구자는 그것을 최근의 다중담론에서 발견하였다. 앞서 다중에 대해서 언급한 바 있다. 다중론의 선구자인 안토니오 네그리 등은 민중이 다양한 집단과 계층과 개인으로 분화되어 개별화의 과정이 진행되는 것을 주목하였다. 그리고 이들이 지금의 세계 자본의 지배체제에 순응하지 않고 독자적인 삶의 방식을 선택하고 있는 모습을 보았다. 그런데 이들이 필요할 때에는 연대하여 공공의 선을 위해 부르짖는 모습에서 그 가능성을 발견하였다. 이러한 일들이 가능한 것은 이들이 공동 과제를 형성할 수 있으며, 그리하여 공동의 적(제국)에 저항하는 네트워크를 형성하고 있기 때문이라고 보았다.6) 그리고 이러한 네트워크를 형성하는 중심세력은 지적 노동자들이라고 보았다.7) 여기에서 본 연구자는 민중교회와 그 목회자들, 신학자들의 민중을 위한 담론 형성의 역할을 기대하게 된다. 다중은 흩어진 다양한 계급과 계층, 개인들을 하나의 연대의 힘으로 형성된 것을 가리킨다. 이렇게 흩어진 존재들을 하나로 모으는 것은 다름 속에서의 공통점을 찾아 형성해내는, 흩어진 민중을 결합해내는 유기적 지식인들의 능력에 달려 있다.8)

본 연구자는 네그리와 하트가 쓴 유명한 저술 『제국』과 『다중』을 처음 읽고, 오늘날 힘을 발휘하지 못할 뿐 아니라, 종적마저 감추어 버린 듯한 민중에 대한 새로운 이해를 제공할 담론이 될 수 있다고 생각하였다. 그리고 결국 민중은 실재론적으로 접근하기보다는 담론적인 접근이 필요함을 깨달았다. 민중신학자가 민중들의 이러한 크고 작은 움직임의 여러 현상들을 발견하고 그것을 어떻게 담론으로 재구성해내느냐가 중요한 것임을 깨달았다. 특히 2008년 5월의 촛불 집회, 생태환경지킴이들의 4대강 파괴 저지운동, 용산 참사 신원운동 등에서 많은 시사점을 발견하였다. 민중은 움직이고 있으며

---

6) 네그리 등은 다중을 다양한 집단, 개인, 계급의 네트워크로 보고, 이들은 공통의 과제를 위해 일할 수 있다고 보았다. Michael Hardt and Antonio Negri, *Empire* (Cambridge, Mass: Harvard University Press, 2000), p. xiii.

7) Antonio Negri, *Empire and Beyond* (Cambridge, UK: Polity Press, 2008), trans. Ed Emery, 49.

8) Cesare Casarino & Antonio Negri, *In Praise of the Common* (Minneapolis, Min.: University of Minnesota Press, 2008), 177.

역사에서 가장 중요한 일들을 해내고 있다는 확신을 가지게 되었다. 문제는 이것을 의미 있게 엮어낼 수 있는 담론이 부족하였다. 본 연구자는 오늘날의 민중은 다중적인 요소를 많이 갖고 있다고 생각했다. 오늘날의 한국 민중은 포스트모던적, 혹은 포스트포디즘적인 노동관계 속에 존재하고 있다고 해도 과언이 아니다. 모던적인 요소, 포디즘적인 요소들이 한국에 중복하여 존재해 있음도 인정한다.

다중론은 주로 유럽의 신마르크스주의자들, 특히 아우또노미스트들에 의해서 발전되었는데, 이것은 선진국의 경험을 밑바탕으로 한 것이다. 그러므로 우리나라와 같이 선진국을 향해 진행되는 상황에서 다중론은 힘을 받게 되어 있으며, 실제로 한국의 많은 담론가들이 이 다중론을 받아들여 발전시키고 있다. 그런데 한국의 담론가들은 정치경제학자인 네그리 쪽이 아니라, 문화철학자인 들뢰즈, 가타리에 더 의존하고 있다는 점에서 상당히 비정치적이거나 해체주의적이라는 점을 지적하여야 한다. 민중신학은 비정치적이거나 해체주의에 머무를 수 없는 자기 에토스가 있다. 그러나 오늘날의 한국의 민중이 이 다중론으로 다 설명될 수 있을까?

2) 다중과 인민 사이에서 민중을 생각한다

ㄱ) 다중에 대해 오늘의 민중은 다중이라고 말해도 크게 틀리지는 않을 것이다. 그러나 다중론을 말하고 있는 학자들의 주장과 민중론을 붙들고 있는 학자들의 의견이 늘 일치할 수는 없다고 본다. 다중론을 말하는 사람들 중 대표적인 사람으로 비르노를 들 수 있다. 그의 다중에 대한 생각을 인용해 본다.

… 우리의 새로운 다중은 '여전히' 통일성을 결여한 원자들의 소용돌이

가 아니라 국가와는 근본적으로 이질적인 하나(a One)—즉 공적 지성—를 자신의 출발점으로 삼는 정치적 실존의 형태이다. 다수는 동맹을 맺지도, 주권자에게 권리를 양도하지도 않는다. 다수는 이미 공유된 '악보'를 가지고 있기 때문이다. 또 다수는 이미 '일반지성'을 공유하고 있기 때문에 '일반의지'로 수렴되지도 않는다.

다중은 정치적 대의체제representation의 메커니즘을 방해하고 해체한다. 그것은 자신을 '행동하는 소수'의 총체로 표현하지만, 이들 중 어느 누구도 자신을 다수로 변형시키기를 갈망하지 않는다. 그것은 정부가 되기를 거부하는 역량power을 발전시킨다.(비르노, 『다중』, 223)

현대의 삶의 형태는 '민중'(people 혹은 nation을 의미함: 본 연구자 첨가) 개념의 해체와 '다중'(multitude: 본 연구자 첨가) 개념의 갱신된 적실성을 증명한다. 우리의 윤리-정치 용어의 상당부분의 기원이 되는 17세기의 거대한 논쟁의 항성들인 이 두 개념은 서로 정반대되는 것이다. '민중'은 구심적인 본성을 지니고, '일반의지'로 수렴되며, 국가의 접촉면이거나 반영이다. 반면 다중은 다원적이고, 정치적 통일로부터 달아나며, 주권자와 계약을 맺지 않으며, 자신의 권리를 주권자에게 위임하지도 않고, 복종을 거부하며, 비-대의제적 민주주의의 몇몇 형태를 좋아한다.(위의 책, 249-250)

민중은 일자의 둘레를 돌며, 여기에서 일자는 국가, 주권, 일반의지이다. 다중이 자신의 배후에 가지고 있는 일자는 언어이며, 공적이고 상호-정신적인 자원으로서의 지성이며, 인류의 유적인 능력이다. 다중이 국가의 통일로부터 탈주한다면, 그것은 국가가 결정적이기보다는 예비적인 preliminaire, 완전히 다른 하나(un Un)에 의존하기 때문이다.(위의 책,

251)

다중론자들이 다 같은 논의를 하는 것은 아니지만, 공통적으로 다중론자들은 민중의 다분화, 개별화의 상태를 중시하며, 이렇게 분산된 개별들이 어떻게 공적 지성, 일반지성(비르노)을 형성하고 어떻게 공통의 전략과 목표(네그리)를 형성하고 있는가에 관심을 갖는다.

다중은 17세기 스피노자의 관찰에서 발견되었는데 국가의지(홉스)에 편입되지 않은 국민들이 아닌 또 다른 민, 당시에는 새로이 등장하는 시민계급이 그것에 해당되었는데 이들은 결코 국가의지의 통합적 지배 정신 안으로 편입되지 않은 자유한 영혼들이었고, 이들 속에서 자유한 삶의 비전을 발견했다. 오늘날의 다중론자들은 이러한 다중이 난숙한 자본주의 세계 아래에 새롭게 등장하고 있음을 발견하였던 것이다. 비르노는 이탈리아의 1977년 운동에서 노동자들이 자본주의의 지배 질서에 저항하여 고정된 일자리에 대한 무관심("공장으로부터의 엑소더스"), 네트워크의 중요성, 자유한 지식노동을 선택하는 것을 보면서 다중이 등장했다고 보고 있다.[9]

이에 비해 한국의 민중은 이민족의 침략에 대항하는 민족의 중심세력의 역할을 하였고, 강대국 사이에 끼여 생존을 지키기 위해 평화와 통일을 갈망하고 있으며, 그러기 위해서는 국가가 민주화되고, 국가를 중심으로 사회적 평등이 수립되어야 한다는 희망을 품어 왔다. 그렇기 때문에 '다중'에 비해 한국의 민중은 더욱 적극적으로 국가의 변혁에 참여해 왔다. 한국의 민중은 다중에 비해 더 민족적인

9) 비르노, 169.

요소를 가지고 있지만, 이것도 결국은 극복되어야 할 부분이며, 그런 면에서 다중이 갖고 있는 민족을 넘어선 인류애적인 보편적인 지성의 추구를 더욱 받아들여야 한다. 남한 사회에서는 공장과 일자리로부터 집단으로 엑소더스한 예는 없으며, 오히려 안정된 정규직 일자리에 대한 관심은 점점 더 높아지고 있다. 이러한 점을 볼 때, 한국의 민중론이 다중론을 다 받아들이기는 어려울 것이다. 그러나 다중론이 제공하는 성찰은 민중론이 경청해야 할 것들이다.

ㄴ) 인민에 대해 남한의 민중에 대한 담론을 형성하는 데에 있어서 또 다른 중요한 대화 상대가 있다. 그것은 인민이다. 인민민주주의공화국인 북한에서는 북한의 민중을 인민으로 본다. 어떤 논객은 인민대중을 줄이면 민중이므로 인민과 민중은 의미상 동일하다고 말하기도 하지만, 그 둘은 지나온 역사적 배경이 다르므로 담론적으로 구별된다. 인민은 위에서도 언급했지만, 지배통치계층과 민중이 하나로 뭉치는 경험을 지난 반세기 이상 해왔다. 남한의 민중은 지배통치계층과 대립과 갈등을 이어왔던 것에 비해서 북한의 인민의 경험은 달랐다. 이론적으로 인민이 스스로 통치하는 사회가 북한 사회이다. 이론상으로, 북한은 계급의 분열이 없는 사회이다. 북한의 인민은 남한의 민중처럼 저항하지도 않았고, 다중으로 분화되어 스스로 독자적인 공적지성을 형성하지도 않았다. 모든 지성은 국가에 귀속되었다. 국가는 인민의 요체이기 때문에 인민이 따로 지성을 형성할 필요가 없고 모든 인민의 지성은 국가로 모아져야 하고 이 지성은 유일적 지도자의 지성으로 표현된다. 여기에서 지성이라고 했지만, 의지라고 하는 것이 더 옳을지도 모른다. 왜냐하면, 북한의 경우 지도자의 의지가 중요하고 최종적인 판단의 기준

이 되므로, 북한의 지도자의 의지가 인민 전체의 지성을 대신할 수 있기 때문이다. 북한 지도자의 의지를 북한의 인민은 추후에서라도 추인해 주기 때문에 점점 더 북한의 인민의 실제적인 지성대신 지도자의 의지가 우선되고 있는 것이 현실인 것으로 보인다.

민중신학적 민중론이 이러한 인민론에 근거할 수 있겠는가? 아마도 요순시대와 같은 좋은 국가가 있다면 민은 지도자와 일심동체가 되어 하나를 이루게 될 것이며, 이것은 종말에서나 기대될 수 있을 것이다. 민중신학이 이러한 종말적인 희망을 가지고 있음을 부정할 수 없다. 민중신학의 종말론은 예수 그리스도를 머리로 하며 하나님의 사랑이 통치의 원리가 되는 하나님의 나라가 이 땅에 도래하는 종말을 지향하고 있기 때문이다. 그러나 이러한 종말의 상태가 북한에 이미 도래해 있다고 말하기는 어렵다. 앞으로 어떠한 국가도 그러한 상태에 이르렀다고 말할 수 없으며, 어떤 국가가 그것을 주장한다면 진정성을 의심하지 않을 수 없을 것이다. 민은 지상의 국가들과 갈등과 투쟁 속에서 종말을 지향할 수밖에 없는 것이 아닌가?

남한에서도 민과 정부가 함께 손을 잡고 혼연일체가 되어 지내왔던 시대가 있었다. 위에서도 지적했듯이 지금도 민중교회들은 국가와 손을 잡고 공동의 과제를 수행하고 있다. 이 과정에서 반성되는 것은 국가의 의지를 민중의 일반지성으로 순화시키는 장점이 있었음을 인정하지만, 결국 민중의 자기 독립성이 상실되어 국가에 편입되어버리고 말았다는 점이다. 이것이 민중의 '인민화'(?)의 문제점이 아니겠는가 하는 반성이 생긴다. 정권과 민중의 통일과 합일은 하나의 이상Ideal이지만, 그 이상이 가능하기 위해서는 지속적인 비판과 투쟁이 선행될 수밖에 없을 것이다. 특히 오늘날과 같이 지구적 자본주의의 전일한 지배 질서 속에서 만연된 구조적인 위기 속에 불안한 삶을 살 수밖에 없는 민중이 국가권력에 편입될 수는 없다. 물론 국가가 이럴 때일수록 적극적으로 민생의 문제를 해결하는 데에 앞장 설 수 있도록 개혁하는 일이 민중의 과제일 것은 분명하다. 그렇다면 민중과 국가는 함께 가게 될 것이며 민중의 지성이 국가의 지성 속으로 편입되어 가게 되겠지만, 그 이전까지는 결코 그 비판의 끈을 놓쳐서는 안 될 것이다. 그러나 결국 국가에 편입되지 않으려면 민중은 독자성을 가져야 하며, 예언자적인 비판과 대안을 낼 수 있도록 자신들의 공통된 지성을 형성해야 한다. 이를 위해 민중교회와 신학자를 포함한 지식인들과 지식노동자들의 역할이 중요하게 된다.

나는 인민의 정신이 남한 안에서 일정하게 자리 잡은 적이 없지 않아 있었음을 위에서 지적하였다. 우리의 역사 속에서 민이 국가에 적극적으로 호응하여 일심동체로 참여하였던 적이 있었고 앞으로도 그러할 수 있으며, 현재 진행 중일 수 있음을 지적해야 한다. 오늘날 국가의 일부가 민의 입장에 서서 적극적으로 민이 직면해 있는 어려움을 해결하려고 할 때 민은 당연히 국가의 일에 동참하게 된다. 국가를 무조건 악으로 규정할 수 없는 것은 이 때문이다. 민이 국가의 과정에 동참할 수 있는 사회 여건을 형성하는 것은 민주주의의 중요한 요소이다. 그러나 민의 국가에의 완전한 동화는 현실에서 기대할 수 없다. 이것은 하나의 신화에 불과하다. 현실의 국가는 너무나 자주 기득권자들의 입장에서 정책을 편다.

VIII. 종합과 결론

지금까지 민중에 대한 담론을 찾기 위해 다중, 인민과 비교하였다. 오늘날의 포스트포디즘Post-Fordism과 포스트모던 사회에서의 한국의 민중은 다중과 인민 사이에 존재하고 있는 것이 아닌가 하는 생각에 머무르게 된다. 다중이 지배계층과 합일을 이루는 인민이 되기는 불가능하지만, 민중은 그 합일을 이루는 것을 종말적으로는 희망한다. 다만 현재의 상황에서 그것을 기대하기는 불가능하다는 점에서 결코 지배 질서에 편입되지 않을 것을 다짐하는 다중론의 입장과 연결되고 있다. 북한의 인민론을 민중에 관한 논의에 끌여들여야 하는 이유는 이 논의가 한반도의 평화와 통일을 위해서 중요하기 때문이다. 북한이 개방의 길을 걷게 되면 자연스럽게 남한의 민중의 현상, 지배계층과의 대립 갈등이 일어날 것이다. 이러한 갈등에서 북한의 국가가 어떻게 대처할 것인가에 귀추가 주목된다. 중국이나 베트남의 국가의 대응을 눈여겨볼 필요가 있다. 동시에 북한의 인민의 경험과 역사적 과정에 대해서 예의 주시해야 한다.

다중론이 앞으로의 민중론의 개발을 위해 큰 공헌을 할 것은 틀림없다고 본다. 그러나 위에서 이미 지적했듯이, 본 연구자는 다중론이 한국의 실정에 잘 들어맞지 않는 부분도 있음을 다시 지적하고자 한다.

지금까지 민중이 누구인가를 알아내기 위해서 먼 걸음을 걸어서 여기까지 왔다. 오늘날 우리에게 적합한 민중은 누구인가? 다시 원점으로 돌아온 느낌이다. 그러나 이미 위에서 한국의 민중이 어디까지 와 있는가에 대해서 많이 언급하고 토론하였다고 본다. 다만 다음과 같은 점들이 위에서 발견되었으므로 재차 정리해 보고자 한다.

첫째, 한국의 민중은 다분화되었고, 자체적으로 독자적인 수많은 집단으로 나뉘어져서 이전의 하나 된 민중은 더 이상 찾기가 어렵게 되었다.

둘째, 이렇게 다양화되고 다분화된 민중들을 엮어내고, 네트워크와 연대를 형성하여 지구적 자본주의와 국가권력에 맞서려면 민중의 지성, 민중의 지혜를 형성해 나가야 한다는 점이다. 이것을 위해 지식인과 교회의 역할이 중요하다고 생각한다. 민중을 연대시킬 수 있는 계기는 공공의 지성의 성립과 공동의 목표의 형성이며, 이것에 민중신학적 지식인들의 공헌이 요청된다. 여기에 민중신학의 공헌이 있어야 할 것이다.

셋째, 민중이 국가에 편입되어 들어가는 일이 없도록 해야 한다. 독자적인 자기 세계관을 형성할 수 있도록 상대적인 독립성이 보장되어야 한다. 이를 위해서 유기적 지식인인 민중지식인들이 국가에 편입되지 않고, 끊임없이 새로운 지성을 창조해내야 할 것이다.

그렇다면 우리는 이렇게 결론을 맺을 수 있을 것이다. 현실의 민중은 다중과 인민 가운데에 존재하고 있다고. 즉 민중은 절대로 국가의 지성과 국가의 의지 속으로 동화되지 않는 다중과 국가와 혼연일체가 되는 인민 사이에서 존재한다. 평등과 화합에 기초한 실제적 민주주의가 실현된 국가가 될수록 민중은 국가와 혼연일체가 되는 애국적(?)인 인민적 성격을 갖게 될 것이며, 그 반대로 기득권자들의 이익을 위한 파쇼 국가로 갈수록 민중은 저항적 다중으로 나아갈 것이라고 본다.

민중 메시아론의 과정신학적 재해석[1)]

김희헌 | 한신대 강사

I. 들어가는 말

이 논문은 민중신학의 민중 메시아론을 과정신학의 시각에서 재해석하려는 글이다. 좁게는 민중 메시아론에 대한 신학적 변론이요, 넓게는 민중신학의 유산이 변화된 오늘 우리 시대에도 중요한 신학적 대안이 될 수 있다는 것을 제안하려는 의도를 가진다. 이 글이 민중신학에 주목하는 것은 민중신학이 전통적인 서구신학의 기반이었던 철학적 신론 즉, 실체론적 존재론substantialist ontology에 기반한 이원론적인 철학적 신론을 극복함으로써 민중의 고난과 희망에 응답하시는 성서의 하나님을 유기적인 신학적 틀 안에 담아내려고

1) 이 논문은 현재의 형태로 2007년 9월 20일 한국민중신학회 월례세미나에서 발표된 후, 내용이 축약되어 『神學思想』 140집 (2008년 봄호), 227-50에 게재되었다.

하였다는 점이다. 여기서 '유기적인' 신학적 틀이라 함은 여러 신학적 연관들 즉, 하나님의 섭리와 민중의 자기초월적 생명 활동, 그리스도의 구속과 민중의 자기 구원, 종말론적 구원과 역사적 해방 등 그동안 서구신학에서 이원론적으로 분리되거나, 전자(하나님의 초월성)만 일방적으로 강조되었던 전통을 비판하고 이 신학의 중심 주제들을 '하나의' 틀 안에서 그 상호관계를 역동적으로 설명하고자 하였다는 것이다. 민중신학의 이러한 근본적인 통찰이 민중 메시아론이라는 이름으로 제출되었다고 본다.

그러나 민중 메시아론은 안팎으로 많은 비판과 오해를 받아 왔다. 그 비판의 핵심은 민중 메시아론이 민중을 메시아로 격상시켜 전통적인 기독론과 속죄론을 대체하려 하거나 약화시킨다는 것이었다. 이 비판은 민중 메시아론이 자기 해명을 제대로 해내지 못한 만큼 설득력을 가질 수 있었지만, 실상 이 비판은 철학적 논증에서 자기 한계를 안고 있었다. 그것은 이러한 비판이 자기 논증의 신학적 틀로 전제하고 있었던 전통적인 서구신학의 이원론적인 신론[2]이 민중 메시아론 안에서 주장되고 있는 사상들을 포괄해낼 수 없는 한계를 지니고 있었다는 점이다. 그동안 민중 메시아론을 오해할 수밖에 없었던 주요한 이유가 바로 여기에 있다 할 것이다. 따라서 민

---

2) 전통적인 서구신학이 자기주장의 틀로 사용하였던 이 이원론적인 신론에 대해서 찰스 하트숀은 초월적 이신론(Transcendental Deism)이라 말하였고, 마커스 보그는 초자연적 신론(Supernatural Theism)이라 이름 붙였다. 그들은 이러한 철학적 신론으로는 성서를 통해 발견되는 신 그리고 삼위일체 신학이 포착하고자 하였던 초월과 내재의 역동성을 지닌 신에 대한 이해를 담을 수 없다고 말한다. Chareles Hartshorne, *Man's Vision of God and the Logic of Theism* (Hamden, CT: Archon, 1964), 347; Marcus J. Borg, *The God We Never Knew: Beyond Dogmatic Religion to a More Authentic Contemporary Faith* (New York: HarperSanFrancisco, 1997), 12, 17-19, 26, 그 밖의 많은 곳.

중 메시아론을 바르게 이해하기 위해서는 해석의 기준과 판단의 근거로 작용하고 있는 철학적 사고의 틀 자체에 대한 재검토가 필요하다. 이것이 가능하다면, 민중 메시아론을 유사類似기독론 혹은 기독론화된 인간론으로 이해하곤 했던 과거의 해석학적 잘못을 바로잡을 수 있을 것이다.

이 글은 북미의 과정신학이 지난 50여 년간 발전시켜 온 범재신론panentheism을 기반으로 하여 민중 메시아론을 재해석한다. 서로 다른 시대적 배경과 신학적 관심을 가진 이 두 사상이 어떻게 대화 가능할까? 분명히 이 두 사상은 서로 다른 뿌리에서 자라 온 나무와 같다. 민중신학은 고난 받는 사람들의 〈사회적 상황〉에 닻을 내리고, 고난 받는 자의 눈으로 신학하기를 강조하는 〈민중 중심적 신학적 해석학〉을 구성하고, 고난 받는 자의 편에서 정의와 해방을 이룰 〈실천〉을 강조하였으니 이 실천이 모든 신앙적 양심이 도달해야 할 지점이요 신학적 진리가 구현되는 존재론적 자리라고 주장하여 왔다. 이와 비교하여, 과정신학은 모든 학문과 다양한 삶의 경험에 적용 가능한 일반이론을 추구하는 〈철학적 실용주의〉 위에서, 양극화된 사상 중 한 극단을 밀고 가기보다는 다양한 양극성을 조화롭게 사고할 수 있게[3] 할 철학적 토대로서 〈유기체적 형이상학〉을 구성하여, 실체론적 형이상학으로는 포착하기 힘든 하나님과 세상의 역동적인 상관성을 〈미학적 차원〉에 집중하여 그려내려 한다. 따라서

---

3) Chareles Hartshorne, *Wisdom as Moderation: A Philosophy of the Middle Way* (Albany: State University of New York, 1987), 1, 5, 8, 10, 15, 26, 29. 하트숀은 극단적 생각들, 예를 들어, 기계론과 혼돈이론, 순수 일원론과 순수 다원론, 결정론과 비결정론, 유물론과 관념론, 합리주의와 경험론, 무신론과 고전적 신론, 비관주의와 낙관주의 등, 양극의 생각을 조화롭게 절제하고 통합할 대 '지혜'(wisdom)가 생겨난다고 주장한다.

민중신학과 과정신학 사이에는 정치사회적 실천과 형이상학적 사색이라는 긴장감이 있을 수밖에 없다. 그러나 이 긴장감이 대화 자체를 가로막는다고 보지는 않는다. 오히려 이 긴장은 서로에게 창조적인 도전이 될 수도 있다. 필자는 이 두 사상의 대화를 통해 민중신학은 과정신학이 발전시켜 온 유기체 사상의 철학적 언어로 민중신학이 주장하려 하였던 바를 보다 더 뚜렷하고 일관되게 밝힐 수 있을 것이며, 과정신학은 일반이론의 구축이라는 철학적 사색에 깃들기 쉬운 중립성neutrality이란 문제에 대해서 민중신학을 통하여 도전받을 것이라고 기대한다.

이 논문은 크게 두 부분으로 구성되어 있다. 전반부에서 민중신학의 민중에 대한 이해와 민중 메시아론은 무엇이었는지 안병무의 사상을 중심으로 살펴보고, 그것에 대한 전통적인 서구신학의 반응으로서 몰트만의 비판을 예로 들어 소개하며, 그의 주장이 갖고 있는 해석학적 문제점을 밝힌 다음, 이러한 해석학적 난제를 극복할 대안으로 과정 범재신론과의 대화를 제안한다. 후반부에서 과정 범재신론은 전통적인 신학이 기반하고 있던 고전적 신론이 지닌 문제점을 어떻게 극복하려 했는지 정리한 다음, 민중 메시아론이 내포하고 있는 종말론의 이해가 과정 범재신론의 틀에서 볼 때 어떻게 재해석될 수 있는지를 논의한다.

II. 민중신학의 '민중' 이해의 독특성: 정치신학, 해방신학과의 차이

민중신학이 주목받아 온 것은 민중신학이 서구에서 전래된 기독교

복음과 신앙을 한국적 토양에 맞게 재해석localization하였다는 점이었다. 이 재해석 작업의 특징은 한국의 종교문화사와 경제정치사의 흐름을 짊어지고 왔던 주체로 민중을 지목하고, 그들 삶의 고난과 희망에 답을 줄 수 있도록 기독교 복음과 신학을 재해석하는 것이었다. 민중을 신학의 중심 주제로 세웠다는 것은 신학적 방법론에서 중요한 해석학적 변화를 의미하였다. 그것은 첫째, 민중이 기독교 선교의 수동적 대상이 아니라 한국의 기독교를 세워가는 역동적 주체라는 선교관의 변화요, 둘째, 민중이 그들의 고난 속에서 가꾸어 온 종교/문화적 전통이 서구 기독교의 확장을 통해 마침내는 청산되어야 할 전문명적precivilized 유물이 아니라, 민중들의 지혜가 담긴 이야기요 이는 역사 속에 내재하는 하나님의 이야기와 분리될 수 없다는 새로운 문명관의 확립이요, 셋째, 교회는 세속과 배타적으로 분리되는 영역이 아니라 민중의 삶 속에 새롭게 세워지는 그리스도의 몸이라는 교회론의 변화였다. 이러한 해석학적 관점의 전환은 곧 민중의 눈으로 그리고 민중의 편에서 성서를 해석하고 신학을 구성해야 한다는 '민중 중심적 관점'의 확립이었다. 이것을 통해 민중신학은 텍스트와 사건을 고난 받는 자의 눈을 통해 해석하고, 고난으로부터의 해방을 신학적 실천의 목표로 삼게 된다.[4]

4) 한국의 문화와 전통을 신학의 중심 주제로 삼아 한국적 신학을 구축하려 했다는 점에서 민중신학은 문화신학의 관심과 겹칠 수밖에 없었지만, 초창기 민중신학은 문화신학의 방법론에 대해서 비판적 입장에 서 있었다. 민중신학의 입장에서 보면, 고난 받는 민중의 해방이라는 실천적 주제가 문화신학에서 분명하게 부각되고 있지 못했기 때문이다. 참고: 안병무, 『민중신학 이야기』(서울: 한국신학연구소, 1990), 124-25; 현영학, 『예수의 탈춤: 한국 그리스도교의 사회윤리』(천안: 한국신학연구소, 1997), 87. 그러나 오늘날에는 민중신학과 문화신학의 간격이 많이 좁혀진 듯하다. 참고: Paul S. Chung, Veli-Matti Kärkkäinen, and Kim Kyung-Jae, ed., *Asian Contextual Theology for the Third Millennium: Theology of Minjung in Fourth-Eye Formation*, Princeton Theological Monograph Series 70 (Eugene, OR: Pickwick Publications,

이러한 점에서 민중신학은 같은 시대의 대표적 신학인 남미의 해방신학, 유럽의 정치신학과 뜻을 함께하였다. 이 세 신학은 모두 기독교 신앙의 사회적 성격을 강조하며 신학적 사유에서 전통적 믿음의 방식을 고수하는 일보다 그것이 사회적 상황 속에서 갖는 의미에 주목하였다. 따라서 이들 신학은 신학적 사유에 내포된 윤리적 함축성에 민감하였고, 이 신학적 감수성은 기독교 복음에서 지배이데올로기적 영향을 걷어내는 작업에 효과적으로 사용되었다. 이들에게 신학이란 이론체계의 구축만이 아닌 신학적 실천이요, 이 실천은 사회정치적 해방이란 목표를 지향하고 있었다.

하지만 많은 신학적 공통점에도 불구하고 민중신학은 다른 두 신학과는 달리 심각한 비판을 받게 되는데 그것은 민중신학의 민중에 대한 이해가 전통적인 기독론의 교리체계와 쉽게 동화되지 않는다는 점 때문이었다. 민중신학이 차용해 온 민중이라는 개념은 사실 한국 근현대사에서 수십 년 동안 사용되어 온 '사회학적' 개념이었다.[5] 민중신학은 이 개념을 빌어 고난 받는 민중은 역사의 주체로서 자기 해방을 향한 실천을 통해 스스로를 구원함으로써 역사 전체에 대한 '메시아적' 역할을 담당한다고 주장하였다. 하지만 이러한 주장을 통해 이전에 '사회학적' 용어로 사용되었던 민중 개념이 '인간론적' 함축성anthropological implication을 새롭게 얻게 되었고, 이 인간론적 개념으로서의 민중은 신학이란 체계 안에서 '기독론적' 이해와 관계를 맺지 않을 수 없게 되었다. 그리고 민중신학의 독특한

2007), 14.

5) 강만길은 한 심포지엄에서 민중이라는 용어가 1923년 신채호가 쓴 〈조선혁명선언〉에 처음 등장하였고, 이 말은 "식민지 피압박 민족"을 뜻하는 복합적인 개념이었다고 말한다. "안병무의 신학과 사상,"『神學思想』(1997 봄), 37.

인간론은 전통적인 기독론과 갈등을 유발하였다.

만약 정치신학, 해방신학과 비교하여 그 신학적 차이를 크게 드러내는 것이 민중신학에 있다면, 그것은 바로 인간론일 것이다. 전통적인 기독론과 속죄론은 그리스도의 메시아의 절대적 주권사상을 강조함으로써 그 이원론적 대척점에 있는 인간론 즉, 인간의 죄성과 구원 활동에서의 피동성에서 신학적 경건을 찾은 어거스틴의 인간론과 쉽게 동화되었다.[6] 전통신학의 이러한 기독론과 인간론 사이의 이원론적 대칭은 민중신학의 '관계론적' 이해와 충돌할 수밖에 없었지만, 정치신학과 해방신학은 어거스틴의 인간론에 머물러 있으면서 보다 안전하고 익숙한 길을 걸었다.

부유한 유럽의 사회적 상황 속에서 요한 B. 메츠는 해방의 시작으로서 '인간론적 혁명anthropological revolution'을 외쳤다. 하지만 그 혁명의 내용과 방향은 민중신학의 인간론과 판이하였다. 메츠는 말하기를, "이 [인간론적] 혁명은… 우리의 가난과 비참함으로부터 우리를 해방시켜내는 것이 아니라 우리가 지닌 전적으로 과도한 풍요로부터의 해방이다."[7] 메츠의 정치신학적 제안은 지배자의 위치에 있는 인간의 내적 회개inward conversion를 요구하고, 이것은 자기의 본래적 상태를 부인negation하는 일이라는 점에서 어거스틴의 참회론적 인간상과 그 내용과 방향이 일치한다. 물론 이 정치신학적 주장은 오늘날 부유해진 많은 한국 교회에게 훌륭한 윤리적 권고가 될 것이다. 그러나 이 주장에 내포된 기독론과 신론의 내용은 신과

6) 이러한 이원론적 연관이 손쉽게 이루어지고, 또 이 연관이 오랫동안 대중적인 설득력을 가져온 것은 전통적인 서구신학이 "이원론적 초월적 신관"을 자신의 철학적 틀로 사용하고 있었기 때문이었다. 보그의 앞의 책 62-71 참조.

7) Johann Baptist Metz, *The Emergent Church: The Future of Christianity in a Postbourgeois World*, trans. Peter Mann (New York: Crossroad, 1981), 42.

인간의 관계에 대해서 여전히 이원론적 도식을 사용하고 있다는 점에서 민중신학의 이해와 다를 수밖에 없다.[8)]

해방신학은 "가난한 자와 억압받는 자"의 해방을 신학의 핵심주제로 삼는다는 점에서 민중신학과 그 관심을 같이 한다. 그러나 해방신학의 '가난한 자'에 대한 인간론적 이해는 민중신학의 민중 이해와 다르다. 해방신학에서 '가난한 자'는 자신의 해방을 위해 외부 공감자의 연대를 필요로 하지만, 민중은 스스로 자기조건을 초월한다. 따라서 사회정치적 해방을 향한 실천에서 두 신학 모두 "가난한 자를 위한 우선적 선택the preferential option for the poor"을 강조하지만, 해방신학의 가난한 자에게는 그 선택option[9)]이 '존재론적'으로 요청되는 반면, 민중신학에서는 그 선택이 '윤리적'으로 권고될 뿐이다. 이러한 차이는 해방신학이 어거스틴의 인간론을 '가난한 자'에게 적용시켜, 그들 역시 죄인일 뿐이며 해방과 구원에서 신의 '초자연적' 섭리를 필요로 하는 피동적 존재일 뿐이라는 인간론적 전제를 갖는 데에서 생긴다.[10)]

---

8) 과정신학자 존 B. 캅은 정치신학이 자신들의 풍요로운 유산을 발전시켜 가기 위해서는 전통적인 신론과는 다른 새로운 신(神) 이해를 필요로 한다고 비판한다. 참고: John B. Cobb, Jr. *Process Theology as Political Theology* (Philadelphia: Westminster Press, 1982), 72-73.

9) 여기서 '선택'(option)이라는 말은 할 것이냐 말 것이냐를 묻는 취사선택(eclectic option)을 의미하지 않고, 정언적(定言的)명령을 의미한다.

10) Leonardo Boff, *When Theology Listens to the Poor*, trans. Robert R. Barr (San Francisco: Harper & Row, 1988), 65-82. 보프는 '해방'의 과정에서 '초자연적' 요소가 필수적 차원이라고 역설한다. 물론 그가 말한 '초자연적인 것'(the supernatural)이란 '탈역사적인 것'(the extrahistorical)과는 달리, 역사적 실재의 복합성을 서술할 때 신의 은총의 영역을 가리키는 기독교의 독특한 개념으로서 역사를 단지 '역사 내적 인간론적 종국화'(a merely intrahistorical anthropological finalization)의 과정으로 이해하는 것을 극복하게 하는 안전판에 해당하는 것이다. 이러한 보프의 이해는 민중신학의 주장과 크게 다르지 않다. 그러나 신과 인간의 관계 속에서 위치 지어지는 인간론에 와서 해방신학은 어거스틴의 이해에 충실하다.

해방신학이나 정치신학과는 달리 민중신학은 전통적인 기독론적 고백과 마찰을 빚어 왔는데, 이것은 민중신학이 이들 두 신학과는 다른 방식으로 인간론을 구성하고 있었기 때문이다. 다시 말해서, 민중의 자기 초월성을 인간론의 핵심적 이해로 삼은 민중신학은 인간의 죄성罪性과 구원에서의 절대적 피동성을 강조해 온 전통적 기독론과는 불협화음을 빚어 왔다. 때문에 민중신학이 기독론을 인간론으로 대체하고 있다는 비난을 자주 당했다.[11] 그러나 이러한 비판이 설득력을 갖기 위해선 '죄'의 개념과 그 개념이 사용되는 사회/종교학적 정황, '구원'의 의미와 그 의미를 뒷받침하는 신학적 전제들, '그리스도'라는 신학적 상징이 갖는 의미와 그리스도의 구속사업에 대한 기독교 신학의 다양한 해석학적 전통 등에 대한 사전 검토가 필요하다 할 것이다. 물론 민중신학은 이러한 주제들에 대해서 의미 있는 답변을 해왔다. 하지만 이러한 주제들에 대한 토론은 이 짧은 논문이 허용하는 범위를 넘어선다.

한 가지 분명한 것은 민중신학의 독특한 민중 이해가 전통적인 기독론과 갈등을 빚어 왔지만, 그것이 기독론 자체에 대한 거부는 아니었다는 점이다. 엄밀히 말하자면, 갈등의 원인은 민중신학의 인간론과 기독론적 고백 자체의 양립불가능성에 있지 않고, 민중신학의 인간론이 전통적인 기독론의 신학적/철학적 '전제'와 화해할 수

11) 해외에 소개된 민중신학의 비판 논문들은 대체로 민중신학이 기독론을 상실하였다고 비판하고 있다. 대표적인 논문을 몇 개 소개한다. Seyoon Kim, "Is 'Minujung Theology' a Christian Theology?" *Calvin Theological Journal* 22, no. 2 (Nov. 1987): 251-74; Yongwha Na, "A Theological Assessment of Korean Minjung Theology," *Concordia Journal* 14, no. 2 (Apr. 1988): 138-49; Eunsoo Kim, "Minjung Theology in Korea: A Critique from a Reformed Theological Perspective," *The Japan Christian Review* 64 (1998): 53-65.

없었다는 데에 있다고 할 것이다. 다시 말해 민중신학이 주목했던 민중 즉, 한국 근현대사에서 독특하게 경험된 자기 초월적 민중이란 개념은 신과 인간, 구세주와 피구원자, 하나님의 나라와 세계, 이들의 상호관계를 이원론적으로 대립시켜 설명하려 했던 (전통신학이 기반한) 철학적 세계관과 대립할 수밖에 없었다. 따라서 우리는 먼저 민중신학의 민중 이해는 역동적인 관계성에 주목하여 이원론적 세계관을 극복하려는 '관계론적' 인간론이라는 점에 주목해야 할 것이다. 이 관계론적 사상은 인간과 세계 안에 있는 자기 창조성을 부인하는 초월적 이신론, 또 이신론의 전제 위에서 신-인이라는 초자연적 이미지로 그려진 전통적인 그리스도론의 표상과는 화해하기 힘든 운명에 있다. 그러나 인간의 창조적 활동에 당신의 계획을 가지고 참여하고 이끄시는 신을 그려내는 범재신론panentheism,12) 또 이러한 신론의 기반 위에서 세상을 "창조적 변화creative transformation"13)의 과정으로 인도하는 구속의 그리스도에 대한 이해와

---

12) Alfred North Whitehead, *Process and Reality*, Corr. ed. by David Ray Griffin and Donald W. Sherburne (New York: Free Press, (c 1978) 1985), 342-43, 346. 화이트헤드는 전통적 서구신학이 신론을 구성하는 데 주로 사용했던 세 개의 신 개념 즉, a) 아리스토텔레스의 개념으로서 "자기변화가 없는 창조자"(Unmoved Mover), b) 고대적 세계관에서 통용되다 칸트에 의해 새로워진 "냉정한 도덕적 심판자"(ruthless moralist), c) 기독교가 지배자의 종교가 된 이후 굳어지게 된 "통치하는 황제"(ruling Caesar)라는 세 개념은 "갈릴리에 기원을 두고 있는 기독교"와 관련이 있을 수 없는 것이라고 비판한다. 대신 그는 d) (기독교의) 신을 "부드러움 가운데 이 세상에 내재하면서… 사랑의 원리로 활동을 하시며… 이 세상의 것이 아닌 당신의 나라가 오늘 여기에 임하도록 섭리하시는 분"으로 그려낸다. 따라서 이 신은 "자신의 진리와 아름다움과 선함의 비전을 갖고서, 부드러움과 인내로 이 세상을 인도하는 세상의 시인(the poet of the world)"과 같은 분이라고 설명한다. a, b, c는 초월적 이신론에서 사용되는 대표적인 이미지요, d는 범재신론과 부합되는 이미지라고 할 수 있겠다.

13) John B. Cobb, Jr. *Christ in Pluralistic Age* (Philadelphia: Westminster press, 1975). 존 캅은 자신의 기독론을 다룬 이 책에서 그리스도는 "창조적 변화"(Creative

는 민중신학의 사상이 일맥상통하고 있다고 말할 수 있다.

민중신학이 1990년대 이후 신학적 체계화를 이루는 데 소홀하여 왔다는 자성의 소리가 있다. 또 한편에서는 민중신학의 역할은 끝났다고 말하는 신학적 기능주의functionalism의 시각도 존재한다.14) 그러나 민중신학의 관계론적 세계관은 21세기를 열어가는 대표적인 신학적 방법론일 뿐만이 아니라, 아직 한국 기독교 사회 속에 깊이 남아 있는 구시대적 잔재들 즉, 문자주의적, 율법주의적, 제국주의적, 배타주의적, 이원론적, 비역사적, 탈정치적, 개인주의적 신학을 극복할 수 있는 대안이 될 수 있다고 본다. 문제는 민중신학 안에 내포된 신학적·철학적 함축성을 어떻게 이끌어내어 구성해내느냐에 달려 있다고 보겠다. 필자는 그 일을 안병무의 민중 메시아론에서 출발하려고 한다.

Transformation)를 이끌어 가시는 분으로 그려내고 있다.

14) 여기서 '신학적 기능주의'라는 용어로 가리키는 것은 한 신학을 평가할 때 그 신학이 감당하는 어떤 특정한 기능이나 역할로 신학적 가치를 따지는 사고이다. 물론 모든 신학이란 특정 시대에 특정 역할을 감당한다. 그러나 한 신학에 대한 평가는 그 신학의 기능과 역할의 효용성만으로 이루어질 수 없을 것이다. 오히려 그러한 역할을 가능하게 하는 신학적 감수성, 그 감수성을 담아내는 신학적 세계관, 그 세계관이 지닌 철학적 안목과 여타 학문과의 소통 가능성 등을 총체적으로 파악해야 할 것이다. 이것이 1990년대 이후, 변화된 시대에는 '민중'신학의 역할이 존재하지 않는다는 기능주의적 이해에 대해서 필자가 반대하는 이유이다. 그러나 1970년대와 1980년대를 거쳐 오면서, 민중의 고난과 희망에 답을 주기 위해 전통신학을 재구성해 온 민중신학의 유산 속에는 이미 새 시대를 해석하고 인도할 신학적·철학적 자산이 있다고 믿는다.

III. 안병무의 민중 메시아론

민중 메시아론의 첫 출발은 철학적 추상에 있지 않았고, 한국 근현대사에서 뚜렷하게 등장한 민중의 삶에 대한 신학적 증언에 있었다. "왜 저들은 가난한가? 왜 저들은 굶주려야 하는가? 왜 저들은 슬피 울어야 하나? 누가 저들을 미워하고 배척하고 욕하고 누명을 씌우는가? 기독교 역사는 오랫동안 이런 질문을 하지 않았다. 그러므로 그런 것들을 內心의 문제로 처리해버렸다."[15] 안병무의 이러한 신학적 관심은 그를 전통신학의 테두리 안에 남아 있을 수 없도록 만들었다. 따라서 그는 인간을 단순히 죄인이라는 보편적인 범주에 넣어버리는 전통적인 인간론이 가지고 있는 신학적 문제점을 비판하지 않을 수 없었다. 그것은 고난 가운데 있는 민중에게 다시 한 번 신학적 굴레를 씌우는 일로 이해될 수밖에 없기 때문이다.

그러나 민중의 삶에 대한 이 '증언의 신학'은 신학적 사고의 구성이라는 작업과 별개의 것이 될 수는 없는 것이었다. 안병무가 1990년대에 들어서면서 비로소 민중은 '생명'이라고 개념 규정을 시도[16]하지만, 실상 그의 민중 메시아론은 이미 전통신학과는 전혀

---

15) 안병무, "예수의 희망: 한 스케치," 『기독교사상』 188 (1974년 1월), 35.

16) 민중을 '서민대중'이라고 규정했던 서남동과는 달리 안병무는 오랜 기간 동안 민중에 대한 개념 규정을 유보해 오고 있었다. 1990년대에 들어서면서 비로소 안병무는 민중을 '생명'이라고 말하기 시작한다. 무엇이 안병무로 하여금 이러한 결론에 이르게 하였을까? 이 질문에 필자의 연구와 상상력은 한계를 가진다. 그러나 한 가지 분명한 것은 안병무가 민중을 이해할 때 '사회학적' 집단으로 보는 것을 넘어서, 민중이 가진 '존재론적' 특성 즉 생명의 '자기 초월성'에 더 크게 주목하였다는 점이다. 그리고 이러한 변화는 사회학적 관심의 포기가 아니라, 사회학적 관심에만 머물렀을 때 오는 신학의 위기를 반영한 것으로 보인다. 민중이 가진 '존재론적' 성격에 관심을 두고 있는 안병무의 민중신학은 후대의 신학적 연구에 몇 가지 점에서 중요한 기틀을 제공해 주었다고 본다. 첫째, 민중 메시아론이 '메시아론의 혼동'을 하고 있

다른 역동적인 인간론이 뒷받침하고 있었다. 그것은 민중이 자기 초월적, 자기 해방적, 자기 구원적 성격을 지닌 존재요, 이러한 이해는 성서에서 발견되는 하나님의 표상과 이원론적 배타성을 가질 이유가 없다는 신학적 확신이었다.[17] 특히 이러한 인간론은 서구신학의 '주-객 도식'과 '이분법적 사고'를 극복하려는 신학적 기획의 근거가 되었다.

'관계론적' 인간 이해는 안병무의 성서독법의 독특성 즉, 예수를 갈릴리 민중이었던 오클로스와의 관계 안에서, 그들의 사회적 상황과 연관 지어, 읽을 수 있게 하는 동인動因이 된다.[18] 안병무에게 예수의 삶과 죽음과 부활은 예수의 신적인 사생활이 아니라 오클로스의 삶과 죽음과 부활과 관련되어 읽혀져야만 하는 것이었다. 예수의 오클로스와의 관계성과 상황성을 강조하기 위하여, 안병무는 '예수사건'이라는 개념을 선호한다. 분명 이 '사건'이라는 개념은 신-인神-人의 이미지를 지닌 초자연적 존재로 예수를 기술해 온 전통적인 서구신학의 기독론적 이해와 대립incompatibility되며, 그 신학의

다는 불필요한 오해를 불식시킬 수 있는 가능성을 열어둔다. '생명'이라는 존재론적 특성은 인간의 초월성이 신의 창조성과 서로 충돌함이 없이 만날 수 있는 해석학적 공간을 제공하기 때문이다. 이로써 둘째, 많은 민중교회 목회자들이 지적하였듯이, 사회학적 집단으로서의 민중 자체를 메시아로 고백함으로써 기독교인의 신앙생활에서 초래되는 신학적 역기능이 해소될 수 있는 가능성이 열린다. 셋째, 민중'신학'이 사회학적 관심을 넘어 신학적 구성을 할 수 있는 개념적 광의성을 확보하게 한다. 이로 인한 신학적 구성은 사회적 상황의 변화 속에서도 변함없는 민중신학적 영성을 제공할 수 있게 할 것이다.

17) 죽재 서남동 목사 유고집 편집위원회 엮음, 『서남동 신학의 이삭줍기』 (서울: 대한기독교서회, 1999), 379. 서남동은 이러한 성격의 민중신학을 '펠라기우스의 신학'이라고 규정하였지만, '펠라기우스'라는 이름에 담긴 교회사적 의미(overtone)를 고려해 볼 때 이는 민중신학의 관계론적 성격을 모두 드러내기에는 부족한 명명법이었다고 본다.

18) 안병무 외, "심포지움: 민중신학의 성서해석 방법," 『神學思想』 57 (1987 여름), 419.

철학적 토대인 실체론적 존재론과는 다른 철학적 함축성을 갖고 있다.[19] 안병무의 '사건' 개념은 '내적 연관성' 즉, 예수와 오클로스 사이에 존재하는 '연속성'을 강조한다. 따라서 그는 "예수가 민중을 해방만 하는 게 아니라 민중이 또 예수를 해방하는 면도 있을" 것이라고 주장할 수 있었던 것이다.[20] 이 '연속성'에 대한 강조는 신과 인간, 구원자와 피구원자 사이의 불연속성을 필수불가결한 신학적 전제로 놓은 이원론적 서구신학과 대립하지 않을 수 없었다.

안병무의 민중 메시아론은 관계론적 인간론과 예수와 오클로스의 연속성에 착안한 성서 해석학이라는 두 신학적 기둥 위에 지어진 집이라고 할 수 있겠다. 그의 민중 메시아론은 다음과 같은 논리와 구조를 갖는다. 첫째, 예수와 그의 민중 오클로스 사이에는 본질적인 '연속성'이 존재한다. 따라서 예수의 삶과 행함은 오클로스가 놓인 상황과 관련하여 이해되어야 한다. 예수의 죽음/죽임 당함은 본성상 자기 초월을 경험할 수 없는 후패한 인간을 향한 신의 대속활동vicarious atonement으로 이해되기보다는 민중의 고난의 궁극적 표현으로 이해되어야 하며, 예수의 부활은 성자의 개인적 성취가 아닌 역사적 예수를 통해 드러난 그리스도 사건으로 이해되어야 한다.[21] 둘째, 이 그리스도 사건은 역사적 예수의 삶에서 극적으로 드

19) 여기서 '실체론적 존재론'이라 함은 아리스토텔레스에게서 제창되고 근대에 와서는 데카르트에 의해 재차 강화된 서구사상의 존재에 대한 이해 방식을 가리킨다. 데카르트의 실체론에 의하면, 모든 존재하는 실체(substance)는 "자신의 존재함을 위하여 다른 존재를 반드시 필요로 하지 않는다."라고 이해된다. 내적 관계성을 상실한 실체론에 기반하여 구성된 신학적 이해들, 특히 기독론적 이해의 난해성에 대해서는 이 글의 후반부에서 다룰 것이다. 여기서는, 전통적인 서구의 신학이 실체론에 기반함으로써 신과 인간의 관계를 이원론적으로 이해할 수밖에 없었다는 점만 지적하고자 한다.

20) 안병무, 『민중신학 이야기』, 128.

21) *Ibid.*, 84, 86-99, 128.

러났지만, 그것이 그리스도 사건으로서의 유일회적인 것once-for-all uniqueness은 아니다. 만약 그리스도가 살아 계신 분이라면, 그리스도 사건은 '화산맥'처럼 역사를 타고 흐르며 민중의 사건 속에서 계속해서 일어날 것이다.[22] 셋째, 모든 민중의 모습이 미화될 수는 없다. 그러나 민중의 가장 중요한 특징은 '자기 초월성'에 있다. 만약 구원이 보다 구체적 언어인 해방이란 말로 표현될 수 있다면, 민중은 자기 해방/구원의 주체라고 말할 수 있을 것이다.[23] 넷째, 또한 모든 민중의 고난을 메시아적 고난으로 볼 수는 없을 것이다. 그러나 민중의 고난이 개인적 고난이 아닌 전체적 고난으로 이해될 때, 하나님의 '고난 받는 종'처럼 민중은 메시아(적 민중으)로 이해될 수 있을 것이다.[24] 다섯째, 민중의 사건은 그리스도 사건이요, 성령 사건이다. 따라서 우리는 민중의 고난에 참여함으로써 그리스도 사건에 참여하고, 민중의 고난에 응답함으로써 '메시아적 경험'을 하게 된다.[25]

분명 안병무의 민중 메시아론은 민중을 메시아로 드높여 전통적인 기독론을 대체하려는 신학적 기획일 수는 없다. 그는 민중 메시아론을 통해 한편에서는 이원론적 전통신학을 극복하려 하였고, 다른 한편에서 민중의 고난에 동참하는 참여의 윤리를 강조하려 하였던 것으로 보인다. 신학적인 견지에서 볼 때, 안병무는 '민중 중심주의'와 '예수 중심주의'가 서로 대립될 수 없다고 보았지만, 이러한 사고가 전통적인 기독론의 이분법적 도식 안에 놓였을 때 그것은

22) *Ibid.*, 59, 104.
23) *Ibid.*, 103, 120, 126, 155, 204.
24) *Ibid.*, 96, 115, 127,
25) *Ibid.*, 104, 115, 220-22.

기독론 자체를 부정하는 것으로 비춰질 수밖에 없었다. 그러나 안병무의 민중 메시아론이 민중신학의 '기독론'이 아닌 한, 민중 메시아론을 기독론적 시각에서 접근하는 것은 '범주 설정의 오류A Fallacy of Categorization'에 빠지고 말 것이다. 오히려 민중 메시아론을 보다 더 큰 범주 즉, 신과 인간, 그리스도와 민중, 하나님 나라와 역사의 상호관계에 대한 유기체적인 이해를 지향하는 광대역의 신학적 패러다임으로 이해하는 것이 바른 접근법일 것이다.

IV. "메시아론의 혼동"이라는 비판에 대한 고찰

역사적으로 서구의 많은 진보 신학자들이 민중신학의 출현을 축하하였다. 하비 콕스는 민중신학의 "기독교의 비유럽화de-Europeanizing of Christianity" 작업을 치하하였고,[26] 로버트 맥카피 브라운은 민중신학의 "정치, 경제, 사회적 변화를 지향하는 참여와 헌신"의 신학적 실천에 주목하였다.[27] 이들은 민중들의 종교문화적, 사회역사적 경험이 신학화되는 작업의 중요성에는 흔쾌히 동의하였지만, 민중 메시아론에 이르러서는 입장을 달리하였다. 그들의 비판은 아마도 해방신학자 보니노가 "메시아론의 혼동messianic confusion"이라고 표현했던 말로 대표될 수 있을 것이다.[28]

---

26) Harvey Cox, "The Religion of Ordinary People: Toward a North American Minjung Theology," in *An Emergeing Theology in World Perspective: Commentary on Korean Minjung Theology*, Ed. Jung Young Lee (Mystic, CT: Twenty-Third Publications, 1988), 110.

27) Robert McAfee Brown, "What Can North Americans Learn from Minjung Theology?" 위의 책, 37.

민중신학의 입장에 대한 광범위한 신학적 질문은 일군의 독일 신학자 그룹에서 제기되었다.29) 이들은 민중 메시아론에 주목하면서 다음과 같은 의견을 내놓았다. 첫째, 민중신학은 계시와 역사를 이해하는 데 있어서 기독론적 문제를 갖고 있다. 물론 '그리스도 중심적 접근방법'이 교회와 세상, 하나님 나라와 세속사를 분리시킬 위험을 지니고 있다. 그러나 기독교 신학에서 이 그리스도 중심주의는 포기될 수 없는 핵심사항이다. 따라서 민중신학이 하나님의 자기 계시가 예수 그리스도 '이전에' 그리고 그분과 '분리되어' 나타날 수 있고, 역사의 일반적 사건과 연결될 수 있다고 주장하는 것에는 동의할 수 없다. 둘째, 예수 그리스도에게서 드러난 하나님의 특별한 계시가 민중들의 집단적collective 사건으로 이해될 수 있다는 주장에도 동의할 수 없다. 셋째, 민중이 역사의 주체라는 주장은 정당화될 수 있다. 그렇다고 이 이해가 민중의 자기 구원이라는 주장과 동일시될 수는 없을 것이다. 왜냐하면 그러한 주장은 역사적 해방과 종말론적 구원 사이에 있는 긴장을 설명하지 못하기 때문이다. 넷째, 만약 성서적 인간론의 급진성 즉, 인간이 하나님으로부터 유리되었기 때문에 그리스도의 구원사역을 통해서만 구원될 수 있다는 이해가 보존된다면, 우리는 민중 역시 '죄'에 가담하고 있다고 말할 수 있어야 할 것이다. 다섯째, 민중과 하나님의 백성 사이에 놓인 차

28) José Míguez Bonino, "A Latin American Looks at Minjung Theology," 위의 책, 167.

29) 이 그룹은 서독 함부르크에 자리한 "세계 선교를 위한 개신교 연합 신학위원회"(Theological Commission of the Protestant Association for World Mission)이다. Herwig Wager를 위원장으로 하여 12명으로 구성된 이 그룹은 2년 동안 민중신학을 공부하고 한국의 민중신학자들과 서신을 통해 1985년부터 88년까지 의견을 교환하였다. 이 서신은『신학사상』(1990년 여름호)을 통해 소개되었으며, 내용이 조금 다른 영문 서신은 이정영이 편집한 책에 소개되었다.

이성에 대해서 민중신학의 교회론은 분명한 입장을 보여야 할 것이다.[30)]

위의 질문들은 민중신학이 밝혀야 할 신학적 중심 주제들임에 분명하다. 이에 대한 토론은 이 글의 후반부에 보다 자세하게 이어질 것이다. 여기서는 안병무의 신학적 사상의 윤곽을 보여줄 수 있는 간략한 내용만 소개하고자 한다. 안병무는 무엇보다 먼저 그러한 질문이 안고 있는 신학적 어려움의 뿌리는 서구신학이 이원론적 사상에 깊게 뿌리박고 있기 때문이라고 말한다. 둘째, 역사는 계시의 이차적인 자료가 될 수 없으며, 역사 밖에서는 계시도 있을 수 없다. 셋째, 하나님의 구원의 계획은 그 무엇으로도 제한받지 않는 것이며, 따라서 하나님은 '예수사건'에만 제약될 수 없는 것이다. 넷째, 전통적인 '죄'에 대한 개념은 반드시 재구성되어야 한다. 그것 없이 민중과 민중의 자기 구원이라는 관계는 이해될 수 없을 것이다. 다섯째, 해방과 구원이 가진 본질적 관계를 이해하기 위해서는 하나님과 인간, 그리스도와 민중을 가르는 절대적 이원론을 극복해야만 한다. 여섯째, 하나님의 백성은 역사적으로 제도화된 교회만을 의미해서는 안 될 것이며, 하나님의 뜻을 짊어지고 나아가는 사람들에게까지 확장 가능해야 한다.[31)]

민중신학자와 독일신학자 사이의 신학적 차이성은 다양한지만, 이것은 예수 그리스도의 '유일성uniqueness'을 해석하는 방식에서 가장 극적으로 나타난다. 독일 신학자들은 민중 메시아론이 "예수 그

30) Herwig Wagner, "A Letter to the Minjung Theologians of Korea" (1985년 3월 15일), 위의 책, 191-93.
31) Byung-mu Ahn, "A Reply to the Theological Commission of the Protestant Association for World Mission" (1986년 6월), 위의 책, 198-207.

리스도 안에서 일어난 우리와 하나님의 화해를 다른 것으로 대체할 수 없다는… 그리스도교 신학의 필수불가결한 주제"를 부정하고 있는 것으로 이해한 것이다.[32] 안병무와 몰트만 사이에 있었던 유명한 논쟁도 이 주제에 해당되는 것이었다. 몰트만은 『신학의 경험들』(*Experiences in Theology*, 2000)이라는 책에서 많은 공간을 할애하여 민중 메시아론을 재해석하고, 안병무에게 가졌던 오래된 질문을 다시 제기한다. 몰트만은 건강한 기독론 구성을 위해서는 '포괄적인 연대의 기독론inclusive solidarity christology' 즉, 민중의 고난을 함께 나누는 '형제'로 이해되는 그리스도론과 '배타적인 표상의 기독론exclusive representation christology' 즉 민중을 그들의 고난으로부터 구원할 '구원자'로서의 그리스도론, 이 양자를 모두 지녀야 한다고 주장한다.[33] 그러나 몰트만은 안병무의 기독론이 '포괄적 연대의 기독론'에 일방적으로 기초함으로서 고난의 연대성을 강조하는 그리스도론을 말하고는 있지만, '배타적 표상의 기독론'을 상실하여 민중의 고난을 극복할 수 있는 기독론적 이해가 없으므로 결국 "민중의 고난은 증가될 수밖에 없는" 신학적 딜레마에 빠지게 된다고 말한다.[34] 따라서 "만약 민중이 고난 받는 하나님의 종의 역할을 하여 세상을 구원해야 한다면, 그럼 누가 민중을 구원하느냐"고 묻는

---

32) Herwig Wagner, "연구자료: 민중신학자들과 독일 신학자들의 대화" (1988년 6월 22일), 『神學思想』 69 (1990년 여름), 429.

33) Jürgen Moltmann, *Experiences in Theology: Ways and Forms of Christian Theology*, trans. Margaret Kohl (Minneapolis: Fortress, 2000), 256; *Jesus Christ for Today's World*, trans. Margaret Kohl (Minneapolis: Fortress, 1994), 38-42. 몰트만에게 '배타적 표상의 기독론'은 '속죄의 기독론'(Atonement christology)로서 개신교의 정신 즉 '오직 그리스도만'(The Reformation's *Solus Christus*)의 사상을 뒷받침하는 기독론으로 이해된다.

34) *Ibid.*, 256, 260.

다.[35)]

분명히 몰트만과 안병무는 민중의 존재론적 성격과 그리스도의 기독론적 역할에 대해서 다른 이해를 가지고 있다. 몰트만은 '배타적 표상의 기독론'의 불가피성을 전제하고서 "누가 민중을 구원하느냐"고 질문하고 있지만, 안병무에게는 그런 질문 자체가 불가능하다. 오히려 안병무는 민중의 자기 초월적 활동이 어떤 의미에서 '그리스도 사건'으로 이해될 수 있고, 그리스도는 민중의 자기 구원 행위에 어떻게 참여하는가 하고 물을 것이다. 그렇다면 우리는 다시 한번 물을 수 있겠다. 몰트만을 위시한 많은 서구신학자들이 비판하듯이 안병무는 '메시아론의 혼동' 가운데 있는가? 필자는 그렇지 않다고 생각한다. 보다 진정한 답을 얻기 위해서는, 오해를 낳게 만드는 서구신학 사유의 이원론적 메커니즘, 그리고 그러한 신학적 유추를 조절하는 형이상학적 틀에 대한 깊은 성찰과 비판이 필요하다 할 것이다. 이러한 작업이 없이, 민중 메시아론을 전통적인 기독론의 이해와 병치시키는 것은 논의의 공전만 가져올 뿐이다. 뿐만 아니라, 소위 '전통'이란 기준에 기대어 민중 메시아론을 이해해 왔던 기존의 논의방식은 민중 메시아론이 가리키고 있는 본질적 가르침에서 항상 빗나가고 말 것이다.

35) *Ibid.*, 259, 295-97.

V. 과거의 기독론적 논쟁의 문제점과 범재신론적 토론의 필요성

민중 메시아론을 전통적인 기독론의 이원론적 틀에 집어넣어 토론하면서 민중 메시아론이 '메시아론의 혼동'을 유발하였다고 이해하였던 전통적인 논쟁에는 최소한 두 가지의 문제점이 있었다고 본다. 그것은 첫째, 형이상학적 언어와 종교적 언어의 관계에 대한 혼동 혹은, 도그마적 믿음을 보존하기 위한 형이상학의 포기요,[36] 둘째, 전통의 권위에 대한 잘못된 사용이다.

몰트만은 전통적인 신학이 안고 있는 문제를 극복하기 위하여 오늘 우리 시대에 깊은 영감과 지혜를 가져다주었음에도 불구하고 안병무와의 대화에서 여전히 전통신학이 범한 오류를 드러내었다. 그것은 신의 초월성을 강조하기 위하여 마련한 신과 세계 사이의 절대적 간격을 이분법적으로 보전하면서, 다른 한편에서는 신과 세계의 유기적 관계에 대한 이해를 희생하고 결국 성서적 하나님의 사랑과 은혜를 왜곡시킨다는 점이다. 몰트만은 두 개의 기독론 즉,

36) 형이상학(Metaphysics)이라는 말은 수많은 개념적 정의를 지니고 있다. 근대 서양 철학사에서 이 개념은 부정적인 이미지를 얻고 말았는데, 그것은 첫째 칸트의 '형이상학의 종언' 선언 때문이었다. 동일한 철학적 주제에 대하여 (순수)이성이 이율배반적 증언을 하고 있는 사실을 논증한 칸트는 사물의 실재에 상응한 철학적 명제를 얻으려 했던 기존의 형이상학의 작업은 불가능할 수밖에 없다고 선언하였다. 두 번째는 마르크스주의의 영향으로 형이상학이 물질적 실재에 대한 과학적 탐구보다는 비실재에 집중하는 관념철학의 한 분야 정도인 것으로 격하되었다. 그러나 이 글에서 형이상학이라 함은 고전적 의미에서의 형이상학 즉, 사물과 세계의 궁극적 성격에 대해 탐구하는 철학을 가리킨다. 따라서 형이상학적 진술이란 특정한 분야의 학문에서만 적용 가능한 것이 아니라 우리의 모든 경험에 '보편적 적용'이 가능한 '일반적 이론'으로서의 철학적 사실 진술을 말한다. Alfred North Whitehead, *Religion in the Making* (New York: Fordham University Press, 1926, 1996), 84.

'속죄atonement의 기독론'과 '연대solidarity의 기독론'을 한데 묶어 자신의 기독론의 두 축으로 삼으면서 전통적인 기독론의 약점을 극복하려 함과 동시에 민중 메시아론을 비판하는 기준으로 삼는다. 하지만 과연 그의 '속죄의 기독론'과 '연대의 기독론'은 서로 상충되지 않고, 하나님의 구원의 사랑을 일관되게 증언하고 있는가? 몰트만이 그의 '연대의 기독론'을 통해 강조하고 있듯이, 만약 하나님이 당신의 삶을 민중의 고난과 온전하게 '연대'시켰다면 왜 하나님께서는 전혀 다른 종류의 '속죄'의 대속 행위를 필요로 하실 수밖에 없으실까? 몰트만의 주장대로 그 '속죄'가 없으면 민중의 고난은 증가할 뿐이고, 반대로 민중의 고난은 그 '속죄'를 통해서만 해결될 수 있는가? 하나님의 '연대' 속에서 발견될 수 있는 하나님의 사랑과 능력의 충분성은 민중의 고난을 극복할 수 없을 정도의 분량인가? 아니면 하나님은 민중의 고난에 대해서만 신적 '연대'를 하고, 민중의 고난의 해결을 위해서는 (연대함이 없이) 당신의 '배타적인 대속'을 베푸시기로 하셨을까? 그리고 그것은 어거스틴이 말한 대로 인간의 어찌할 수 없는 죄성intractable sin 때문인가? 위의 질문을 통해 분명하게 드러나는 것은 몰트만의 '속죄의 기독론'이 건강한 신론을 구성하는 데 어려움을 가져옴에도 불구하고, "칼빈주의적 형벌-대속적 속죄론Calvinist penal-substitution theory"37)을 철저하게 기반하고 있

37) Stanley J. Grenz, *Created for Community: Connecting Christian Belief with Christian Living* (Grand Rapid, MI: Baker, 1998), 137-43. 몰트만과 안병무의 속죄론의 이해에 대한 유형론적 적용은 그랜츠가 요약해 놓은 속죄론의 유형을 따른다. 그랜츠는 기독교 역사에 등장한 네가지 대표적인 속죄론을 다음과 같이 열거한다. 1) 이레니우스의 속죄(ransom) 이론: 인간은 죄를 지어 사탄의 포로가 되어 사탄을 섬기게 되었는데, 그리스도께서 당신을 속죄의 제물(ransom)로 내주어 우리를 포로 상태에서 구원하여 하나님을 섬길 수 있게 하였다는 주장(초기 기독교의 중심 이론). 2) 안셀롬의 속죄(satisfaction) 이론: 인간은 자신의 노력으로 영광의 하나님을 섬길

음으로써 개혁교회의 대표적인 속죄론적 신앙을 충분히 만족시키고 있다는 점이다.

안병무에게는 몰트만의 '속죄론'이 민중신학의 이해와 어울리지 못하며, 그것 자체가 많은 신학적 문제를 안고 있는 것으로 보인 듯하다. 몰트만은 자신의 관점에서 안병무에게 '속죄론'이 없었다고 말하지만, 사실 안병무 역시 속죄론적 이해를 갖고 있었던 것으로 보인다.[38] 안병무의 주장은 캔터베리 대주교인 안셀름의 속죄론을 비판하였던 젊은 신학자 아벨라르의 이해와 비슷하다. 안병무는 "죄를 지은 사람을 벌주는 대신 예수를 죽였다고 하는가 하면 예수가 하느님을 대신한 것이라고 말하는데 이렇게 되면 하느님도 이 법 속에 매이게 된다."고 주장한다. 안병무는 이러한 이해를 '복음주의적 설명의 자가당착'이라 말하고, 아벨라르는 이러한 신은 성서의 신이 아닌 '야만적 신'일 뿐이라고 주장한다.[39] 또한 아벨라르가 예수의 십자가를 하나님의 사랑을 바라보게 할 양심의 찔림의 문제로 읽었듯이, 안병무는 예수의 십자가를 통해 오클로스의 수난을 보고 또 이것이 예수의 민중들로 하여금 '우리를 위해서'라는 그리

수 없는 존재이기에, 인간이 하나님께 돌려야 할 것을 감당할 참 인간인 동시에 하나님께 나아갈 수 있는 죄가 없는 참 신이신 분을 통해 속죄(satisfaction)가 이루어져야 한다는 주장(중세 기독교의 중심 이론). 3) 칼빈의 형벌 대속(penal-substitution) 이론: 죄로 인해 하나님의 법을 어긴 인간은 심판자 하나님의 처벌 앞에 놓였지만 그리스도께서 대속적 죽음을 통해 하나님의 처벌을 감당하셨다는 주장(근대 이후 19세기까지 중심 이론). 4) 아벨라르의 하나님의 사랑 이론: 하나님은 죄 없는 아들을 죽여야 하는 야만적 신이 아니다. 따라서 예수의 죽음은 사람을 향한 하나님의 사랑의 위대한 증거로 이해해야 한다는 주장(안셀름의 주장에 대한 대항 이론).

38) 안병무, 『민중신학 이야기』, 88-96; 『갈릴래아의 예수: 예수의 민중운동』 (서울: 한국신학연구소, 1990), 283.

39) *Ibid.*, 91; Grenz, *Created for Community*, 142.

스도론적 질문으로까지 발전할 수 있게 되었다고 본다.40) 우리는 여기서 몰트만의 주장과는 다르게 안병무가 속죄론적 기독론을 전적으로 부정하고 있지 않음을 보게 된다.

문제는 어떠한 기독론적/속죄론적 이해가 통일된 신학적 사고를 가능하게 하느냐 하는 점이다. 필자의 눈에는 몰트만의 이해가 형이상학적 언어와 종교적 언어를 혼동함으로써 신학적 문제를 유발시키고 있는 것으로 보인다. 종교적 언어로서 하나님의 '대속적 고난'이라는 사상 자체는 그것이 고난 받는 민중에 대한 하나님의 공감divine sympathy이라는 점에서 민중신학의 이해와 대립될 수 없다고 본다. 그러나 안병무가 느낀 몰트만의 신학적 문제는 하나님의 화육이 오직 예수에게만 배타적으로 일어난다고 이해하는 점이다. 그래서 몰트만은 예수만이 민중을 구원할 뿐이지 그 반대는 될 수 없다고 생각하였다. 몰트만의 형이상학은 하나님의 화육이 민중에게서도 일어날 수 있다는 것을 배제했으며, 따라서 민중의 고난을 제거하기 위하여 '배타적 속죄의 기독론'이 반드시 필요하다고 결론짓게 하였다. 그러나 우리는 여기서 과연 '속죄의 기독론'이 민중의 고난의 '실재성actuality'을 제거할 수 있는 것인지 묻지 않을 수 없다. 그리고 만약 그것이 가능하다고 말할 수 있다면, 형이상학적 견지에서 볼 때, 그것은 단지 심리학적인psychosomatic 면에서 그러하다고밖에 할 수 없을 것이다. 고난을 받는 사람은 그리스도의 대속을 믿음으로써 자신의 고난에서 놓여남을 (심리학적으로) 경험할 수 있지만, 그렇다고 그것 자체가 고난의 '실재성' 자체를 제거하는 것은 결코 아니다. 따라서 '그리스도의 대속'이란 종교적 언어로 이해되

---

40) 안병무, 『갈릴래아의 예수』, 283.

어야지 형이상학의 언어로 이해되어서는 안 될 것이다. 다시 말하여, 고난에 대한 위대한 공감자로서의 하나님에 대한 믿음은 종교적인 희망의 문제요, 고난의 실재적 극복은 여전히 민중의 계속되는 자기 초월에 의해 가능할 뿐이라는 것이 바른 신학적 이해일 것이다. 민중의 고난이 극복되기 위해서 반드시 '속죄의 기독론'이 필요하다는 몰트만의 주장은 민중의 고난의 실재성의 문제에 답을 주지 못하며, 어쩌면 그도 원치 않았던 도그마적 은폐disguise로 전락할 위험에 놓이게 된다.

둘째, 민중 메시아론을 비판하였던 사람들은 대체로 자신들의 기독론적 믿음을 '전통'이 부여한 권위로 여기고, 민중 메시아론은 전통적인 기독론적 믿음에서 떨어진 것으로 여겼다. 그러나 우리는 먼저 성서와 기독교의 역사 속에 나타난 기독론은 단 한 개의 전통이 아닌 다양한 전통들에 기반하고 있다는 사실을 인정해야 할 것이다. 기독교는 그 시작부터 "여러 개의 다양한 기독교"였고, 이를 바탕으로 "최소한 80여 개의 복음서"가 기록되었으며, 또 이 복음서들은 다양한 그리스도의 이미지를 그려내었다.[41] 현재 신약성서에 포함된 4개의 복음서도 도식화된 기독론의 이미지를 제공하고 있지를 않다. 따라서 오늘날 신학적 토론의 어려움은 기독론적 토론의 표준으로 삼을 그리스도의 이미지를 설정하는 데 최종적 판단의 근거가 없다는 데에 있다고 할 것이다. 전통의 다양성뿐만 아니라 기독론 이해의 현재적 다양성 때문에 "신학자의 과제는 결코 모든 기독교인에게 말하는 것이 될 수 없다."라는 존 캅의 주장은 타

---

41) Gregory J. Riley, *The River of God: A New History of Christian Origins* (New York: HarperSanFrancisco, 2001), 7.

당하다.42) 이러한 조건에서 오늘날의 기독론적 논의는 과거의 교리적인 이해를 단순히 반복하는 것으로 채워질 수는 없을 것이다. 대신 우리가 가질 수 있는 기독론의 중심 물음은 어떻게 그리스도라는 기독교의 살아 있는 '상징'이 여전히 "우리의 삶을 인도하는데 그 중요성을 잃지 않고 계속적인 의미를 줄 수 있는지" 그 "방식ways과 관점respects에 대한 물음이어야만" 할 것이다.43) 이러한 신학적 관심에 대해서 민중신학은 충분히 성숙한 방식으로 답변하려고 해왔으며, 민중 메시아론이 바로 그 한 예라고 할 수 있겠다.

정리하자면, 민중신학에 대한 지난 시기의 '메시아론의 혼동'이라는 비판은 그 자체가 심각한 신학적 문제를 지니고 있었다. 첫째, 신의 초월성이 강조된 전통적 기독론은 역사와 민중의 삶에 참여하는 신의 관계성에 대하여 적절한 답을 주지 못하였다. 이원론적 틀을 기초로 했던 이러한 비판의 자기 한계성은 민중 메시아론이 가리키고 있는 관계론적 사유를 결코 포괄해낼 수 없었다. 둘째, 자신이 기반한 한 전통a tradition을 바로 전통 자체the tradition가 가진 권위로 생각하며 민중신학을 비판했던 여러 시각들은 전통이라는 것이 새로운 상황에서 어떻게 의미를 계속적으로 가질 수 있는지에 대한 보다 더 중요한 관심에는 소홀하였다.

민중 메시아론은 새로운 관점에서 재해석돼야만 하는 필요성이 있다. 그러나 민중 메시아론이 말하(고자 하)였던 관계론적 신학을 바르게 이해하기 위해서는 최소한 두 가지 해석학적 선결 과제가

---

42) John B. Cobb, Jr., "Christ beyond Creative Transformation," in *Encountering Jesus: a Debate on Christology*, ed. Stephen T. Davis (Atlanta: John Knox, 1988), 142.

43) Gorden D. Kaufman, *God, Mystery, Diversity: Christian Theology in a Pluralistic World* (Minneapolis: Fortress, 1996), 112.

이루어져야 한다고 본다. 첫째, 민중의 자기 초월성과 하나님의 섭리론이 서로 조화를 이룰 수 있는 범재신론적 해석학적 지평이 먼저 마련되어야 한다. 둘째, 민중 중심주의와 그리스도 중심주의가 결코 이원론적으로 분리되어야 만하는 것이 아니라는 것을 설명할 수 있는 형이상학적 조건이 마련되어야 한다. 이것은 안병무도 지적하였던 전통적인 서양철학의 실체론substance metaphysics을 극복할 관계론적 사고이다. 이어지는 내용은 먼저 이 두 가지 조건을 어떻게 충족시킬 수 있는지 과정신학을 예로 들어 소개하고, 그러고 나서 과정신학의 관점에서 민중 메시아론은 어떻게 재해석될 수 있는지 그 특징이 가장 잘 드러나는 종말론에 집중하여 이야기해 보고자 한다.

VI. 과정신학을 통해 마련되는 새로운 신학적 이해

여기서는 과정신학의 신론이 가진 특징을 세 주제로 나누어서 설명하기로 하겠다. 첫 번째, 과정신학의 신론의 특징과 그것이 나올 수밖에 없었던 철학적 배경에 대해서 다룬다. 둘째, 과정신학을 통해 마련된 신론이 어떻게 성서의 하나님과 기독론적 성육신을 새롭게 이해할 수 있게 하는지 설명하겠다. 셋째, 세상과 하나님의 관계성에 대한 과정신학의 설명을 과정신학이 이해하는 신의 '전지전능'의 개념을 예로 들어 말하겠다. 이것은 민중 메시아론의 핵심사상이라 할 '민중의 자기 초월성' 개념을 재해석하는 데 도움이 될 것이다.

1. 양극적 과정 범재신론: 단극적 신론에 대한 비판적 재구성

일반적으로 범재신론panentheism이란 신앙과 철학을 동시에 만족시키려는 포괄적 성격의 신론으로서, 종교의 신학적 감수성을 다른 학문들과도 소통 가능하도록 일관된 철학적 체계 속에 담아내려는 목표를 가지고 있다. K. C. F. 크라우스(1781-1832)에 의해 처음 이름 지어진 이 개념은 "하나님은 [당신의 신적인 삶 속에서] 세상을 포함하고 통합하면서도, 세상을 초월 하신다."는 기본 성격을 지니고 있었다.[44] 범재신론의 기본적인 관점들은 사실 기독교 교리의 역사 가운데 전혀 새로운 것은 아니었다. 그것은 하나님의 초월성과 내재성을 일관된 신학체계 속에 담아내려 했던 기독교 신학의 관심과 비슷한 것이었다.[45] 하지만 20세기 중반 찰스 하트숀에 의해 범재신론이 새롭게 제창되기 시작했던 것은 지난 시기의 철학적 신론들이 이 과제를 만족스럽게 수행해 오지 못했다는 것을 반증하는 것이다.

과정신학의 범재신론은 철학자 A. N. 화이트헤드(1861-1947)의 양극적兩極的, dipolar인 성격의 신神 개념을 사용하여 기존의 신학적 문제들을 극복해 보려는 신론이다. 화이트헤드는 자신의 우주론

---

44) David A. Pailin, "Panentheism," in *Traditional Theism and Its Modern Alternatives*, ACTA JUTLANDICA LXX:1, Theological Series 18, ed. Svend Anderson (Aarhus, Denmark: Aarhus University Press, 1994), 95.

45) 이것은 주로 삼위일체 신학에서 다루어졌다. 삼위일체 신학은 하나님의 초월과 내재를 어떻게 역동적으로 담아낼 것인가에 관심하였다. 그러나 이러한 시도들은 실패로 돌아가곤 했다. 그것은 기독교 신학이 신과 인간의 관계를 이원론적으로 서술하는 데 익숙했고, 그 철학적 기초를 실체론에 두고 있었기 때문이다. 참고: Philip Clayton, "The Case for Christian Panentheism," *Dialog* 37 (Summer 1998), 201-08.

을 다룬『과정과 실재』(1929)의 마지막 장에서 세계와 신의 관계에 대한 가장 원숙한 생각을 피력한다.[46] 화이트헤드에 의하면, 세계와 유기적으로 관계를 맺는 신은 두 개의 축 즉 정신적 축으로서 '시원적 본성primordial nature'과 물질적 축으로서 '연관적 본성consequent nature'을 갖고 있다. 먼저 신은 세계에서 일어날 수 있는 모든 가능성을 시원적으로 예견primordial envisagement하고 이 예견을 조화로움 가운데 유지하고 있다는 점에서 신적 독특성을 가진다. 이 조화로운 신적 예견은 세상의 변화를 통해 구현된다. 변화가 이루어진 곳은 세상이지만 또 이것은 신의 연관적 본성의 장이기도 하다. 이 세상의 변화는 신의 의지가 일방적으로 실현되는 과정이 아니라는 점은 과정신학이 말하는 신의 힘의 행사방식의 독특성이다. 세상의 변화는 신의 힘이 미치는 것이기도 하지만 또한 그것은 세상에 존재하는 것들의 자기 운명에 대한 자유로운 자기 결정 과정이기도 하다. 세상의 자기 결정이 있기에 거기 세상의 창조성이 있고, 과거에 없던 새로움이 생겨날 수밖에 없다. 이 새로움은 신의 연관적 본성으로 인해 신에게 다시 영향을 주게 되고, 신은 이 새로움을 자신의 신적 삶으로 영구히 받아들인다. 화이트헤드에게 우주는 신과 세상의 역동적 관계성을 통해 움직이는 것으로 이해된다. 즉 신은 세상을 이상적인 목적으로 이끄시고, 세상은 자기 새로움을 통해 신의 삶을 더욱 풍요롭게 하는 관계를 맺게 된다.[47] 그리고 이

46) 화이트헤드의 신에 대한 이해는 처음부터 완성된 형태로 진술되지 않고 점점 관계성과 신의 내재성을 명확하게 부각시켜 가는 방향으로 발전되어 갔다. 1925년부터 1929년에 이르는 화이트헤드의 신관의 발전 과정에 대해서는 L. S. 포드의 연구를 참고하라. Lewis S. Ford, *Transforming Process Theism* (Albany: State University of New York Press, 2000).

47) 과정신학의 범재신론은 신의 필연적 초월성과 필연적 내재성을 동시에 주창하고 있

세상과 신의 관계는 서로 자족하는 실존들의 외적 관계가 아니라, 자신의 존재를 위하여 반드시 상대를 필요로 하는 내적internal 관계라는 것을 비실체론적 존재론non-substantialist ontology으로 뒷받침한다.

과정신학의 토대를 구축하였던 찰스 하트숀은 화이트헤드의 유기체 철학 즉 비실체론적 형이상학과 양극적 신 개념을 통하여 과정신학의 범재신론을 구성한다.48) 그의 범재신론은 서양의 사상사에 등장했던 두 개의 극단적인 철학적 신관에 대한 비판이었다. 하나

다는 점에서 다른 범재신론과 다르다. 신의 시원적 본성은 세상의 가능성으로서 신의 필연적 초월성을 가리키고, 신의 연관적 본성은 세상과 신의 '내적'(internal) 관계성이자 세상의 창조성으로부터 영향을 받을 수밖에 없는 신의 필연적 내재성을 가리킨다. 필연적 초월성과 필연적 내재성을 동시에 설명할 수 있는 것은 과정신학이 유기체 철학을 기반하고 있기 때문에 가능한 것이지만, 실체론적 형이상학의 시각에서 보면 과정신학의 신적 내재의 필연성이라는 개념이 신의 초월성을 약화시킨다고 생각할 수밖에 없다. 그러나 이런 양자택일적 사고를 할 수밖에 없는 것은 신의 초월과 내재의 관계가 본성상 비대칭적 성격을 가지고 있어서 그러하기보다는, 실체론적 사고가 그러한 선택을 강요하기 때문에 그렇다.

48) Charles Hartshorne and William L. Reese, *Philosophers Speak of God* (Chicago: University of Chicago Press, 1953), reprint (Amherst, NY: Humanity Books, 2000), 16. 하트숀은 범재신론의 특징으로 다음의 다섯 가지 구성요소를 열거하였다. 신은 1) 영원하면서(Eternal), 2) 시간 속에 있고(Temporal), 3) 자기 스스로를 지각할 뿐만 아니라(Conscious, self-aware), 4) 세계를 알고(Knowing), 5) 세계를 자기 안에 담을(World-inclusive) 수 있어야 한다. 이 다섯 가지(ETCKW)가 구성될 때 비로소 완성된 형태의 범재신론이라 불릴 수 있다. 범재신론은 고대에는 기독교 성서와 힌두경전, 노자와 플라톤에 의해 표방되었고, 근현대에 와서는 쉘링, C. S. 피어스, 화이트헤드, 베르자예프, 이크발, 슈바이처, M. 부버의 신론이 여기에 속한다. 아리스토텔레스의 신은 EC로 기독교의 전통적 신론을 뒷받침한다. 그러나 전통적 신론(ECK)은 하나님이 이 세상을 아신다는 사실을 첨가하였고, 이 범주에 속한 사람으로는 필로, 어거스틴, 안셀름, 아퀴나스, 데카르트, 라이프니즈, 칸트가 있다. 범신론은 ECKW로 여기엔 샹카라, 라마누자, 스피노자, J. 로이스가 포함되고, 영지주의자 플로티누스의 신은 영원성(E)만 가진 일자(the One)으로 영지주의 한 분파의 유출설의 배경이 된다. 또한 신성(deity) 역시 시간 속에서 자라난다고 생각했던 S. Alexander의 신관은 TCK로 분류되고, H. N. 와이만의 신은 시간성(T)만 가진다.

는 기독교의 전통적인 신앙을 뒷받침했던 철학적 신관classical Christian theism으로, 거기에서 신은 "필연적 초월성과 우연적 내재성"을 가진 존재였다. 다른 하나는 "필연적 내재성을 갖지만 결코 초월성이 있을 수 없는" 신을 그린 범신론pantheism이었다.49) 이렇게 필연적 초월성만 강조되거나 초월성이 없는 내재성만 지닌 단극적monopolar 성격의 신론들이 나올 수밖에 없었던 이유는 그 신론이 실체론적 형이상학에 기반하고 있었기 때문이라고 하트숀은 말한다. 실체론에 의하면, 존재하는 모든 실체substance는 일정한 공간과 시간 속에서 스스로 존재하며, 자기 존재를 위해 다른 존재에 필연적으로 의지하지 않는다. 따라서 두 개의 실체는 서로를 공유하지 않는다. 이것은 신과 세계의 관계에서도 마찬가지이다. 서로를 공유할 수 없다는 실체론의 전제 위에서는, 신이 세상과 분리되어 세상의 '밖에' 존재하든지, 신은 세상과 '구별됨이 없는 같은' 존재라고밖에 설명이 되지 않는다. 이러한 양자택일either/or choice은 실체론적 철학이 논리적 일관성을 가질수록 피할 수 없는 운명이 된다.

전통적인 기독교 신학은 신앙이 깃들 근거인 신의 초월성을 보존하기 위해, 신과 세계의 절대적 간격을 강조하는 길을 걸어왔다. 그리고 신론의 철학적 논증의 근거로 아리스토텔레스의 신 즉, '자기 변화가 없는 창조자the unmoved Mover'라는 개념을 받아들였다. 이 초월적인 신은 세상에 일방적인 영향을 행사하는 신으로서, 세상의 가치value에 영향을 받지도 않고 세상의 움직임cause에 영향을 받지도 않는 완전한 신이었다. 그러나 이 철학적 신은 우리가 성서에서

---

49) Alfred North Whitehead, *Adventures of Ideas* (New York: Simon & Schuster, 1933), reprint (New York: Free Press, 1967), 121.

발견하는 신, 이스라엘 백성의 고통의 탄식에 응답하여 사랑과 창조와 구속의 일을 해나가는 신과는 전혀 다른 신일 수밖에 없었다. 하트숀은 기독교 신학이 주로 몸담아 온 이 고전적 신관을 '초월적 이신론pure transcendental deism'이라 칭하였다.

한편 범신론은 세상 속에 철저하게 내재한 신을 말하였다. 스피노자에 의해 완벽한 모습으로 구현된 서양의 범신론은 신의 초월적 성격만 일방적으로 강조되어 온 서양신학의 전통에 대한 항거이자, 신의 초월을 말하면서도 신의 내재의 가능성에 대한 철학적 동경을 멈추지 않았던 실체론적 철학의 자기모순에 대한 응답이었다. 그리고 범신론에 의해 신의 내재성은 완벽하게 구현되었고, 세상이 역동적으로 움직이는 이유에 대한 신학적 근거도 마련되었다. 신은 세계의 '지탱자the Sustainer'로서 "신의 내재적 본성의 필연성에 의해 세상의 만물이 존재할 근거를 얻게 된다."고 이해되었다.[50] 그러나 신의 내재성을 살려내기 위해 범신론은 신과 세계를 동일한 실체로 생각할 수밖에 없는 실체론적 사유의 결론에 이르게 된다. 따라서 신의 또 다른 측면 즉, 세상을 지어 가는 존재로서 신이 지녀야 할 초월성은 상실하게 되었다. 결국 신의 초월성에 확고하게 기반한 종교적 믿음을 결코 만족시킬 수 없었던 범신론은 그 철학적 치열성[51]에도 불구하고 기독교 신론의 철학적 대안이 되지 못하였다.

---

50) Benedict de Spinoza, Ethics, I:29, in *Works of Spinoza*, trans. R. H. M. Elwes (New York: Dover, 1955), 68.

51) 스피노자의 『윤리학』에는 그의 철학적 고뇌와 천재성이 잘 드러나 있다. 그가 범신론적 결론에 이를 수밖에 없었던 논리는 이렇다: 두 개의 실체(substances)는 서로 공통된 것을 지닐 수 없다(I:2). 한 실체는 스스로 존재하며 다른 실체에 의해 조성되지 않는다(I:5). 자기 완결적인 이 실체는 필연적 무한성을 가진다(I:8). 그러므로 여러 개의 실체가 존재한다고 가정하는 것은 모순이다. 왜냐하면 그러한 가정은 여러 개의 우주가 존재한다는 것을 의미하기 때문이다. 따라서 하나의 실체만 존재한

범재신론은 기독교 신학이 안고 있었던 위와 같은 철학적 난제를 해결하기 위해 등장하였다. 그리고 과정신학의 범재신론은 그 문제가 실체론적 철학이 갖고 있는 형이상학적 문제를 극복함으로써만 해결 가능하다고 생각하였고, 화이트헤드의 유기체적 형이상학을 신학에 끌어들인다. 새로운 형이상학에 기반한 과정 범재신론은 당연히 전통적인 기독교 신관이 그려내었던 신과 세계의 관계를 다르게 서술하게 되었다. 과정 형이상학을 여기서 모두 다룰 수는 없을 것 같다. 대신 과정 범재신론이 가진 몇 가지 특징에 대해서만 요약하여 소개하겠다.[52] 첫째, 전통적인 신학에서 세상은 신의 존재를 설명하는 데 '궁극적인 중요성'을 갖지 않았다. 왜냐하면 신의 완전성은 세상에 의지하지 않고 이미 완성되어 있다고 이해되었기 때문이다. 그러나 과정 범재신론에서 세상은 신의 삶을 더욱 풍성하게 만든다는 의미에서 그 궁극적인 중요성을 갖는다. 둘째, 전통신학에서 신은 세상에 의해서 영향을 받지 않고impassible, 세상에 의해서 변화되지도 않는다고immutable 이해되었다. 그것은 전통신학의 철학적 근거였던 희랍적 사유에 따르면 완전한perfect 존재에게 변화란

다고 생각해야 한다. 그런데 존재함(existence)은 실체의 본성에 속한다(I:7). 그러므로 신은 반드시 존재한다. 이 존재는 무한한 속성들(attributes)을 지닌다(I:11). 만약 신이 존재한다면, 다른 실체(substance)가 존재한다고 볼 수 없다. 존재하는 것이 있다면 그 모든 존재는 신 안에 존재한다고 볼 수밖에 없다(I:15). 따라서 세상 안에 존재하는 개별적인 것은 단지 오직 단 한 실체(substance)인 신의 속성(attributes) 혹은 양태(modes)의 변용(modification)으로 이해해야 한다. 신은 세상에 존재하는 것들의 작용인(the efficient cause)일 뿐만 아니라 그것들의 본질(essence)이다(I:25). 스피노자는 이러한 논리로 실체론적 철학을 바탕으로 신의 '내재성'을 철저하게 철학화할 때 이를 수밖에 없는 결론인 범신론에 이른다: 세상은 존재론적으로 신과 일치한다.

52) Lewis S. Ford, *The Lure of God: A Biblical Background for Process Theism* (Philadelphia: Fortress, 1978), 11-12.

부패를 의미하였기 때문이다. 신의 완전성은 이미 불변성unchange-ability이 전제된 것이요, 따라서 거기에 무엇이 더해질 수 있다고 생각될 수 없었다. 그러나 과정 범재신론은 신의 완전성은 세상의 창조성을 자기 삶으로 수용하는 무한성이요, 무한한 풍요로움indefinite enrichment에 대한 가능성으로 이해된다. 따라서 셋째, 전통신학에서 신의 전지omniscience란 세상이 변해 갈 모든 미래적 세부사항을 포괄하는 것이며, 이것은 마치 세상의 미래가 신의 지식 안에 이미 그려진 것처럼 이해되었지만, 과정 범재신론에서는 신 역시 세상에서 생겨나는 새로움을 경험하는 과정 중에 있으며 따라서 세상은 자신의 가능성을 충분히 실현해 나가는 것으로 이해된다. 넷째, 전통신학에서 신의 전능omnipotence이란 세상의 움직임에 대한 신의 단독결정 능력all-determining power이요, 세상의 변화는 신의 유일한 최초의 작용인the sole primary efficient cause에 의거한다고 설명된다. 그러나 과정 범재신론에서 신의 힘은 강압적 작용인coercive efficient cause으로서 반드시 그에 상응하는 결과를 가져오는 힘이 아니라 설득적 목적인persuasive final cause으로 세상의 창조성을 탄생시키는 신의 사랑compassion의 힘으로 이해된다.

그렇다면 이제 과정 범재신론을 통해서 볼 때 성서의 하나님은 어떻게 이해되며, 민중 메시아론의 걸림돌이었던 기독론은 어떻게 재구성될 수 있는지를 살펴보다.

2. 과정 범재신론에서 바라 본 성서의 하나님과 하나님의 성육신

과정 범재신론은 신학적 일관성을 지키면서 기독교의 믿음이 현대인의 신앙의 삶에 부합할 수 있도록 재해석하려 하였다. 여기서 다루고자 하는 두 가지 주제는 다음과 같다. 성서의 하나님이 당신의 백성과 맺으시는 역동적인 관계 즉, 초월과 내재의 두 차원을 어떻게 동시에 일관된 신학적 관점으로 서술해낼 것인가? 기독론의 최대의 신비인 예수의 인성 속에 깃든 하나님의 화육의 문제를 어떻게 해석해야 하는가? 이 신학적 문제를 해결하는 것은 첫째 전통신학이 초월적 이신론을 자신의 철학적 신관으로 삼음으로 말미암아 하나님의 내재적 차원 즉 '신적 내재의 필연성'의 차원을 상실하였던 점, 둘째 예수를 그리스도로 고백한 칼케돈의 신조를 실체론적으로 해석함으로써 결국 예수를 신-인의 이미지를 지닌 '초자연적 인물God-man supernaturalistic figure'로 설명하고 이 이미지로 기독교 신앙의 기준을 삼으려고 했던 점을 교정해내는 작업과 연관되어 있다.

과정신학의 범재신론이 관심하는 것은 전통적인 신관의 토대인 철학적 틀을 재구성하여 기독교 신앙이 바른 신관 위에 설 수 있도록 하는 것이다. 이것은 전통신학이 지닌 '철학적 비일관성'의 문제 때문만이 아니라, 전통신론이 가정하는 신 개념이 성서의 하나님의 모습을 왜곡시키고 그 결과 신앙인의 믿음의 구조를 일그러뜨리기 때문이기도 하다. 전통신학은 신의 무한하고Infinite, 절대적이고Absolute, 영원한Eternal 특성에 주목하여 자기 변화를 경험하지 않는 신의 완전성Perfection이란 결론을 도출해내었다. 이로 말미암아 신은 세상과 우연한 관계를 맺을 뿐 세상을 반드시 필요로 하지 않는 분으로 이해되어 왔다.[53] 이러한 이해가 이스라엘의 고통에 응답하

53) 신의 내재성의 문제에 대하여 보수적인 기독교 신학자는 '기적'(miracles)이라는 개념으로, 또 다른 신학자들은 '신의 자기비하'(kenosis)라는 개념으로 답하려고 노력하였다. 그러나 기적이라는 개념은 이미 흄의 회의주의(skepticism)적 결론

시며 자기 뜻을 돌이키기도 하시고 새로 세우기도 하시는 성서의 신을 포괄적으로 담고 있다고 말할 수 있는가? 물론 성서는 신에 관한 신학적 논증서가 아니다. 다만 성서 속에는 신에 관한 다양한 이미지가 담겨 있고, 신을 이해하는 이스라엘 사람들의 신학적 발전 과정의 흔적이 있다.[54] 그러나 성서의 사람들에게 핵심적인 것은 자신의 구원의 계획을 갖고서 끝없이 관계하시고 응답하시는 하나님에 관한 믿음이었다. 그리고 그들의 신관의 발전 또한 신학적 사유의 체계화 과정만이 아닌 실제적 경험의 과정을 역사적 배경으로 하고 있다. 포로기에 형성된 것으로 여겨지는 초월적 창조주 사상 또한 계약의 파트너로서 이 세상 속에서 당신의 언약을 반드시 이룰 내재적 구원자라는 사상에 뿌리를 두고 있다. 역사 속에서 고난받는 백성에 대한 구원의 약속은 신의 내재적 '필연성necessity'이 전제되지 않는 한 저 세상에서의 구원salvation as afterlife이라는 의미 없는 이원론적 결론에 이를 수밖에 없는 것이었다(사실 초월적 이신론은 구원을 그렇게 이해하였다). 따라서 하나님의 내재를 '비항시적 우연'으로 설명하는 전통적인 철학적 신론은 성서의 하나님의 모습을 왜곡시킬 수밖에 없었다.[55]

이후 철학계에서 외면받기 시작했지만, 무엇보다 기적이라는 개념 자체의 문제 즉, 기적 발생의 비지속성에 따른 (악의 문제에 관여하는) 신의 비일관성이라는 문제는 오히려 더 큰 회의만 불러올 뿐이었다. 케노시스 신학 역시 바울의 편지(빌 2:6-8)를 신의 초월성에 근거하여 설명한 것으로써 신적 내재의 '필연성'에 답하지 않았다고 보인다.

54) 아브라함과 이삭과 야곱의 하나님이었던 부족신은 다신론(polytheism)을 전제하고 있고, 모세와 여호수아에게 나타난 해방신은 택일신론적(henotheistic) 성격을 갖고 있으며, 제2이사야의 창조신에 와서야 유일신론적(monotheistic) 이해가 완성된 것으로 보인다.

55) 신적 내재의 '필연성'이 하나님의 초월성을 해칠 수 있다는 이해는 초월적 이신론의 '논리적' 귀결만은 아닐 것이다. 신앙이란 신의 (필연적) 초월성에 기대고 있는 것이

과정 범재신론이 전통신학의 철학적 신론을 비판하는 것은 성서적 하나님의 특징을 포괄적으로 드러내려는 것일 뿐만 아니라, 전통 신론에서 파생되는 잘못된 윤리적 함축성을 제거하려는 것이기도 하다.[56] 전통 신론은 '천상의 제국 통치자'의 이미지로 신의 초월성을 그려내곤 했다.[57] 이 천상의 황제 이미지는 수많은 신학적 문제점을 발생시키면서, 보다 본질적 모습이라 할 은총과 사랑으로 세상에 참여하는 하나님의 내재적 모습을 퇴색시키고 말았다. 신론에서 신의 내재성의 후퇴는 신학적 불균형의 문제이기보다 이데올로기적 왜곡이라는 점에서 더 위험하다. 화이트헤드에 의하면, "위대한 철학적 발견이 알렉산드리아의 신학자들에 의해서 이루어졌는데, 그것은 이들이 어떻게 질서를 향한 세상의 움직임의 근원이 되는 초월적 신the primordial Being이 자신의 본성을 세상과 나누었는지를 탐구했다는 점이다."[58] "[초월적 신에 의해] 부과된 법Imposed Law에 대한 사상과 [세상 안에] 내재된 법Immanent Law에 대한 사상을 화해시키려" 했던 이들이 제안했던 신학적 답은 "질서를 향해 나아가는 동향의 필연성은 초월적 신의 의지로부터가 생겨난 것이 아니라 세상에 존재하는 것들이 내재하는 하나님과 함께 본성적으로 나누고 있는 바로 그것으로부터 생겨났다."는 것이었다.[59] 신의 내

고, 따라서 어쩌면 '내재적 필연성'이라는 관념에 대한 두려움은 (범신론의 위험을 알고 있는) 신앙인의 자연스러운 감정이라고 볼 수도 있다. 그러나 엄밀하게 이해하자면, 그러한 생각 역시 초월적 이신론을 전제한 채 실체론적 형이상학을 철학의 틀로 사용하고 있기 때문이라고 볼 수 있다. 신의 '필연적 초월성'과 '필연적 내재성'이 충돌할 필요가 없다는 문제에 답을 주지 못하는 것은 실체론의 철학적 한계이고, 전통신학의 기독론적 논증의 한계였다.

56) Charles Hartshorne, *The Zero Fallacy and Other Essays in Neoclassical Philosophy* (Chicago: Open Court, 1997), 79.

57) Borg, *The God We Never Knew*, Chap. One.

58) Whitehead, *Adventures of Ideas*, 130.

재성에 대한 근본적인 사상이 바로 이들에 의해서 기초가 놓였다는 점에 화이트헤드는 전적으로 동의한다. 그리고 이 사상에 기초하여, 신이 일방적인 초월성을 지닌 존재라는 가정에 근거하여 설정된 "우상숭배적인 유신론적 상징주의"가 되어서는 안 된다고 주장한다. 기독교 신론의 역사에서 이런 상징주의는 '통치하는 황제the ruling Caesar'의 이미지로, 혹은 '무정한 도덕주의자the ruthless moralist'로, 때론 '자기 변화가 없는 창조자the unmoved Mover'로 나타났다고 말한다.[60] 그러나 이와는 반대로 성서의 하나님은 세상과 동떨어져 존재하기보다는 세상 안에 거주하고, 독재가 아닌 사랑의 힘으로 일하며, 세상이 '참과 아름다움과 선함'을 향해 움직일 수 있도록 목표를 부여하는 분이다. 이러한 속성을 가진 신이 바로 '갈릴리에 기원을 둔 기독교the Galilean origin of Christianity'에서 발견된다고 화이트헤드는 말한다.[61]

과정 범재신론은 세상과 자신의 본성을 나누는 하나님의 내재성에 대해서 말하고 있는데, 이러한 이해는 나사렛 예수의 인성에 임한 하나님의 화육incarnation의 문제에 대해서도 새롭게 이해할 수 있는 틀을 제공한다. 과정신학자마다 조금씩 다른 견해를 갖고 있지만, 대체적으로 넓은 의미에서의 삼위일체론 즉, "초월적인 신과 예수 안에 있는 신 그리고 우리 안에 있는 신은 모두 동일한 신이다."는 존 캅의 주장에 동의할 것이다.[62] 그러나 과정신학은 보다 민감

59) *Ibid*.
60) Whitehead, *Process and Reality*, 342-43.
61) *Ibid*., 343.
62) John B. Cobb, Jr., "What Do We Mean by 'God'?" in *Essentials of Christian Theology*, ed. William C. Placher (Louisville, KY: Westminster John Knox, 2003), 75.

한 기독론의 문제에 대해서는 비판적 입장을 가진다. 예수 그리스도 안의 인성과 신성의 결합, 이 신학적 문제는 다음 두 가지 질문으로 나누어 토론하는 것이 좋을 듯싶다. 어떻게 예수가 하나님 아버지와 '동일본질성consubstantiality'을 가졌고 이와 동시에 우리와 같은 인간성을 가졌다는 칼케돈의 기독론을 해석할 것인가? 또 이 기독론적 신조는 칼케돈 회의 이후 기독교의 역사 속에서 어떻게 이해되어 왔는가?

우리가 관찰할 수 있는 가장 현저한 기독론적 해석의 전통은 예수의 진정한 인성이 제거되어 가는 과정으로 전개되어 왔다는 점이다. 칼케돈 회의 이후의 신앙인들에게 예수는 "실제적인 인성으로부터 멀어진 신인神人의 초월적 존재"로 이해되어 왔고, 또 이러한 이해가 신앙인들의 고백을 통해 강화되어 갔고, 따라서 "오직 신앙인에 의해서만 알려지고 경험되는" 존재가 되어 갔다. 또 이 이해 자체가 점점 힘을 얻어가 결국 '기독교적 기준'의 제일의 위치를 점하게 되었다.[63] 그러나 이러한 이해방식은 칼케돈 신조에서 공언된 '예수의 진정한 인성'의 문제와 상반될 수밖에 없는 것이다. 단언적으로 말하자면, 예수를 '신비적인 신인神人'으로 이해하는 것은 칼케돈 신학자들의 생동하는 신학적 선언을 순전히 도그마적으로 추상화해버린 것에 다름 아닌 것이다.

칼케돈 신학자들은 예수의 인성 속에 충만하게 임한 신성을 말하고자 하였지, 그 둘의 일치identity를 말하려는 것이 아니었다. 하나님이 인간 예수에게 충만히 임재하였지만, 예수와 하나님은 구별된다는 이 이해를 어떻게 말/글로 표현할 수 있을까? 한 가지 분명한

63) John B. Cobb, Jr., *Christ in a Pluralistic Age*, 163.

것은 신의 내재immanence를 이해할 때, 신의 임재presence가 인성을 대치시키는 것은 아니라는 점이다. 이 문제에 대한 그동안의 신학적 서술이 어려움을 겪었던 것은 (부지불식간에) 두 개의 실재는 결코 서로 합생coalesce될 수 없다는 실체론적 형이상학의 전제 위에서 신학적 사유를 전개했기 때문이다. 실체론적 사고는 칼케돈 신학자들이 '동일본질성'이라는 말로 의도하였던 바를 이해할 수 없다. 오직 양자택일만이 있을 뿐이다. 아리우스의 경우처럼 신성을 약화시키던지(양자론의 경우), 사벨리우스처럼 인성을 제거하던지(양태론의 경우). 그러나 화이트헤드의 유기체 철학에 의하면 두 개의(아니 많은) 실재가 창조적 방식으로 합생하여 새로운 하나의 존재를 지어 간다고 이해된다. 따라서 하나님의 신성은 인간 예수에게 충만히 임하여, 충만한 신성과 충만한 인성을 지닌 새로운 존재 즉 그리스도로서의 예수를 가능케 한다.

칼케돈 신조를 설명 가능한 방식으로 만들기 위해 존 캅은 조금 기술적인 방식을 택한다. 즉 예수는 '로고스 자체Logos as such'가 아니라 '성육신한 로고스Logos as incarnate'라는 것이다. 그리고 성육신한 로고스라는 점에서 "그리스도였다."고 말한다.[64] 이러한 구분을 통해 캅은 예수의 유일성the unique manifestation of God이라는 기독론적 고백을 보존해내려고 한다. 그러나 과정신학의 독특성은 이런 기독론적 고백의 보존에 있지 않다. 오히려, 신의 화육이 역사적 예수에게서만 '배타적으로' 일어난 사건이 아니라는 점에 있다. 이것을 마조리 수하키는 이 세상 자체가 '화육의 세상an incarnational world'이라

64) *Ibid.*, 170. 캅은 Logos는 하나님의 시원적 본성(the primordial nature of God)에 해당하는 것이라 하고, 예수는 로고스가 충만히 임재한 존재 즉 "그의 존재"(his very I)가 로고스에 의해 지어진 존재로서의 그리스도라고 말한다.

고 표현하였다.65) 과정 범재신론에서 '화육'이란 분명 하나님으로부터 시발함으로써 그 시원적 배타성이 하나님에게 있는 것이지만, 그것은 또한 하나님의 자유만이 아닌 세상의 자유에 의해서 이 세상 속에서 함께 구현되는 것이기도 하다. 이러한 이해는 신의 힘과 지식에 대한 과정신학의 새로운 신학적 이해에 기반하고 있다.

3. 신의 능력과 지식에 대한 과정신학의 이해

과정신학은 전통적인 기독교 신학이 신의 전능과 전지라는 개념에 담으려고 했던 정당한 종교적 관심을 부정하지 않는다. 신의 전지전능이란 개념은 신에게 귀속되어야만 할 진리의 확실성과 신이 가진 힘의 탁월성을 설명하려는 신학적 관심이기 때문이다. 그러나 과정신학은 전통적인 신론이 이러한 종교적 관심을 도그마적인 정식定式으로 연결하는 과정에서 적절하지 못한 가정에 의존하였다고 비판한다. 신의 전능이라는 개념은 처음에는 다음과 같은 신학적 동기에서 출발하였을 것이다. "신이 신이 되기 위해선 그 힘에서 모든 것을 능가하여야 한다." 그리고 이 사고는 다음과 같은 철학적 추론 즉 신의 힘이 탁월성을 갖는다는 것은 "그 힘이 세상에서 일어날 모든 세부적인 것까지도 결정할 수 있는 힘all-determining power"을 의미한다는 결론으로 나아간다.66) 마찬가지로 신의 전지全知라는 개념도 같은 동기, 신이 신이 되기 위해선 신은 모든 지식을 갖고

65) Marjorie Hewitt Suchocki, *God Christ Church: A Practical Guide to Process Theology*, newly rev. and ed. (New York: Crossroad, 1997), 92.

66) Charles Hartshorne, *Omnipotence and Other Theological Mistakes* (Albany: State University of New York Press, 1984), 10-11.

있어야 한다는 생각에서 출발하여, 세상의 가능성으로 인해 만들어 질 모든 세부적 결과에 대한 것까지도 명확히 알 수 있는 신의 '선지先知, foreknowledge'라는 개념으로 정착한다. 하트숀은 이러한 신학적 가정과 추론들이 이루어지는 것은 '신의 절대 불변성the complete unchangeability of God'이라는 초월적 이신론의 철학적 전제에 기반하고 있기 때문이라고 말한다.[67] 세상의 원인에 의해 변화되지 않는 신an immutable God이라는 전제는 세상의 피드백을 받지 않는 채 일방적인 방식으로만 행사되는 신의 힘이라는 개념을 낳았고, 세상이 만들어낸 (상대적인) 가치에 의해 영향을 받지 않는 절대적인 신an impassible God이라는 전제는 미래의 모든 세부적인 것까지도 알 수 있는 신의 지식이라는 개념을 낳았다.

이러한 신학적 결론에 이르는 과정은 다양한 요소의 사상들로 채워져 있다고 봐야 할 것이다. 예를 들면, 자기 변화가 없는 신the unmoved Mover이라는 아리스토텔레스의 신 개념이 먼저 철학적 기초를 이루고, 신을 유일자the One로 이해했던 신플라톤주의적 사고가 '독존적인 실재eminently real'로서의 신과는 전혀 다른 '파생적인 실재derivatively real'로서의 세계를 구분하였을 것이다. 또한 여기에 '이집트와 메소포타미아의 군주들의 이미지' 그리고 나중에는 '로마 황제의 이미지'가 첨가되었을 것이다.[68] 이러한 사고들은 기계론적 존재론이 건재하는 한 설득력을 유지할 수 있었다. 다시 말해, 만약 세계 안에 있는 존재들이 자기 경험이 없는 기계적인 존재 즉, 화이트헤드가 '공허한 실재들vacuous actualities'이라는 표현으로 지칭하는 것

---

67) *Ibid.*, 27.

68) Whitehead, *Adventures of Idea*, 169; *Process and Reality*, 342-43.

들이라면, 세상이 움직이기 위해서는 모든 세부적인 것들까지 내다볼 수 있는 지식과 모든 것들을 결정할 수 있는 능력을 가진 신이 반드시 필요할 것이다. 실체론적 형이상학에 기반한 기계론적 존재론은 사물의 운동을 그렇게 이해하였던 것이다.69) 그러나 새로운 과학적 발견들에 의해서 이러한 기계론적/환원론적 사고방식은 설득력을 잃을 수밖에 없게 되었다.

과정신학은 기계론적 방식으로 이해하였던 전지전능의 개념을 재구성하여 현대인의 신앙에 신학적 해답을 주려고 한다. 그것은 과거의 신학에 남아 있던 결정론적 사고는 제거하지만, 접두사 '전全, omni'에 담긴 기본적 함축성은 가능한 한 지켜내려는 방식으로 진행된다. 과정사상의 존재론에 따르면, 세계 혹은 자연이라는 집을 짓는 궁극적 단위들은 감각도 없고 목적도 없이 그저 지속되는 실체들이 아니다. 오히려 세계는 주체적 지향subjective aim 혹은 목적인final cause을 지닌 '사건event'들로 구성되어 있다. 자기 결정을 하는 작인들decision-making agents로 구성된 세계는 따라서 실제적인 창조성을 가지고 있다. 세상에 의해서 만들어지는 새로운 가치는 따라서 각각의 사건들이 만들어내는 '고유한intrinsic' 것들이며, 따라서 신이라 할지라도 세상의 이러한 자유로운 운동을 명령적으로 제어

69) 부연 설명하자면, 기계론적 존재론은 다음과 같은 철학적 전제와 논리, 그리고 윤리적 함축성을 갖고 있다. 모든 실재는 자신의 미래에 대한 자기 결정력을 갖고 있지 않으며, 오직 과거로부터 전해져 오는 작용인(efficient causes)에 의해서만 움직일 뿐이다. 다른 존재와의 관계는 자기의 내적 변화(internal transformation)를 일으키는 요인이 아닌 오직 외적 충격(external impact)을 가져다주는 요인이 될 뿐이다. 따라서 자신에게 다른 존재는 항상 도구적 가치(instrumental value)를 갖게 될 뿐이지 그 안에 본원적 가치(intrinsic value)가 있는지의 여부는 고려되지 않는다. 서구의 근대세계가 개인주의적 가치를 발전시키고, 또 자연을 단지 인간 효용의 도구로 생각하였던 것은 이러한 철학적 존재론을 기반으로 하였다.

할 수 없다.70) 그것은 "신의 자기 제한self-limitation 때문이 아니라, 그러한 명령 자체가 불가능하기 때문"이다.71) 그렇다면 신의 전능이라는 개념을 지키기 위해서는 신의 힘이 세상에 행사되는 방식에 대한 새로운 이해를 필요로 할 것이다. 또한 이렇게 세상이 자기 창조성을 지닌 것으로 이해된다면, 신의 지식은 세상에서 솟아오르는 새로움emergent novelty에 어느 정도 의존할 수밖에 없다고 생각되어야 할 것이다. 다시 말해, 신의 전지全知라는 개념은 신의 변화 가능성 즉, 새로운 지식의 무한한 축적이라는 사고를 포함할 수 있어야 한다는 말이다. 이렇듯 과정사상의 형이상학은 신의 무한성과 영원성과 절대성을 일면적으로 강조해 온 전통적인 신학의 산물인 '전지전능'이라는 개념의 변화를 요구하고 있다.

과정신학은 전통적인 방식으로 이해되었던 신의 전지전능의 개념 즉 선지적先知的 전지와 전결적全決的 전능이라는 개념을 버리는 것이 꼭 신의 힘과 능력을 제한적으로 이해하는 것은 아니라고 역설적으로 말한다. 오히려 반대로 전통적인 전지전능의 개념이 "세상의 가장 작은 것 속에서도 창조성을 길러내는" 신이 지닌 은총의 힘과 "새롭게 떠오르는 것을 신적 삶으로 무한히 편입시키는" 신의 지식을 제한하게 된다고 주장한다.72) 따라서 진정한 의미에서의 전능, 다시 말해 우리가 생각할 수 있는 가장 위대한 힘은 신이 예상했던 결과를 얻기 위해 세상을 강압coercion으로 제압하는 힘이 될 수 없다. 오히려 진정한 전능은 세상이 더 고귀한 방식으로 자기실

70) Alfred North Whitehead, *Science and the Modern World* (New York: Macmillan, 1925), reprint (New York: Free Press, 1967), 93.

71) Donna Bowman, *The Divine Decision: A Process Doctrine of Election* (Louisville, KY: Westminster John Knox, 2002), 178.

72) Hartshorne, *Omnipotence*, 17-18.

현을 할 수 있도록 설득persuasion하는 사랑의 힘이라고 해야 할 것이다. 이와 상응하게, 진정한 의미에서의 전지 즉, 우리가 생각할 수 있는 가장 아름다운 지식은 미래를 결정해 놓은 항구불변의 선先지식이 될 수 없다. 오히려 신의 전지全知는 세상에 임재하여 얻게 되는 새로운 이해를 다함이 없이 받아들여 형성되는 신의 지식의 무한성이라고 해야 할 것이다.[73] 과정신학이 제창하는 이 새로운 이해는 기독교 신앙이 하나님을 바라볼 또 하나의 창문을 여는 열쇠를 가져다준다고 본다. 그것은 과정 범재신론이 그려내고자 하는 것은 객지에서 빌려온 군주적인 신이 아니라 성서에서 증언되는 창조적이면서 응답적인 신이기 때문이다. 이 신은 탄식하는 피조물의 '위대한 동반자the great companion'이자 '동료 고난자the fellow-sufferer'요, 세상을 "자신의 참과 아름다움과 선함의 이상理想으로" 이끌어 가는 '세상의 시인the poet of the world'이다.[74]

VII. 민중신학과 과정신학의 대화: 민중 메시아론의 종말론적 이해를 중심으로

과정사상의 유기체적 형이상학은 민중의 자기 창조성이라는 개념을 실체론적으로 이해할 때 생기는 문제점들을 극복하고 민중과 하나님의 역동적 관계를 새롭게 조망할 수 있는 철학적 언어를 제공해 준다. 아울러 과정신학의 새로운 기독론적 이해는 민중 메시아

73) Whitehead, *Adventures of Ideas*, 166; Bowman, *The Divine Decision*, 177.
74) Whitehead, *Process and Reality*, 346, 351.

론에 쏟아졌던 전통신학의 비판이 실상 이원론적 철학에 근거하여 제기된 오류였다는 안병무의 주장에 협력한다. 무엇보다 중요한 것은 〈민중 중심적 관점〉과 〈그리스도 중심적 관점〉이 서로 모순될 수 없다는 안병무의 민중 메시아론의 핵심적 사상을 다룰 신학적 토론의 장으로써 범재신론의 새로운 등장이다. 관계론적 철학에 기초하고 있다는 점에서 과정 범재신론과 민중 메시아론은 일정한 신학적 공통분모를 갖는다. 그러나 서문에서도 밝혔듯이 사회역사적 해방을 향한 신학적 실천을 중시하는 민중신학과 철학적 보편성과 일관성을 중시하는 과정신학 사이에 놓인 관심 방향의 상이성은 서로에게 도전이 된다. 이것이 어떻게 이루어지는지 민중 메시아론의 '종말론 이해'를 중심으로 살펴볼 것이다. 이 종말론은 범재신론으로 재구성된 종말론이다.

1. 기독교 종말론의 특징과 민중신학의 종말론 이해

기독교 신학은 역사적 '해방liberation'이라는 개념을 종말론적 '구원salvation'이라는 개념과 분리하여 이해하여 왔고, 그 사이를 잇는 가교로써 교회론을 언급하여 왔다. 일반적으로 해방이란 개념은 불확실한 역사의 지평에서 사람들이 이룬 진보를 일컫는 말이요, 구원이란 항상 하나님께서 하시는 사역활동에 바쳐졌다. 이러한 구분은 어쩌면 우리가 역사 속에서 만나는 '모호성들'로 인해 정당성을 얻는 듯하다.[75] 우리는 때때로 역사에서 솟아나는 창조적인 진보를

75) Paul Tillich, *Systematic Theology*, vol. 3 (Chicago: The University of Chicago Press, 1963), 339-48.

발견하지만, 또한 우리는 "꽃이 마르고 풀이 시듦 같이" 그 모든 역사적 진보가 모호해져버리는 것을 경험한다. 예를 들어 획득된 선함이 영원히 존재하지 못하며, 그 선함이라는 것도 역사적 상대성 속에서 모든 이들을 만족시킬 수 있는 보편성과 객관성을 획득한 선함이 되는 것도 아니기 때문이다. 따라서 기독교 신학은 '해방'이라는 말과는 분리된 개념으로 '구원'이라는 단어를 빼먹지 않았고, 이 개념을 통해 역사가 향해 가는 궁극성을 가리키고 역사에 주어지는 의미의 근원을 추적하려 하였다.

그러나 해방과 구원이 전적으로 분리되는 것은 아니다. 해방과 구원이라는 이 두 단어는 대체적으로 함께 묶여 기독교 종말론의 건강성을 유지하였고 '하나님 나라'라는 신학적 상징에 긴장감을 불어넣었다. 대부분의 건전한 현대의 종말론은 해방과 종말의 관계를 이해하는 데에서 발생하는 두 개의 극단적 이해방식에 비판적 입장을 취하고 있다. 그 하나는 전통신학의 이원론적인 모델이요, 다른 하나는 범신론과 무신론의 일원론적 모델이다.

이원론적 전통신학은 하나님의 초월성을 과도하게 강조함으로써 구원사와 세속사를 분리시켜, 해방과 구원이 서로 만날 수 없게 만들고 말았다. 여기서 전제된 초월적 이신론의 신은 초자연적인 방식으로 역사에 간섭하다가 때가 이르면 이 문제 많은 세상을 신비적인 완성으로 이끌 것이라고 믿어졌다. 마지막 날에 공평한 심판자로 등장할 이 신은 '양과 염소'를 나누어 천국과 지옥으로 향하게 할 것이라고 또한 믿어졌다. 하나님의 왕/국은 이 세상과 동일한 공간을 사용하지 않을 것이며, 따라서 역사가 깃든 곳과는 전혀 다른 (초자연적인) 곳에 조성되던지 아니면 역사가 휩쓸려 없어진 그곳에 새롭게 세워지던지 할 것으로 믿어졌다. 결국 기독교 종말론은 탈역사화되고, 구원에 대한 희망은 개인주의화되며, 역사적 해방은 의미를 갖기 힘든 사소한 것이 되고 말았다. 결국 초월적 하나님이 승리하신 것이 아니라 신론에 깃든 지배 이데올로기가 승리하고 만 것이다. 예를 들어 어거스틴의 '신의 도성'과 '인간의 도성'에 대한 신학적 구분은 곧장 기독교 제국의 신학으로 채용되어 역사적 해방을 향한 '사회 정치적 동기'를 거세시키고 저세상을 향한 '종교적 동기'로 바꾸고 말았다.[76] 그 결과 종말론적 구원이 역사적 해방과는 단절되고 말았고 오직 교회만이 그 사이를 채울 수 있다고 믿게 되었다. 이것은 성서적 종말론의 종말을 의미하는 것이기도 했다.

다른 한편 범신론적 일원론은 형이상학적으로 해방과 구원을 분리시킬 수 없었다. 범신론에서 종말론적인 구원은 역사적 해방으로 내재화되어 용해되어버림으로 말미암아, 구원을 향한 희망이 의미를 잃었다. 하나님의 나라는 역사와 자연 그 이하도 이상도 아닌 것이 되고 말았다. 분명 범신론은 그 대척점에 있었던 이원론적 전통신학의 위협이 될 법도 했지만, 이원론에 너무 깊이 길들여진 전통신학은 범신론을 대수롭지 않은 감기 정도로 여기고 내팽개쳤다. 그러나 19세기 중반 이후 모습을 드러내기 시작한 근대의 무신론은 방황하는 역사의 총아들을 대부분 자기 가슴으로 쓸어 모아가며 전통신학에 맞서기 시작하였다. 양식良識 있는 사람들이 이 땅의 지평을 넘어 종말적 구원에 대한 기대를 갖고 교회에 남아 있으리라는 전통신학의 오래된 낙관은 여지없이 무너지고 말았다. 무신론이 그려내는 역사 내적 이상국은 저세상적 묵시를 빠르게 대체하여 갔다.

---

76) Catherine Keller, "Eschatology, Ecology, and a Green Ecumenacy," in *Reconstructing Christian Theology*, eds. Rebecca S. Chopp and Mark Lewis Taylor (Minneapolis: Fortress, 1994), 339.

그러나 종말적 묵시를 역사적 평면에 모두 옮겨 적을 수 있으리라 기대했던 무신론적 일원론이 영원하지 못하였다. 인간의 역사가 지니는 신비는 평면에 담길 수 없는 중층성을 갖고 있었기 때문이었다. 하나님의 나라가 역사에 완전히 길들여질 수 있을 것이라고 희망하였던 무신론은 자기의 희망보다 더 큰 절망을 자기가 굳게 믿었던 역사의 한가운데에서 경험하곤 했다. 결국 무신론적 일원성은 전통신학의 이원론에 대한 과도한 반작용인 것으로 이해되기 시작하였다.

위와 같은 역사적, 신학적 교훈을 바탕으로 태어난 범재신론은 전통신학의 이원론과 범신론/무신론의 일원론 사이에서 자기가 설 자리를 분별하게 되었다. 어쩌면 그것은 해방과 구원이 함께 솟구치며 만들어내는 역동적 이원성duality을 신학적 일관성으로 기술해 내는 작업이었다. 신학이라는 이름으로 진행되는 모든 과정에서 반드시 거쳐 가야 할 지혜가 범재신론이라는 자궁에서 쏟아져 나왔다. 민중 메시아론도 그중의 하나이다.

민중신학의 종말론은 성서적 종말론의 부활을 의미했다. 성서적 종말론이란 역사적 해방과 종말론적 구원을 분리시키지 않으면서도, 역사 안에서 진행되는 해방이 종말론적 구원을 대체할 수 있으리라는 생각 또한 거부하는 성격을 가진다. 성서적 종말론은 역사 안에서 진행되는 '정치적 메시아니즘'의 프로그램을 부정하는 급진적 유일신 사상radical monotheism이라고 할 수 있다. 이것은 구원이 속한 곳은 사람이 아니라 하나님이라는 신앙의 본원적 선언이다.[77]

---

77) 안병무, "오늘의 구원의 정체," 『기독교사상』 201 (1975년 2월), 78; 김용복, "메시야와 민중: 정치적 메시야니즘에 대항한 메시야적 정치," 『민중과 한국신학』, NCC 신학연구위원회 편 (서울: 한국신학연구소, 1982).

이런 점에서 민중신학의 종말론은 범신론/무신론의 일원론적 모델과는 다르다. 그러나 이것이 구원을 역사로부터 떼어낼 수 있다는 것을 의미하는 것은 아니다. 하나님은 역사를 통하여 종말론적 구원을 베푸시지 역사를 종말시키고 나서 구원사역을 시작하시는 것이 아니기 때문이다. 이런 점에서 민중신학의 종말론은 전통신학의 이원론적 종말론과 다르다. 민중신학의 종말론에서 〈하나님의 나라〉는 역사를 넘어서는 의미론적 상징이면서 동시에 역사 안에서 이루어지는 존재론적 실재이기도 하다.

민중신학의 종말론은 민중의 해방이라는 사회역사적 관심 가운데 진행되었다. 따라서 〈하나님 나라〉의 실재에 대한 형이상학적 사색보다, 그 종말론적 상징이 사회역사적 상황 속에서 갖는 신학적 '의미'에 주목하였다. 여기에는 성서적 종말론을 비역사적, 탈정치적, 개인주의적 믿음의 문제로 변질시켜 결국 종말론적 희망을 민중의 삶의 상황과 전혀 무관한 것으로 만들어버린 전통신학에 대한 강한 비판이 담겨 있다. 따라서 안병무는 〈하나님 나라〉라는 종말론적 상징을 사회역사적 개념으로 해석해야 한다고 주장하였다. 왜냐하면 〈하나님 나라〉라는 사상은 역사적으로 고난 받는 사람들의 사회적 상황에 뿌리를 두고 있으며, 또 그것이 종말론적 의미를 진정으로 얻을 수 있는 것도 위로와 희망을 필요로 하는 고난의 사람들을 통해서 가능하기 때문이다.[78] 이런 의미에서 하나님의 나라는 역사라는 밭에 심겨진 겨자씨처럼 역사를 통해 자라나는 하나님의 성례전Sacrament이다.

민중신학의 종말론에서, 역사적 해방은 종말론적 구원과 분리되

---

78) 안병무, 『갈릴래아의 예수』, 103, 109; 『민중신학 이야기』, 232.

지 않으면서 그렇다고 일치하지도 않는 개념이다. 〈하나님 나라〉는 역사의 것이 아니면서도 역사 속에서 자라나는 것이다. 그렇기 때문에 민중신학의 종말론에서, 종말eschaton이란 '역사 자체'의 종말을 의미하지 않고 민중의 해방 즉 민중의 '고난'의 종말을 의미하였다. 그래서 종말이 깊어갈수록 이 역사 안에서 평화shalom와 친교koinonia는 더욱 자라나게 된다. 이 종말의 과정은 거저 주어지지 않고 고난을 뚫고 일어서는 민중들의 자기 해방, 자기 초월을 통해 이루어질 수밖에 없는 것이다. 이러한 신학적 레토릭이 어떻게 철학적으로 이해될 수 있는가? 과정신학은 이 문제에 답을 하려고 한다.

2. 과정신학 종말론의 형이상학적 구성: 하나님 나라의 범재신론적 이해

과정신학의 범재신론에서 전통신학이 그려온 전체적인 하나님의 드라마는 전혀 다른 방식으로 재구성된다. 전통신학에서 하나님의 드라마는 무로부터의 창조creatio ex nihilo에서 시작하여 그 창조된 세계가 끝나는 새로운 창조로서의 종말 이야기로 끝난다. 이 신학적 구도에서 볼 때 종말론은 첫 번째 창조가 완전히 제거되는 두 번째 창조의 이야기다. 전통신학이 기초한 철학적 신론과 실체론적 형이상학에 따르자면, 〈하나님의 나라〉는 우리가 사는 세상과 같은 공간을 사용할 수 없다. 따라서 종말의 새 세계는 이 세상을 물리적으로 대체하든지 아니면 이 세상과는 전혀 다른 곳에 위치하게 된다. 이 종말론적 왕국은 그 자체의 실체론적 성격을 갖고 있다. 따라서 전혀 다른 실체인 이 세상과의 관계를 필요로 하지 않는다. 그 왕국은 다만 신의 결정에 따라 세워질 뿐 피조물의 종말론적 희망에 의해 제기되거나 도래할 수 없다. 그러나 과정신학에 따르면, 전통신학이 그려 온 이 모든 드라마는 잘못된 형이상학에 기초한 것이며, "갈릴리에 기원을 둔 기독교"가 쓴 이야기가 될 수 없다고 주장된다.

만약 〈하나님의 나라〉가 하나님'의' 나라라면, 그 나라의 근본 성격은 하나님이 어떻게 이 세상 속에서 또 이 세상을 넘어서 일하시는지에 따라 이해될 수밖에 없을 것이다. 과정 범재신론에서 볼 때, 하나님은 (초월적 이신론이 주장하듯) 세상을 떠나서 계시지도 않고, (범신론이 주장하듯) 세상 자체도 아니다. 하나님이 이렇게 이해되는 것은 또한 세상the world을 어떻게 이해하느냐와 밀접한 관련이 있을 수밖에 없다. 화이트헤드는 세상의 특성을 두 가지로 설명한다. 먼저, 세상은 '지나가는 그림자a passing shadow'와 같은 것이다. 세상은 "'끝없이 사멸하는perpetually perishing' 것들로 가득 차 있으며, 하나님이 없다면 이 세상이 이룩해 놓은 선함goodness도 계속해서 상실될 수밖에 없다. 그러나 이와 동시에, 이 세상은 '최종적 사실a final fact'이기도 하다. 만약 세상이 존재하지 않는다면 그야말로 아무것도 없는 것이 되고 말 뿐이다.79) 세상은 '최종적 사실'이기 때문에 하나님은 이 세상의 시간 속에 반드시 내재해 계신다고 이해된다. 그러나 하나님의 '필연적' 내재가 하나님의 초월을 해치지는 않는다. 하나님은 이 세상의 시간 속에 당신의 거처를 두었지만, 하나님은 세상의 '끝없는 사멸'의 운명을 거슬러 '영원한everlasting' 삶이라는 신의 특성을 갖는다. 만약 하나님의 영원성이 없다면, 이 세상은 자기 창조성으로 만들어놓은 (그러나 영원히 소실될 수밖에 없

79) Alfred North Whitehead, *Religion in the Making* (New York: Macmillan, 1926), reprint (New York: Fordham University Press, (c1996) 1999), 87.

는 운명에 놓인) 새로운 것들은 보존될 수 없을 것이다. 따라서 세상은 '지나가는 그림자'와 같은 것임에도 불구하고 '최종적 사실'이 될 수 있는 것은 세상 자체의 힘에 (혹은 실체론이 말하듯 이 세상 자체의 존재적 영원성에) 의해서가 아니라 하나님의 영원성에 의해 가능한 것이다. 그리고 이 세상의 새로움 또한 '하나님의 이상적인 통찰the ideal vision of God'에 기대고 있다. 요약하자면, 하나님과 세상의 관계는 이렇게 이해될 수 있다. "하나님을 떠나선 이 세상이 존재하지 않을 것이며, 자기 창조성을 지닌 이 세상을 떠나선 세상에 대한 신적 의미의 근거인 이상적인 통찰이라는 것을 합리적으로 설명하지 못할 것이다."[80]

만약 하나님과 세상이 이러한 상관관계를 갖는다면, 〈하나님'의' 나라〉 또한 이 세상과 같은 상관성을 가질 수밖에 없을 것이다. 과정사상에서는 (전통신학이 말하듯이) 이 세계가 사멸하고 난 다음에 〈하나님의 나라〉가 세워질 수 있다고 상상하는 것은 형이상학적으로 불가능하다. 존재하는 모든 것은 관계 안에 있다. 이 관계 속에서 모든 존재는 과거에 '빚을 지고indebted' 있지만, 또한 자신의 창조성으로 부단히 전진해 나간다. 〈하나님의 나라〉 또한 이 빚짐의 관계에서 예외는 아니다.[81] 그렇다면 무엇이 〈하나님의 나라〉를 이 세상과는 다르게 특징짓게 하는가? 그것은 하나님이 세상과 관계를 맺는 방식에서 찾아질 수 있다. 하나님이 이 세상을 보존하면서 당신의 이상적인 비전을 제공하시듯, 〈하나님의 나라〉 또한 이 세상과 상관성mutuality을 맺으면서 하나님의 비전을 영원히 이루어

---

80) *Ibid.*, 157.

81) Charles Hartshorne, *A Natural Theology for Our Time* (La Salle, IL: Open Court, 1967), 123.

가는 가운데 이 세상을 변화시켜 가는 것이다. 따라서 과정신학에서 〈하나님의 나라〉는 세상 자체의 종말을 의미하지 않는다. 이 나라는 "이 세상 안에 있는 것이지만 그렇다고 이 세상의 것은 아니다."[82] 〈하나님의 나라〉는 세상을 변화시켜 궁극적인 구원으로 인도해 가는 것으로써, 어쩌면 하나님의 왕국Kingdom이나, 천국Kingdom of Heaven이나, 하나님의 도성the city of God이라는 것보다 '하나님의 다스림the Reign of God'이라는 표현에 적합할 것이다.[83] 이 하나님의 '다스림'은 악의 문제에 대한 하나님의 응답이다.

기독교 종말론에서 〈하나님의 나라〉는 세상의 종말에 대한 신학적 설명이 아니라 세상에 존재하는 악과 고난/고통의 문제에 대한 신학적 응답이었다. 〈하나님의 나라〉가 악의 문제에 대한 하나님의 대답이라면, 그것은 어떤 의미에서 그러한가? 과정사상에서 그려지는 세상은 "무한과 유한, 생성과 소멸, 새로움과 역사적 조건에 갇혀 생긴 고통, 이러한 것들이 서로 결합fusion"되어 존재한다.[84] 이러한 짝들 간의 '끝없는 진동perpetual oscillation'은 선과 악을 동시에 발생시킨다. 하나님은 세상과 관계를 맺으며, 선뿐만 아니라 악에 대해서도 응답하신다. 〈하나님의 나라〉는 선과 악에 대한 하나님의 심판이지만, 이것은 "악으로부터 선을 분리시켜 내는 것(isolation)이 아니라 선으로 악을 이겨내는 것(overcoming)"이다.[85] 따라서 하나님의 '도래advent'는 동시에 세상에서의 하나님의 '모험adven-

---

82) Whitehead, *Religion in the Making*, 88.
83) Suchocki, *God Christ Church*, 183.
84) Roland Faber, "God's Advent/ure: The End of Evil and the Origin of Time," in *World without End: Christian Eschatology from a Process Perspective*, ed. Joseph A. Bracken, S.J. (Grand Rapids, MI: William B. Eerdmans, 2005), 99.
85) Whitehead, *Religion in the Making*, 155.

ture'이기도 하다.86) 악은 이 세상에서 끊임없이 생겨나지만, 그러나 악의 종말에 대한 희망이 있다. 그것은 구원의 하나님이 당신의 영원한 "진리와 아름다움과 선함"의 비전으로 이 세상을 변화시키는 모험을 하시기 때문이다. 따라서 "세상은 이 하나님[의 비전]을 자기 안에 체현incarnation시켜 감으로써 살아가게 되는 것이다."87)

3. 민중신학의 관계론적 종말론: 이원론과 실체론을 넘어서

민중신학의 종말론은 종말론적 철학을 강조하기보다 종말론적 윤리를 강조해 왔다. 이 윤리적 종말론은 종말론적 신앙이 형성된 사회역사적 삶의 자리와 그 삶 속에서 가져야 할 신앙의 책임성을 강조하였다. 이것은 전통신학의 이원론적 종말론에 의해 불구가 되어버린 성서적 종말론의 회복이었다. 성서 속에서 하나님의 나라는 "지배계급의 힘의 통치를 유지하게 하는 하나님의 승인이 아니요, 희망이 없는 사람들에게 희망을 주는 반反문화적인countercultural" 특징을 가졌고,88) "종교와 정치가 연합된" 개념이자 "제국주의의 지배와 식민지의 착취"의 상황이 고려된 개념이었다.89)

그러나 전통신학의 이원론은 하나님의 나라를 이 세상의 삶과 분리시켜버렸고, 종말론적 구원에 대한 희망에서 역사적 해방의 요소를 제거했으며, 신앙의 희망이 저 세상을 향하도록 바꾸어놓아 역

---

86) Faber, "God's Adventure," 102.

87) Whitehead, *Religion in the Making*, 156.

88) James M. Robinson, *The Gospel of Jesus: in Search of the Original Good News* (New York: HarperSanFrancisco, 2005), 170.

89) John Dominic Crossan, *The Essential Jesus: Original Sayings and Earliest Images* (New York: HarperSanFrancisco, 1994), 7.

사적 책임성을 상실하게 만들어버리고 말았다. 이 이원론적 종말론은 결국 기독교 종말론이 지향해야 할 바를 배반하도록 이끌었다. 이 이원론의 폐해는 종말론에 그치지 않고 기독교적 사고와 행동의 전 영역에 미쳐 결국 삶을 병들게 했다. 오랜 기간 동안 기독교는 신앙이라는 이름으로 "속俗과 성聖을, 정치와 기도를, 세상과 교회를, 시간과 영원을, 몸과 영혼을, 땅과 하늘을, 휴머니즘과 신비주의를, 물질적인 것과 영적인 것을, 정의와 사랑을, 수평주의와 수직주의"를 구분하는 이원론을 탐닉하였다. 이것은 "너무나 큰 오류the great Fallacy"였다.90)

따라서 민중신학이 자신의 종말론에서 역사적 해방과 종말적 구원을 비이원론적으로 이해하였던 것은 중요한 신학적 성과이다. 하지만 어떻게 이 비이원론적 이해를 일관된 철학적 틀에 담아 설득력 있게 전달할 것인지는 민중신학에 아직 남아 있는 과제라고 생각된다. 그런 의미에서 민중신학이 〈하나님 나라〉라는 종말론적 상징 속에 담긴 해방과 구원의 역동적 관계를 밝히는 '신학적' 작업에서 과정사상의 관계론적 철학과 대화를 나누는 것은 매우 생산적인 방법이 될 것이라고 생각된다. 물론 종말론의 '신학화' 작업이라는 것은 항상 한계 가운데 있을 수밖에 없다. 왜냐하면 종말의 구원이란 항상 하나님께 속한 것으로, 따라서 우리에게 그것은 "지식의 영역에 있기보다는 희망의 영역에 있다."고 여길 수밖에 없기 때문이다.91) 그럼에도 불구하고 또 다른 한편, 우리의 희망이라는 것도 우

90) Robert McAfee Brown, *Spirituality and Liberation: Overcoming the Great Fallacy* (Louisville, KY: Westminster, 1988), 25-26.

91) Philip Clayton, "Eschatology as Metaphysics under the Guise of Hope," in *World without End*, 129.

리의 지식과 분리될 수 없는 것이기도 하다. 그렇기 때문에 우리는 보다 더 타당하고 일관된 체계를 이루어야 하는 신학적 과제로 되돌아오게 된다.

과정신학과의 대화에서 민중신학이 얻을 수 있는 것은 무엇보다 실체론적 철학의 문제를 극복하고 범재신론이란 드넓은 신학적 지평을 열어가는 해석학적 실마리를 얻을 수 있다는 점이다. 우리는 과거의 경험에서 민중 메시아론이 기독론적 비판을 받고 어려움을 겪었었던 점에서 한 교훈을 얻을 수 있을 것이다. 그것은 신학적 사유의 토대로서의 범재신론 즉, 하나님과 세계/민중의 유기적 관계에 대한 기독교 세계관을 확립해야 한다는 신학적 요청이다. 이것은 이원론의 극복의 문제이기도 하지만, 이 작업 역시 실체론적 형이상학의 극복을 통하지 않고서는 불가능한 과제이다. 실체론적 형이상학이 극복된 범재신론은 관계론적 신학을 가능케 하는 기독교 세계관이요, 이 위에서 우리는 신학적 이원론과 기계론적 존재론, 운명론적 구원론과 결정론적 종말론, 타계적 신앙론과 개인주의적 윤리론을 동시에 넘어설 수 있는 일관된 지혜를 만들어갈 수 있을 것이다. 이것은 이미 민중신학이 자신의 창고 안에 보관해 온 여러 구슬들을 꿰어 보물로 만드는 작업이기도 하다.

VII. 정리하는 말

이 논문은 민중 메시아론을 위한 신학적 변론으로 시작하였다. 이 변론적 과제는 어쩌면 안병무의 고민을 이어가는 작업이었는지도 모른다. 안병무는 자신의 책 『민중신학 이야기』에서 민중 예수를 오클로스와의 관계성 속에서 해석하면서도 마지막 부분에서 '언어의 부족'을 호소하며 마쳤다.[92] 무엇이 도대체 부족하였다는 말인가? 민중신학은 민중의 고난과 희망에 답을 하기 위하여 전통신학을 재해석했음에도 불구하고, 기독교의 신학적 전통에서 간직되었던 '신앙'의 문제를 통째로 내다버리고 새로운 인간론적 신학을 기획하려 했다고 보이지는 않는다. 다만 어떻게 구원의 하나님과 민중의 해방이란 주제를 연결할 것인가 하는 중심 화두를 붙들었을 뿐이다. 민중 메시아론이 과거에 기독론적 비판을 받았던 것은 민중신학의 문제였다기보다는 전통신학의 문제였다는 것이 필자의 판단이다. 전통신학에서 하나님과 역사의 관계는 주로 성령론을 통하여 또 부분적으로 신론을 통하여 서술되었지만, 기독론은 완고한 이원론에 머물러 있으면서 '믿음'만을 강요하였다. 성령론에서 민중신학을 서술하면 전통신학과 마찰이 줄어드는 이유가 거기에 있었다고 본다. 전통 기독론의 완고한 이원론, 이것이 민중 메시아론이 대화에서 어려움을 겪는 뿌리였다. 안병무의 고민과 '언어의 부족'이란 호소는 이러한 상황과 깊이 연관되어 있다고 본다.

이 논문은 민중 기독론을 곧장 구축하려고 하지는 않았다. 그러나 민중 메시아론에 대한 과거 기독론적 비판이 지닌 신학적 문제를 밝히는 작업은 필요하다고 생각하여 몰트만과 대화를 시도했다. 그리고 곧장 범재신론이라는 주제로 방향을 전환하였다. 이것은 난감한 문제에 대한 신학적 회피가 아니다. 신론이란 신학적 세계관이요, 이 세계관적 토대가 마련되었을 때 비로소 기독론적 토론도 이원론에 좌우되지 않고 논의될 수 있다. 또 이러한 전환은 민중 메

---

92) 안병무, 『민중신학 이야기』, 127.

시아론 자체가 민중을 (전통적인 의미에서) 그리스도로 고백하자는 것이 아니었고 대신 민중의 자기 초월성과 하나님의 구원 활동의 불가분리성을 다루려는 사상이었다는 점에서 정당하다고 여겨진다. 민중 메시아론은 분명 범재신론의 시각에서 조망되어야지 그 뜻이 완전하게 드러나는 민중신학의 핵심 사상이다.

민중신학이 신학적 실천을 중요하게 생각하며 신학의 형이상학적 토대를 구축하는 작업에 소홀하였다는 점은 어쩌면 과거 7, 80년대에는 시대적 요청이자 상황적 한계였다고 이해될 수 있겠지만, 오늘날 우리의 21세기 신학에는 바람직한 현상이라 인정될 수 없을 것이다. 물론 민중신학을 발전시켜 나갈 수 있는 길은 여러 개가 있을 것이다. 또 형이상학이 모든 학문의 기초가 된다지만, 그것만으로 학문의 필요충분성을 모두 채우는 것도 아니다. 그러나 실체론적 형이상학과 이원론적 신학적 구도에 기반한 전통신학의 한계를 넘어서려고 시도하는 신학이 있다면 한 번 정도 과정신학에 빚지는 것도 유익한 일이 될 것이라고 믿는다. 왜냐하면 과정신학은 오랜 기간 동안 이 신학적 과제를 충실하게 수행해 왔고, 또 많은 결실을 만들어 왔기 때문이다. 이 글에서 필자는 민중 메시아론의 뜻을 더 포괄적으로 드러내기 위해 과정신학과의 대화를 시도하였다. 한국적 신학으로서 민중신학이 풍요롭게 되는 데 보탬이 된다면 그 지혜를 어디 서양에서라도 빌려올 수 없으랴!

라깡과 민중신학1)

강응섭 | 예일신학대학원대학교 교수 / 조직신학

I. 들어가는 말: 민중신학과 라깡

필자는 장로교 합동교단 신학교인 총신대학교에서 신학을 공부하고 프랑스 개혁교회 신학교 연합체인 몽펠리에-파리신학대학교에서 박사학위를 받았다. 박사논문의 지도교수는 앙살디Jean Ansaldi (1934-현재)로서 몽펠리에 III대학 인문대학 철학-정신분석학과에서 정신분석이론을, 몽펠리에 신학대학교에서 교의학을 가르쳤고 지금은 은퇴했다. 필자는 앙살디가 파리신학대학교의 오그Hubert Auque와 함께 주최하는 'Psycho-anthropologie religieuse'2) 세미나에 참석하면서 정신분석적 방법론을 접하게 되었다. 박사논문

1) 이 글은 한국민중신학회 5월 월례세미나(2009. 5. 14. 목교일 6시, 경동교회 선교관 4층 장공채플)에서 발표된 것이다.

2) 이 글에서 라깡의 용어는 불어로 통일한다.

은 '프로이트Sigmund Freud'(1856-1939, 오스트리아 빈의 정신과의사, 정신분석가)와 '라깡Jacques Lacan'(1901-1981, 프랑스 파리의 정신과의사, 정신분석가)의 'identification'(동일화, 동일시, 정체화) 개념으로 '에라스무스'의 『자유의지론』과 '루터'의 『노예의지론』을 분석하는 것이었다.[3] 이 논문은 전통적인 신학방법론 가운데 긍정의 방법, 부정의 방법, 유비의 방법, 역설의 방법, 상관의 방법 등을 정리하면서 이 방법론들이 갖는 한계를 보이면서, 이를 대체할 방안으로 정신분석적 방법을 소개하고, 이를 루터의 텍스트에 적용하면서, 또 하나의 신학방법론의 가능성을 시도한 방법론적 연구이다. 학위논문을 발표하는 자리(1998. 6. 30.)에서 심사위원들은 이런 방법론을 대한민국에 소개할 전도사로서 학위를 수여한다는 농담 섞인 말도 하였다.

처음으로 필자가 강단에 서게 된 것은 성균관대학원 학생회에서 주최한 '라깡세미나읽기' 기획강연에서였다. 1998년 4월-12월까지 14회에 걸쳐 진행된 이 강연에서 라깡의 이론을 소개하였다. 그런 가운데 개교를 준비하던 예일신학대학원대학교와 연을 맺게 되었다. 처음 생기는 학교이기에 '정체성'을 정리하고 학문화해야 할 필요성이 대두되었고 조직신학 영역의 필자로서는 더욱더 그러했다. 공동체의 신학정체성을 형성하기 위해 사용할 수 있는 신학방법론으로, 자연스럽게 필자가 배운 방법론을 사용하게 되었고, 라깡과 관련된 신학논문과 라깡에 관한 여러 논문으로 표현하고 있다.[4]

---

3) 이 논문은 필자 스스로 번역하여 『동일시와 노예의지』(백의, 1999)로 출판되었다. 지금은 절판되어 도서출판 동연에서 재출판될 예정이다. 가제목은 『라깡의 성서해석 방법론』이 될 것이다.

4) 최근 게재된 논문은 참고문헌에 명기했다.

이런 작업 가운데, '새롭게 시작된 신학 작업'에 대해 고찰을 하게 되었다. 베를린대학교 신학부를 구성한 '슐라에르마헤르'의 구도도 흥미 있었고, '에벨링'의 '기초신학'도 역시 그러했다. 하지만 이런 것보다 더 눈에 들어온 것은 '민중신학'이었다. 하나의 영역이 형성되기 위해 뒷받침된 정체성이 무엇인지를 '죽재 서남동'을 통해 알게 되었고, 이를 성서적으로 어떻게 풀어내야 하는지를 '심원 안병무'를 통해 보게 되었다. 그리고 2007년 제2회 한국조직신학자 전국대회, 2007년 한일신학포럼, 2009년 4월 한국민중신학회 월례회 등에서 권진관 교수님의 "민중신학 다시하기, 계속하기"를 보면서, 새롭게 시작된 학문영역의 '계속성'의 문제를 주시하게 되었다. 그런 관심 가운데 필자는 '한국민중신학회'와 연을 갖게 되었다. '계속성'의 한 시점에서 이렇게 만날 수 있는 장을 마련해 주신, 한국민중신학회 노정선 회장님과 김희헌 총무님, 평생을 '민중신학'과 함께 해오신 여러분께 깊은 감사의 말씀을 올린다. 그러나 필자는 '민중신학'을 전문적으로 연구하는 것이 아니기 때문에 많은 사료를 읽지 못했고 그래서 그 학문의 깊이를 따라가지 못한다. 필자에게 '라깡과 민중신학'은 무거운 주제이며, 라깡'과' 민중신학을 단순히 방법론적 문제로만 그쳐서는 안 된다는 것도 잘 알고 있기에 오늘 강연이 더 큰 어려움으로 다가온다.

몇 년 전부터 오늘 전개할 내용을 생각해 왔지만 막상 하려 보니 여러 어려움이 있다. 그래서 정신분석과 '민중신학'의 병렬식 비교를 통해 두 체계 간의 유사성을 보일까, 아니면 정신분석의 큰 틀을 제시하고 그 틀로 성서텍스트에 적용해 볼까, 머뭇머뭇 거리다가, 여러분께는 낯설겠지만 후자의 방식으로 라깡식 정신분석이 무엇인지 그의 몇 개념과 용어를 이용하여 전개하기로 하고, 이 발표문을 준비했다.

이 글의 순서는 이러하다. 앞서 서술했듯이 우선 '들어가는 말: 민중신학과 라깡'에서 왜 이 글을 쓰게 되었는지 말씀드린다. 그리고 '민중신학'이 던진 핵심 화두가 '예수가 민중이다', '민중이 예수다', '예수, 민중의 상징. 민중, 예수의 상징' 등이라고 볼 때, 이런 화두의 시초부터 간략하게 다루고(1. 신학적 기독론 이해) 이어서 라깡의 '3위체une triade'를 전개하면서 지난 4월 월례세미나에서 제시된 권진관 교수님의 '상징'과 연관하여 라깡의 개념을 부연하고(2. 라깡의 3위체), 이런 개념으로 성서를 읽고(3. 성서읽기, 누가복음 7장 38-50절), '나가는 말: 라깡과 민중신학'으로 마무리하겠다.

II. 신학적 기독론 이해

1. 초기의 기독론

초기의 기독론은 '가현설', '에비온주의' 등 다소 혼란스럽게 전개되다가 '두 기독론'으로 정리된다고 볼 수 있다. 이는 신과 피조물의 경계를 뛰어넘는 그리스적 사고와 이 경계를 유지하는 유대적 사고에서 비롯되는데, 교리의 역사에서 이 두 노선은 혼합되어 희석된다.

2. 에큐메니칼 신조에 따른 기독론

이런 비판 작업 가운데 정리된 기독론은 '에큐메니칼 신조에 따른 기독론'이라 볼 수 있다. 제1차 에큐메니칼 공의회(니케아신조, 325

년)와 제2차 에큐메니칼 공의회(제1차 [니케아-]콘스탄티노플 신조, 381년)는 '주 예수 그리스도'라는 선포와 고백을 중심으로 성부와 성자의 동일본질, 신적 동일본질, 신앙의 그리스도를 정리하게 된다. 이를 위에서 아래로의 기독론, 선재 기독론, 알렉산드리아 학파 중심의 기독론이라 볼 수 있을 것이다.

이어서 진행된 제3차 에큐메니칼 공의회(에베소신조, 431년)는 성자와 인간의 동일본질, 인적 동일본질, 역사의 예수를 정리한 것으로 볼 수 있다. 이를 아래서 위로의 기독론, 거양 기독론, 안디옥 학파 중심의 기독론이라 정리할 수 있을 것이다.

이렇듯 위로부터의 기독론이 정리된 후, 아래로부터의 기독론이 정리되는 방식(성부와 그리스도 간의 신성의 동일본질)의 첨부된 신조는 위와 아래의 만남 방식(예수와 인간 간의 인성의 동일본질)에 대해 의문점을 남기게 된다. 그래서 제4차 에큐메니칼 공의회(칼케돈 공의회, 451년), 제5차 에큐메니칼 공의회(제2차 콘스탄티노플 공의회, 553년), 제6차 에큐메니칼 공의회(제3차 콘스탄티노플 공의회, 681년) 등이 소집되고, 이 점을 논하게 된다. 결론적으로 공의회는 하나의 신적 위격에 두 본성의 일치, 양성이의일치兩性二意一致를 합의하게 된다. 그래서 양성을 분리시키는 행위에 대해 단호하게 대처하는데, '성상icon'의 문제가 바로 그 사례이다. 즉 그림 속의 예수는 인성일 뿐이라고 주장할 경우 이는 신성을 분리하였기에 정죄되게 되는 것이다. 이 문제를 정리한 것이 바로 제7차 에큐메니칼 공의회(제2차 니케아신조, 787년)이다.

동방교회의 주도로 진행된 이런 공의회와 함께, 서방교회에서 주도권을 잡고 실시한 그 이후 오늘날까지 총 21차례 에큐메니칼 공의회가 개최되었다. 그 가운데 시점에서 종교개혁이 이루어짐에도 불구하고 개신교가 그것을 그대로 수용하면서, 공의회에서 결정된 기독론 틀은 기독교Christianism의 근본 교리가 되고 있다.

3. 안티 에큐메니칼 신조의 흐름

역사 속에서 계속 되풀이된 것이기도 하겠지만 '안티 에큐메니칼 신조'의 흐름이 오늘날에도 이어지고 있다. 종교학자 오강남은 '신앙의 예수'를 '하나님'으로 고백하는 것을 거칠게 비판하고, 불트만은 '역사적 예수'에 접근할 수 없음으로 신앙고백하는 근원에 대해 숙고하게 했다. 더군다나 북미 신약학자 중심의 '예수 세미나'에 따르면, '역사의 예수'와 '신앙의 예수' 간의 소통은 말할 수 있지만 이를 하나님으로 고백하는 데는 문제제기하며(J. D. Crossan), '신앙의 예수'보다는 '역사의 예수'에 비중을 두며(R. Funk), '부활 이후의 예수'를 경험한 자들이 구성한 것이 '부활 이전의 예수'(M. Borg)라는 등 여러 이유에서 이런 관점이 대두되고 있다.

4. 민중신학에 따른 기독론

이런 가운데 '민중신학'은 '예수가 민중이다'(예수 민중론), '민중이 예수다'(예수 메시아론) 등 신약성서에 기초한 기독론을 펼쳤다. 권진관 교수는 2009년 4월 2일 출간한 저서의 제목에서처럼 『예수, 민중의 상징. 민중, 예수의 상징』으로 '민중신학'을 재해석하고 있다. 다시 그의 설명을 들어보면, '예수, 민중의 상징'은 '민중이 예수다'의 의미다. 즉 '민중이 신화되다'는 뜻이다. 그는 이를 동방교회 전통에서 본다(Deification, Theosis, Recapitulation: 권진관).

그리고 '민중, 예수의 상징'은 '예수는 민중이다'의 의미다. 즉 '예수가 육화되다'는 뜻이다(Incarnation: 권진관). 『민중신학 새롭게 하기』의 저자 권진관 교수의 이런 내용을 잘 이해하기 위해 동방교회 전통을 깊이 연구하여 전개하는 것보다는 오히려 그가 사용하는 '상징'의 의미를 더 파헤치는 것이 나을 듯하다. 왜냐하면 그가 인용하는 '동방교회의 용어'는 '상징'의 의미를 보여주는 일례이지 그 자체가, 복고적인 연구결과물 자체가 '민중신학'을 새롭게 하는 것이 아니기 때문이다. 신조는 보그의 말처럼 "초기 기독교의 신학적 발전을 요약한 것이며 동시에 토착화indigenization시킨 것"(보그 & 라이트, 『예수의 의미』, 238)이다. 그래서 신조는 신앙고백을 그리스 언어화시킨 문화적인 것이라 볼 수 있다.

III. 라깡의 3위체5)

1. 3위체

정신의학자이자 정신분석가인 라깡은 인간의 '정신 차원'을 '3위체'로 구분한다. 이는 '지정의'라는 정신기능과는 다르다. 이는 인간 정신이 대상과 관계를 맺는 발달 과정에 논리적 순서로 나타난다. '제1위'는 상상계 또는 상상적인 것Imaginaire에 관한 것이다. 이는 그가

5) 라깡은 세미나 2권에서 Imaginaire Symbolique Réel을 une triade라고 부른다. 이를 국내에서는 '계'로 번역하고 있다. 불어 'triade'는 그리스어 trias, triados, 라틴어 *trinitas*, *trinus*와 연관된다. 이는 신학에서 三一性이라 번역되는 용어이다. 이런 면에서 필자는 이 글에서 triade를 '3위체'로 번역한다.

'거울단계'와 관련된 논문을 발표한 1936년 이후부터 공개세미나를 실시하는 1953년 사이에 논리적인 설명이 곁들여진 것이다. '제2위'는 상징계 또는 상징적인 것Symbolique에 관계되는데, 1961년 세미나 9권 '정체화'를 다루기 전까지의 시기로 볼 수 있다. 이때 '제1위'와 '제2위'의 연결고리에 대하여 설명하면서 점차 '제3위'를 다룬다. 실재계 또는 실제적인 것Réel에 관계되는 것으로, 1961년 이후 3위체를 연결하는 가운데 '제3위'에 매진한다.

이는 신학사상에서 볼 때, 중세의 보편실재론('제1위', 주머니 속의 동전), 텍스트주의('제2위', 사유 속의 동전은 주머니 속에 있다.), 탈코기토('제3위', 사유 속의 동전은 주머니에서 사탕이 되고, 다시, 주머니 속의 사탕은 사유 속에서 지우개가 되고, 다시, …) 등으로 이해할 수 있을 것이다. 아래서 자세하게 다루겠다.

2. 3위체의 논리, 동일화

'제1위'의 논리는 객관적인 '타자'(가령 동전)가 주관적인 타자가 된다는 것이다. '제2위'의 논리는 주관적인 타자가 객관적인 것에서 발견된다는 것이다. 그러나 그것이 객관 속의 바로 '그 타자'가 아닐 수도 있다. '그 타자'는 objet a라고 표시된다. '제3위'의 논리는 주관 속의 타자가 객관 속의 타자가 아니라고 해도 완전히 '아닌 것은 아니고, 그것 자체인 것도 아니다'. '아닌 것도 아니고 그것 자체인 것도 아닌' 타자는 환상화된 a(a fantasmé)로 표시된다. 여기서 '타자'는 autre(other)로서 표기되는데, chose(thing)라고 보아도 된다. 대문자 Autre(Other, 대타자)는 말을 내뱉는 타자에 가깝다.

3. 3위체의 기호론, 주체의 출현

1) 3위체의 논리를 전개하기 위해 '기호Signe'가 등장한다. 기호는 소리(s, signifiant)과 개념(S, signifié), 물(res, 物)로 구성된다. 강조점에 따라 라깡은 소쉬르의 기호식을 변형한다.

$$\text{소쉬르의 기호: } \frac{s}{S}\text{(s강조)}$$
$$\text{라깡의 기호: } \frac{S}{s}\text{(S강조)}$$

2) 실재는 3위체의 동일화 논리 방식으로 드러난다. 인간이 타자와 맺는 관계는 직접적일 수 없고 매개를 이용하는데, 이 매개는 '기호화'(상징화)된 것이다. 즉 $\frac{S}{s}=\frac{\text{시니피앙}}{\text{시니피에}}$이라는 기호 또는 상징으로 표현된다.

실재계를 단편적으로 표상하는 상징적 표상방식은 '시니피앙signifiant, significant'이다. 즉 소리, 청각적 요소, 청각 영상적 요소이다. '시니피앙'은 음성적인 것 이외에도 몸짓, 냄새, 영상, 미각 등 오감적인 것을 포함한다. 이에 비해 '시니피에signifié, signified'는 개념적이며, '시니피앙'으로 상징화되기 전의 시각적 요소, 시각 영상적 요소이다. '소쉬르'가 '한 뜻을 표현하는 소리가 다양하다'(시니피에의 우위)고 본 반면, '라깡'은 '한 소리는 다양한 뜻을 지닌다'(시니피앙의 우위)고 본다. 라깡은 시니피앙들(기표들)의 연결고리를 $f(S)\frac{1}{s}$로 표현한다.

시니피앙+시니피앙=의미화가 생기고, 시니피앙+시니피앙=무의식의 주체를 드러낸다. 주체는 시니피앙의 고리, 말의 덩어리, 언어화된 존재이지, 육의 존재가 아니다.

4. 3위체의 의미론, 기호 또는 상징의 의미화, 의미 생성 과정

의미는 '환유métonomie'의 '전치déplacement'와 '은유métaphore'의 '압축condensation'이 만날 때 생성된다. 야콥슨의 언어이론을 라깡은 수용한다.

$$\text{환유(이동, 조합, 역사):}\quad f(S\ldots S')S \cong S(-)s \cong \frac{S}{s}$$

$$\text{은유(압축, 선택, 탈역사):}\quad f\left(\frac{S'}{S}\right) \cong S(+)s \cong {}^{S}_{s}$$

환유와 은유가 만나는 지점, 의미가 생성되는 지점을 'Point de Capiton'(소파점, 연결꼭지점)이라 하는데, 이 지점은 8자를 변현시킨 거꾸로된 8(◇)로 상징화되어 설명된다. 이 마름모꼴은 '환상의 논리'를 설명하는 상징으로 사용된다. 또한 '뫼비우스의 띠'도 이를 설명하는 상징이다. '아닌 것도 아니고 그것 자체인 것도 아닌' '제3위'를 설명하는 상징이다. 즉 '안과 밖이 다르면서도 통하는 것'이다.

5. 미끄러지는 것

기호로든 기표로든 기의로든 그 어떤 것으로든 3위체를 엮을 수 없다. 하지만 그것은 엮인다. 어떻게 엮이는지를 표현한 상징이 S(Ⱥ)인데, 라깡은 이를 '사랑의 문자'라고 부른다. 이는 '기표Signifiant로 표현될 수 없는(/) 대타자Autre'의 상징이다. 그러나 이렇게(S(Ⱥ)) 기표로 상징된다. 기표로 표시할 수 없는 것을 표기하고자 하는 것이 바로 '학문'이다. 그것을 승화시켜 표현하는 것이 예술이다. 그것이라고 말하지만 다시 그것이라고 말하고 또다시 그것이라고 되풀이하는 것이 '종교'다. 여기서 '그것'이 동일한 소리일지라도 그 소리의 담긴 뜻은 다양하다. 그래서 선포와 고백이란 것이 매순간 동일한 것이 될 수 없다. 끊임없이 되풀이되는 것, 어느 순간 덫에 걸려(정체-화) 고정된 것처럼 보이지만 다시 덫으로부터 풀려 의미가 미끄러져 다른 것이 되는 반복 과정이 '종교'이다. '학문으로서의 종교'는 선포와 고백의 대상을 고정하고자 한다. '학문'은 고정되지만 '종교'(=신앙)는 그것으로부터 미끄러진다. 라깡은 이런 내용을 세미나 7권에서 전개했다.

IV. 성서읽기

누가복음 7장 36-50절은 '시몬'의 '집'에서 '예수'께 '향유'를 '붓는' '한 여인'을 소개한다. 이 사건에서 3위체의 전모를 찾을 수 있을까?

필자는 이 본문을 텍스트에 담기기 전의 예수, 텍스트에 담긴 예수, 텍스트 안⊕밖의 예수로 구분한다. 이렇게 구분된 예수는 논리적 순서상 '제1위', '제2위', '제3위'의 방식으로 해석될 수 있을 것이다.

1. 본문읽기(공동번역 개정판)

36 예수께서 어떤 바리사이파 사람의 초대를 받으시고 그의 집에 들어가 음식을 잡수시게 되었다.

37 마침 그 동네에는 행실이 나쁜 여자가 하나 살고 있었는데 그 여자는 예수께서 그 바리사이파 사람의 집에서 음식을 잡수신다는 것을 알고 향유가 든 옥합을 가지고 왔다.
38 그리고 예수 뒤에 와서 발치에 서서 울며 눈물로 그 발을 적시었다. 그리고 자기 머리카락으로 닦고 나서 발에 입맞추며 향유를 부어드렸다.
39 예수를 초대한 바리사이파 사람이 이것을 보고 속으로 〈저 사람이 정말 예언자라면 자기 발에 손을 대는 저 여자가 어떤 여자며 얼마나 행실이 나쁜 여자인지 알았을 텐데!〉 하고 중얼거렸다.
40 그 때에 예수께서는 〈시몬아, 너에게 물어볼 말이 있다.〉 하고 말씀하셨다. 〈예, 선생님, 말씀하십시오.〉 그러자 예수께서는 이렇게 말씀하셨다.
41 〈어떤 돈놀이꾼에게 빚을 진 사람 둘이 있었다. 한 사람은 오백 데나리온을 빚졌고 또 한 사람은 오십 데나리온을 빚졌다.
42 이 두 사람이 다 빚을 갚을 힘이 없었기 때문에 돈놀이꾼은 그들의 빚을 다 탕감해 주었다. 그러면 그 두 사람 중에 누가 더 그를 사랑하겠느냐?〉
43 시몬은 〈더 많은 빚을 탕감받은 사람이겠지요.〉 하였다. 예수께서는 〈옳은 생각이다.〉 하시고
44 그 여자를 돌아보시며 시몬에게 말씀을 계속하셨다. 〈이 여자를 보아라. 내가 네 집에 들어왔을 때 너는 나에게 발 씻을 물도 주지 않았지만 이 여자는 눈물로 내 발을 적시고 머리카락으로 내 발을 닦아주었다.
45 너는 내 얼굴에도 입 맞추지 않았지만 이 여자는 내가 들어왔을 때부터 줄곧 내 발에 입 맞추고 있다.
46 너는 내 머리에 기름을 발라주지 않았지만 이 여자는 내 발에 향유를

발라주었다.

47 잘 들어두어라. 이 여자는 이토록 극진한 사랑을 보였으니 그만큼 많은 죄를 용서받았다. 적게 용서받은 사람은 적게 사랑한다.〉

48 그리고 예수께서는 그 여자에게 〈네 죄는 용서받았다.〉 하고 말씀하셨다.

49 그러자 예수와 한 식탁에 앉아 있던 사람들이 속으로 〈저 사람이 누구인데 죄까지 용서해 준다고 하는가?〉 하고 수군거렸다.

50 그러나 예수께서는 그 여자에게 〈네 믿음이 너를 구원하였다. 평안히 가거라.〉 하고 말씀하셨다.

1) 텍스트에 담기기 전의 예수

저자 누가는 '주 예수 그리스도로 고백되는 예수님'을 표현하고자 한다. 하지만 이 본문은 여러 올무를 갖고 있다. 감당하기 힘든 예수님의 모습을 담고 만다. 가령 초대한 사람의 대접에 대해 불만을 갖고 꽁한 상태로 계신 예수님을 볼 수 있다. 타인으로부터 인정받고자 하시는 예수님, 그렇게 인정받도록 구성해 가는 누가를 볼 수 있다.

'객관적인 타자가 주관적인 타자가 된다.'는 '제1위'의 논리에 따르면, 본문 속의 '주관적인 타자'로서 예수님은 '객관적인 타자'와는 상치된다. 이는 객관적인 타자를 지나치게 주관적인 타자로 변형시킨 것이다. 왜 예수님이 꽁하고 계셨는지 그 이유는 '향유 붓는 사건'에서 드러난다. 예수님이 여인의 붓는 행위를 칭찬하는 것은 역으로 시몬의 붓지 않은 행위를 비난하는 것이다. 누가는 객관적 예수를 지나치게 절제시켜서 주관적 예수로 그려놓았다.

2) 텍스트에 담긴 예수

저자 누가는 죄사하는 권세를 지닌 전능자로서의 그리스도를 '이해' 또는 '신앙'하고 '고백'한다. '제2위'의 논리대로 경험된 주관적인 타자를 객관적인 공간(집)에서 발견하고 있다. 앞서 보았듯이 경험된 주관적 타자는 객관 속의 바로 '그 타자'라고 말할 수는 없지만 '객관 속의 바로 그 타자'를 통해서만 주관적 타자를 서술한다. 그런 면에서 예수님은 사람의 속마음을 훤히 뚫어보는 전지자로 표현된다. 여기서 '객관 속의 바로 그 타자'는 objet a이다. '객관 속의 바로 그 타자'(objet a)는 주관적 타자로 하여금 무수한 경험을 하도록 하는 원천이 된다.

이 본문은 짧지만 많은 기호와 상징으로 짜여 있다. 라깡은 "무의식은 언어처럼 짜여 있다."고 말한다. 이 무의식은 주체를 드러낸다. 주체는 언어로 표현된다. 이 본문의 기호와 상징은 누가가 드러내고자 했던 예수님의 모습, 즉 주체를 보여준다. 그 모습은 언어처럼 짜여 있기 때문에 글에 숨겨진 채 드러난다. 언어는 '환유'와 '은유'의 결합방식에 의해 '의미'를 드러낸다. 그 '의미화'를 통해 우리는 '이해'하거나 '믿게' 된다. 이런 '이해'나 '믿음'을 기반으로 '움직'이게 된다.

이 본문의 사건은 환유와 은유의 대표적인 본문과도 같다. 환유적인 측면에서 보면, '빚'(S)의 크기와 '사랑'(S)의 크기는 등가적이다. 또 다른 환유적인 측면에서 보면, '죄'(S)의 크기와 '용서받음'(S)의 표현 또한 등가적이다. 환유적인 측면에서 시니피앙은 빚-사랑, 죄-용서받음으로 이어지고 있다. 은유적인 측면에서 보면 '빚'이 '죄'로 수용되고, '사랑함'이 '죄 용서받음'으로 연결되고, 또 다른 은유적인 측면에서 보면 '빚'은 '입맞춤-씻을 물-썰렁한 공기

-음식-향유' 등이 될 수 있고, '죄'는 '외면', '사랑'은 '여인의 눈물-입맞춤-머리칼로 씻김-향긋한 향기' 등이 될 수 있다.

하나의 사건은 환유적인 시니피앙의 나열(예수님과 시몬의 대화)로 전개된다. 이때 무의식의 주체가 드러난다. 즉 '빚이 죄'이며 '빚 탕감받는 것이 죄 용서받는 것이며' '많이 탕감받은 자가 많이 사랑한다'고 말하는 주체가 등장한다. 무의식의 주체의 출현 앞에서 대화 참관자들의 반응은 어안이 벙벙하다는 것이다.

3) 텍스트 안·밖(◈)의 예수

이 본문의 핵심은 여인이 저지른 '사건'이다. 이 사건을 통해 '주체'가 드러난다. 한 마디 말도 하지 않는 여인의 주체가 예수님을 말하게 하며 그 말에 의해 주체로서 예수님은 드러난다. 초대받은 불청객 예수님은 이 '사건'을 통해 자신의 내면을 드러낸다. 예수님의 내면은 뫼비우스의 띠가 안과 밖의 이어짐으로 된 것처럼 '빚'이 '죄'로, '극진히 사랑함'이 '죄 용서받음'으로, 이것과 저것이 이어진 것으로 표현된다. 곧 '제3위'의 논리인 주관 속의 타자가 객관 속의 타자가 아니라고 해도 완전히 '아닌 것은 아니고, 그것 자체인 것도 아닌' 것이다. '아닌 것도 아니고 그것 자체인 것도 아닌' 타자는 환상화된 a(fantasmé a)로 표시된다. 일상인에게 '환상'은 어처구니 없는 정신활동이라고 보겠지만 라깡은 그 속에도 논리가 있다고 본다. 이 논리 또한 언어처럼 구조화된 무의식의 영역에 속한다.

저자 누가는 어떤 상징 속에 '제3위'의 논리, 즉 실재의 모습을 그렸을까? 이 사건은 마치 '꿈구조'처럼 실재를 보여준다. 초대된 집, 비스듬히 누운 손님들, 이들의 일그러진 얼굴, 갑자기 발생한 여인의 돌발행위, 옥합을 깨트렸기에 발생하는 냄새, 여기에 덧붙여진 예수님의 담화들, 주인의 상심한 마음 등 이루 말할 수 없는 복잡한 것이 녹아 있다. 마치 '그것이 아닌 것도 아니고 그것 자체인 것도 아닌 것'을 표시하기 위해 저자는 어떠한 열망을 갖고 펜을 들었을까? 이 본문은 글을 쓰려는 저자의 욕망에서 비롯될 수도 있지만 그보다는 글을 쓰도록 부추기는 상황들, 가령 시몬의 무례한 행동, 예수님의 마력적인 말, 비극배우같이 행동하는 여인의 슬픈 연기 등에 이끌려, 마치 '꿈구조'처럼, 비상한 꿈을 표현하라고 잠에서 깬 자에게 보내는 메시지에 의해 구성된 것이라 볼 수 있다.

V. 나가는 말: 라깡과 민중신학

누가복음의 저자는 〈자기가 누구인데 죄까지 용서해 준다는 말인가?〉(49절)라는 청중의 입을 빌어 예수님이 〈누구〉인지, 질문하고 있다. 여기서 〈누구〉는 청중에 따라 달라질 것이다. 그런데 앞서 본 초기의 기독론, 에큐메니칼 공의회들은 〈누구〉에 해당하는 '주 예수 그리스도'를 〈어떤〉과 〈무엇〉으로 질문해 왔다. 즉 예수님은 성부와 동일본질/유사본질/차이본질이고 인간과 동일본질/유사본질/차이본질이라는 등 여러 방식으로 전개했다. 〈어떤〉이 인격/본성에 관한 질문이라면, 〈누구〉는 직무에 관한 질문이다. '민중신학'은 예수가 〈누구인가〉에 강조점을 둔다. 그래서 초기부터 '예수가 민중이다', '민중이 예수다'라는 고백이 나왔으며 최근에는 '예수, 민중의 상징('민중이 예수다'). 민중, 예수의 상징('예수는 민중이다')' 등으로 초기 고백의 의미를 정교화하고 있다고 본다. 신약학자 쿨만은 신성과 인성의 인격이라는 〈어떤〉에 함몰된 초기 에큐메니칼 공의회의 기독론을 비판하면서 직무에 관계된 용어를 설명하여 『신약의 기독론』으로 펴내기도 했다. 쿨만의 비판과 함께, 바로 이 지점에서 〈어떻게〉가 질문되었다. 즉 '민중이 예수다'의 의미는 '민중이 신화되다'는 뜻이고, '예수는 민중이다'의 의미는 '예수가 육화되다'는 뜻이다.

〈어떤〉과 〈무엇〉을 강조하면 '개념 중심의 신학'이 되고, 〈누구〉와 〈어떻게〉를 강조하면 '사건 중심의 신학'이 된다고 볼 수 있다. 이런 면에서 볼 때, 민중신학은 '개념 중심의 신학'과 거리를 두는 '사건 중심의 신학'이라 볼 수 있다.

그러나 〈누구〉의 자리에 '누구'를 넣을 것이냐 '무엇'을 넣을 것이냐의 문제는 노상 논쟁거리다. 요한복음은 이 자리에 '내 이름'을 넣음으로 신학지평을 무한대로 확장시켰다. 이는 구약전통의 믿음의 대상(주의 이름 등)과의 관계 정리를 위해서 뿐 아니라 '제1위', '제2위', '제3위'를 넘나드는 인간 정신의 구조상 어딘가에서는 멈추어야 하되 고착되지 말아야 하고, 어떤 것으로 채우지만 비워야 할 때 비우고 다시 담을 수 있는 장치 마련 때문인 것으로, 라깡식 관점에서는 볼 수 있다.

콘텍스트는 텍스트에 담긴다. 텍스트는 시니피앙으로 구성된다. 시니피앙은 사건을 살아 있게 한다. 사건은 늘 지금의 사건일 때 의미가 있다. 사건은 '환유-은유'의 시니피앙 고리를 통해 상징이 갖고 있는 의미를 밝힌다. 이 사건에서 중심 '상징어'는 '용서'와 '구원'이다. '용서'는 '빚=죄'라는 공식이 이해되는 시점에 등장한다. 환유의 '이동'에서 은유의 '압축'으로 이어진다. 환유가 〈어떤〉과 〈무엇〉에 대한 물음이라면 은유는 〈누구〉와 〈어떻게〉에 대한 물음이다. 본문의 시니피앙은 〈빚 → 죄 → 사랑 → 용서 → 구원〉 등으로 이동하는데(환유, 역사), 이는 예수의 본성이 〈어떤〉 것이고 〈무엇〉인지를 찾는 경로와도 같다. 또한 이런 시니피앙은 여러 압축된 의미를 지니는데(은유, 탈역사), 이는 예수가 〈누구〉며 〈어떻게〉 그런 존재가 되는지를 설명하는 것과도 같다. 환유와 은유의 작용을 통해 '상징어'는 의미를 드러낸다. 그곳에 무의식의 주체는 시니피앙의 행렬로 그 모습을 드러낸다.

빚 → 죄 → 사랑 → 용서 → 구원

무의식의 주체는 대면하는 평면적 만남을 넘어서, 향기가 퍼지는 공간적 만남을 넘어선 곳에 있다. 그러다가 무의식의 주체는 마치 몸[말과 몸짓을 포괄하는]의 실루엣처럼 사라진다. 시니피앙 '예수'는 늘 텍스트에서 그 안과 밖을 넘나드는 가운데 그의 영원한 직무를 이행하고 있다. 이런 예수님의 직무는 라깡식 정신분석가의 직무와도 비교될 수 있다. 환자에 의해 정의된 정신분석가는 '전지전능의 주체'(sujet-supposé-savoir)이지만 스스로는 그렇게 생각하지 않는다. 자신은 스스로를 '분석가analyste'라고 부르고 고객을 '분석수행자analysant'라고 부른다. '분석가'는 환자의 모든 것을 통찰하는 자가 아니라 환자의 말을 '집중하지 않는 주목attention flottante'으로 듣고, 환자 스스로 주체화되도록 하는 자이다. '분석가'와 '분석수행자' 사이에는 '감정전이Transfert'가 일어나는데 이는 마치 '텍스트 안과 밖(〈+〉+∧+∨=◈)의 예수'가 청중과 교감하면서 던져지는 질문인 〈그가 누구길래…〉와도 같은 시니피앙으로 드러나면서부터 교감되기 시작한다.

분석가는 분석수행자가 되며 분석수행자는 분석가가 되듯이 예수는 민중에 의해 질문되고 민중은 예수에 의해 질문되어, 서로의 정체성을 나누게 된다. 이 본문에서 예수는 스스로를 '전지전능의 주체'라거나 '참 하나님이요 참 인간'이라거나 '욕망 없는 기관의 몸' 이라고 표현하지 않는다. 오히려 청중과 동일하게 느끼고 통하는 '꽝한' 모습을 보여준다. 이런 모습을 감추기에 급급한 것은 제1위의 수위에서 텍스트를 보기 때문이다. 이 수위에서 본문을 보면 상징어들이 보여주는 더 광활하고 넓은 의미를 볼 여유가 없게 된다.

중요한 것은 한 사건을 두고 주체화된 그 모습이 '제1위'의 경험에서 볼 때는 타인들과 별반 다르지 않지만 '제2위'를 거치면서 좀 각별하고 '제3위'에 이르러서는 순간적으로 청중을 어리둥절하게 만들뿐 아니라 자신들이 부르던 방식의 시니피앙으로는 규정할 수 없는 다른 존재로 체험되고 그래서 다시금 〈누구〉인가를 질문하게 된다. 비록 〈그 누구〉를 '예수'라고 부른다고 해도, 이 청중들이 부르는 '예수'는 이 사건을 경험하기 전의 그 예수가 아니고, 그렇다고 조금 전의 바로 그 예수가 아닌 것도 아니다. 이 예수는 지금까지의 예수와는 전혀 다른 차원의 예수가 된다. 〈어떻게〉 이런 일이 발생하는지 경험한 것도, 또한 묻는 것도 청중들이다. 이렇듯 우리 인식에 잡히는 듯하지만 잡히지 않고 미끄러지는 이 예수를 '신조'에 넣음으로 그 예수를 고착화시킨 것은 '학문으로서 종교'가 지니는 딜레마이다. 이런 것에서 벗어나기 위해서 '개념 중심의 신학'을 벗고 '사건 중심의 신학'으로 전환하는 것이 요구된다. 성서의 본문이 짤막한 사건들로 이루어진 것도 아마 이런 것에 좌초하지 않기 위한 작전이 아닐까 생각해 본다.

'사건 중심의 신학'으로 볼 수 있는 '민중신학'이 이런 면에서 학문적으로 정리되기를 바라면서도 그렇게 되는 것을 지양하고 '지금의 사건'을 '과거 사건'의 분출 또는 반복으로 보는 것도 이런 맥락이 아닐까 생각한다. 정신분석도 '지금의 사건'(증상)을 '과거 사건'(증상)의 재현이라고 '사후적'(après-coup)을 말하는 것도 이런 것과 일맥한다고 본다.

이렇게 두 체계 간의 유사점을 찾기 시작하면 여러 측면이 있을 수 있으나 이는 다음 기회로 하고 오늘은 여기서 마무리하고자 한다. 아직 분석이나 적용이 더 세심하게 되지 못하여 많이 수정될 부분이 있음을 전제하고 이 글을 마음에 담아주시면 감사하겠다는 부탁의 말로 본 발표문을 마무리한다.

탈근대 시대의 가난한 자, 사이 그리고 혼종성[1)]

박일준 | 지식유목민 / 감리교신학대학

I. 가난한 자의 주체

우리 시대의 주체란 누구인가? 이전 세대에서 '시대의 주체'란 줄곧 '민중'이나 '민족'이었다. 그러한 주체 이해 속에는 주체와 자아 간의 명확한 구분이 전제되어 있지 못했고, 주체란 자아의 보다 능동적이고 적극적이고 참여적인 측면으로 이해되는 편이었다. 하지만 우리 시대에는 전대의 느슨한 주체 이해가 보다 엄밀하고 치밀하게 구성되어져야 할 필요성을 제기한다. 고래로 '우리'라는 말의 경계

1) 이 글은 2009년 11월 6일 민중신학회 모임(향린교회)에서 발표되었던 논문을 출판용으로 정리한 것으로, 2009년 4월 27일 변선환 아키브 모임에서 발표하였던 「토착화 신학 3세대의 이중적 극복 과제: 지구촌화와 탈식민주의, 그리고 가난한 자」의 2부 격으로 쓰인 글이다. 그 발표 논문에서는 안토니오 네그리와 마이클 하트의 "제국"과 "다중" 담론을 중심으로 이야기를 풀어갔다면, 본고에서는 탈식민주의와 21세기 자본주의에 근간한 소비주의를 보다 구체적으로 다루고 있다.

와 정의를 구성하던 상황적 인자들이 급변했기 때문이다. 가장 근원적인 변화는 바로 '민족 개념'의 변화이다. '단일 민족'의 신화가 갖는 허구적 성격뿐만이 아니라, 그 단일 민족의 신화가 담지한 폭력성의 문제가 대두되고 있기 때문이다. 하나의 민족nation이 순혈로 구성될 수 없다는 것은 생물학적 상식이지만, 일제 강점기를 거치고 한국전쟁을 거치면서 공감된 국민의 감성은 '민족적 통일성'의 이상을 단일 민족의 신화로 스스로 포장하며, 자랑스런 한국인과 자랑스런 한국의 브랜드를 찾고 만들어내기 위해 거국적인 협조를 아끼지 않아 왔다. 이러한 민족 신화의 가장 큰 수혜자는 아이러니하게도 현대라는 다국적 기업이 아닐까 싶다. 대한민국이 21세기 지구촌 자본주의 질서의 중심부로 편입되어, 지구촌 경제 구조의 상층부로 진입을 도모하면서, 우리 사회경제의 구조는 이민자들을 받아들이기 시작했고, 이제 이주민 노동자 100만의 시대를 맞이하고 있다. 그 과정에서 불거지는 불법체류자 문제는 이제 비단 미국과 같은 서구사회에서만 벌어지는 일이 아니라, 바로 우리 한반도에서 엄연히 일어나고 있는 사건이 되었다. (거의 의미상 논리가 안 맞는 명칭이지만) '외국인 며느리들'이 우리 농촌을 지키는 거룩한 대모가 되어 가고 있는 요즘, 우리의 민족 개념은 이제 이러한 추이 변화를 반영하여 변화해야 할 시점에 이르고 있다. 예수는 "누가 네 형제이냐?"고 물었다지만, 이제 우리는 "누가 우리 민족이냐?"를 진지하게 물어야 할 시점에 이르렀다.

이 글에서 필자는 '민족'을 '가난한 자'로 주체적으로subjectively 규정한다. 왜냐하면 주체는 체제 질서 안에 포함되지 못하고, 체제 바깥으로부터 체제 내로 도발하는 주체이기 때문이다.[2] 즉 기존 체제가 '우리'의 경계 안에 포함하지 않는 자들이 역설적으로 '우리의 주체'이기 때문이다. 토착화신학과 민중신학은 서로 노선이 달랐고, 추구하는 바가 달랐지만, 적어도 한 가지만큼은 공유했다고 보인다. 그것은 곧 '상황이 주체다'는 사실이다. 역사의 주체를 '민중'으로 보았던 민중신학과 문화와 복음의 주체를 '민족'으로 보았던 토착화신학은 그 주체 개념에서 '상황', 즉 민중이 처한 상황성 그리고 민족이 처한 상황성이 바로 주체를 낳는 모태가 된다는 점에서만큼은 일치하였다. 상황은 늘 변하며, 그 변화하는 상황은 기존 상황에 이전 상황에는 존재하지 않았던 새로운 상황적 요인들을 도입한다. 기존 체제는 '나' 혹은 '우리'의 정체성의 경계를 권력적으로 공모하여 구축하지만, 그렇게 구축된 체제는 늘 변화하는 상황적 요인들에 의해 불안정하게 되고, 그 불안정을 야기하는 새로운 요인들을 체제 내로 흡수하여 기존 권력 체제의 안정성을 추구한다. 그러한 체제의 특성상, 체제는 언제나 체제의 경계를 위반해 오는 새로운 요인들과 그리고 체제에 위협적인 내재적인 요인들 즉 기존 체제로부터 어떤 지위나 정체성을 부여받지 못하고 추방된 요인들과 자신의 경계를 협상negotiation해 나가면서, 체제의 안정을 도모한다. 상황성contextuality이란 그렇게 기존의 지식체계로 규정되지 않는 것들의 도래를 의미한다. 민중신학의 '민중'은 기존 자본주의 질서하에서 체제 내로 규정되지 않았던 백성들을 역사의 주체로 삼으려는 의미 있는 신학적 시도였다. 토착화신학의 민족은 근대로부터 물려

2) 바디우(A. Badiou)는 그래서 공백의 주체를 말한다. 왜냐하면 상황의 기존 체제가 '비존재'로 규정하는 그래서 공백으로 간주되는 주체이기 때문이다. 바디우는 이 공백의 주체가 진리의 주체라고 주장한다. 왜냐하면 진리도 상황의 체개로부터 '공백'(the void)으로 간주되기 때문이다. 주체는 이 공백으로서의 진리와 만남 사건을 통해 기존 체제와 상황에서 '선포'한다(참조 - 박일준, 「화이트헤드와 바디우의 주체 개념 비교 - 창조성의 주체와 공백의 주체」, 『화이트헤드 연구』, 18집 [2008], 21-29).

져 내려온 서구 제국주의 체제로부터 강제로 소환되어 퇴거명령을 받던 자생 문화native culture를 문화의 주체로 삼으려던 시도였다. 두 시도들에서 의미 있게 되돌아보아야 할 것은 민중신학의 '민중'이나 토착화신학의 '민족'이나 모두 당대의 기존 담론으로 규정되거나 정의될 수 없는 어떤 것을 가리킨다는 것이다. 그 규정될 수 없었고 정의될 수 없었지만 그럼에도 불구하고 생생하게 살아 활동하던 그 이름할 수 없는 것을 우리 시대, 범지구적 자본주의 제국 시대의 상황 속에서 이름한다면 그것은 "가난한 자"이다.3)

성서의 예수는 "가난한 자는 복이 있다."라고 선포한다. 하나님 나라가 저희들 것이기 때문이라고. 여기서 '가난'의 논리는 매우 모순적이다. 왜냐하면 이 땅을 살아가는 대다수에게 가난이란 회피해야 할 혹은 극복해야 할 그 무엇이지 결코 추구하거나 희구해야 할 그 어떤 것이 전혀 아니기 때문이다. 그 가난한 자들에게 하나님 나라가 주어진다는 선포는 이 세상을 등지고 저 세상만을 바라보며 살아가라는 현실도피적 뉘앙스를 풍기기도 한다. 여기서 '가난'이 무엇인지를 가리켜 주는 가난의 해석학이 요구된다. 하지만 역설적으로 가난의 해석학은 그 '가난'이 전혀 해석될 수 없는 것임을 알려주는 지표가 된다. 해석은 의미의 다양하고 풍성한 지평을 열어주기 때문에, 가난이 함의할 수 있는 보다 넓은 의미 지평을 가져다 줄 뿐, 특정의 구체적인 그 무엇이 '가난'인지 아닌지를 판별해 주지는 않는다. 여기서 21세기 지구촌 자본주의 제국의 시대를 살아가는 '가난한 자'에 대한 이해는 곤궁에 처한다. 즉 '가난'을 말해야 하는데, 역설적으로 '가난'은 우리의 언어로 말끔하게 정의되지 않는

---

3) 네그리 & 하트, 『제국』, 216.

다—aporia. 결국 이 시대 가난한 자들은 누구인가? 아니 이 시대 가난한 자들은 어떻게 존재하는가? 그들이 그들의 존재를 드러내는 자리는 어디인가? 가난은 구조의 문제인가 아니면 개인의 문제인가? 이 시대 신학은 가난한 자를 이야기해야만 하는가? 등의 물음들은 '가난'에 대한 기초적인 정의가 이루어진 다음 대답될 수 있는 성질의 질문들인데, 우리는 처음부터 '가난'을 정의하기 어려운 난국과 더불어 시작한다.

어떤 것에 대한 정의definition가 갖는 폭력성에도 불구하고, 논문의 내용들이 산만해지지 않고 일정한 의미 범위 안에서 소통력을 가질 수 있도록, 대략적인 가난에 대한 정의를 시도해 보자. 우선, 가난은 '없음', 가난한 자는 '없는 자one who is not'라고 말할 수 있을 것이다. 여기서 '없는 자'란 곧 '있는 자'와의 대조와 대비를 통해 그 의미를 획득한다. 이때 있는 자/없는 자의 구분은 제법 절묘하다. 있는 자one who is란 존재하는 자를 말하며, 존재란 그가 (갖고 있는 것이) 있음을 가리킨다. 역으로 없는 자one who is not란 곧 존재하지 않는 자임을 가리킨다. 따라서 가난한 자란 곧 존재하지 않는 자를 말한다. 보다 구체적으로 말하자면, 생생하게 삶으로 존재하지만, 그의 삶과 존재는 철저하게 '비존재non-being'로 간주되며, 그의 존재를 외면당하는 자를 말한다. 없는 자란 사람들이 갈망하고 간구하는 것을 소유하지 못한 자를 가리키는 상대적인 용어이지만, 이 상대적 결핍이 그 사람의 존재를 근원적으로 정의하는 절묘함이 바로 이 '없는 자로서 가난한 자'의 정의에 담겨 있다. 그 상대적 결핍이 바로 그를 전혀 존재하지 않는 자로 간주되도록 만들기 때문이다.

살아 존재하여도, 자신의 존재감을 전혀 인정받지 못하는 귀신 같은 존재—그렇다. 가난한 자들은 21세기 지구촌 자본주의 체제하에서 이 상황의 체제가 몰아내고 싶어 하는 어떤 것으로서 귀신 같은 존재이다. 바로 여기서 이 시대의 지배 체제와 연관하여 '가난한 자'의 두 번째 정의가 형성된다. 상황의 지식은 바로 이 귀신을 '비존재' 혹은 '무지의 산물'로 만들어 내몰아내면서, 자신의 권력을 획득해 나아왔다. 지금 현재 우리의 모든 지식 체계(경제학, 사회학, 생물학, 물리학, 신학 등)는 모두 이 '귀신 같은 존재', 즉 '살아 있으나 살아 있는 존재로 다루어서는 안 되는 이 비/존재'를 '무존재'로 괄호치고 은폐하고, 각 분야가 다룰 수 있는 범위 안에서 미래에 대한 예측이나 전망을 구실로 실재와 세계를 규정하면서, 왜 이 학문분야들이 이 시대에 필요한 분야인지를 보여준다. 그리고 그를 통해 연구기금과 장학금을 모금하여 건물을 짓고 시설을 확충하면서, 시대에 군림한다.[4] 따라서 없는 자로서 가난한 자의 정의는 이 시대 지배 체제 외부로 추방된 존재이다. 그것은 곧 자본주의 체제에 편입되어 일원이 되지 못하고, 풍성한 자본을 추구하는 사회의 그늘로 내몰려 머리 둘 곳 없이 매일매일 안식처를 찾아 떠돌아야 하는 노숙자의 삶으로 표상되는 그것이다.

---

4) '현장과 소통하는 신학'이란 허울로 양적 성장의 비결을 포장하는 포장술로 전락한 신학이 여전히 지식의 권력 기제와 어떻게 결탁하고 있는지를 살펴보기란 그리 어렵지 않다. 각 신학대학과 대학원에서 이루어지는 강의 제목들만 보아도, 그리고 교단 필수과목으로 지정된 과목들과 그 과목들의 교재들만 살펴보아도 알 수 있다. 현장의 목소리를 반영한다는 미명 하에 '양적 부흥에 도움이 안 되는 과목과 전공들'을 선택하여 교단 필수과목이나 진급시험의 과목과 교재로 채택하면서, 도리어 세상과의 소통에는 귀와 눈과 마음을 닫아버린 지금 현재의 신학 교육—주체는 그러한 체제에 길들여지지 않는다. 왜냐하면 진리와의 만남 사건을 통해 형성되기 때문이다. 따라서 진리는 체제 내로부터 일어나거나 발생하지 않는다.

II. 가난한 자의 표상들

가난한 자는 말하여질 수 있으되, 규정되지는 않는다. 현 상황의 지배 체제 바깥으로 추방된 존재이기 때문이다. 그들의 이름은 다양하다—(과거에는) 노동자, 민중, 창녀, 이주민 노동자, 불법 체류자, 다방 종업원, 88만원 세대, 비정규직, 일용직 노동자, 명예 퇴직자, 노숙자, 철거민, 노점상, 노인, 신용불량자…. 그들의 수없이 다양한 이름들을 여기에 다 열거할 수 없으며, 그렇게 열거된 모두를 우리의 언어적 정의를 통해 정리하는 것도 불가능하다.[5] 이하에서는, 그럼에도 불구하고, 가난한 자를 말하기 위하여 가난한 자를 정의하는 여러 다양한 방법들과 관점들 중 크게 세 가지를 고려해 볼 것이다. 먼저 힐라스Paul Heelas는 소비적 자본주의 안에서 영성과 가난을 말한다. 가난은 소비의 문화와 상극 혹은 반대로만 여겨지지만 힐라스는 놀랍게도 소비와 가난을 연결된 주제로 제시하고 있다. 둘째, 이정용은 가난한 자의 자리를 "사이in-between"에서 보고 있으며, 이중적 정체성의 사이에서 가난한 자의 삶을 그려주려고 노력한다. 셋째로 호미 바바는 지배 체제와 대항 체제의 이분법적 인식 구조는 전체의 권력 구조가 작동하는 방식에 대한 오해이며, 오히려 탈식민주의 시대의 가난한 자의 초상은 그 양 체제 사이에서 '혼

5) 가난한 자의 주체를 말할 때, 가장 주의해야 할 것은 가난한 자는 경제적으로 갖지 못한 자에 국한하여 말하여지는 것이 아니라는 사실이다. 가난한 자가 주체가 되는 것은 그가 경제적으로 갖지 못해서가 아니라, 그가 기존 체제의 경계 너머로부터 이 체제를 도발해 오는 그 무엇을 실현하는 주체이기에 그는 주체인 것이다. 따라서 가난한 자는 가난이 무엇인지 혹은 가난한 자가 누구인지를 통해 규정되는 것이 아니라, 도리어 가난한 자가 아닌 사람이 누구인지를 찾으면서 상황적으로 정해진다. 상황을 정리해 주는 지식 체계가 규정하지 못하고 그 체계 바깥으로 추방하는 존재만이 진리의 주체가 될 수 있기 때문이다.

종성hybridity'이라는 제삼의 힘으로 존재한다고 말한다.

1. 소비하는 사회와 탈근대의 형성 그리고 가난한 자 - 폴 힐라스

힐라스Paul Heelas는 자신의 책, 『생명의 영성들』(*Spiritualities of Life: New Age Romanticism and Consumptive Capitalism* [MA: Blackwell Publishing, 2008])에서 뉴에이지 유의 생명의 영성들을 우리 시대 소비 자본주의와 주관적 웰빙wellbeing 문화와 연관하여 기술해 주고 있다. 우리 시대가 겪고 있는 변화를 설명하는 말들 중 '탈근대Post-Modern'라는 말이 있다. 이 말 속에는 적어도 근대 이후 권위authority의 전환기가 겪는 변화를 나타내는데, 어떤 이들은 이러한 변화를 "상업화, 대중야합주의 그리고 통합성의 상실"로 비난하는가 하면, 다른 이들은 그 변화에 함의된 "반-엘리트주의, 고취empowerment 그리고 민주화"를 지적하며 환영한다.[6] 이러한 변화가 가져오는 많은 것들을 지적할 수 있겠지만, 힐라스는 무엇보다도 '권위authority'가 외부 대상으로부터 자신의 내부로 이동한 것을 중시한다. 그리고 '신God'은 더 이상 사람의 외부에 존재하는 대상이 아니라 "각 사람 안에 있는 어떤 것"으로 믿어지며, 그런 방식의 믿음을 추구하는 사람들의 숫자는 점점 늘어 가고 있음을 지적하며,[7] 이를

---

6) Heelas, *Spiritualities of Life*, x.

7) 1990년 대 후반 유럽 11개 국가에서 행해진 램프(RAMP; Religious and Moral Pluralism) 서베이는 11개 국가 중 6개 국가에서 외부적으로 존재하여 인격적으로 만나지는 신 개념보다 내 안에 내재하는 신으로서 내적 영성을 추구하는 사람들의 숫자가 3-18% 높게 나왔으며, 이는 대부분 서구 유럽 국가들이었다(Heelas, *Spiritualities of Life*, 73-74). 특별히 조사에 응한 영국 사람들 중 37% 이상이 각 사람에 내재하는

'생명의 영성들Spiritualities of Life'이라 부른다.8) 이 생명의 영성들이 추구하는 "표현주의적이면서 인본적인 가치들expressivistic-cum-humanistic values"은 이 자본주의적 근대성의 체제하에서 외면받는 어떤 것을 표상한다. 하지만 그렇게 추방당하고 외면당하는 것의 표상은 이 체제가 배제하는 것을 역으로 조명해 주게 됨으로써, 자본주의는 그가 배척하는 이러한 표현적이고 인간적인 가치들의 필요성을 도리어 강화시켜 주고 있는 셈이라고 힐라스는 말한다.9) 이는 말하자면, 이중 구속double bind의 관계인데, 이 자리로 뉴 에이지 생명의 영성들New Age spiritualities of Life이 도래하여 자리 잡았다고 힐라스는 보고 있다. 이 생명의 영성들은 바로 이 시대 구조가 배척하고 경멸하지만, 이 시대 영혼들이 요구하는 것에 부흥하여 융성하고 있다고 보는 것이다. 이러한 흐름과 연관하여 주목해야 할 것이 바로 기독교적 실천과 믿음의 힘이 특별히 유럽 지역들에서 무너지고 있다는 사실이다. 전통 기독교의 몰락을 안타깝게 여기는 이들 중에는 뉴 에이지 생명의 영성 운동이 지구촌 자본주의의 탐욕과 맞물려 반기독교적 흐름을 형성하고 있다고 진단하기도 한다.10) 실로, "내재하는 신the god within과 외재하는 하나님the God without은 의미와 권위가 절대적으로 달라 동시에 섬김을 받을 수 없다."11) 하지만 다른 각도에서 보자면, 전통 제도에 기반하는 기독교가 이 시대 영적인 것을 갈망하는 흐름을 읽지 못했고, 그래서 자신만의 영성을 시대에 다시금 위압적으로 강요함으로써 이러한 몰락을 자초하였다

신 혹은 신성을 믿고 있었다(Heelas, *Spiritualities of Life*, 75).

8) Heelas, *Spiritualities of Life*, 1.

9) Heelas, *Spiritualities of Life*, 2.

10) Heelas, *Spiritualities of Life*, 15.

11) Heelas, *Spiritualities of Life*, 57.

는 비판도 역으로 가능할 것이다.

자본주의 사회에서 사람들은 상품들을 통해 자신들의 꿈을 쟁취하고자 한다. 그 문화 속에서 삶life은 자본주의적 소비문화를 위해 소진되고 탐닉된다. 사실 '차이'를 강조하고 부각시키는 문화는 이미 상업주의 문화 안에 널리 유행하고 있는 모토이기도 하다. "차이를 느끼라."고 하거나 "당신만의 차이를 알라."[12]고 하는 광고 문구는 이제 우리에게 익숙하게 다가온다. 그것은 문화의 하층민 혹은 문화를 구성하는 기존 체제 바깥으로 추방된 사람들의 '차이'를 존중하고 그들을 위한 행동을 하라는 문구가 아니라, '당신의 고유한 진정성'을 상품 소비를 통해 드러내고 표현하라는 전형적인 상업주의의 모토이다. 그러나 이것이 단지 상품을 광고하는 현장에서만 통용되는 문구만은 아니다. 심지어 교육현장에서도 아이의 고유한 자질 계발을 위해 사용되는 모토이기도 하다. 각 개인의 잠재력이 고유한 방식으로 표현되어질 수 있도록 유도하는 교육방법은 우리 시대 상당히 설득력 있는 이론이다.[13] 그렇게 탈근대 시대의 주체적 행복 문화subjective wellbeing culture는 시장 연구자들에게 상품을 어떻게 광고해야 하는지에 대한 대략적인 방향성을 제시해 주고 있다. 몸과 마음과 영혼의 전일성 회복을 위한 국선도 수련, 웰빙 스파, 병원의 영적 치료사 등 뉴 에이지 유의 운동들은 상업화되고 자본화된 지구촌의 문화 환경 속에서 상당히 잘 적응하고 있는 것이 사실이다.[14] 여기서 지구촌 자본주의의 시대에 적어도 우리의 정체성

---

12) Heelas, *Spiritualities of Life*, 63.

13) 아울러 전일주의적 인간 교육은 단일 문화론과 다문화론의 문제들을 다루는 데 매우 적절한 방법이 되고 있기도 하다고 힐라스는 증언한다(Heelas, *Spiritualities of Life*, 72).

14) 힐라스에 따르면, 영국에서 성공회 교회에 정기적으로 출석하는 인구수가 대략 96

은 혹은 우리의 자존감은 소비의 양과 질에 심각하게 영향을 받고 있음을 감안해야 한다. 자본주의 체제 안에서 소비 행위와 연합되어진 우리의 자아 정체성은 그 자체로 긍정적인 것도 그렇다고 무조건 부정적인 것만도 아니라고 볼 수 있다. 물론 "스스로를 소비하는 자아", "소비자 경험들의 총합으로서의 자아", "나르시스적으로 자신을 즐겁게만 하는 자아" 등으로 표현되는 우리 자본주의 시대의 자아상들은 소비에 매몰된 자아의 모습을 그려주고 있는 것이 사실이다. 그럼에도 불구하고 힐라스는 창세기의 낙원 이야기 속에서 인류 최초의 자율적인 행동이 곧 보기에 먹음직한 음식을 '소비'하는 행위였음을 주지시키며, 비록 하나님의 진노를 불러일으키긴 했지만, 인간의 자율적 행동으로서 소비의 긍정적 측면을 조명하고자 한다.[15] 이런 맥락에서 소비문화의 기제가 되어버린 듯한 뉴 에이지 류의 운동 속에서[16] 힐라스는 "표현주의적 인본주의의 선한 삶the good life of expressivistic humanism"[17]을 본다. 표현주의적 이해의 핵심은 인간의 내면과 외면 사이의 이중성을 외적 표현에서 일치시켜 이해하는 것이다. 예를 들어, 그 사람의 내면은 선하지만, 그의 표현 방식은 공격적이라는 식의 변명은 표현주의적 관점으로 보면 전적으로 틀린 것이다. 그 사람의 내면이 어떻게 존재하든지 간에

만 명 정도라고 한다. 이에 반해 전일주의적 뉴 에이지 운동에 직간접적으로 간여하는 인구수가 대략 90만 명 정도라고 인용한다. 아울러 미국 내 인구의 2.5% 내지 8% 정도가 영적 수련가들이 제공하는 전일주의적 운동에 간여하고 있다고 한다(Heelas, *Spiritualities of Life*, 65).

15) Heelas, *Spiritualities of Life*, 87-88.

16) 생명의 영성 운동의 주요 흐름들 중 하나인 뉴 에이지 운동을 향한 가장 흔한 비판은 바로 뉴 에이지 유의 운동들이 이미 '개인화'(privatized)되거나 '소비화'(consumerized)되었다는 것이다(Heelas, *Spiritualities of Life*, 3). 즉 뉴 에이지의 자아는 스스로를 위해 소비하는 자아라는 것이다.

17) Heelas, *Spiritualities of Life*, 4.

그가 외적으로 표현하는 것이 그의 본성 혹은 본질을 보다 더 잘 드러내 준다고 보는 것이다. 따라서 표현주의적 인본주의란 인간의 핵심을 인간의 내면이 아니라, 인간의 표현이 이루어지는 표면에 둔 것이다. 이러한 이해를 통해 보자면, 표현되어지지 않는 것은 곧 그의 마음에 진정으로 담긴 것이 아니다. 이는 곧 '생명' 혹은 '삶'의 진정성을 그의 표현들 속에서 찾고자 하는 것이다. 우리가 우리 자신의 표현을 위해 '보여지는 것' 혹은 '외모'에 열성을 보이게 만드는 이유가 되기도 한다.

소비지향적 문화의 흐름 속에서 인간의 내/외의 일치를 찾으려는 표현주의적 인본주의는 단지 철학이나 인문학의 수준에 머무는 것이 아니라, 그것들을 넘어서는 영성을 추구하는데, 바로 삶을 긍정하는 전일적 영성holistic spirituality이다.[18] 이는 다른 말로 '내적 삶의 영성inner-life spirituality'[19]인데, "성스러움의 시원적 근원, 말하자면 지금-여기에서 삶의 '경험-초월적meta-empirical' 심연들로부터 발산되어 나오는 것을 경험하기 위해 자신 안으로 파고 들어가는" 영성을 말한다.[20] 즉 '전일적'이라는 것은 자신의 존재의 다른 측면들을 "통합하고 조화하고 균형 맞추"어 내적 삶의 영성이 그것들을 통해 흘러나올 수 있도록 한다는 측면을 가리킨다.[21] 이는 "몸과 동반되는 주체적 삶의 성화sacralization를 도모함으로써 자신의 마음과 몸과 영을 하나의 전체로 이끌어 내는" 것을 말하며, "삶의 기술을 통해 자기-실현을 찾는 것"을 말하며, 소비를 통해 삶을 소진하기보다는

18) Heelas, *Spiritualities of Life*, 5.
19) Heelas, *Spiritualities of Life*, 4.
20) Heelas, *Spiritualities of Life*, 5.
21) Heelas, *Spiritualities of Life*, 5.

"자연적 영성이 고유한 삶을 채울 수 있도록 하는 것"을 말한다.[22)] 한마디로 우리 시대의 영성은 모든 측면에서 '인간의 행복human wellbeing'[23)]을 추구한다.

우리 시대 이러한 전일성 추구의 영성에 대한 평가는 양극단적이다. 한편으로 "인격-중심적이고, 표현주의적이며, 인문주의적이고 그리고 보편주의적인 영성"에 대한 긍정이 있고, 다른 한편으로는 그러한 영성을 "자본주의의 추동을 받는 욕망의 충족" 혹은 "방종self-indulgence"으로 간주하기도 한다.[24)] 힐라스는, 뉴에이지 영성들의 예를 들면서, 전일성을 추구하는 영성은 소비자들의 욕망에 결코 완전히 소진되지 않는다고 역설한다. 이러한 양극단적인 평가 사이에서 힐라스는 전일주의적 생명의 영성은 "주체적 행복 문화subjective wellbeing culture"에 속하고 있음을 제시한다.[25)] 그 다른 한편으로, 이러한 주체적 측면 혹은 주관적 측면이, 소비에서 자신의 행복을 추구할 경우, "소비자 문화의 방종적 측면"으로 나아갈 수 있음을 인정한다.[26)]

여기서 '소비자consumer'를 어떤 주체로 간주하느냐에 따라 우리 시대 전일주의적 영성을 평가하는 입장이 엇갈린다. 즉, 소비자를 "수동적이고, 분산적이며, 포화되어 있고, 다소 순응적이며, 자본주의의 구성과 전략에 취한 희생자"로 보는 입장과 "소비 활동의 자유롭고 해방적인 역할과 자율적인 자기-표현의 역할"로 보는 입장의 차이가 우리 시대의 주체적 행복추구 문화의 영성에 대한 입장 차

22) Heelas, *Spiritualities of Life*, 5.
23) Heelas, *Spiritualities of Life*, 5.
24) Heelas, *Spiritualities of Life*, 7.
25) Heelas, *Spiritualities of Life*, 10.
26) Heelas, *Spiritualities of Life*, 10.

이로 나타난다는 것이다.[27] 따라서 소비를 자본주의 안에서 수동적이고 순응적인 행위로 보는 이들은 소비문화에 부정적이며, 적극적이고 해방적인 역할을 주목하는 이들은 소비문화에 긍정적 입장을 견지한다. 힐라스는 여기서 우리 현대의 지구촌 자본주의 상황 속에서 '소비'의 중요성을 인식할 필요가 있음을 주장한다. 칼 마르크스가 오래전에 인식했듯이, 사실 소비는 곧 '생산'[28]이다. 물론 소비하고 소진하는 행위는 귀결적으로 생산을 촉진하기도 하지만, "적극적이거나 긍정적이거나 창조적인 (소위) 소비자는 일하는 중이다."[29] 말하자면 직무를 수행하거나 표현하거나 생산하거나 제작하거나 세공하거나 하면서 말이다. 따라서 소비와 자기-실현 사이에 명확한 선을 그어 구분하기가 쉽지 않다. 확고한 구분이 존재한다면, 바로 그것은 소비하는 주체의 내면에서야 가능할 것이다. 소비의 대상을 보고 탐닉해 들어가는 마음과 내적으로 잠재되어 있는 자아의 잠재성을 외부적으로 실현해 나가기 위한 수단으로 소비를 취하는 마음은 외부적으로 구분하기가 어렵기 때문이다. 따라서 소비와 자기-실현을 경제 통계치에 담겨진 수치를 통해 구분해내기란 거의 불가능하다. 이 내적 실현의 가장 근접한 예가 '예술 활동'일 것이다. 예술 행위를 통해 부가가치를 올리려는 마음과 예술 행위를 통해 인간의 내면을 외적으로 표현하고 실현하려는 행위는 선뜻 분간하기가 쉽지 않다. 분명 예술 행위를 위한 소비 행위가 있다. 전시실이 필요하고, 공연장이 필요하고, 무대 장치가 필요하고, 조명이 필요하고, 표현을 위한 '쇼' 즉 메시지를 드러내기 위해 보여

27) Heelas, *Spiritualities of Life*, 11.
28) Heelas, *Spiritualities of Life*, 152.
29) Heelas, *Spiritualities of Life*, 152.

지도록 조작된 쇼가 필요하다. 하지만 진실한 예술 행위는 그 내면의 잠재성을 표현하기 위해 세계의 영적인 면을 접촉한다. 즉 예술의 외적인 소비 행위는 바로 이 영적인 접촉을 추구하기 위한 것이다. 만일 예술을 위한 소비 행위가 예술의 목적으로 인해 정당화될 수 있다면, 우리의 내면을 표현하기 위한 방식으로 소비 행위를 활용할 수도 있을 것이다. 하지만 소비 행위 자체를 내면의 표현과 등가 시킬 수는 없다. 다만 소비하는 행위만을 놓고, 그 행위가 소비지향적이라고 낭비적이고 방탕하다고 말할 수는 없다는 것이다. 예를 들어 모든 교육 과정은 '소비'를 유발함을 염두에 두어야 한다. 그리고 그러한 소비는 바로 '생산적 자아' 혹은 '자아의 생산성'을 유발하는 것으로서 '자아-수련self-cultivation'의 일부로 보아야 한다.[30] 이는 모든 소비 행위를 정당하고 올바른 것으로 범주화하려는 단순한 시도가 아니라, 맹목적으로 소비 = 사치와 낭비와 방종으로 도식화하려는 이원론적 사고방식은 21세기 지구촌 자본주의의 소비화 시대에 무조건적으로 적절한 것은 아님을 말하려는 것이다. 여기서 우리는 "세속적 영성들의 출현"을, 즉 "이 세상주의적인 유형의 전일주의"를 동반하는 영성, 그러나 제도 종교의 영성과는 사뭇 다른 형태의 영성의 출현을 목격한다.[31] 그리고 그러한 영성의 기반에는 "주관적 행복(추구)의 문화culture of subjective wellbeing"가 놓여 있다.[32] 이것은 자본주의 소비문화 자체에 대한 긍정과는 다소 궤를 달리한다. 즉 영성을 향한 갈망은 사실 기존 문화의 병폐("ill-being"[33])로부터 흘러나오는 것이지만, 이 영성은 현실 사회

30) Heelas, *Spiritualities of Life*, 162.
31) Heelas, *Spiritualities of Life*, 170.
32) Heelas, *Spiritualities of Life*, 171.

와 문화가 "불-편"(dis-ease)[34]하다고 해서, 지금 여기의 사회와 문화를 전적으로 거부하거나 저항하지 않는다. 오히려 이 왜곡된 삶의 질서가 느껴짐으로 인해 비뚤어진 균형을 맞출 기회를 찾게 된다는 점에서 그리고 그를 통해 물질주의적 관점으로는 중시될 수 없는 삶의 영적인 차원이 드러날 수 있다는 점에서 바로 지금 여기의 삶을 하나의 성스럽고 유기적인 전체로 느껴 가는 변혁transformation을 추구하게 된다. 실제로 "미국의 가정주부들은 정체성, 목적, 창조성, 자기실현, 심지어는 자신들이 누리지 못하는 성적 즐거움마저도 누릴 수 있다—물건 구매를 통해"라고 증언하는 프리단Betty Friedan의 조사를 인용하면서 힐라스는 소비의 적극적이고 긍정적인 측면을 조명한다.[35] 이런 맥락에서 '바로 지금 여기의 삶' 속에 담지된 성스러움을 찾고, 자본주의 체제하에서 소비 행위 자체를 원죄로 간주하지 않는 생명의 영성 운동 유는 소위 '세속주의secularism'와 동일한 것이 아니다.[36] 왜냐하면 힐라스가 긍정하는 소비의 행위는 '물질주의'나 '세속주의'가 말하는 것보다 더한 어떤 것을 도입한다. 그것은 바로 일상의 한복판에서 현현하는 성스러움의 자리이다. 소비의 행위가 긍정될 수 있는 것은 바로 소비를 통해 그 성스러움의 현현을 가져올 수 있기 때문이지 결코 소비 자체에 대한 찬양이 아닌 것이다.[37]

---

33) Heelas, *Spiritualities of Life*, 172.

34) Heelas, *Spiritualities of Life*, 172.

35) Heelas, *Spiritualities of Life*, 177.

36) Heelas, *Spiritualities of Life*, 175.

37) 이때 우리가 유념해야 할 것은 바로 소비 행위가 '인간적 윤리'(the ethics of humanity), 즉 "생명, 평등 그리고 자유"의 가치들을 인정하는 윤리와 연동되지 않는다면, 소비는 쾌락주의적 행위로 전락할 위험을 언제나 갖고 있다는 사실이다 (Heelas, *Spiritualities of Life*, 13). 이런 맥락에서 뒤르껭은 생명과 삶을 중시하는

소비문화에 창조적이고 긍정적인 측면을 강조하는 이들의 입장이 직면하는 비판은 흔히 '엘리트주의elitism'라는 비판이다.[38] 왜냐하면 이 시대 소비를 창조적으로 누릴 수 있는 이들은 지구촌 자본주의 시대에 경제적 기득권자일 것이라 여겨지기 때문이다. 이와는 별도로, 또한 국가가 부유해질수록 민주적 원리와 포괄주의적 원리에 입각한 인문주의적 윤리의 중요성이 점차 중요해진다고 한다.[39] 말하자면, 소비의 창조적 측면과 결합한 전일주의적 영성이란 곧 부유한 나라들의 국민들이나 언급할 수 있는 유類의 것이라는 비판이 제기될 수 있다는 것이다. 이러한 비판들에 직면하여 전일주의적 영성은 우리에게 어떤 것을 제공하고 있는가? 한 마디로 표현하면, 바로 '주체성의 신성화the sacralization of subjectivity'이다.[40] 다시 말해, "'성스러움의 내재the sacred as immanent'[41])이다. 이는 영성spirituality은 곧 '삶-자체'와 동일하다는 통찰을 반영한다. 즉 삶의 영적

윤리를 '인류의 종교'(the religion of humanity)라고 불렀다(Heelas, *Spiritualities of Life*, 127). 따라서 생명과 윤리와 종교는 서로 불가분리한 관계에 있으며, 힐라스는 이 인본주의 윤리(ethic of humanity)를 생명의 영성 운동의 윤리와 등가시킨다(Heelas, *Spiritualities of Life*, 127). 우리는 다른 사람과의 관계 맺음 속에서 영적인 것의 현존을 경험한다는 점에서 우리 모두는 이미 '영적인 존재들'(spiritual beings)이다(Heelas, *Spiritualities of Life*, 127). 이렇게 윤리적인 가치와 결합된 영적인 가치가 우리 시대 다양한 삶의 방식들에 대한 리트머스 시험지가 되어야 한다. 역으로 말해서 삶의 내면이 담지한 성스러움으로부터 흘러나오는 '인문주의적 윤리'가 생명의 바탕이 되어야 한다는 말이다. 따라서 소비하는 주체에 대한 모든 긍정적인 평가는 바로 삶의 성스러움을 바탕으로 하는 인문주의적 윤리의 가치 기준과 부합해야 한다고 힐라스는 보고 있다(Heelas, *Spiritualities of Life*, 128). 이는 소위 포스트모던적 소비적 자아가 '탈물질주의적 모습'(postmaterialistic outlook)을 지니고 있음을 의미한다(Heelas, *Spiritualities of Life*, 132).

38) Heelas, *Spiritualities of Life*, 11.

39) Heelas, *Spiritualities of Life*, 18.

40) Heelas, *Spiritualities of Life*, 19.

41) Heelas, *Spiritualities of Life*, 42.

인 측면은 삶의 깊이들로부터 흘러나오는 것이지, 결코 삶 너머의 초월적 지평으로부터 유래하는 것이 아니다. 이는 곧바로 '여기-지금'에 삶이 놓여 있고, 영성은 바로 그 삶에 기반한다는 통찰이다. 이는 전통적 유신론의 영성과 전혀 맥을 달리한다. 후자는 지금 이 세계와 구별된 초월적 세계가 이 세계를 "위하여for"[42] 존재함을 주장한다면, 전일주의적 영성은 바로 지금 이 세계가 영적인 세계임을 주장하는 것이다. 바로 이와 같은 '영'에 대한 이해 변화가 전통적 유신론에 기반한 기독교의 몰락을 유도하고 있는 것이다. 하이네그라프Wouter Hanegraaff의 말을 인용하면서, 힐라스는 뉴 에이지 유의 종교적 영성이 증가하는 것은 바로 그것이 "정확히 종교가 제공해 왔던 것", 바로 우리 "일상의 삶 가운데서 사람들의 경험에 의미를 부여"해 주기 때문이라고 분석한다.[43]

'바로—지금—여기'의 영성은 지금-여기를 맹목적으로 수긍하고 순응하자는 것이 아니다. 오히려 바로 지금 여기에서 각 사람의 고유한 삶의 질을 '변혁해transforming'[44] 나가기를 소망한다. 그리고 그러한 변혁은 '하나님의 길'이 아닌 '나의 길'임을 인식한다.[45] 이는 내 삶의 '진정성authenticity'[46]을 회복하는 윤리를 말한다. 즉 바로 지금 여기의 영성을 강조하는 생명의 영성spiritiuality of life은 '표현주의expressivism'와 '인본주의 윤리ethic of humanity'를 혼융하는 전략을 구사하는데, 말하자면 내 삶의 진정성 혹은 내 삶의 진정한 자아로 경험되는 것은 머리로 아는 데 그쳐서는 안 되며, 오히려 삶의 모습

---

42) Heelas, *Spiritualities of Life*, 25.
43) Heelas, *Spiritualities of Life*, 147.
44) Heelas, *Spiritualities of Life*, 28.
45) Heelas, *Spiritualities of Life*, 29.
46) Heelas, *Spiritualities of Life*, 29.

으로 표현돼야 한다는 것이다.[47] 이는 내 삶의 진정성이란 내 자신의 이기적인 즐거움의 추구에서 그치는 것이 아님을 다시금 유념하는 것이다. 내 삶의 행복이란 즉 나의 진정한 삶을 계발해 나가는 길은 곧 각 사람이 자신들의 영성을 경험하는 길과 다르지 않다는 것이다. 여기서 영성이란 곧 삶을 변혁시켜 나가는 힘을 의미한다. 삶의 변혁이란 내 삶을 원자적으로 고립적으로 이해하는 것이 아니라, 내 고통과 절망이 내 주변인들에게 영향을 미치듯, 내 삶의 행복과 해방이 주변인들에게 영향을 미치고 있음을 철저하게 체득하는 것을 말하며, 따라서 내 삶의 변혁은 내 주변인들의 변혁을 수반함을 인식하는 것이다. 이는 역으로 주변인들의 고통과 좌절이 상존하는 한, 내 삶의 진정한 행복과 해방은 이루어질 수 없는 것임을 통감하는 것이다. 왜냐하면 타자들 즉 다른 사람들은 '영적 전체의 현현들manifestations of the spiritual whole'[48]이기 때문이다.

이러한 변혁의 영성이 이전 세대 반문화의 저항적 영성과 궤를 달리하는 것은 그러한 변혁의 영성적 삶이 언제나 '주관적-삶subjective-life'[49]과 관계있음을 주목한다는 점이다. 쉽게 말해, 전일주의적 변혁의 영성은 세상을 변혁하기 위해 세상으로 나아가거나, 지배 문화에 저항하는 대안적 문화를 형성하려던 집단과 공동체 중심의 운동으로부터 개인의 내적 변화에 주목하는 운동으로 나아가고 있는 중이다. 이는 각 개인을 집단이나 공동체를 구성하는 '일부'로 혹은 구성원으로 바라보기 이전에 각 개인을 '특이성singularity'[50]으

47) Heelas, *Spiritualities of Life*, 31.
48) Heelas, *Spiritualities of Life*, 37.
49) Heelas, *Spiritualities of Life*, 33.
50) Heelas, *Spiritualities of Life*, 38.

로 간주하는 것이다. 각 개인의 고유한 진정성 혹은 진정한 자아를 주목하는 것은 곧 각 개인의 고유한 자유와 인권을 존중하게 된다는 것을 의미하며, 이는 외적인 해방의 (사회)구조적 조건들에 운동의 역량을 결집하던 방식이 아니라, 각 개인이 자기-책임감을 발휘할 수 있을 만큼의 충분한 자유의 여지를 인정하는 방식으로 '변혁transformation'의 초점이 이동하는 것이다.

이를 '자아로의 전회turn into oneself'[51]라고 말해도 좋을 듯하다. 이러한 자아로의 전회의 이면에는 전체성에 대한 과도한 강조가, 때로 나치 독일의 경우처럼, 집단적 폭력성의 광기로 분출되었던 전체주의의 역사를 전제한다.[52] 아울러 해방 운동이 개인의 변혁을 도모하는 방향으로 선회하는 데에는 예를 들어 영국에서 1960년대 대항 문화 운동이 사회 변혁을 외치면서 기존 문화와 대항 문화 간의 '이원론적dualistic' 대립 형태로 나아갔던 과오를 반복하지 않기 위함이다. 자신의 대항적 문화 운동을 '해답'으로 설정해 놓고, 기존의 모든 문화적 관행들을 잘못된 구습에 대한 '집착clinging'[53]으로 간주하는 것은 비판 의식이 도리어 자기중심적 제국주의의 오류에 빠지는 것이다. 자아로의 전회는 결코 내면의 자아에 머물자("stay within")[54]는 것이 아니라, 외부를 넘어서자("beyond the outside")는 것을 의미한다.[55] 세계로부터 부여되는 외적 조건들에 짓눌린 자아를 본래의 진정성으로 회복하기 위해서는 그 억압의 조건들을 넘어 초월해야 하는데, 전통적인 가르침이 세상을 넘어

51) Heelas, *Spiritualities of Life*, 38.
52) Heelas, *Spiritualities of Life*, 46-47.
53) Heelas, *Spiritualities of Life*, 49; 51.
54) Heelas, *Spiritualities of Life*, 196.
55) Heelas, *Spiritualities of Life*, 196.

저 세상으로 초월해 나가는 데 초점을 두었다면, 생명의 영성은 바로 진정한 초월은 바깥으로 향하는 것이 아니라 가장 깊은 내면으로 파 들어가는 것이라고 역설한다. 이러한 역설의 역동성은 곧 생명의 영성은 "사회화socialization를 통해" "외부를 안으로 끌어들이고"(outside in), 표현을 통해 "안의 것을 외부로 표출하는"(inside out) 것에 있으며, 이는 곧 내재화를 통해 '내부로부터' 표현할 것을 주장하는 인본주의 윤리성의 핵심이다.[56] 따라서 생명의 영성이 주장하는 내면으로의 전회를 온전하게 이해하기 위해서는 전통적 인간 이해가 담지한 개인의 사적인 내면privacy과 공공성publicness의 이분법적 이해를 넘어서야 한다. 이는 내면에 충실하는 것은 외부 세계로부터 고립을 추구하는 것이 아니라, 모든 인간의 근원을 동일한 내면으로부터 이해하고 이를 바탕으로 이웃과 동료들과 더불어 함께하는 삶의 본래 자리로 복귀하기 위함이다. 이는 곧 외면적 모습의 치장을 통해 내면의 공백을 화장make-up하려는 소비주의의 허상을 넘어서서, 또한 구체적 실천의 방법을 결여한 공허한 대의ideal를 외침으로서 빈곤한 내적 성숙을 감추려는 사회 운동유의 모순을 넘어서서, 일상 삶의 구체적인 자리에서 가장 진솔한 내면의 모습으로 더불어 함께 사는 삶을 다시금 성찰하기 위함이다. 진정한 자아는 외부의 조건들이 주는 강박감에 쫓겨 내면으로 도피하는 유가 아니다. 진정한 자아는 가장 깊은 내면에서 모든 생명과 공유하는 생명의 근원적 힘을 발견하고, 그 힘이 이 지구촌 땅 위에서 살아가는 모든 생명에게 공유되고 있음을 성찰한다. 따라서 내적 성찰의 생명의 영성은 자본주의의 죄악들을 눈감고 넘어가기보

56) Heelas, *Spiritualities of Life*, 202.

다는 오히려 그에 대항하는 문화를 창출하고자 노력한다.57) 이 전일주의 운동에 참여하기 위해서는 회비도 내야 하고 기부금도 내야 하기 때문에 '돈'은 "없어서는 안 될 필수품prerequisite"58)이지만, 미국 어느 카드 회사의 광고 문구처럼, 세상에는 "돈으로 살 수 없는 어떤 것들이 있다.There are something which money can't buy."59) 즉 그러한 운동에 참여함으로 깨달아지는 '생명의 영spirituality of life'은 돈으로 살 수 있는 상품이 되지 않는다. 이것은 일상적 삶의 "보다 높은 것들the 'higher' things"을 드러내고 그에 따라 살도록 우리를 유인하는 것이다.60) 나의 존재가 갖는 진정한 의미는 곧 "다른 이들을 위한" 의미의 표현이다.61)

그렇다면 전일주의적 영성holistic spirituality이 이 시대에 직면하고 있는 가장 큰 도전은 곧 우리 지구촌 자본주의 시대의 '가난'의 문제이다. 2006년 유엔 보고서에 따르면 세계에서 가장 부유한 상위의 2%가 전체 지구촌 부의 절반 이상을 소유하고 있고, 나머지 세계 인구의 절반은 전체 부의 겨우 1%를 가지고 나누고 있다.62) 이러한 상황하에서 극단적이고 과격한 급진주의 형태의 종교가 그 가난한 절반의 고통과 고뇌를 해석하고 경감시키는 일을 감당하고 있음을 주목할 필요가 있다. 이는 곧 개방적이고 자유주의적인 형태의 종교가 이 극단적 상황에서 생존의 위협을 받고 있음을 의미한다.

---

57) Heelas, *Spiritualities of Life,* 209.

58) Heelas, *Spiritualities of Life*, 212.

59) Heelas, *Spiritualities of Life*, 213; 미국의 신용카드회사 Discovery의 광고 카피이다. "돈으로 살 수 없는 어떤 것이 있다."는 주제로 방송되었던 상업용 광고는 매우 감동적이었고, 재미있었다고 느꼈던 기억이 필자에게 생생하다.

60) Heelas, *Spiritualities of Life*, 216.

61) Heelas, *Spiritualities of Life*, 218.

62) Heelas, *Spiritualities of Life*, 223.

가난으로 인한 고통과 고난의 원인을 '타자에게로 돌리면서' 신앙인들의 마음을 내부적으로 결속시키려는 전략을 구사하는 보수적 영성들이 득세하고 있다는 말이다. 문제는 우리 시대의 보수 정치란 곧 그 가난을 배태하고 자본주의적 시장과 생산 체제의 근간을 제공하고 있다는 점이다. 그 보수 정치와 보수적 종교성이 만나 범지구적으로 만연하는 가난과 착취의 문제를 우회하고 은폐하려는 전략을 구사할 때, 지구촌 자본주의라는 거대한 '제국'의 체제가 형성된다. 이러한 종교와 정치의 보수화는 가난한 자들이 진보적 형태의 종교성으로부터 겪는 소외의 경험으로부터 어느 정도 기인하는데, 자유주의적 형태의 종교가 표방하고 있는 가치들은 곧 보다 부유하고, 보다 교육수준이 높고, 보다 착취적인 엘리트들의 가치와 연합되어 있다고 여겨지기 때문이다.[63] 진보적 종교의 영성들이 가난한 이들의 영혼을 구원하는 데 실패하고 있는 한 이유일 것이다. 이러한 진보적 영성들이 가난한 영혼들에게 설득력을 잃고 있는 자리에서 내적 삶의 성숙을 도모하는 전일주의적 영성은 특별한 기여를 할 수 있다고 힐라스는 주장한다. 지구촌의 각박해지는 민중들의 삶에 호소력을 지닌 배타주의적이고 과격한 성향의 소위 보수적 영성들이 지구촌 문명들 간의 대결 구도를 조장해 나아갈 때, 삶의 근원적 영성을 통해 신론이나 기독론 혹은 구원론의 자리에서가 아니라 '서로 동일한 한 인간'이라는 근원적 자리에서 대화를 도모할 여지를 전일주의적 영성은 갖고 있기 때문이다.[64] 이는 서구적 영성의 길도 그리고 동양적 영성의 길도 아니라는 점에서 '제삼

63) Heelas, *Spiritualities of Life*, 223.
64) Heelas, *Spiritualities of Life*, 226.

의 길a third way'이라 불릴 수도 있을 것이다.[65] 특정의 배타적인 종교성에 집착하지 않고, 인간의 주체적인 행복을 도모하기 위해 생각과 뜻과 실천을 모을 수 있는 동력을 전일주의적 영성은 담지하고 있는 것이다. 배타주의적 성스러움의 힘이 포괄주의적 성스러움의 힘을 압도해 나갈 때 지구촌의 국가들은 생명력을 갖고 살아가기 어렵다는 것은 많은 상상력을 요하지 않는다.[66] 이때 전일주의적 내면의 영성은 "우리는 모두 똑같지만, 그러나 다르다."[67]는 것을 말함으로써 우리가 함께 모여 차이를 차별의 조건으로 만들어가는 지구촌 자본주의의 악마적 조건들을 변혁해 나갈 수 있을 것이다. 그렇다면, 이 '가난'은 21세기 자본주의 체제하 상업주의 사회 속에서 공통의 주제로 대화를 엮어갈 수 있을 것이다.

2. '사이'(in-between)로서 가난한 자 - 이정용

문화적 · 인종적 다원주의 시대의 신학적 패러다임으로서 이정용은 중심부의 신학이 아닌 주변부의 신학a theology of marginality을 주창한다. 이는 신학 담론의 핵심 혹은 중심을 지향하여 나아가는 중심주의적 접근 방법을 지양하고, 시대의 변방 혹은 주변부를 신학 담론의 핵심으로 삼고자 하는 시도이다. 우리 시대 신학이 붙들고 나아가야 할 것은 이 시대의 중심부를 차지하는 계층이 아니라, 중심에서 밀려나 가외 혹은 부차적인 조건으로 밀려난 주변부 계층이라는 것이다. 특별히 이정용이 말하는 주변성은 성과 계급과 경제 그리

65) Heelas, *Spiritualities of Life*, 226.
66) Heelas, *Spiritualities of Life*, 229.
67) Heelas, *Spiritualities of Life*, 230.

고 혹은 종교에 의해서 주변화되어버린 사람들의 조건을 말한다.[68] 이 주변성은, 계급이나 성이나 문화나 인종적 차이에 상관없이, 시대를 살아가는 모든 사람들의 조건들의 차이를 넘어 공통적으로 경험되는 것이기에 인간의 '공통 기반a common ground'[69]이 될 수 있다고 이정용은 역설한다. 이 공통의 기반은 우리 각자가 살아가는 삶의 이야기적 구조에서 비롯되며, 그 다양한 삶의 이야기를 관통하는 공통의 기반이 바로 '주변성의 경험'이라는 것이다. 삶의 이야기적 구조가 구성하는 '나'의 구조는 '다원적pluralistic'[70]이다. 내가 처한 삶의 상황은 결코 단일하고 규격화된 구조가 아니며, 내 삶의 이야기는 나의 다중다단한 상황, 즉 남편으로서, 가장으로서, 아빠로서, 제자로서, 선생으로서, 운전하는 자로서, 남자로서 갖는 삶이 상황들의 중층성이 빚어내는 어긋남과 불협화음들을 통해 형성되지만, 그 다양한 삶의 이야기들이 내 삶의 이야기 속에서 '나'를 관계로 엮어지기에 또한 '관계적relational'[71]이기도 하다. 특별히 이정용은 자신의 책에서 아시아계 미국인으로서 갖는 이중적 정체성을 다원주의적이고 관계적인 '나'의 정체성 구조로 제시한다. 이 이중적 정체성은 한국계 미국인만 갖는 이중성은 아니지만, 그 이중성으로 인해 야기되는 삶의 무게와 고통의 이야기가 그와는 다른 이중적 정체성을 짊어진 이들에게 '같지만 다른 이야기'로 공감된다. 바로 이 공감은 그들이 미국 사회에서 겪는 주변적 신분의 이야기이며 이는 그들의 '고난, 거절, 차별 그리고 억압'[72]의 이야기들이라는

68) Lee, *Marginality*, 2.
69) Lee, *Marginality*, 2.
70) Lee, *Marginality*, 8.
71) Lee, *Marginality*, 8.
72) Lee, *Marginality*, 9.

공통의 삶의 구조로부터 비롯된다. 이중적 정체성으로 인한 차별의 고통은 우리의 인종 이해 혹은 인간 이해가 혹은 중심부를 차지한 이들의 인간 이해가 단일한 정체성으로 엮어진 정형화된 인간 이해를 근간으로 하고 있기 때문이다. 그 단일하고 정형화된 인간 이해가 차별적 구조의 근간이 되는 이유는 그들의 범례화된 인간 이해 규격에 들어맞지 않는 범주의 인간들을 주변화시켜, 차별하고 억압하기 때문이다. 이러한 차별적 인간 이해 하에서 주류majority와 비주류minority는 인구수나 인구 비율의 문제가 아니다. 정형화된 인간 이해의 범주에 맞는 이들이, 그 귀속 집단에서 인구의 몇 퍼센트를 차지하는지와 상관없이, 바로 주류를 형성한다. 또한 아무리 많은 숫자의 인구라 할지라도, 그 모범화된 범주의 인간에 속하지 않는 이들은 비주류 곧 종속된 집단이 된다. 이러한 사례의 가장 극단적인 경우를 우리는 남아프리카 공화국에서 있었던 인종차별주의의 역사에서 찾아볼 수 있다. 수적 소수인 유럽계 사람들이 주민의 대다수를 차지하는 아프리카계를 지배하며, 주류로 군림하였다. 이러한 주류/비주류의 인종주의 이분법이 작동할 수 있었던 것은 바로 우리의 중심/주변을 이분법적으로 사고하는 버릇이 스테레오타입, 즉 고정관념을 통해 중심을 주변보다 중요한 것으로 보도록 만들었기 때문이다.[73)]

이정용은 이 고정관념의 전복을 그의 책 『주변성』(*Marginality*)에서 시도하고 있다. 모든 인간에게는 중심을 고정시켜 놓고, 그 중심에 자신을 동일시시키면서, 그 중심부에 귀속되지 못하는 다른 이들을 차별하려는 인식적 성향이 내재해 있다고 말하면서, 이정용은

---

73) Lee, *Marginality*, 30.

각 제종교의 창시자들은 바로 이 중심성의 우상으로부터 인간을 해방시키고자 하였다고 보았다.[74] 이정용은 그동안 무시되고 외면받았던 주변부와 주변의 삶과 영혼들의 중요성을 부각시키기 위하여 의도적으로 '주변성'을 보다 더 강조한다고 말한다. 이러한 강조를 통해 중심으로 치우쳐 있는 균형을 회복시키고자 함이다. 하지만 원칙적으로 중심과 주변은 서로를 통해 창출되고 존재한다. 사실 중심이란 고정된 것이 아니다. 특정의 중심만을 중심이라고 고집하는 것은 자기중심적 시각으로 세계를 분별하려는 모든 유기체의 생물학적 본능인지도 모른다. 각자가 각자의 자리를 '중심으로' 세계를 구성해 나간다는 사실을 염두에 둔다면, 사실 중심은 하나가 아니다. 따라서 다중심성("multiple centers"[75])을 통해 세상을 구성한다면, 모든 자리는 곧 중심이고 주변이다. 자기중심으로 볼 때, 각자의 자리는 중심이지만, 타자의 눈에는 '주변'이다. 문제는 이러한 중심/주변 구별의 상대성을 인정하지 않고 자신의 터만이 중심이라고 고집하고 강요하는 문화 제국주의의 이력이 여전히 지구촌 자본주의의 시대에 강력하게 남아 있어서, '차이difference'를 차별과 특권의 조건으로 삼으려는 전략이 사람들의 마음을 강력하게 사로잡고 있다는 것이다. 즉 성적, 인종적, 경제적, 정치적, 교육적, 직업적, 연령적 차이들이 자신의 고유한 조건들을 특권화시키고 군림하려는 욕망으로부터 독립되어 해방되지 못하고, 기존 체제 안에서 야합하고 결탁하는 구조를 갖는다는 것이다. 그래서 '주변성의 경험'은 나-중심주의로부터 벗어나 내가 주변부된 입장에서 상

---

74) Lee, *Marginality*, 31.
75) Lee, *Marginality*, 32.

대방의 차이를 이해하는 경험이 되는 것이 아니라, 권력과 특권의 기제로부터 '소외받는alienated' 경험이 되거나, 그들을 억압하는 지배자의 경험이 된다. 그래서 'WASP'76) 즉 앵글로 색슨계 백인으로서 개신교인white Anglo-Saxon Protestant은 근대 제국주의 시대로부터 물려받은 특권과 권력을 21세기 다국적 자본주의 시대에서 영속화하기 위해 기를 쓰는 '중심부의 사람'으로, 그 범주에 들지 못한 이들은 식민지 백성의 유산을 물려받아 억눌리고 억압받는 자의 저주받은 삶을 짊어진 주변부의 사람이 된다. 그리고 세계는 그 둘로 갈라진다.

다인종 다문화 사회 속에서 이상의 주변화 과정이 이루어지는 단계를 로버트 파크Robert E. Park는 "경쟁, 갈등, 적응 그리고 동화"의 4단계로 도식화한 바 있다. 이는 미국 문화를 '거대한 도가니the big melting pot'로 보면서, 다인종 다문화가 결국 하나로 동화되어 거대한 혼합 문화로 나아갈 것이라는 예측이다. 이정용은 파크의 모델에서 '주변화' 혹은 주변성이 전체 동화 과정들 속에서 "단지 하나의 임시적 조건과 하나의 '사이in-between' 단계"로 간주되고 있음을 주목한다.77) 즉 주변성이 출현하는 것은 전체 동화 과정이 아직 완전히 종결되지 않았음을 의미하는 것으로 파크의 모델은 보고 있다. 바로 이것이 파크 모델의 결함이다. 우리는 미국 문화 속에서 아프리카계 미국인들이나 혹은 미국 원주민들의 경우에서 보듯이 비주류 혹은 소수자들로 간주되는 인종이나 문화가 전적으로 동화되어 소멸되거나 주류 문화의 일익으로 편성되는 경우를 거의 보지 못한다.

---

76) Lee, *Marginality*, 35.
77) Lee, *Marginality*, 36.

오히려 비주류의 문화는 거대한 주류 문화의 압박에서 스스로 사라지거나 혹은 저항하거나 하는 기로에 놓이게 되며, 보다 더 주목할 것은 그들의 문화적 저항은 결코 사라지지 않는다는 사실이다. 미국 원주민들의 문화가 쇠퇴하긴 했지만 사라진 것은 아니며, 그들에 대한 억압과 박해의 기억들이 잊혀지는 것도 아니다. 또한 아프리카계 미국인들이나 라틴계 미국인들의 경우 점차 그 인구 숫자를 더해 가면서, 이제는 앵글로-색슨 중심의 미국 주류 문화를 넘보고 있다. 그럼에도 불구하고 그들의 문화는 여전히 억압과 박해와 핍박의 기억들을 잊지 않고 있으며, 따라서 파크의 경우처럼 단순히 완전한 동화의 최종 단계를 그려내는 것은 비현실적이다. 그럼에도 불구하고 파크의 모델은 인종적 문화적 주변화marginalization 과정을 조망해 볼 수 있는 모델을 제공해 준다는 점에서 기여가 있다. 중요한 점은 바로 '거대한 도가니 이론'의 실패가 주변화로 귀결되었다는 사실이다.[78] 거대한 도가니 모델은 곧 유럽인들, 보다 구체적으로, 앵글로-색슨 계열의 유럽 이주민들을 중심으로 한 모델과 이론이었다. 따라서 그에 기반한 동화이론은 결국 다른 문화와 인종들이 동화 과정을 통해 사라질 것을 예고한 셈이다.

동화이론이 예측하는 첫 번째 단계는 '경쟁'이지만, 이러한 경쟁 단계는 그 전에 '만남encounter'의 단계를 전제한다. 이 만남의 단계는 단지 중성적이고 객관적인 만남이 아니라, 기존 문화의 주변부로부터 출현하는 이에게는 중심 집단의 주류 문화를 받아들이고, (자신의) 주변 집단의 소수 문화를 거절하라는 압박의 경험으로 일관된다.[79] 이러한 만남의 단계를 지나면서, 조성되는 경쟁의 단계

78) Lee, *Marginality*, 37.

란 곧 "연약하고 가난한 자를 주변화시키는" 과정일 수밖에 없다.[80] 대중 매체들은 이 경쟁 단계를 통해 성공한 소수 문화의 사람들을 부각시키지만, 그렇게 성공의 스포트라이트를 받는 소수의 사례들을 선전함으로써 이 경쟁의 체계가 담지한 억압의 기제를 은폐하고, 성공하지 못한 자들의 삶을 '실패'로 규정하며 책임을 그들 자신에게 전가하려는 기존 기득권 중심 체계의 전략을 답습하고 있을 따름이다.[81] 더 나아가 기존 문화가 '차별주의'의 기제를 담지하고 있다면, 적응이란 바로 차별의 기제가 얼마나 치밀하고 철저한지를 깨닫는 단계에 다름 아니다. 주변부 문화의 사람들이 중심부 문화에 적응하려고 노력하면 할수록, 인종차별의 기제들은 그들을 더욱더 소외시킬 따름이다. 바로 이러한 소외의 경험은 유색인종의 이주민 2세대들의 삶 속에 절절히 배어 있다. 따라서 적응이란 이 차별의 기제에 철저히 적응하고 순응하며, 자신들의 상처와 아픔에 재갈을 물리고 침묵하며 살아가는 삶을 강요하는 것 이외에 다름 아닌 것이다. 따라서 파크 모델은 주변부를 살아가는 사람들의 경험을 담아내지 못한다.

여기서 이정용은 다인종 다문화 속에서 주변부를 살아가는 사람의 경험을 '사이in-between' 경험이라 제시한다.[82] 이는 자신이 인종적으로 물려받은 소수민 문화와 자신이 살아가는 땅의 주류 문화 사이에서 양쪽에 귀속되어 있지만, 역설적으로 그렇기 때문에 그 어디에도 속하지 못하는 경험이다. 미국인의 국적을 갖고 있기에

79) Lee, *Marginality*, 39.
80) Lee, *Marginality*, 39.
81) Lee, *Marginality*, 40.
82) Lee, *Marginality*, 43.

미국인이지만, 인종적으로 주류 인종이 아니기 때문에 거절당해야 하는, 수용과 거절의 이중적 경험은 한국민의 정체성에서도 그대로 작동한다. 부모의 문화와 인종을 물려받았기에 한국민의 일부이지만, 미국에서 살았던 경험과 문화 탓에 그들은 온전한 한국인으로 수용되지 않는다. 그래서 그들은 한국인으로 수용되면서 거절당한다. 따라서 두 세계 '사이in-between'를 살아가는 경험은 그 어느 쪽에도 전적으로 귀속되지 못하는(neither-nor) 경험으로써, 사이를 살아가는 자는 결국 '비존재a non-being'로 간주된다.[83] 이 '실존적 비존재성existential nothingness'[84]의 경험은 그 주체에게 '자기-소외'[85]를 경험케 하며, 그렇게 소외된 자아는 두 세계 사이에서 갈가리 찢겨져 '분열된 자아divided self'[86]를 경험케 하고, 이는 곧 '문화적 정신분열증 환자cultural schizophrenic'[87]가 되게 한다.

그 어디에도 전적으로 귀속되지 못하고 '사이 세계'에서 어정쩡하게 머물러야 하는 주변인의 삶은 우리는 중심/주변의 이분법적 도식 속에서 해법을 구하려 할 경우, 부정적일 수밖에 없다. 여기서 이정용은 중심/주변의 어느 한쪽을 긍정하거나 부인하는 전략 대신 중심'과' 주변 '사이' 자체를 성찰한다. 그 주변인은 중심과 주변 '사이'에서 주변성marginality이란 곧 그 '사이'를 구성하는 '경계 자체'[88]이다. 그 '사이'는 그 자체로 어떤 실체나 존재성을 갖고 있지 않으며, 언제나 두 세계 간의 관계가 설정될 때에만 '덤으로in excess'

83) Lee, *Marginality*, 45.
84) Lee, *Marginality*, 45.
85) Lee, *Marginality*, 46.
86) Lee, *Marginality*, 46.
87) Lee, *Marginality*, 46.
88) Lee, *Marginality*, 47.

출현하는 그 어떤 것이다. 따라서 우리가 세상을 보는 시각과 관점에서 언제나 비존재로 누락되는 그 어떤 것이다. 이정용은 바로 이 '사이의 덤'을 주목한다. 왜냐하면 바로 이 '사이'를 통해 두 세계의 그 어떤 '관계'도 가능하기 때문이다. 따라서 사이에 놓여진 주변성은 하나의 '넥서스nexus'[89] 혹은 관계망이며, 스스로는 존재치 않으나 타자와의 관계 맺음 속에서 존재하는 그 넥서스에 대한 '상징'이며, 그것은 독자적인 존재를 갖고 있지 않기에 언제나 그의 존재는 관계 맺는 주체들의 조건들에 의존적이고 개방적이다.[90] 바로 이 사이의 관점으로 중심/주변의 세계를 보자면, 사이의 존재는 그 모든 곳에 다 귀속된 존재이다. 즉 그 사이의 주체는 중심과 주변 모두를 구성하는 근원적 실재로서 그 모든 곳에 '중첩in-both'된 존재이다.[91] 이 중첩성은 '사이됨'의 부정성을 보완하는 역할을 한다. 왜냐하면 중첩은 모두에 귀속된 존재감을 부여하기 때문이다. 자칭 중심의 사람들이나 자칭 주변부의 사람들이 사이에 낀 '나'의 주체를 어떻게 정의하던지 간에 이 중첩된 존재로서 주체는 자신을 스스로 '사이에서 중첩된 존재'로 적극적으로 규정해 나갈 수 있다. 사이에서 중첩된 존재로서 주변인의 정체성은 중심부에 동화되거나 저항하는 대항 세력으로서 주변부에 대한 이해를 넘어서서, 사이 존재 자체의 주체성을 드러낸다. 중심부에 대한 (긍정적으로든 부정적으로든) 관계로서 규정되는 주변부는 (현실이기는 하지만) 언제나 중심부에 종속된 존재일 수밖에 없다.[92] 사이에 중첩된 존재

89) Lee, *Marginality*, 47.
90) Lee, *Marginality*, 47.
91) Lee, *Marginality*, 49.
92) 바로 이것이 해방 신학의 한계였다(Lee, *Marginality*, 65).

는 이렇게 종속된 존재로서의 주변부적 존재에 대한 이해를 전복하여 적극적으로 사유하려는 시도이다.

따라서 '중첩된in-both' 존재로서의 사이 이해는 곧 중심/주변의 상대성을 통찰하면서, 두 세계 모두를 긍정하며 품으려는 시도이다. 이 사이에 중첩된 존재의 눈으로 다양한 문화와 인종들을 바라본다면 모든 사람은 곧 사이에 중첩된 존재로서 '주변인a marginal person' 일 수밖에 없다.[93] 그렇다면 주변인은 전일적("in-beyond" 그리고 "holistic") 존재일 수밖에 없다.[94] 그것은 곧 '사이'를 구성하는 중심/주변의 경계조차도 넘어서서 그 모든 존재의 상대성들을 품고 조망하는 자리이다. 이는 곧 중심/주변의 상대성이 엮어내는 그 모든 차이들을 조화로 품는 것을 말한다.[95] 이를 기술하는 전통적 어휘는 '초월'이지만, 그러나 이 초월은 그 모든 차이들을 뛰어넘어, 차이 없는 저 세상으로 넘어가는 것이 아니라, 지금 여기 이 세상의 모든 차이들 속으로 깊이 들어가 그것을 갈등이나 경쟁으로 풀기보다는 조화로 풀어낼 수 있는, 그래서 그 모든 차이가 차별로 나아가지 않도록 하는 사람으로서, 그런 방식으로 그는 '해방된 사람a liberated person'이 된다.[96] 그 해방된 사람은 곧 사이("total negation")와 중첩("total inclusion")의 역설을 넘어서는 사람이다.[97]

---

93) Lee, *Marginality*, 53.

94) Lee, *Marginality*, 60.

95) Lee, *Marginality*, 63.

96) Lee, *Marginality*, 63; 주목할 것은 여기서 이정용은 '혼종된'(hybrid) 존재를 긍정적으로 평가하지 않는다(Lee, *Marginality*, 64). 오히려 그의 '전일적 초월적'(in-beyond) 존재는 혼종성에 머물지 않고, 혼종성을 '조화'라는 이상으로 각색한 존재가 된다. 혼종성 자체를 긍정하는 것이냐 아니면 혼종성이 아닌 또 다른 이상의 모습을 추구하느냐에 따라 이정용과 바바는 궤를 달리한다.

3. 저항의 전략으로서 모방과 혼종성 - 호미 바바

호미 바바Homi Bhabha는 이정용의 중심/주변의 이분법을 제국/식민지의 이분법으로 보았다. 제국/식민지의 이분법은 제국에 대항하는 담론으로서 민족 담론을 탈식민지 담론으로 삼도록 만든다는 점에서 제국/식민지의 지배/종속 구조를 근원적으로 극복하도록 만드는 것이 아니라 도리어 그 구조에 길들여지도록 만든다. 힐라스가 1960-70년대의 대항 문화 운동이 자본주의 문화와 불가분리의 관계 구조를 형성한다고 말했듯이 말이다. 바바의 관점으로 지금까지 계급 해방 운동이나 성 해방 운동 등은 지배 구조에 반하여 대항 담론의 구조를 형성해 왔기 때문에 그 이분법적 구조를 탈주하려고 하면 할수록 더 그 구조에 얽매일 수밖에 없는 속성을 담지하고 있었다. 따라서 바바는 탈식민주의 담론의 현장에서 역설적으로 제국 담론에 종속된 대항 담론이 아닌 제삼의 담론 형성을 추구하면서, 탈식민주의 운동의 주체를 새롭게 정위해야 할 필요성을 느꼈다. 말하자면, 그것은 계급과 성 범주의 특이성으로부터 '주체 정위subject position'[98]로의 이동이었는데, 그 이동은 "본래적이고 시원적인 주체성들의 이야기들을 넘어"[99] 사유할 필요를 불러 일으켰고, 이 필요성은 특별히 문화적 차이들이 세밀하게 느껴지는 자리에서 더욱 절실해 지고 있다. 이 문화적 차이들의 '틈새들interstices'[100]이 드러나는 자리에서 이전 시대의 담론의 경계들, 특별히 민족과 공

97) Lee, *Marginality*, 67.
98) Homi K. Bhabha, *The Location of Culture* (London: Routledge, 1994), 1.
99) Bhabha, *The Location of Culture*, 1.
100) Bhabha, *The Location of Culture*, 2.

동체와 문화 담론들의 경계들은 서로 간주관적으로 협상negotiate하고 있는 것으로 나타나며, 그 협상의 경계선들 위에서 주체는 인종적, 계급적, 성적 차이를 구성하는 부분들의 총합 '사이에서in-between'[101] 또는 그 총합을 초과하는 잉여로서 형성된다. 이 "문화적 약정의 조건들terms of cultural engagement"은 "수행적으로performatively 생산된다."[102] 말하자면, 문화적 차이는 주어지는 것이 아니라 주체들의 협약을 통해 수행적으로 생산된다는 것이다. 이는 곧 문화적 차이와 주체의 특이성은 '복잡하고 계속적인 협약'으로서 역사 형성 과정(들)을 통해 '문화적 혼종성들의 인가를 모색하는'[103] 과정임을 말하는 것이다.

다시 말하자면, 지배자의 주체와 종속자의 주체는 서로 절대 구별 분리되어 있는 것이 아니라, 서로의 구조 안에 상대방의 구조를 반영 반추하고 있으며, 그렇기에 서로 대적할 때조차도 서로를 바라보며 각자의 정체성을 협상하고 있다는 것이다. 그러한 협상을 통해 그 주체들의 문화는 혼종화hybridization 과정을 겪을 수밖에 없고, 이 혼종화 과정을 통해 문화는 시대의 주체를 새롭게 형성해 나간다. 이러한 문화적 혼종성의 역동성은 곧 그 시대 체제 속에서 소수자의 삶에 동반되는 '우발성과 모순성의 조건들the conditions of contingency and contradictoriness'[104]을 통해 정체성의 경계를 재기입reinscribe하는 전통의 힘에 기반한다. 이 역동성을 통해 한 문화의 과거는 새로운 자리에 정초되며, 이는 곧 이질적인 문화적 시간들을 전

101) Bhabha, *The Location of Culture*, 2.
102) Bhabha, *The Location of Culture*, 2.
103) Bhabha, *The Location of Culture*, 2.
104) Bhabha, *The Location of Culture*, 2.

통 체제에 도입하여 새롭게 만들어내는 과정을 말한다.

그렇다면 이 혼종화 과정의 주체는 기존의 지배 문화가 아니라, 안정적으로 정주하기를 희구하는 기존의 지배 문화를 뒤흔들어 이질적인 문화의 시간들을 기존 전통 속으로 재기입할 필요성을 창출하는 피지배자들의 주체이다. 종속된 자들은 그렇게 지배 문화를 유인하기 위해 힘으로 지배자의 주체를 뒤흔들기보다는, 오히려 유혹하고 모방하고 그리고 교묘히 혼합한다. 그래서 그들의 주체성을 발휘하는 전략은 언제나 지배 담론의 구조를 그대로 모방하지만, 그 모방 속에 해학과 풍자를 담아 뒤집기subversion를 시도한다. 이러한 과정을 통해 문화적 차이는 '소수자의 정체성들의 생산the production of minority identities'[105]으로서 집단이 표상되는 과정에서 분열되어 독자성을 확보한다. 이 '차이'를 생산해내는 '사이 길interstitial passage'[106]은 전통 체제의 고정된 '정체성들' '사이between'에서 유래하며, 바로 그 '사이'에서 "가정되거나 부여된 위계질서 없이 차이를 받아들이는 문화적 혼종성cultural hybridity의 가능성을 열어준다."[107]

문화 속에서 융합 혹은 혼종의 가능성이란 곧 기존 체제나 관념들의 경계를 넘어가는 것을 의미하며, 이 경계 '너머beyond'는 때로 진보나 미래의 약속을 의미하기도 하지만, 적어도 문화적 혼종의 맥락에서는 현재와 혹은 현재로부터 '분리와 탈구'를 의미한다.[108] 우리 시대 문화를 표기하는 용어들 "post-"는 '이후after'라는 의미

105) Bhabha, *The Location of Culture*, 3.
106) Bhabha, *The Location of Culture*, 4.
107) Bhabha, *The Location of Culture*, 4.
108) Bhabha, *The Location of Culture*, 4.

보다는 이 '너머'의 뜻에 더 가깝다. 이 '너머'가 현실적으로 구체화되는 곳이 바로 국경이다. 그 국경 지대에서 우리 시대 지구촌은 "탈식민지 이주의 역사, 문화적·정치적 디아스포라의 이야기들, 소작농과 토착 공동체들의 거대한 사회적 퇴거displacement, 추방자와 망명자의 시학, 정치경제적 난민들의 냉혹한 산문"109)으로 구성되어진다. 그리고 바로 그 국경에서 혼종성의 출현을 가능케 하는 어떤 것이 출현한다. 이 경계선 너머로부터 도래하는 혼종성hybridity은 현 경계선을 구성하고 유지하는 현 체제의 담론을 조롱하며, 그 핵심 담론인 '순수성의 신화', 예를 들어 '순수한 백의민족'과 같은 순혈주의 민족주의 담론의 기반에 도전하고 있다. 그 경계선상에서 순수성 담론을 넘어 새로이 등장하는 혼종성의 운동은 결코 매끄러운 전이 과정을 나타내는 것이 아니라, 오히려 '강제 추방과 분리의 과정'110)이다. 순수성의 체제를 지키려는 경계 체제는 이질적인 것과의 교합을 부인하고 억압하지만, 그러한 부인과 억압은 금지된 것을 수행하고자 하는 욕망과 그를 실현할 자유를 부추김으로써, 그것이 억압하고자 하는 이종교배hybrid를 막지 못한다. 이 이종교배를 통해 탄생하는 혼종들은 기존 경계 체제로부터 비하적으로 외면당하고, 그들은 늘 시스템의 경계 밖으로 추방되어, 존재하지 않는 존재로 살아간다(인도의 달릿, 이주민 노동자, 외국인 며느리, 화냥년, 정신대 등). 이 혼종성의 시공간은 결국 집과 세계의 재배치를 의미하는데, 이는 그 '너머'의 개입이 야기하는 '현존성presencing' 때문에 창출되는 '낯섦unhomeliness'을 의미한다. 이 낯섦은 노숙자the

109) Bhabha, *The Location of Culture*, 5.
110) Bhabha, *The Location of Culture*, 5.

homeless의 삶이 갖는 낯섦과는 다른 낯섦이다. 이 낯섦은 우리가 친숙한 것으로 여겨 왔던 '세계' 속에서 문득 지금까지 보지 못했던 어떤 이질적이고 새롭고 그래서 낯선 것을 찾게 되면서 생기는 낯섦이다. 이는 경계의 내외가 이원적으로 분할되어 이중의 시간(차이)으로 구성되면서 생기는 낯섦이다. 경계 내의 친숙함과 경계 밖의 낯섦strangeness은 내외를 인식하는 주체에게 친숙함 속의 낯섦 혹은 동일성 속의 차이를 야기한다. 그리고 이 낯섦과 친숙함 '사이'가 야기하는 차이가 그 차이를 다루어 가는 전략으로서 혼종성을 배태한다. 이 낯섦과 거리를 야기하는 경계 밖 혹은 경계 너머는 실재의 바깥 혹은 세계의 바깥 혹은 집 바깥을 지시하는 것이 아니라, 사태를 인식하는 우리의 인식 체계 너머로 추방되어 복귀를 거부당한 '나' 혹은 '우리'의 거절당한 자아의 일부를 가리킨다. 그렇게 그 '바깥'은 우리의 체제가 정의하는 바깥(the outside 혹은 the beyond)이다. 그러나 실재 세계에는 내/외가 그렇게 말끔하게 구분되지 않는다. 이 낯섦의 타자성은 곧 저 바깥에 놓인 전적 타자가 아니라 오히려 내부에서 '괄호 쳐진in parentheses'[111] 그래서 이질적이고 낯선 것으로 체제에 의해 규정된 타자이다. 그래서 신체적으로는 추방되어 거리감 있게 느껴지며 접촉성을 상실한 타자이지만, 그러나 체제 담론의 틈새에 배어 있어, 비존재로 규정되면 될수록 도리어 그 비존재에 대한 지시를 통해 언제나 체제의 존재 담론에 기생한다.

이런 상황에서, 바바에게 진실the true이란 "대립적이고 상극적인 요소들의 (부정이 아니라) 협상 조건들 안에서 아고니즘agonism[112]

---

111) Bhabha, *The Location of Culture*, 17.

의 행위로 사건 도중에 대항 지식들counter-knowledges을 구성하는 의미들의 생산성, 즉 창발 과정 자체의 양가성ambivalence에 의해 언제나 표시되고 고지된다."113) 이는 곧 진실은 사건 발생 과정의 바깥에서 판별되기가 쉽지 않으며, 또한 진실에 대한 앎knowledge은 재현representation 과정의 외부에서 발생하지 않는다는 것을 의미한다. 따라서 모든 지식 담론은 그 안에 쉽사리 참/거짓, 아군/적군을 분별할 수 없게 만드는 양면성ambivalence을 담지하고 있다. 이 진실의 복잡성과 중층성은 그 글쓰기의 형식이 일구어 가는 무늬의 역사를 통하여 드러날 수 있을 뿐이다. 이는 곧 부르주아지의 논리와 노동자의 논리, 제국의 논리와 식민지의 논리를 말끔하게 선을 그어 분명케 할 수 있는 경계가 존재하지 않는다는 것을 의미한다. 왜냐하면 그 경계에서 제국의 논리와 식민지의 논리는 서로 교합하여 혼종화hybridization되기 때문이다. 이러한 중층성 때문에 역설적으로 정체성의 위기crisis of identification는 특정한 정치 시스템의 의미 작용 "내에서 특정한 차이를 드러내는 텍스트적 차이"114)로부터 비롯된다. 말하자면, 정체성의 경계를 확고히 하려는 기입의 행위가 도리어 정체성의 위기를 촉발한다는 것이다. 이 과정에서 비평의 언어가 중요하고 효력을 갖게 되는 것은 그 언어가 주인과 종의 언어를 명확하게 구별시켜 주기 때문이 아니라, "기존의 대립 근거들을 극복하면서 번역의 공간을 열어주기" 때문인데, 바바는 이 번역의 공간을 동일자의 자리도 타자의 자리도 아닌 제삼의 공간, 즉 '혼종성

---

112) 아고니즘(agonism)은 정치 이론에서 갈등하는 국면의 긍정적이고 창조적인 측면을 부각시켜 보는 이론을 말한다.

113) Bhabha, *The Location of Culture*, 22.

114) Bhabha, *The Location of Culture*, 23.

의 자리'라고 부른다.[115] 대립적이고 상극적이고 모순적인 요인들의 협상이 바로 이론이 일으키는 사건이며 이를 통해 새로운 번역, 즉 혼종의 공간이 열리고, 지식과 대상 혹은 이론과 실천 사이의 부정적인 양극성이 분쇄된다. 여기서 바바의 이 혼종성의 자리는 데리다의 차연différance의 자리에 매우 근접하다. 왜냐하면 협상은 승화나 초월의 궁극적인 자리를 가리키지 않으며 우리의 모든 (협상) 시도가 끝없는 '반복의 구조the structure of iteration'[116]를 갖고 있음을 함축하기 때문이다. 이러한 협상의 반복적 구조는 우리가 정치적 이상으로 삼는 순수한 대상은 존재하지 않으며, 모든 이상과 입장은 '의미의 번역과 전이 과정'[117] 속에 있고, 번역된 의미는 고정되는 것이 아니라, 변화하는 협상 환경 속에서 언제나 지워지기 마련이라서, 대상은 언제나 타자와의 관련성 속에서만 드러나며 비판행위를 통해 전치되어진다. 결국 고정된 가치와 질서는 존재하지 않는다. 가치와 질서와 이상이란 언제나 타자와의 관련성을 통해서만 의미 맥락을 갖게 되며, 이는 가치의 형성이란 결국 주어진 상황 속에서 '정도'를 협상해 나가는 과정을 의미하며, 결국 동일자the One도 타자the Other도 고정되어 존재하는 것이 아니다. 그것은 끝없는 번역과 전이 과정을 배태하는 혼종성hybridity으로서 자취를 드러낼 뿐이다. 최종의 목적인은 없다. 단지 과정만이 주어질 뿐이다.

여기서 차이와 타자성조차 고정되어 있는 것이 아니라는 사실을 주목해야 한다. 차이와 타자성은 "특정한 문화적 공간의 환상 혹은 서구의 인식론적 위기를 분쇄하는 이론적 지식 형태의 확실성"[118]

---

115) Bhabha, *The Location of Culture*, 25.
116) Bhabha, *The Location of Culture*, 26.
117) Bhabha, *The Location of Culture*, 26.

으로 등장한다. 이 차이와 타자성이 모든 시대를 위한 이상과 해결책으로 등장한다면, 이것은 종래의 동일성과 동일자 담론이 구축했던 지배 담론을 타자의 이름으로 반복하는 것에 불과할 것이다. 결국 차이와 타자성의 담론도 그의 '위치location'를 혹은 상황성을 망각하지 말아야 한다. 말하자면 오리엔탈리즘 담론은 그것이 근대 서구의 관념론을 비판하고 해체하는 '인용의 자리a site of citation'[119]에서 조망될 때 적실성relevance을 갖지만, 모든 차이와 상황에 맹목적으로 적용된다면 그것은 근대 서구의 지배 담론을 소위 '동양'의 이름으로 반복하는 꼴에 불과하다는 말이다. 탈식민지 담론이란 제국의 식민지 담론의 반대 혹은 타자로서 인식되어서는 안 된다.[120] 식민 백성들의 담론은 식민지 권력에 대항하면서 토착 전통의 순수성을 대안으로 내세우는 시도가 아니다. 탈식민지 담론은 식민지 권력의 지배 아래서 식민 백성들의 토착 전통이 일정 부분 '돌연변이와 번역transmutations and translations'[121] 과정들을 거친다는 사실을 유념한다. 그것은 곧 제국의 식민지 지배 담론을 모방하여 혼합시키는 과정을 통해 형성되는 것이며, 이를 통해 출현하는 것은 동일자도 타자도 아닌 바로 그 혼종hybrid이다.[122]

---

118) Bhabha, *The Location of Culture*, 31.

119) Bhabha, *The Location of Culture*, 32.

120) '탈식민성'(Postcoloniality)은 "새로운 세계 질서와 다국적 노동 분화 내에 영속하는 '신-식민적'(neo-colonial) 관계들에 대한 건전한 암시"이다(Bhabha, *The Location of Culture*, 6). 바바의 탈식민지 담론은 지식 엘리트의 이론과 현장 활동가의 참여 사이의 이분법이 결코 서구와 동양의 이분법을 극복하는 건전한 이분법이 아님을 분명히 한다. 오히려 탈식민지를 추구하는 정치적 글쓰기의 형식은 다양할 수 있으며, 일정한 형태의 글쓰기만을 탈식민지적 참여의 저항 운동으로 획일적으로 구분하고 인식하는 것이 현 지배 체제의 억압 구조를 공고히 하는 길이라고 본다(Bhabha, *The Location of Culture*, 21).

121) Bhabha, *The Location of Culture*, 32.

혼종성을 문화적 다양성의 맥락에서 이해한다면 종교적 혹은 문화적 혼합주의syncretism일 것이다. 여기서 바바는 '차이difference'와 '다양성diversity' 개념을 구별지어 이해한다. 즉 우리가 추구해야 할 것은 문화적 차이이지 문화적 다양성이 아니라는 것이다. 그에 따르면, 문화적 다양성이란 '인식론적 대상'으로서 문화를 '경험적 지식의 한 대상'으로 간주하는 것을 말한다.[123] 즉 문화적 다양성이란 기존하는 문화의 내용들과 관습들을 인지하는 것이다. 이에 반해 문화적 차이란 문화를 "문화적 정체성의 체계 구축에 적합한, 진정하고 분별가능한" 것으로 간주하면서, 문화를 언명하는 과정이다.[124] 이는 '문화적 권위의 양가성the ambivalence of cultural authority'을 주목하는 것인데, 문화적 차이란 사실 다른 문화와의 차이를 드러냄으로써 자신의 문화가 지닌 "주권supremacy의 이름으로 지배하려는 시도"이며, 이때 문화의 권위란 차이를 언명하는 과정 속에서 배어나는 것이다. 이 언명은 필연적으로 분열split을 낳기 마련인데, 말하자면 문화적 이상으로서 표상되는 모델 즉 전통이나 공동체 등과 같은 것의 고수를 통해 문화적 기득권을 확보하려는 전통주의자와 새롭게 바뀐 문화 환경 속에서 그러한 전통적 가치와 이상에 대한 저항으로 등장하는 필연적인 부정negation 사이의 분열 말이다. 바로 이 분열된 자리에서 문화의 '협상'이 시작된다. 이 자리는 불안정하고 혼동스런 자리이지만, 동시에 기존의 기득권으로부터 배제된 자들이 기득권 담론의 모방과 흉내를 통하여 자신들의 존재를 해방시키는 자리, 곧 '해방의 시간'이기도 하다. 그래서 이 자리를

122) Bhabha, *The Location of Culture*, 33.
123) Bhabha, *The Location of Culture*, 34.
124) Bhabha, *The Location of Culture*, 34.

바바는 '문화적 불확실성의 시간'이라 말한다.[125] 결국 문화적 차이의 언명은 이 분열 즉 과거와 현재의, 그리고 전통과 현대의 그 이원적 분할을 문제 삼는 것인데, 이는 "현재를 의미화하는 가운데 어떤 것이 전통의 이름으로 어떻게 반복되고, 재배치되고 그리고 번역되는가의 문제"를 말한다.[126] 이는 전통이라는 가면을 쓰고 반복되는 착취와 지배의 굴레를 어떻게 벗겨낼 것인가의 문제뿐만 아니라 또한 부여되는 문화적 상징들과 아이콘들의 획일화 효과 문제를 어떻게 다루어 갈 것인가에 대한 의식을 포함한다. 바로 이 자리에서 문화는 단순히 무의식적으로 만개하는 그 어떤 것이 아니라 바로 '정치적 투쟁으로서 문화culture-as-political-struggle'임이 극명하게 드러난다.[127] 문화는, 바바의 표현에 의하면, "그 자체로 일원적이지도, 또한 타자Other에 대한 자아Self의 관계 속에서 단순히 이원적이지도 않다."[128] 기득권 담론의 모방과 흉내가 기득권으로부터 배제된 자들의 해방의 수단이 되는 것은 바로 우리 언어와 표현이 단순한 반복의 구조가 아니라, 데리다의 말처럼, 차이 혹은 차연의 구조를 담지하고 있기 때문이다. 따라서 언어의 차연 구조를 통해 표상되고 전달되는 의미도 단순한 모방이거나 절대적 투명성을 확보할 수는 없다.

언어의 차이 구조는 근원적으로 "명제의 주체와 언명의 주체 사이의 분리"를 통해 일어난다.[129] 즉 문장의 진술 속에 표시되는 '나'는 그 명제를 언명하고 있는 '나'와 전적으로 동일하지 않으며,

---

125) Bhabha, *The Location of Culture*, 35.
126) Bhabha, *The Location of Culture*, 35.
127) Bhabha, *The Location of Culture*, 35.
128) Bhabha, *The Location of Culture*, 36.
129) Bhabha, *The Location of Culture*, 36.

이 언명의 주체로서의 '나'는 진술 속에 표상되어지지 않지만 그럼에도 불구하고 그 주체는 진술 안에 체현되어 언명하는 주체가 귀속된 특정한 시간과 공간을 명제의 주체로 혹은 명제의 주체의 행위인 듯이 노출한다. 의미의 생산이란 곧 이 두 자리, 즉 명제의 주체의 자리와 언명 주체의 자리가 "문장 속에서 제삼의 공간a Third Space을 통해 이동되는mobilized" 것인데, 이 제삼의 공간은 "그 자체로 의식적일 수는 없"다.[130] 이 제삼의 공간은 재현되지 않으며, 문화의 의미와 상징 구조가 고정되지 못하도록 만들며, 양가적 과정을 통해 의미와 상징들이 전용되어 번역되고 새롭게 역사적으로 적용되어지게 한다. 이 제삼의 공간에서 명제의 주체, 즉 진술되는 명제의 '나'는 결코 언명의 주체인 '나'에게 말을 걸지 못하고, 언명의 주체는 결코 드러나지 않지만 "담론의 도식과 구조 속에 공간적 관계로 머무르고 있다."[131] 이 주체의 분열은 언설의 의미가 결코 '동일자나 타자'의 것이 될 수 없음을 의미하며, 오히려 의미는 언제나 양가성을 담지 할 수밖에 없음을 가리킨다. 왜냐하면 "명제의 내용은 그 명제의 위치성의 구조를 드러낼 방법이 없으며", 또한 "상황context은 그 내용content으로부터 모방적으로 읽혀질 수 없기 때문이다."[132] 이 분열된 주체는 곧 "혼종적 정체성의 담지자"가 된다.[133] 두 부열된 주체 '사이'는 간주체적intersubjective 공간이 되며, 이 '사이in-between'[134] 공간은 주체가 그의 분열을 통해 자신의 정체성을 협상해 나가는 공간이 된다.

---

130) Bhabha, *The Location of Culture*, 36.
131) Bhabha, *The Location of Culture*, 36.
132) Bhabha, *The Location of Culture*, 36.
133) Bhabha, *The Location of Culture*, 38.
134) Bhabha, *The Location of Culture*, 38.

III. 집 없는 자들의 집을 위하여

우리 시대, 즉 탈근대의 시대 혹은 포스트모던의 시대를 특징짓는 '곤궁'은 바로 '모든 곳에 귀속되어 있지만 동시에 그 어디에도 귀속되지 못하는 역설적 귀속감belonging'이다.135) 전통적인 형식의 귀속감을 부여하던 체계는 이미 무너져 내렸고, 그래서 새로운 질서가 우리를 귀속하고 있지만, 그 체제는 역설적으로 우리에게 귀속할 시간과 공간을 특정하지 않는다. 그것은 모든 이들에게 열려 있는 자유로운 체제이지만, 역설적으로 그 누구에게도 진정한 귀속을 허락하지 않는 그래서 모든 이들을 체제로부터 소외시키는 혹은 추방하는 체제이다—지구촌 상업적 자본주의의 체제. 이렇게 모든 것이 '우리'를 추방하는 체제 속에서 우리에게 귀속감을 부여하는 '집home'을 찾는 것은 '집만한 곳은 없다.'는 막연한 우리의 원초적 갈망이 아니라 '더 이상 그런 곳은 존재하지 않는다.'는 처절하고 치열한 의식이다. 그러한 치열함을 살아나가다 보면, 결국 진정한 '집'은 주어지는 것이 아니라 우리가 만들어 나가야 한다는 것, 그래서 우리가 살아갈 그 모든 곳이 집이 될 수 있다는 것, 그리고 그것의 여부는 결국 우리 자신에게 달려 있다는 것을 절감하게 된다.136) 비슷한 맥락에서 모든 창조성은 결국 '무에서 유를 창조하는 어떤 비범한 능력'으로부터 오는 것이 아니라, 예전의 것을 편집하고 구성하는 눈썰미이다. 하지만 (왜곡된 동기로부터) 우리의 학문적 업적

---

135) Amal Treacher, "Welcome home: between two cultures and two colours," *Hybridity and Its Discontents: Politics, Science, Culture*, ed. by Avtar Brah and Annie E. Coombes (London: Routledge, 2000), 105.

136) Treacher, "Welcome home," 106.

을 평가하고 저작권 문제를 중시하는 현재 우리의 지적 환경은 마치 창조성은 무에서 유를 창조하는 신적인 작업으로 숭앙받으면서, 그러한 경지를 드러내지 못하는 거반의 학인들을 '학문의 이름으로' 억압하는 억압기제가 되어 간다.137) 그러한 억압 속에서 지식인들은 자신들의 집이 더 이상 집이 아님을 절감한다. 집이 낯설어지면….

이상의 세 학인의 글을 소개하는 과정에서 필자는 그들이 공통적으로 연출하는 기제를 보게 된다: 이중 구속double bind. 힐라스는 소비적 자본주의와 표현주의적이고 인문주의적인 가치가 이 관계 속에 있다고 보았고, 이정용은 중심 담론과 주변부 담론이 이러한 관계 속에 있다고 보았고, 바바는 제국 담론과 탈식민지 담론이 이 관계 속에 있다고 보았다. 그렇다면 그들 각각은 바로 우리 삶 속에 주어진 그 이중 구속의 관계를 넘어 '해방의 길'로 나아가는 탈주로를 모색하고 있었던 것이다. 들뢰즈Gilles Deleuze는 정주민의 문화와 유목민의 문화 간의 이 이중 구속적 관계를 간파하고, 시대를 넘어서려는 이들은 이 이중 구속 관계를 벗어나는 탈주로line of flight를 모색해야 한다고 역설한다.138)

힐라스는 그 탈주로를 전일주의적 영성holistic spirituality에서 찾는

137) 이는 우리 지식인 사회의 구태와 게으름, 부정직과 위선을 사하거나 변명하려는 의도가 아니다. 본래 교수에 대한 혹은 지식인에 대한 여러 가지 평가 기준을 제시했던 가장 큰 이유 중의 하나가 바로 지식인 사회가 고질적으로 전염되어 있는 인맥과 학연 그리고 불성실한 학문성 때문이었다. 하지만 그러한 문제를 해결하기 위해 도입된 여러 가지 제도들은 문제를 해결하기보다는 오히려 지식인 사회에서 비주류 혹은 힘을 갖고 있지 못한 자를 억압하고 추방하는 도구로서만 기능하고 있음을 주지하고자 함이다.

138) 참조 - Gilles Deleuze & Felix Guattari, *Thousand Plateaus: Capitalism and Schizophrenia*.

다. 이중 구속이 낳는 괴리와 역설을 전일성의 회복으로 극복하고자하는 뉴에이지 영성들은 소비적 표현주의와는 달리 내/외의 뒤집기(inside out/outside in)를 시도한다. 그 뒤집기를 통해 이중 구속을 유지하는 체제 담론의 위선과 괴리를 고발하면서 내외의 일치를 시도한다. 하지만 힐라스의 시도는 가난의 해소에 대한 너무 막연하고 낭만적인 기대감을 담고 있다는 점이 눈에 뜨인다. 또한 '가난'을 생명과 삶의 근원적 조건으로 보기보다는 여전히 전일주의적 영성의 추구를 통해 극복해야 할 그 무엇으로 보고 있다는 점에서 가난을 구체적으로 주제화하고 있다고 보기는 어렵다. 즉 가난은 '전일주의의 소비에 참여하는 자아'에게 여전히 '문제'로 남아 있다는 점에서 불만족스럽다. 하지만 우리가 '가난'과 '민중'을 신학의 주제로 삼아갈 때에 갖게 되는 결정적 오류, 즉 가난의 반대인 '소비주의'를 무조건 지배의 담론이나 폭력의 담론으로 규정하고 그의 부정적인 측면만을 부각시키면서 (우리도 인지하지 못하는 새에) 가난과 민중의 담론을 그에 대항하는 상황에서만 의미 있는 '편협하고 치우친' 담론으로 만들어 가는 오류를 시정해 주고 있다고 보인다. 아울러 소비문화 속에서 양극화 현상이 진행될 때에 어째서 보수적 기독교가 보수 교회가 득세하고 있는지를 설명해 주고 있다.

이정용의 공헌은 그가 '인간의 근원적 모습'을 사이, 즉 그의 용어로는 in-between, 필자의 용어로는 'betweenness'에서 보았다는 점이다. 먼저 이정용은 그 사이의 존재가 갖는 부인된 존재감, 즉 neither-nor의 경험, 그 어디에도 귀속되지 못하고 떠돌아야 하는 존재의 경험을 중첩의 경험(in-both)으로 긍정적으로 승화시키고, 이를 다시 억압의 조건마저 가슴에 품는 초월의 방식(in-beyond)으로 풀어주면서, 신학과 영성의 자리를 강조해 주고 있다. 그에게 가장 시원적인 '주변인a marginal person'은 예수이다. 갈릴리에서 아비 없이 태어나 이스라엘 공동체에서 정당한 일원으로 대접받지 못하고, 그렇다고 당대 주류 문화인 제국 로마의 일원도 아니면서, 고향의 사람들로부터 미친 자로 취급받던 그 사람의 모습 속에서 이정용은 '주변화'된다는 것이 어떤 것인지를 신학적으로 잘 설명해주고 있다. 하지만 그의 '사이'는 일종의 너무 순수하고 투명한 '사이'여서 그 사이 공간에서는 정체성의 그 어떤 혼합이나 협상도 이루어지지 않는다. 하지만 21세기 지구촌을 살아가는 이들에게 자신의 정체성은 끊임없이 협상을 요구하고 있고, 그러한 요구 이전에 스스로 협상해 나가고 있다. 왜냐하면 우리 시대 국경을 넘어 이주하는 유목민들의 숫자와 비율은 이전 그 어떤 시대보다도 높으며, 어쩌면 정주민이 아니라 유목민이 수적으로 더 주류를 형성하고 있는지도 모른다. 여기서 발생하는 문화적 혼종화의 가능성을 부정적으로 보았던 것은 이정용이 '순수성'과 '단일성' 민족의 신화를 주입식으로 물려받았던 세대에 여전히 속해 있었기 때문이라고 추측해 본다.

바바는 '사이', 그 제삼의 길을 흉내 내기와 협상을 통한 혼종화의 길로 보았다. 그는 차이들 속에 나 있는 '사이 길interstitial passage'을 걸어 나가며 배어드는 문화적 혼종성을 통해 제국과 탈식민주의 담론의 이중 구속 관계를 넘어가면서, 우리 시대 불법 체류와 이주민 노동자의 문제 그리고 소위 외국인 며느리의 문제들이 결코 단순하게 '문제'로 간주되고 해법이 제시될 수 없는 성질의 것임을 밝혀 준다. 요는 우리가 이해하고 있는 원자적 인간 이해, 즉 개체 중심적 인간 이해를 해체해야 한다는 것이다. 한 유기체 개체로서의 인간을 그를 이해하는 가장 근원적인 기본 단위, 즉 원자 단위로 설정하고 이해할 경우, 우리는 이 혼종화hybridization나 차연différance은 근원적 운동이 아니라 부차적 운동으로 간주되기 십상이다. 이것이 데리다와 들뢰즈 같은 이들이 우리의 근대적 인간 이해의 해체를 주장하고 나섰던 이유이다. 하지만 바바는 혼종화를 부각시키느라 이정용이 전개하였던 만큼의 '사이'에 대한 통찰을 보여주지는 못한다. 아마도 '사이'가 낳는 치열함을 '서로 간의 흉내 내기와 협상을 통한 혼종화'로 설명하느라, 사이의 치열함을 부각시키는 데 한계를 느꼈을는지도 모른다.

우리 시대 '가난한 자'를 말하는 방식은 더 이상 단순 소박할 수 없다. 인간의 삶이 단순하고 직선적이기보다는 복잡하고, 다양하고, 중첩적이고, 혼성적이기 때문이다. 결국 가난도 삶의 한 길이 아니던가! 가난을 말하면서, 우리는 왜 민중신학과 토착화신학이 구사하던 대항 담론의 전략이 실패했는지를 반추해 볼 필요가 있다고 여겨진다. 21세기 지구촌 자본주의 체제에서 대항 담론은 결국 제국의 지배 담론을 배경으로 해서만 자신의 고유한 자리를 부여받는다. 민중신학과 토착화신학이 지난 20여 년간 바로 이 지배 담론 체제 안에서 대항 담론으로서의 자리에 정주하려는 안일함이 배어들었던 것은 아닌지를 현대의 건설 장비를 녹색 성장으로 덧칠하는 정권이 들어서고 나서야 반성하게 된다. 그들이 말하는 지난 10년간 진보신학은 '가난'을 잊었었는지도 모른다. 가난의 치열함이 망각되었을 때, 신학은 쾌락주의의 담론보다 세상을 설명하는 데 무능하고, 사람들의 마음을 다스리는 데 힘을 갖고 있지 못하며, 인문학의 담론보다 논리적으로 치밀하지 못하다. 신학 담론은 원래부터 그 무능한 자리에서 시작되고, 끊임없이 그 무능하고 가난한 영혼들의 자리를 찾아가는 데에서 그 존재 이유를 갖는다. 가난을 말하는 다양한 담론의 필요성은 우리 시대 가난의 형상들이 다양하고 복잡해지기 때문이다. 모든 억압 중에 성적 억압이 가장 치밀하고 철저하기 때문에 우선권이 부여되어야 한다는 전대의 페미니즘 논리처럼 억압으로부터 해방을 추구하는 담론이 전대 체제의 지배 담론을 반성 없이 그대로 반복하는 일이 지속된다면, '진보'란 차라리 존재하지 않는 편이 더 나은지도 모른다. 가난을 잊은 진보신학은 지배 담론에게 더욱 강력한 표심을 심어줄 뿐이기 때문이다.

참고 도서

제1부 시대와 민중신학

한국 교회의 세계화신학을 위하여

강원돈, 물의 신학: 실천과 유물론에 기초한 신학을 향하여. 서울: 한울, 1992.

김용복, 지구화시대의 민중의 사회전기: 하나님의 정치경제와 디아코니아선교. 병천: 한국신학연구소, 1998.

Bouma-Prediger, Steven. *For the Beauty of the Earth: A Christian Vision for Creation Care*. Grand Rapids, MI: Baker Academic, 2001.

Duchrow, Ulich. *Global Economy: A Confessional Issue for the Churches?* Geneva: WCC Publications, 1987.

______. *Alternatives to Global Capitalism: Drawn from Biblical History, Designed for Political Action*. Utrecht: International Books, 1995.

Duchrow, Ulich & Hinkelammert, F. J. *Property for People, Not for Profit: Alternatives to the Global Tyranny of Capital*. London: Zed Books, 2004.

Dussel, Enrique. "World-System and Trans-Modernity." *Nepantla: Views from South*. 3.2. 2002.

Goudzwaard, Bob. *Globalization and the Kingdom of God*. Grand Rapids, MI: Baker Books, 2001.

Hansen, Guillermo. "Neo-liberal Globalization: A Casus Confessionis?" in Blommquist, Karen (ed.). *Communion, Responsibility, Accountability: Responding as a Lutheran Communion to Neo-liberal Globalization*. Geneva: The Lutheran World Federation, 2004.

Held, David & McGrew, Anthony and Goldblatt, David & Perraton, Jonathan. *Global Transformations*. Stanford, CA: Stanford University Press, 1999.

Kim, Dong Sun. *The Bread for Today and the Bread for Tomorrow: The Ethical Significance of the Lord's Supper in the Korean Context*. New York: Peter Lang, 2001.

Kim, Yong-bock. *Messiah and Minjung: Christ's Solidarity with the People for New Life*. Hong Kong: CCA, 1992.

The Lutheran World Federation (LWF). "Engaging Economic Globalization as a Communion," 2001.

McNeill, J. R. *Something New Under the Sun: An Environmental History of the Twentieth-Century World*. New York: W. W. Norton, 2000.

Moe-Lobeda, Cynthia D. *Healing a Broken World: Globalization and God*. Minneapolis: Fortress Press, 2002.

______. "Communio and a Spirituality of Resistance" in Blommquist, Karen (ed.). *Communion, Responsibility, Accountability: Responding as a Lutheran Communion to Neo-liberal Globalization*. Geneva: The Lutheran World Federation, 2004.

Peterson, Spike. "Rewriting (Global) Political Economy as Reproductive, Productive, and Virtual (Foucaudian) Economies," *International Feminist Journal of Politics*, April, 2002. 1-30.

Preston, Ronald. "Christian Faith and Capitalism." Ecumenical Review, Vol. 40, April, 1988. 279-286.

_______. *Confusionsin Christian Social Ethics: Problems for Geneva and Rome*. London: SCM Press, 1994.

Quijano, Anibal. "Coloniality of Power, Eurocentrism, and LatinAmerica," *Nepantla: Views from South*, 1.3. 533-580.

Robertson, Roland. "Globalization: Time-Space and Homogeneity-Heterogeneity," in *GlobalModernities*. Scott Lash and Roland Robertson(eds.). London: Sage, 1995.

Ruether, Rosemary R. *Integrating Ecofeminism, Globalization, and World Religions*. Lanham: Rowman & Littlefield Publishers, 2005.

Seel, John. "Modernity and Evangelicals: American Evangelicalism as a Global Case Study." in Sampson, Philip and Samuel, Vinay and Sugden, Chris. (eds.). *Faith and Modernity*. Oxford: Regnum, 1994.

Sen, Jai & Anita, Anand, and Arturo, Escobar & Peter, Waterman. (eds.) *The WSF: Challenging Empires*. New Delhi: Viveka Foundations, 2004.

Steger, Manfred B. "From Market Globalism to Imperial Globalism: Ideology and American Power After 9/11," in *Globalizations*, Vol. 2, No. 1 May 2005.

Stiglitz, Joseph E. *Globalization and Its Discontents*. New York: W. W. Norton & Company, 2002.

Walsh, Brian & Keesmaat, Sylvia C. *Colossians Remixed: Subverting the Empire*. Downers Grove, IL: Inter Varsity Press, 2004.

The White House. "National Security Strategy of the United States (NSSUS)." September 2002. http://www.whitehouse.gov/nsc/print/nssall.html. (accessed July 7, 2007)

World Council of Churches (WCC). "Alternative Globalization Addressing Peoples and Earth(AGAPE): A Background Document," Geneva, 2005.

다문화 사회의 떠돌이 민중에 대한 신학적 이해

그웬 커크. "여성의 진정한 안전." 두레방. 『두레방 20주년 기념 문집: 두레방에서 길을 묻다』. 서울: 도서출판 인, 2007.

〈경향신문〉 2008년 11월 8일.

기 리샤르. 전혜정 옮김. 『사람은 왜 옮겨 다니며 살았나』. 서울: 에디터, 2004.

김미선. "아시아 이주민 현황과 교회의 응답." 대한예수교장로회 총회전도부 외국인 근로자선교후원회 엮음. 『외국인 노동자 선교와 신학』. 서울: 한들출판사, 2000.

김의원. "구속사에서 본 외국 이주민." 박찬식·정노화 편집. 『21C 신유목민 시대와 이주자 선교』. 서울: 기독교산업사회연구소 출판사, 2008.

김희보. 『구약의 족장들』. 서울: 총신대학출판부, 1993.

나동광. "나그네 신학." 한국기독교신학논총 제20집(2001). 187-205.
노영상. "다문화 사회의 통합에 대한 교회적 접근: 다인종 목회에 있어 다른 문화간 다양성 속의 일치." 박찬식·정노화 편집. 『21C 신유목민 시대와 이주자 선교』. 서울: 기독교산업사회연구소 출판사, 2008.
대한예수교장로회총회전도부 외국인 근로자선교후원회 엮음. 『외국인 노동자 선교와 신학』. 서울: 한들출판사, 2000.
두레방 편. 『기지촌 지역 성매매 피해여성 상담지원 사례집』, 2005.
두레방 편. 『두레방 이야기: 두레방 15년 기념자료집』. 서울: 개마서원, 2001.
두레방 편. 『연구용역 사업보고서: 2007년도 경기도 외국인 성매매피해여성 실태조사』 2007.
〈동아일보〉 2009년 8월 6일.
류장현. "종말론적 희망과 선교." 『신학사상』 139집(2007), 109-133.
마리아 T. 매디귀드. "국제결혼: 학대로 이어지는 자격증." 두레방. 『두레방 20주년 기념 문집: 두레방에서 길을 묻다』. 서울: 도서출판 인, 2007.
박준서. "구약에 나타난 하나님." NCC 신학연구위원회 편. 『민중과 한국신학』. 서울: 한국신학연구소, 1982.
박찬식. "21C 선교환경변화와 이주자 선교의 관점과 전략." 박찬식·정노화 편집. 『21C 신유목민 시대와 이주자 선교』. 서울: 기독교산업사회연구소 출판사, 2008.
박천응. 『이주민 신학과 국경없는 마을 실천』. 서울: 국경없는 마을, 2006.
문동환. "21세기와 떠돌이 신학." 두레방. 『두레방 20주년 기념 문집: 두레방에서 길을 묻다』. 서울: 도서출판 인, 2007.
서남동. 『민중신학의 탐구』. 서울: 한길사, 1983.
〈세계일보〉 2008년 10월 28일.
아더 글라스·도날드 맥가브런. 고환규 옮김. 『현대선교신학』. 서울: 성광출판사, 1985.
안병무. 『민중신학 이야기』. 서울: 한국신학연구소, 1987.
〈연합뉴스〉 2009년 9월 3일.
왕대일. "나그네: 구약신학적 이해." 『신학사상』 113집(2001), 101-121.
외국인노동자대책 협의회 편. 『외국인 이주노동자 인권백서』. 서울: 다산글방, 2001.
유해근. "세계화와 다문화 시대 그리고 선교의 새로운 패러다임." 박찬식·정노화 편집. 『21C 신유목민 시대와 이주자 선교』. 서울: 기독교산업사회연구소 출판사, 2008.
이재분외 4명. 『다문화가정 자녀 교육실태 연구: 국제결혼가정을 중심으로』. 서울: 한국교육개발원, 2008.
이선옥. "한국에서의 이주노동 운동과 다문화주의." (사)국경없는 마을 학술토론회 자료집. 『한국에서의 다문화주의-현실과 쟁점』, 2007.
이우성. "동아시아 이주현황과 기독교적 함의." 박찬식·정노화 편집. 『21C 신유목민 시대와 이주자 선교』. 서울: 기독교산업사회연구소 출판사, 2008.
이원옥. "하나님의 자녀 모티브로 본 외국인에 대한 성경신학." 박찬식·정노화 편집. 『21C 신유목민 시대와 이주자 선교』. 서울: 기독교산업사회연구소 출판사, 2008.
이종록. "너희도 전에는 게르였다: 외국인 노동자 선교를 위한 구약성서적 이해." 대한예수교장로회 총회전도부 외국인근로자선교위원회 엮음. 『외국인 노동자 선교와 신학』. 서울: 한들출판사, 2000.

이태훈. "구약의 외국인 복지." 『구약논단』 14권 1호 (2008), 70-88.
임희모. "이주노동자에 대한 선교신학적 접근." 대한예수교장로회 총회전도부 외국인 근로자선교후원회 엮음. 『외국인 노동자 선교와 신학』. 서울: 한들출판사, 2000.
임태수. 『구약성서와 민중』. 천안: 한국신학연구소, 1993.
정중호. "고대 이스라엘 사회의 게르에 대한 연구." 『사회과학논총』 23권 1호 (계명대, 2004), 511-525.
죽재 서남동 목사 유고집 편집위원회. 『서남동 신학의 이삭줍기』. 서울: 대한기독교서회, 1999.
크리스티아나 반 하우튼. 이영미 옮김. 『너희도 이방인이었으니』. 오산: 한신대학교 출판부, 2008.
테오 순더마이어. 채수일 옮김. 『선교신학의 유형과 과제』. 서울: 대한기독교서회, 1999.
플로렌스 메이 B. 코르티나. "이주여성에게 안전한 세상을 꿈꾸며." 두레방. 『두레방 20주년 기념 문집: 두레방에서 길을 묻다』. 서울: 도서출판 인, 2007.
폴커 퀴스터. 김명수 옮김. 『마가복음의 예수와 민중』. 서울: 한국신학연구소, 2006.
한건수. "비판적 다문화주의: 한국적 다문화주의의 모색을 위한 인류학적 성찰." 유네스코 아시아·태평양 국제이해교육원 엮음. 『다문화 사회의 이해: 다문화 교육의 현실과 전망』. 서울: 동녘, 2007.
〈한겨레신문〉 2009년 9월 3일.
한국일. "21세기 바람직한 선교." 한국기독교장로회신학연구소. 『말씀과 교회』 45호 (2008), 111-140.
한국염. "인신매매성 국제결혼 이주여성에 대한 성서적 응답." 두레방. 『두레방 20주년 기념 문집: 두레방에서 길을 묻다』. 서울: 도서출판 인, 2007.
한국청소년상담원 편. 『다문화가정 청소년(혼혈청소년) 연구: 사회적응 실태조사 및 고정관념 조사』. 서울: 한국청소년상담원, 2006.
한국이주여성인권센터. 『느린 언어로의 낯설지 않는 대화: 이주여성 삶 이야기』. 서울: 한국이주여성센터, 2008.
Citron, B. *The Multitude in the Synoptic Gospels*. in: SJTh 7(1954).
Hedinger, U. Jesus und die Volksmenge, Kritik an der Qualifizierung der ochloi, in der Evangelienauslegung, im : ThZ32(1976).
Lerner, K. Lee. Lerner, Brenda Wilmoth and Lerner, Adrienne Wilmoth. editors. *Immigration and Multiculturalism: Essential Primary Sources*. Thomson Gale 2006.
Moltmann, J. *God for a Secular Society: The Public. Relevance of Theology*. Trans., by Magaret Kohl(London: SCM, 1999).
Sarup, Madan. *The Politics of Multiracial Education*. Routledge & kegan Paul plc. 1986.
United Nations High Commission of Refugees. The State of the World's Refugees, 2006.

사회윤리의 과제와 방법

강원돈. 「책임윤리의 틀에서 윤리적 판단의 규준을 정할 때 고려할 점」. 『신학연구』 41 (2000/12), 350-353.

강원돈. 「사회적이고 생태학적인 경제민주주의를 향하여」. 『지구화 시대의 사회윤리』. 서울: 한울아카데미, 2005.
고범서. 『라인홀드 니버의 생애와 사상』. 서울: 대화문화아카데미 대화출판사, 2007.
고범서. 『개인윤리와 사회윤리: 기독교 사회윤리의 방향』. 서울: 한국신학연구소, 1978.
러너, 거다. 강세영 옮김. 『가부장제의 창조』. 서울: 당대, 2004.
만하임, 칼. 林錫珍 譯. 『이데올로기와 유토피아』. 서울: 志學社, 1979.
바르트, 칼. "福音과 律法." 『恩寵의 選擇 및 福音과 律法』. 서울: 향린사, 1964.
푸코, 미셸. 박정자 역. 『성은 억압되었는가?』. 서울: 나남 1990.
플라메나쯔, 존. 진덕규 옮김. 『이데올로기란 무엇인가』. 서울: 까치, 1982.
하버마스, 위르겐. 『의사소통행위이론 2: 기능주의적 이상 비판을 위하여』. 서울: 나남, 2006.
하버마스, 위르겐. 한상진/박영도 역. 『사실성과 타당성: 담론적 법이론과 민주적 법치국가 이론』. 서울: 나남, 2007.
Althaus, Paul. *Grundriss der Ethik*. Gutersloh: C. Bertelsmann, 1953.
Apel, K.-O. *Diskurs und Verantwortung: Das Problem des Uebergangs zur postkonventionellen Moral*. 2. Aufl. Frankfurt am Main: Suhrkamp, 1992.
Arendt, Hannah. *Vita activa oder vom taetigen Leben (1958)*. 8. Aufl. Muenchen/Zuerich: Pieper Verlag, 1994.
Barth, Karl. *Der Roemerbrief*. 2. Aufl. in neuer Bearb. München: Kaiser, 1922.
Barth, Karl. *Kirchliche Dogmatik*. II/2. Zollikon-Zuerich: Evangelischer Verlag, 1942.
Barth, Karl. *Kirchliche Dogmatik*. III/4. Zollikon-Zuerich: Evangelischer Verlag, 1951.
Barth, Karl. *Kirchliche Dogmatik*. IV/3. Zuerich: EVZ-Verlag, 1965.
Honecker, Martin. *Grundriss der Sozialethik*. Berlin/New York: de Gruyter, 1995.
Bonhoeffer, D. *Ethik*. Muenchen: Kaiser, 1981.
Brakelmann, G. *Abschied vom Unverbindlichen: Gedanken eines Christen zum Demokratischen Sozialismus*. Guetersloh: Guetersloher Verlagshaus, 1976.
Brunner, Emil. *Das Gebot und die Ordnungen: Entwurf einer protestantisch-theologischen Ethik*. Zurich: Zwingli, 1939.
Bubner, R. *Geschichtsprozesse und Handlungsnormen: Untersuchungen zur praktischen Philosophie*. Frankfurt am Main: Suhrkamp, 1984.
Elert, Werner. *Das christliche Ethos: Grundlinien der lutherischen Ethik*. 2. und erneut durchges. und erg. Aufl. bearb. und hrsg. von Ernst Kinder. Hamburg : Furche-Verl., 1961.
Frey, Chr. *Die Ethik des Protestantismus von der Reformation bis zur Gegenwart*. 2. durchges. u. erg. Aufl. Guetersloh: Guetersloher Verlagshaus, 1994.
Habermas, J. "Vorbereitende Bemerkungen zu einer Theorie der kommunikativen Kompetenz." J. Habermas/N. Luhmann. *Theorie der Gesellschaft oder Sozialtechnologie: Was leistet die Systemforschung?* Frankfurt am Main: Suhrkamp, 1971.

Habermas, J. *Erkenntnis und Interesse: Mit einem neuen Nachwort*. Frankfurt am Main: Suhrkamp, 1973.

Horkheimer, Max. *Eclipse of Reason*. New York: Oxford Univ. Press, 1947.

Huber, W. *Folgen christlicher Freiheit: Ethik und Theorie der Kirche im Horizont der Barmer Theologischen Erklaerung*. Neukirchen-Vluyn: Neukirchener Verlag, 1983.

Horkheimer, Max/Theodor Adono. *Dialektik der Aufklaerung: Philosophische Fragmente* (1947). Frankfurt am Main: Fischer, 1969.

Jonas, H. *Das Prinzip Verantwortung: Versuch einer Ethik fuer die technologische Zivilisation*. Frankfurt am Main: Suhrkamp, 1984.

Kant, I. Grundlegung der Metaphysik der Sitten. *Werke in Zehn Baenden*. hg. v. W. Weischedel, Bd. 6 (Darmstadt: Wissenschaftliche Buchgesellschaft, 1975).

Kosmahl, H.-J. *Ethik in Oekumene und Kirche: Das Problem der "Mittleren Axiome""bei J. H. Oldham und der christlchen Sozialethik*. Göttingen: Vandenhoeck & Ruprecht, 1970.

Lange, D. "Schoepfungslehre und Ethik". *Zeitschrift fuer Theologie und Kirche*, Jrg. 91 (1994), 162-167.

Link, Chr. *Schoepfung: Schoepfungstheologie angesichts der Herausforderungen des 20.* Jahrhunderts. Handbuch Systematischer Theologie. Bd. 7/2. Guetersloh: Guetersloher Verlagshaus, 1991.

Luther, Matin. D. *Martin Luthers Werke: Kritische Gesamtausgabe*. Bd. 32. Weimar: Boehlau, 1906.

Marcuse, Herbert. *Eros and Civilization: a Philosophical Inquiry into Freud*. Boston: Beacon Press, 1956.

Marx, Karl. *Das Elend der Philosophie*. MEW 4. Berlin: Dietz Verlag, 1959.

Niebuhr, Reinhold. *Moral Man and Immoral Society*. New York [u.a.]: Scribner, 1960.

Rendtorff, Turtz. *Ethik 1: Grundelemente, Methodologie und Konkretionen einer ethischen Theologie*. Stuttgart [u.a.]: Kohlhammer, 1980.

Rich, Arthur. *Wirtschaftsethik I: Grundlagen in theologischer Perspektive*. 4. Aufl. Guetersloh: Guetersloher Verlagshaus Gerd Mohn, 1991.

Rothe, Richard. *Theologische Ethik*. Bd. IV. 2. Aufl. Wittenberg : Koelling, 1870.

Schleiermacher, Friedrich Daniel Ernst. Entwuerfe zu einem System der Sittenlehre. *Werke: Auswahl in vier Baenden*. Bd. 2. hg. und eingel. von Otto Braun. Leipzig: Meiner; Aalen: Scientia Verlag, 1911.

Schleiermacher, Friedrich Daniel Ernst. Die christliche Sitte nach den Grundsaetzen der evangelischen Kirche im Zusammenhange dargestellt. *Saemtliche Werke*. Abt. I, Bd. 13. Berlin: Reimer, 1843.

Wendland, Heinz-Dietrich. *Einfuehrung in die Sozialethik*. 2. Aufl. Berlin/New York: de Gruyter, 1971.

Wolff, Ernst. *Sozialethik: Theologische Grundfragen*. Gottingen: Vandenhoeck & Ruprecht, 1975.

Aufgaben und Grenzen kirchlicher Äußerungen zu gesellschaftlichen Fragen: Eine Denkschrift der Kammer für soziale Ordnung der Evangelischen Kirche in Deutschland. hg. vom Rat der Evangelischen Kirche in Deutschland. Gütersloh: Guetersloher Verlagshaus, 1970.

제2부 민중신학과 성서

칭의론과 그리스도의 믿음

Barclay, John M. G. *Obeting the Truth: Paul's Ethics in Galatians*. Minneapolis: Fortress Press, 1988.

Betz, Hans Dieter. *Galatians: A Commentary on Paul's Letter to the Church in Galatia, Hermenia*. Philadelphia: Fortress Press, 1984.

Chung, Sung-Woo. *Paul, Jesus and the Roman Christian Community: New Perspectives on Paul's Jewish Christology in Romans*. Seoul: Christian Herald Publishing Company, 2005.

Donaldson, T. L. *Paul and the Gentile: Remapping the Apostle's Convictional World*. Minneapolis: Fortress, 1997.

Dunn, James D. G. "Paul's Conversion: A Light to Twentieth Century Disputes." in *Evangelium, Schriftauslegung, Kirche*. ed. J. Adna, S. J. Hafemann, O. Hofius. Goettingen: Vandenhoeck, 1977.

Dunn, James D. G. "Paul and Justification by Faith." in *The Road from Damascus*. ed. R. N. Longenecker. Grand Rapids: Eerdmans, 1997.

Dunn, James D. G. "The New Perspective on Paul." *Bulletin of the John Rylands University Library Manchester* 65 (1983).

Dunn, James D. G. *Jesus, Paul, and the Law: Studies in Mark and Galatians*. Lousville: Westminster, 1990.

Dunn, James D. G. *Romans 1-8*, WBC 38A. Dallas Texas: Word Books, Publisher, 1988.

Dunn, James D. G. *The Epistle to the Galatians*. Peabody: Hendrickson, 1993.

Hays, Richard B. *The Faith of Jesus Christ: An Investigation of the Narrative Structure of Galatians 3:1-4:11*. Atlanta: Scholars Press, 1983.

Jewett, Robert. "The Agitators and Galatian Congregation." *New Testament Studies* 17 (1970-71), 213-226.

Longenecker, Richard N. *Galatians*, WBC 41. Dallas, Texas: Word Books Publisher, 1990.

Martyn, James Louis. "Apocalyptic Antinomies in Paul's Letter to the Galatians." *New Testament Studies* 31 (1985).

Martyn, James Louis. *Galatians: A New Translation with Introduction and Commentary*, Anchor Bible 33A. New York: Doubleday, 1997.

Matera, Frank J. *Galatians*. Minnesota: The Liturgical Press, 1992.

McGrath, Alister E. *Iustitia Dei: A History of the Christian Doctrine of Justification*. Cambridge. New York: Cambridge University Press, 2005.
Raeisaenen, H. *Paul and the Law*. Philadelphia: Fortress, 1986.
Sanders, E. P. *Paul and Palestinian Judaism: A Comparison of Patterns of Religion*. London: SCM, 1977.
Sanders, E. P. *Paul, the Law, and the People of Israel*. Philadelphia: Fortress, 1983.
Stendahl, Krister. "The Apostle Paul and the Introspective Conscience of the West." *Harvard Theological Review* 56 (1963), 199-215.
Stendahl, Krister. *Paul among Jews and Gentiles*. London: SCM Press, 1977.
Taylor, G. M. "The Function of PISTIS CHRISTOU in Galatians." *Journal of Biblical Literature* 85 (1966).
Williams, Sam K. "Agains Pistis Christou." *Catholic Biblical Quartely* 49 (1987).
Williams, Sam K. "Justification and the Spirit in Galatians." *Journal for the Study of the New Testament* 29 (1987), 91-100.
Witherington III. Ben. *Grace in Galatia: A Commentary on St. Paul's Letter to the Galatians*. Edinburgh: T&T Clark, 1998.
Wright, N. T. *What Saint Paul Really Said*. Grand Rapids: Eerdmans, 1997.
권연경. "'율법의 행위'는 '율법 준수'를 의미하는가?" 『신약논단』 제14권 제3호 (2007), 679-708.
김명수. "'예수 세미나' 운동과 역사적 예수 탐구사." 『신약논단』 제10권 제3호 (2003), 555-586.
김세윤. Paul and the New Perspective, 정옥배 역. 『바울신학과 새 관점』 서울: 두란노서원, 2004.
김재성. "바울과 로마제국의 정치학." 『신약논단』 제13권 제4호 (2006), 947-984.
김창락. 『갈라디아서』 대한기독교서회 창립100주년 기념 성서주석. 서울: 대한기독교서회, 1999.
박익수. "Πίστις Ἰησοῦ χριστοῦ는 '그리스도의 믿음'인가? 혹은 '그리스도에 대한 믿음'인가?" 『神學과 世界』 제41호 (2000), 87-127.
박익수. 『바울의 서신들과 신학 I, II, III』 서울: 대한기독교서회, (2001).
박익수. 『유대인과 이방인 모두를 위한 복음: 로마서주석 I』 (서울: 대한기독교서회, 2008).
서동수. "바울의 역사적 예수: 롬 1,3-4 '하나님의 아들'과 빌 2,6-11 '하나님의 형상'의 신학적 의미의 연관성에 관한 소고." 『신약논단』 제12권 제2호 (2005), 461-486.
송광근. 『바울서신의 πίστις Χριστοῦ 연구』 서울: 한들출판사, (2005).
이한수. 『바울신학연구』 서울: 총신대학교출판부, 2001.
정승우. "왜 바울은 하나님 나라에 대해 침묵하는가?" 『신약논단』 제13권 제2호 (2006), 401-429.
조광호. "갈라디아서에 나타난 바울의 율법 이해." 『신약논단』 제10권 제4호 (2003), 965-993.
최갑종. 『바울연구 I』 서울: 기독교문서선교회, 1993.
최갑종. 『바울연구 II』 서울: 기독교문서선교회, 1999.

최흥식. "왜 바울은 '율법의 행위들'을 통한 칭의를 부정하는가?: 갈라디아서를 중심으로." 『신약논단』 제11권 제1호 (2004). 181-203.
최흥식. "바울서신에 나타난 ἔργα νόμου와 πίστις χριστοῦ 반제에 대한 새 관점: 갈라디아서 2:16을 중심으로." 『신약논단』 제12권 제4호 (2005). 805-854.
한동구. "헬레니즘이 유대문화에 미친 영향." 『현상과 인식』 제27권 4호 (2003). 132-149.
현경식. "공동체의 구원을 위하여: 바울의 몸 사상을 중심으로." 『신약논단』 제9권 제1호 (2002). 401-429.

대량학살의 기억과 반제국주의 운동

김병조. 『한국독립운동사략 (상)』. 상해: 대한민국임시정부사료편찬위원회, 1920.
권성수. 『요한계시록』. 서울: 도서출판 횃불, 1999.
김정원. 『한국현대사의 재조명』. 서울: 돌베개, 1982.
김재준. 『요한계시록』. 서울: 대한기독교서회, 1969.
브루스 커밍스. "한국의 해방과 미국정책." 일월서각 편집부 편. 『분단전후의 현대사』. 서울: 일월서각, 1983.
데이비드 E. 아우네. 김철 역. 『요한계시록(중)』. 서울: 도서출판 솔로몬, 2004.
박수암. 『요한계시록』. 서울: 대한기독교출판사, 1989.
백기완. "김구의 사상과 행동의 재조명." 송건호 외. 『해방전후사의 인식』. 서울: 한길사, 1979.
서영선. 『한과 슬픔은 세월의 두께 만큼: 강화 민간인학살의 진실과 과거사법 투쟁사』. 서울: 작가들, 2007.
아이리스 장. 김은령 역. 『난징대학살』. 서울: 끌리오, 1999.
에두아르트 로제. 박두환 역. 『요한계시록』. 서울: 한국신학연구소, 1997.
이병학. "'언제까지 우리의 흘린 피를 신원하여 주지 않으렵니까'(묵 6:10): 제국주의에 대한저항과기억의 문화." 『신학사상』 135 (2006년 겨울).
______. "요한묵시록의 예전과 예배: 우상숭배에 대한 저항과 정치적 유토피아." 『신약논단』 (2006 겨울).
이필찬. 『요한계시록 어떻게 읽을 것인가』. 서울: 성서유니온, 2003.
______. 『내가 속히 오리라: 요한계시록』. 서울: 이레서원, 2004.
장상환. "미국에 의한 한국 사회의 재편성." 경상대학교 사회과학연구원 편. 『제국주의와 한국 사회』. 서울: 한울, 2002.
최근호. 『제노사이드: 학살과 은폐의 역사』. 서울: 책세상, 2005.
한국전쟁전후 민간인학살 진상규명 범국민위원회 편. 『계속되는 학살 그 눈물 닦일 날은: 한국전쟁 전후 민간인학살 인권피해 실태보고서』. 서울: 우인미디어, 2006.
한국전쟁전후 민간인학살 진상규명 범국민위원회 편. 『한국전쟁전후 민간인학살 실태보고서』. 서울: 한울, 2005.
홍진희. "관동대진재와 조선인 학살: 유언비어를 중심으로." 이병천/조현연 편. 『20세기 한국의 야만 1: 평화와 인권의 21세기를 위하여』. 서울: 도서출판 일빛, 2001,
Charles, R. H. *A Critical and Exegetical Commentary on the Book of St. John*. Vol. I. Edinburg: T. & T. Clark, LTD, 1920.

Coleman, Robert E. *Song of Heaven*. Old Tappen, New Jersey: Fleming H. Revell Company, 1980
Harrington, J. Wilfrid. *Revelation*. Collegeville, Minnesota: The Liturgical Press, 1993.
Howard-Brook, Wes and Gwyther. *Anthony Unveiling Empire: Reading Revelation Then and Now*. Maryknoll: Orbis Books, 2000.
Kealy, Sean P. *The Apocalypse of John*. Wilmington, Delaware: Michael Glazier,1985,
Ladd, George Eldon, *A Commentary on the Revelation of John*. Grand Rapids: William Eerrdmans Publishing Company, 1972.
Lee, Byung Hak. *Befreingserfahrungen von der Schreckensherrschaft des Todes im äthiopischen Henochbuch: Der Vordergrund des Neunen Testamens*. Waltro: Hartmut Spenner, 2005.
______. "Gebet der Opfer als Schrei und Erinnerung: Bibelarbeit zu Offenbarung 6,9-11," Erhard Kamphausen/Gerhard Köberlin (Hg.). *Gewalt und Gewaltüberwindung: Stationen eines theologischen Dialogs*. Frankfurt am Main: Verlag Otto Lemberg,2006, 86-94.
Lemkin, Raphael. *Axis Rule in Occupied Europe: Laws of Occupation, Analysis of Government; Proposals for Redress*. Washington, D. C.: Carnegie Endowment for International Peace, 1944,
Mounce, Robert H. *The Book of Revelation*. Grand Rapids: William B. Eerdmans Publishing Company, 1977.
Murphy, Frederick J. *Fallen is Babylon: The Revelation to John*. Harrisburg: Trinity International Press, 1998.
Osborne, G. R. *Revelation*. Grand Rapids: Baker Academic, 2000.
Richard, Pablo. *Apokalypse: Das Buch von Hoffnung und Widerstand, Ein Kommentar*. Luzern: Edition Exoduus, 1996.
Rummel, Rudolf. *Death by Government*. New Brunswick, N. J.: Transaction Publishers, 1994.
Schüssler Fiorenza, Elizabeth. *Revelation; Vision of A Just World*. Minneapolis: Fortress Press, 1991.
Tschuy, Theo. *Ethnic Conflict and Religion: Challenge to the Churches*. Geneva: WCC Publication, 1997.

고통 가운데서도 파멸하지 않는 인간의 삶 - 욥기 다시 읽기

대한성서공회. 『성경전서』 표준새번역. 서울: 대한성서공회, 1993.
독일성서공회판. 『해설·관주 성경전서』 한글판 개역. 서울: 대한성서공회, 1997.
김용옥. 『노자와 21세기』 上·下·3. 서울: 통나무, 1999, 2000.
김윤철. 『욥 이야기 - 욥기를 통해 본 고난의 의미』. 서울: 지와 사랑, 2000.
민영진. 『설교자와 함께 읽는 욥기』. 한국성서학연구소, 2002.
박재순. 『바닥에서 하느님을 만나다 - 욥기 묵상』. 서울: 바오로딸, 2001.
박준서. 「구약성서」. 종교교재편찬위원회 편. 『성서와 기독교』. 서울: 연세대학교출판부,

1985.
이영미.「민중신학적 구약신학을 위한 서론적 탐구 - 욥기의 하나님 이해를 중심으로」. 『신학사상』 131 (2005, 겨울).
淺野順一. 최보경 역.『욥기 - 그 현대적 의의』. 서울: 설우사, 1988.
Andree Chedid. 임선옥 역.『욥의 아내』. 서울: 열림원, 1997.
Clive Staples Lewis. 이종태 역.『고통의 문제』. 서울: 홍성사, 2002.
Gustavo Gutierrez. 제3세계신학연구소 역.『욥기 - 무고한 자의 고난과 하느님의 말씀』. 나눔사, 1989; 김수복·성찬성 역.『욥에 관하여 - 하느님의 이야기와 무죄한 이들의 고통』. 왜관: 분도출판사, 1990.
Isaac Asimo. 박웅희 역.『아시모프의 바이블 - 오리엔트의 흙으로 빚는 구약』. 서울: 들녘, 2002.
Marvin H. Pope. 이군호 역.『욥기』 국제성서주석 15. 천안: 한국신학연구소, 1983.
Norman K. Gottwald. 김상기 역.『히브리 성서 - 사회·문학적 연구』 1 · 2. 천안: 한국신학연구소, 1987.
Dorothee Soelle. 채수일·최미영 역.『고난』. 천안: 한국신학연구소, 1993.
Antonio Negri. *Job*. la force de l'esclave. Bayard, 2000; 仲正昌樹 譯.『ヨブ 奴隷の力』. 東京: 情況出版, 2004.
Jacob Rabinowitz. *The Unholy Bible - Hebrew Literature of the Kingdom Period*. New York: Autonomedia, 1995.

제3부 다시, 민중신학이다

중진국 상황에서 민중신학하기

Hardt, Michael, & Negri, Antonio. *Multitude: War and Democracy in the Age of Empire*. New York: Penguin Press, 2004.
Hardt, Michael, & Negri, Antonio. *Empire*. Cambridge, Mass: Harvard University Press, 2000.
Negri, Antonio. *Empire and Beyond*. Trans. Emery, Ed. Cambridge, UK: Polity Press, 2008.
Negri, Antonio, & Casarino, Cesare. *In Praise of the Common*. Minneapolis, Minn: University of Minnesota Press, 2008.
Virno, Paolo. *A Grammar of the Multitude*.『다중』. 김상운 역. 서울: 갈무리, 2004.

민중 메시아론의 과정 신학적 재구성

김성재 편.「민중신학자료집」1~7권. 천안: 한국신학연구소, 2003.
서남동.『민중신학의 탐구』. 서울: 한길사, 1983.
______.『서남동 신학의 이삭줍기』. 죽재 서남동 목사 유고집 편집위원회 엮음. 서울: 대한기독교서회, 1999.
안병무.『민중신학 이야기』. 서울: 한국신학연구소, 1990.
______.『갈릴래아의 예수: 예수의 민중운동』. 서울: 한국신학연구소, 1990.

NCC신학연구위원회 편. 『민중과 한국신학』. 서울: 한국신학연구소, 1982.

Anderson, Svend, Ed. *Traditional Theism and Its Modern Alternatives*. ACTA JUTLANDICA LXX:1, Theological Series 18. Aarhus, Denmark: Aarhus University Press, 1994.

Bracken, Joseph A., S. J., Ed. *World without End: Christian Eschatology from a Process Perspective*. Grand Rapids, MI: William B. Eerdmans, 2005.

Borg, Marcus J. *The God We Never Knew: Beyond Dogmatic Religion to a More Authentic Contemporary Faith*. New York: HarperSanFrancisco, 1997.

Bowman, Donna. *The Divine Decision: A Process Doctrine of Election*. Louisville, KY: Westminster John Knox, 2002.

Cobb, John B., Jr. *Christ in Pluralistic Age*. Philadelphia: Westminster press, 1975.

______. *Process Theology as Political Theology*. Philadelphia: Westminster Press, 1982.

Crossan, John Dominic. *The Essential Jesus: Original Sayings and Earliest Image*. New York: HarperSanFrancisco, 1994.

Ford, Lewis S. T*he Lure of God: A Biblical Background for Process Theism*. Philadelphia: Fortress, 1978.

______. *Transforming Process Theism*. Albany: State University of New York Press, 2000.

Grenz, Stanley J. *Created for Community: Connecting Christian Belief with Christian Living*. Grand Rapid, MI: Baker, 1998.

Hartshorne, Chareles. *Man's Vision of God and the Logic of Theism*. Hamden, CT: Archon, 1964.

______. *A Natural Theology for Our Time*. La Salle, IL: Open Court, 1967.

______. *Omnipotence and Other Theological Mistakes*. Albany: State University of New York Press, 1984.

______. and William L. Reese. *Philosophers Speak of God*. Chicago: University of Chicago Press, 1953. Reprint. Amherst, NY: Humanity Books, 2000.

Moltmann, Jürgen. *Jesus Christ for Today's World*. Trans. Margaret Kohl. Minneapolis: Fortress, 1994.

______. *Experiences in Theology: Ways and Forms of Christian Theology*. Trans. Margaret Kohl. Minneapolis: Fortress, 2000.

Riley, Gregory J. *The River of God: A New History of Christian Origins*. New York: HarperSanFrancisco, 2001.

Robinson, James M. *The Gospel of Jesus: in Search of the Original Good News*. New York: HarperSanFrancisco, 2005.

Whitehead, Alfred North. *Science and the Modern World*. New York: Macmillan, 1925. Reprint. New York: Free Press, 1967.

______. *Religion in the Making*. New York: Macmillan, 1926. Reprint. New York: Fordham University Press, (1926) 1996.

______. *Process and Reality*. Corr. ed. David Ray Griffin and Donald W. Sherburne. New York: Free Press, (c 1978) 1985.

______. *Adventures of Ideas*. New York: Simon & Schuster, 1933. Reprint. New York: Free Press, 1967.

라깡과 민중신학

일반적인 참고문헌은 이러하다.

강응섭. 『동일시와 노예의지』. 서울: 백의, 1999.
권진관. 『예수, 민중의 상징. 민중, 예수의 상징』. 서울: 동연, 2009.
김광식. 『고대 기독교 교리사』. 서울: 한들, 1999.
김광식. 「초세기 그리스도론의 형성과 역사적 발전」. 『가톨릭 신학과 사상』 9. (서울: 가톨릭대학교, 1993.
김진호. 『예수 르네상스』. 서울: 한신연, 1996.
대한성서공회. 『성서(누가복음 7장 36-50절)』 공동번역 개정판. 서울: 대한성서공회, 1999.
도르, 조엘. 홍준기 · 강응섭 옮김. 『라깡 세미나 · 에크리 독해 1』. 서울: 아난케, 2009.
보그, 마커스 · 라이트, N. 톰. 김준우 역. 『예수의 의미』. 서울: 한국기독교연구소, 2001.
브라튼, 칼, E. 김명용 역. 『다른 복음은 없다!』. 서울: 성지출판사, 1999.
샤프, 필립. 『니케아 이전의 기독교』. 서울: 크리스챤다이제스트, 2004.
샤프, 필립. 『니케아 시대와 이후의 기독교』. 서울: 크리스챤다이제스트, 2004.
이장식. 『기독교신조사 (제I집)』. 서울: 컨콜디아사, 1979.
이장식. 『기독교신조사 (제II집)』. 서울: 컨콜디아사, 1980.
지원룡. 『신앙고백서(루터교 신앙고백집)』. 컨콜디아사, 1991.
켈리, J. N. D. 박희석 역. 『고대 기독교교리사』. 서울: 크리스챤다이제스트, 2004.
쿨만 오스카. 김근수 역. 『신약의 기독론』. 서울: 나단, 1987.
크로산, 존 도미닉. 한인철 역. 『예수는 누구인가』. 서울: 한국기독교연구소, 1998.
펑크, 로버트. 김준우 역. 『예수에게 솔직히』. 서울: 한기연, 1999.
한국신학연구소. 『신학사상』 제116호 (2002 봄)
Lacan, Jacques, *Ecrits*, Paris: Seuil, 1966.
______. *Les écrits techniques de Freud*. Paris: Seuil, 1975.
______. Le *moi dans la théorie de Freud et dans la technique de la psychanalyse*. Paris: Seuil, 1975.
______. *Encore*. Paris: Seuil, 1975.
______. *L'éthique de la psychanalyse*. Paris: Seuil, 1986.
______. *L'envers de la psychanalyse*. Paris: Seuil, 1991.
______. *La relation d'objet et les structures freudiennes*. Paris: Seuil, 1994.
______. *L'angoisse*. Paris: Seuil, 2004.
______. *L'identification*(미출간)

『한국조직신학총론』에 실린 라깡 관련 필자의 글은 다음과 같다.

「아우구스티누스와 라깡. 생명의 영성」. 『한국조직신학총론』 제11집. 서울: 대한기독교서회, 2004. 11.
「라깡과 루터: 정체화와 노예의지 비교」. 『한국조직신학총론』 제16집. 서울: 한들출판사, 2006. 6.

「아우구스티누스의 인간론」.『한국조직신학논총』 제19집. 서울: 한들출판사, 2007. 12.
「라깡의 종교담론과 기독교 신학체계 간의 유비적 접근」.『한국조직신학논총』 제21집. 서울: 한들출판사, 2008. 9.

신학 이외 학술지에 게재된 필자의 라깡 관련 글은 다음과 같다.

「라깡에게서 structuré의 의미」.『라깡과 현대정신분석』 제5집 1권 (2003. 12.)
「라깡과 종교」.『라깡과 현대정신분석』 제7집 2권 (2005. 12.)
「라깡, objet a, 예수 이름」.『라깡과 현대정신분석』 제8집 1권 (2006. 8.)
「아우구스티누스의 intentio와 라깡의 pulsion」.『라깡과 현대정신분석』 제8집 2권 (2006. 12.)
「라깡에게서 기호학과 기하학의 운용문제 연구: 세미나 9권을 중심으로」.『라깡과 현대정신분석』 제9집 2권 (2007. 12.)
「라깡적 기호학으로 본 아우구스티누스의 '정신'과 '말'의 관계」.『철학과 현상학 연구』 제36집 (2008. 2.)
「종교의 형식과 내용에 관한 라깡적 에세이: 장막도식, 종교담론, 히스테리담론을 중심으로 본 종교적 인간」.『철학과 현상학 연구』 제42집 (2009. 8.)
「라깡의 불안 변증법과 탈경계」.『라깡과 현대정신분석』 제11집 2권 (2009. 12.)

탈근대 시대의 가난한 자, 사이 그리고 혼종성

박일준.「화이트헤드와 바디우의 주체 개념 비교 - 창조성의 주체와 공백의 주체」.『화이트헤드 연구』 18집 (2008), 9-47.
안토니오 네그리(Antonio Negri) & 마이클 하트(Michael Hardt).『제국』(*Empire*). 이학문선1. 윤수종 역. 서울: 이학사, 2001.
Bhabha, Homi K. *The Location of Culture*. London: Routledge, 1994.
Brah, Avtar and Annie E. Coombes, eds. *Hybridity and Its Discontents: Politics, Science, Culture*. London: Routledge, 2000.
Deleuze, Gilles and Felix Guattari. *Thousand Plateaus: Capitalism and Schizophrenic* 2. trans. by Brian Massumi. Minneapolis: University of Minnesota Press, 1987.
Heelas, Paul. *Spiritualities of Life: New Age Romanticism and Consumptive Capitalism*. Oxford, UK: Blackwell Publishing, 2008.
Lee, Jung-Young. *Marginality: The Key to Multicultural Theology*. Minneapolis: Fortress Press, 1995.

글쓴이 소개

강원돈

한신대 교수. 독일 보훔의 루르대학교 개신교신학부에서 "생태학적 노동 개념을 규명하여 경제윤리의 근거를 새롭게 설정함"이라는 논문을 제출하여 신학박사(Dr. theol.) 학위 취득. 한국신학연구소 학술부장, 신학사상 편집인 역임. 저서로『지구화 시대의 사회윤리』(한울아카데미, 2005),『인간과 노동 - 노동윤리의 성서적 근거』(민들레책방, 2005),『살림의 경제』(한국신학연구소, 2001),『物의 신학 - 실천과 유물론에 굳게 선 신학의 모색』(한울, 1992) 등.

강응섭

예일신학대학원대학교 조직신학 교수. 총신대학교 신학과를 졸업한 후 프랑스 몽펠리에 3대학 철학-정신분석학과에서 D.E.A.를 수료하고 몽펠리에 신학대학교에서 신학박사(Th.D.) 학위 취득. 저서로『동일시와 노예의지 - 프로이트와 라깡의 동일시 이론과 에라스무스와 루터의 논쟁』,『예수이름을 강조하는 신학에 관한 고찰』,『삼위일체론』,『교리와 세계관 입문』,『성경적 세계관 이해』,『프로이트』 등이 있고, 역서로『정신분석사전』(공역),『신화, 꿈 신비』,『라깡 신드롬』,『여성의 에로틱한 열정과 페티시즘』,『라깡 세미나에크리 독해 I』(공역) 등이 있다.

권진관

성공회대학교 조직신학 교수. 서울대, 기장 선교교육원에서 공부하고, 미국 Drew University에서 "민중신학적 정치윤리의 모색"이라는 제목으로 박사(Ph.D) 학위 취득(1990), 현재 한국민중신학회 회장, 한국기독학생회총연맹(KSCF) 이사장을 맡고 있으며, 저서로『예수, 민중의 상징; 민중, 예수의 상징』(동연, 2009),『성령: 민중의 생명』(나눔사, 2001),『우리 구원을 이야기하자』(기독교서회, 1998),『민중과 성령』(한국신학연구소, 1993) 등이 있다.

김영철

새민족교회(예장통합) 담임목사. 장신대, 감신대 외래교수. 성균관대 정치외교학과와 장신대신학대학원(M.Div)을 졸업한 후 인천에서 10년 동안 민중교회 운동에 투신. 이후 미국 웨스턴신학대학원(Th.M) 캐나다토론토신학대학원(Ph.D)에서 기독교사회윤리학 전공하여 세계화에 대한 에큐메니칼 교회의 신학적, 교회적 대응에 대한 연구로 박사학위 취득. 저서로는『다시, 민중신학이다』(공저, 동연, 2010)가 있다.

김은규

성공회대학교 구약학 교수, 성공회 사제. 연세대학교 신학과를 졸업하고 같은 학교 대학원 신학과에서 구약학 박사학위를 받았다. 한국종교교육학회 이사, 한국기독자교수협의회 총무, 마당학술지(Madang: International Journal of Contextual Theology in East Asia) 책임편집, 세계성공회학술지(Journal of Anglican Studies) 편집이사 등을 역임. 지은 책으로는『하느님 새로 보기』(동연, 2009),『구약희년연구』등이 있으며, 옮긴 책으로는『성서비평방법론과 그 적용』(대한기독교서회, 1998),『구약오경이야기』(맑은울림출판사, 2005),『구약입문』(바오로딸출판사, 2008) 등이 있다.

김종길

덕성교회(기독교감리회) 담임목사. 감신대 외래교수. 감리교신학대학 신학과(Th.B.), 연세대학교 연합신학대학원(Th.M.), 합동신학대학원(M.Div.), 호서대학교 대학원(Ph.D. 구약학) 등에서 수학하였다. 연구논문으로 "하느님 너머에 계시는 하느님: 화이트헤드와 틸리히의 神論", "신명기 8:2-6에 나타난 은혜와 율법"(기독교사상 2006. 8), "시편 9-10편에 나타난 민중의 저항언어"(신학사상 2007. 여름), "칭의론과 그리스도의 믿음"(신학사상 2009. 봄) 등이 있으며 저서로는『다시, 민중신학이다』(공저, 동연, 2010)가 있다.

김희헌

한신대 시간강사 및 성공회대 초빙교수. 한신대 신학과와 신학대학원을 졸업한 후, 미국 클레어몬트 대학원에서 "민중메시아론과 과정범재신론"이란 제목으로 철학박사(Ph.D.) 학위를 취득. 밸리동양선교교회 담임목사 및 과정사상연구소 연구원 역임. 저서로는 *Minjung and Process: Minjung Theology in a Dialogue with Process Thought* (Peter Lang, 2009)이 있다.

류장현

한신대학교 조직신학 교수. 한신대학교 신학과와 동대학원에서 신학을 전공했으며 베를린 훔볼트대학교(Humboldt Uni. zu Berlin)에서 레온하르트 라가츠의 하나님 나라와 종교사회주의에 관한 연구로 신학박사학위를 받았다. 예수 그리스도의 하나님 나라 운동에 근거한 새로운 신학형성과 교회개혁을 위해 활발한 저술활동과 사회활동을 하고 있다. 저서로는『한국교회 신앙운동의 통섭』,『종말론적 신학과 교회』,『예수를 살리는 교회 예수를 죽이는 교회』등이 있다.

박일준

감신대 기독교통합학문연구소 학술연구 교수. Ph.D.(Drew Univ.). "코라의 이중주: 데리다의 차연과 화이트헤드의 동일성 - 사이의 관점에서" 외 다수의 논문들을 발표하며, 바디우와 데리다 및 들뢰즈의 철학들을 인지과학 분야와 생물학 분야의 통찰들과 더불어, 토착화 신학의 주체성 물음으로 어떻게 접합시킬 수 있는가의 문제를 두고 연구를 진행 중이다. 저서로는『다시, 민중신학이다』(공저, 동연, 2010)가 있다.

이병학

한신대 교수. 춘천고등학교 졸업. 한신대학교 신학과(신학사). 연세대학교 대학원 신학과(신학석사). 미국 Princeton Theological Seminary(Th.M.). 독일 Georg-August-Universität Göttingen(Doktorat). 독일 Ruhr-Universität Bochum 개신교 신학부(Dr.theol.). 저서로는 *Befreiungserfahrungen von der Schreckensherrschaft des Todes im aethiopischen Henochbuch: Der Vordergrund des Neuen Testaments* (Waltrop: Hartmut Spenner Verlag, 2005),『다시, 민중신학이다』(공저, 동연, 2010)가 있다.

최형묵

천안살림교회 담임목사. 한신대 외래교수. 연세대학교 신학과 및 한신대학교 신학대학원 졸업. 한신대학교 대학원 박사과정(Th.D.) 사회윤리 전공. 한국신학연구소 연구원 및 계간『신학사상』편집장 역임. 한국기독교장로회총회 교회와 사회 위원, 한국기독교교회협의회(NCCK) 신앙과 직제 위원, 제3시대그리스도교연구소 운영위원, 계간『진보평론』편집위원. 저서로는『사회 변혁운동과 기독교 신학』(나단출판사, 1992),『보이지 않는 손이 보이지 않는 것은 그 손이 없기 때문이다』(다산글방, 1999),『뒤집어보는 성서인물』(한울출판사, 2006),『무례한 자들의 크리스마스 - 미국 복음주의를 모방한 한국 기독교 보수주의, 그 역사와 정치적 욕망』(공저, 평사리, 2007),『반전의 희망, 욥 - 고통 가운데서 파멸하지 않는 삶』(동연, 2009) 등과 역서로는『예수시대의 민중운동』(한국신학연구소, 1990),『역대기하』, 국제성서주석12-2 (한국신학연구소, 1991),『무함마드를 따라서 - 21세기에 이슬람 다시 보기』(심산출판사, 2005) 등이 있다.

홍주민

한신대 연구교수. 한신대 신학대학원 졸(M.Div). 독일 하이델베르크대학 디아코니아학 석사(Dip.Diakoniewissenschaftler)/신학박사(Th.D). 저서로는『디아코니아학 개론』(한국디아코니아연구소, 2009),『디아코니아신학과 실천』(한국디아코니아연구소, 2006/2009),『말씀 그리고 하루 2009/2010 - 헤른후트 말씀묵상집』(한국디아코니아연구소, 2009/2010) 등이 있다.